U0165184

晚清
洋务运动始末

The Westernization Movement
in Late Qing Dynasty

李书纬

著

中央编译出版社
CCTP Central Compilation & Translation Press

图书在版编目（CIP）数据

晚清洋务运动始末 / 李书纬著 .-- 北京 : 中央编译出版社 ,2024.1
ISBN978-7-5117-4503-3

Ⅰ.①晚… Ⅱ.①李… Ⅲ.①洋务运动—研究—中国
—清后期Ⅳ.① K256.107

中国国家版本馆 CIP 数据核字（2023）第 161088 号

晚清洋务运动始末

选题策划	张远航	
责任编辑	赵可佳	
责任印制	李　颖	
出版发行	中央编译出版社	
网　　址	www.cctpcm.com	
地　　址	北京市海淀区北四环西路 69 号（100080）	
电　　话	（010）55627391（总编室）　　（010）55625174（编辑室）	
	（010）55627320（发行部）　　（010）55627377（新技术部）	
经　　销	全国新华书店	
印　　刷	北京建宏印刷有限公司	
开　　本	710 毫米 ×1000 毫米　1/16	
字　　数	332 千字	
印　　张	25	
版　　次	2024 年 1 月第 1 版	
印　　次	2024 年 1 月第 1 次印刷	
定　　价	79.80 元	

新浪微博：@中央编译出版社　微　信：中央编译出版社（ID：cctphome）
淘宝店铺：中央编译出版社直销店（http://shop108367160.taobao.com）（010）55627331

本社常年法律顾问：北京市吴栾赵阎律师事务所律师　闫军　梁勤
凡有印装质量问题，本社负责调换。电话：(010）55627320

目录|CONTENTS

第一章　起步，从总理衙门开始

1. 被动的"自强"

咸丰末年，英法联军攻入中国，挑起了第二次鸦片战争。从 1857 年底开始，战争打打停停，迁延三年之久。第二次鸦片战争与第一次鸦片战争一样，都是外交与战争同步进行的，但不管是外交还是战争，清廷都处于被动地位。最后，英法联军占据了安定门，火烧了圆明园，占据了堂堂大清帝国的都城。看到如此局面，逃到热河的咸丰皇帝只好让自己的六弟恭亲王奕䜣收拾残局，与英法联军议和。

在此之前，恭亲王奕䜣并没有处理过外交事务，可以说他的外交经验也是一张白纸。但面对强悍敌人的步步紧逼、恫吓，恭亲王奕䜣只好屈辱求和。他无条件地接受了英、法、俄、美的要求——签订丧权辱国的《北京条约》。

1860 年 10 月 24 日，是清廷与英国签订《北京条约》的日子。这意味着战事的结束。这天一大早，恭亲王奕䜣轻车简从来到位于前门的礼部大堂。对于这次签约的情形，恭亲王奕䜣在给咸丰帝的奏折中说自己只带了几名护卫和十名善扑营兵前往礼部，以此表明清廷对签约的坦诚；而额尔金则前呼后拥，所带护卫甚多。相比之下，诚诈自然分明。

恭亲王奕䜣到来两个小时后，英国全权代表额尔金才姗姗来迟。英国《泰晤士报》记者目睹了当时的情景：

额尔金勋爵与克兰忒爵士在北京英军各团的六百名士兵和一百名军官的护送下进入了安定门。英军总司令跟他的司令部和参谋部成员骑马走在额尔金勋爵的前面，后者坐在一顶由十六个中国人抬的轿子里。轿夫们穿着由额尔金勋爵定制的衣服。由罗伯特·内皮尔爵士指挥的第二步兵师的士兵排列在街道的两旁。在额尔金勋爵经过之后，他们隔着一段距离跟随在后面，同时占领了沿街两旁的所有战略要地，以防中方的伏击。……额尔金到达礼部大堂门口时，这支队伍停了下来。一支由一百名士兵组成的卫队走进了大门，在院子里列队站好。然后，额尔金勋爵的轿子被抬了进去，克兰忒爵士骑着马跟在后面，其他的军官都是步行进入礼部大堂的。当英国特使从轿子里出来时，卫队的士兵们都举起了武器，以示致敬。

随后，乐队奏起了英国国歌。

额尔金进入礼部大堂，见到恭亲王奕䜣后，用英国礼节礼貌性地问了声"Goodmorning（上午好）"。恭亲王不明白额尔金叽里咕噜说的什么，只听到是"狗逮猫宁"。他不明就里，暗自思忖：英法联军可不就像两只凶狠的鬣狗，而大清正像一只温顺的猫吗！当刚被释放几日的英国翻译官巴夏礼上前说，亲王阁下，额尔金勋爵是问您上午好时，犹如迷雾中的恭亲王不免感到好笑。他再次感受到了与洋人打交道的困难与尴尬。

与列强交涉，恭亲王奕䜣虽然如履薄冰、战战兢兢，但内心也在不断地发生变化。圆明园被洗掠、焚毁那一刻，他对洋人是排斥的，心中有一种憎恨。嘴上不说，但是心里却在暗骂：你们这些老毛子、蛮夷，不好好待在西洋，却来我大清寻衅。因而最初与洋人接触时，他抱有很强的抵触情绪。

奕䜣虽然对洋人抵触反感，甚至有畏惧的成分，但是君命如山，"抚局"还是要办好的。他先在北京设立了有办公处所的临时机构，地点就设在海淀的善缘庵。这个临时机构设立之时，恭亲王奕䜣向咸丰帝奏报说：

> 臣奉命办理抚局，于圆明园如意门外善缘庵内设立公所，两旬以来并未挪动。

但是，这个临时机构设立后，由于清廷没能答应英法联军的要求，联军纵兵深入，焚烧了圆明园和附近街市。劫难中，恭亲王奕䜣也仓皇躲避，办理抚局的临时机构也几度搬迁。史料记载，从圆明园被烧到与英、美、法、俄签订《北京条约》，其办公处所多有变迁，先后迁居法源寺、地安门外的嘉兴寺、德胜门内的瑞应寺。

办理"抚局"，恭亲王奕䜣时刻都在感受着洋人的骄横、咄咄逼人。但随着接触的增多，外交、商务事务的谈判也使他静下心来思考，洋人为什么会那么强？交涉中，西洋人的精明、眼界的开阔以及对工作的敬业态度，使他认识到了清廷之所以军事上失败、外交上被动，重要的原因是对西方世界缺少认识。这也使他对西方国家的军事、外交、政治等方面有了新的看法。

恭亲王奕䜣明白，清廷在与洋人的交涉中，很多问题之所以被动，是因为对洋人缺少了解造成的。这一点，奕䜣当然有切身体会。比如说，在与列强谈判、签订《天津条约》《北京条约》之时，清廷上下鲜有懂得西方文字的。不得已，清廷只好默许西方提供译员，而这些通晓汉语的外国人在谈判中，往往会利用自己的地位和职权滥施淫威。虽说中国自明朝永乐年间就有了四夷馆，到了清初又有了四译馆、会同四译馆等对外交流的语言文字机构，但这些机构都是以"译远方朝贡文字"为己任，所译的既有中国少数民族语言文字，也有周边国家的语言文字，如蒙古语、藏语、印度语、缅甸语、泰语、阿拉伯语，等等。这些机构没有将民族语言文字与外国语言文字严格区分开来，而笼统地称之为"四方番夷文字"。更值得注意的是，这些机构没有包含西方的任何语言文字，这就意味着四夷馆、四译馆这些机构始终没有培养过任何西方语言文字人才，因此也未能承担西方语言文字的翻译任务。

中外交涉存在障碍，清廷很有必要成立一个专门的部门来处理对外事宜。况且《北京条约》签订后，中外交涉事务逐渐增多，清廷原来的"六部"架构已经不能适应需要，急需成立一个新的机构来统率各部。但是，奕䜣又不敢自专，他的聪明就在于在咸丰帝的排斥猜疑中，能够小心翼翼地平衡他与咸丰帝奕𬣞的关系。奕䜣受命留守京城，逃亡热河的咸丰帝时常听到身边近臣肃顺、载垣、端华等人对他的诽谤，说他与洋人走得很近，得到洋人的支持，有不臣之心。这样，本就有矛盾的两兄弟之间的隔阂就更深了。

在猜忌中，奕䜣不得不处处小心。但是，要处理对外关系，他又不能不与洋人交往。要处理好对外关系，他觉得应该设立总理各国事务衙门，即总理衙门。

应该说，奕䜣请求设立总理各国事务衙门是有一点儿私心的。根据咸丰帝的谕令，他奉命办理抚局、换约等交涉事务完成后，则外交之权亦须交由军机处接管。按清朝祖制，亲王是不能入值军机处的。不想交回权力的奕䜣感到必须另外设立一个机构，否则外交以及政治权力就有可能旁落他人。为不被军机处那帮反对他的人干涉，他又建议军机大臣兼领总理衙门，表面上是受军机处节制，但核心的目的是排除军机大臣的干扰和反对。

奕䜣在给咸丰帝的奏折中，对于设立新的外交机构，之所以采用"总理各国事务衙门"这个名称，主要是受到中俄《天津条约》、中俄《北京条约》有关条文的启发。这两个条约中分别提到俄国主持外交的大臣称"总理各国事务大臣"和"总理各外国事务大臣"。这样的官称也正是奕䜣受命主持和局与洋人交涉事务所正在担当的角色。况且，清代官制中，负责某一方面事务的王大臣，已经有"总理"某某事务的名号，如"总理行营事务""总理练兵事务"等，先例。奕䜣认为，设立"总理各国事务衙门"这样一个对外交涉的机构既可以满足对外交涉的需要，且不违背清朝祖制。

基于这样的认识，1861 年 1 月 11 日，恭亲王奕䜣与一同受命负责同列强交涉议和的文祥、桂良等，联合向咸丰帝上了《通筹夷务全局酌拟章程六条折》。

文祥是道光二十五年（1845 年）考取的进士，咸丰帝出走热河时，他被任命署理步军统领，随恭亲王奕䜣留京主持议和。桂良则是恭亲王的岳丈，在外交议和、与洋人打交道方面有一定经验，《北京条约》签订之前曾经奉命与列强进行过交涉。三人在与列强的交涉中感触颇深，因而联名上了这道奏折。当然，他们都是久经官场之人，提出建议也不会直接要求咸丰帝答应这件事。

他们在奏折中很有策略地道出了清廷屡屡被动挨打的原因，就是抱着传统的华夷观一成不变。当时世界大势，西方的技术、器物都优于中国，中国要改变落后挨打的局面，首要的就是建立外交，创造一个和平的国际环境。奕䜣等人在奏折中说：

> 夷情之强悍萌于嘉庆年间，迫江宁换约，鸱张弥甚。至本年直入京城，要挟狂悖，夷祸之烈极矣。

奕䜣等人说得很明白，自《南京条约》以来，列强要挟日甚一日。直到英法联军占据北京，外交和军事上的被动，带来的祸患巨大。接着，他们在奏折中对夷情做了分析：在西方列强中，英国人最为蛮横无理，俄国人则十分贪婪，法国、美国荫附英俄为虎作伥。英法联军进入北京之前，清廷对夷狄不管是剿是抚，还有一些主动权，"至夷兵入城，战守一无足恃，则剿亦害，抚亦害，就两者轻重论之，不得不权宜办理，以救目前之急"。

奏折中对列强的分析，基本上符合他们的特点。针对这种情况，只能在与列强的交往中，加强彼此了解，洋务上加强彼此交流、合作，减少差距，不能轻易地付诸战争。如果不顾敌我形势而"轻于一试"，"如不胜其忿而与之为仇，则有旦夕之变"。

奕䜣认为，设立总理各国事务衙门也符合清廷与列强交往的实际情况。他指出，朝野中有人认为，办理洋务"不利我土地人民"是片面和错误的。西方国家的工业化发展、以通商贸易为手段向世界扩张，固然有掠夺与聚敛财富的成分，有占领殖民地、领土扩张的成分，但这只是一个方面，这种片面的认识是不全面的。保护领土安全的思想是可以理解的，要维护领土安全，保护土地和人民。设立专门的机构，正视、研究西方各国，与他们建立对等的国家关系，不是更有利于缓和清廷与西方的矛盾吗？

奕䜣建议设立总理各国事务衙门，并反对端华、肃顺等保守派一味排外的思想倾向。第二次鸦片战争中，由于肃顺等人顽固排外，使英法政治、经济触角伸展受阻。只要肃顺集团继续专权，西方列强就不认为"中国已确实承认了条约"。他们认为"各省政府看到国家重臣和实际掌权的人是偏向于不友好的，他们也就形成了和我们不友好的倾向"。

奕䜣等人将列强步步紧逼的罪责全部推给负责这场战争的端华、肃顺集团，还说联军之所以攻进北京城，完全是对列强怀愤愤之心轻于一试的结果，并苦口婆心地对咸丰帝说，如再坚持这一政策，北幸木兰、移宫热河也非圣安之地。唯一的抉择只能是对夷主"抚"。怎么抚呢？就是设立专门的夷务机构，负责办理与洋人的各种交涉事宜。奕䜣在奏折中还说，根据既往的交涉经验，洋人是很重视条约关系的。

奕䜣等人还指出，设立总理各国事务衙门也是应对国内外局势的需要。他们把正在发生的太平天国运动与西方列强给清廷带来的威胁做了比较分析，认为洪秀全领导的太平天国运动才是最大的心腹之患，而"俄国壤地相接，有蚕食上国之志，肘腋之忧也；英国志在通商，暴虐无人理，不为限制则无以自立，肢体之患也"，从而提出了"灭发捻为先，治俄次之，治英又次之"的战略目标。

设立总理各国事务衙门这一专门机构，作为以后办理外交的对策措施，奕䜣把它视为"自图振兴"的基本国策。奏折中还附带了设立总理各国事务衙门的《六条章程》，首要的一条就是，"请设立总理各国事务衙门，以专责成"。具体的理由和设想是，过去办理对外事务，都是由各省督抚向军机处统一奏报，交给两广总督处理，"近年各路军报络绎，外国事务头绪纷繁，驻京之后，若不悉心经理，专一其事，必致办理延缓，未能悉协机宜"。

章程的其余五条为："南北口岸请分设大臣，以期易顾"；"新添各口关税，请分饬各省，就近拣派公正廉明之地方官管理，以期裕课"；"各省办理国外事件，请饬该将军、督抚互相知照，以免歧误"；"认识外国文字、通解外国言语之人，请饬广东、上海各派二人来京差委，以备询问"；"各海口内外商情并各国新闻纸，请饬按月咨报总理处，以凭核办"。

对于恭亲王奕䜣的奏请，当时已经逃亡热河的咸丰帝是一种什么态度呢？刚刚经历了英法联军攻进北京、火烧圆明园的劫难，咸丰帝心有余悸，迟迟不能回銮，也使他有一种流离感。奕䜣的奏折中提出，成立总理各国事务衙门的目的是处理好夷务，这对于咸丰帝来说也是深为期待的。

自以"巡幸木兰"的名义逃亡热河以后，咸丰帝通过奕䜣等人的奏折对京城的困乱状况也是有所了解的。残暴的英法联军进入北京城，京师已经失去了秩序，富绅大户纷纷逃离，各级衙门的官员如鸟兽散，使得国家机器陷入瘫痪局面。强盗、土匪也趁机作乱。况且，咸丰帝本人急于回銮，所以他当然也希望奕䜣能够尽快处理好夷务。

1861 年 1 月 13 日，咸丰帝阅览了奕䜣等人的奏折，谕令惠亲王、总理行营王大臣、御前大臣、军机大臣议奏此事。惠亲王绵愉等人遵旨详细阅读之后，认为奕䜣等人所议各条切中形势，可以"按照原议各条办理"。咸丰帝遂于 1861 年 1 月 20 日颁发上谕，正式予以批准施行。但是朱谕比奕䜣原奏多了"通商"二字，成了"总理各国通商事务衙门"。

咸丰帝的谕批为什么会出现这样的状况呢？这个命名实际上代表了反对派肃顺等人的意志。肃顺当时也是军机大臣，是"铁帽子王"郑亲王济尔哈朗的七世孙，他得到先祖的余荫，很早就得到了朝廷内廷的职位。他这个人很会溜须拍马，所以到了咸丰朝时，没几年就成了咸丰帝深为倚重的御前大臣。英法联军进攻北京，咸丰帝逃亡热河，肃顺更是统领着一切事务。在总理衙门这一机构成立的问题上，他也很想加以钳制，限制这个机构的权限，将之降低为五口通商事务办事处这样没有权力或资格参加对内对外决策的临时性机构。这样的限制，奕䜣当然不能同意。奕䜣明白，不删除"通商"二字，就意味着得不到外交权力，更不会引起外国人的重视。

当然，《北京条约》的签订，也使奕䜣感到要使列强与清廷通力合作，避免不必要的纠葛，就必须通过外交的努力赢得他们的合作。因而他据理力争，强调通商事宜，上海、天津已有南北洋通商大臣驻扎专理，总理衙门在京不便遥控。更重要的是，洋人虽然唯利是图，但很重视外交规则，把外交当作通商来办理，必然会使列强认为这是对他们的轻视。他说，现在外国人既然知道朝廷设立有总理衙门，那么，外国与中国交涉各种事件，必然会到总理衙门办理，"若见照会文移内有'通商'二字，必疑臣等专办通商，不与理事"，造成不必要的疑虑和误会。

恭亲王要求去掉"通商"二字，咸丰帝看他们态度坚定，言辞恳切，终于批了"依议"二字，但还是力图限制总理各国事务衙门的权限。

说到总理各国事务衙门权限，奕䜣在奏折中说，遇有机密与重大事项，各省大臣、将军、督抚、府尹在向总理各国事务衙门垂询、商办的同时，亦应具奏朝廷。对此，咸丰帝批谕却是，各省给朝廷的机密文件，仍照旧例呈奏，不必咨询总理衙门，"如事关总理衙门者，即由军机处随时录送知照，亦甚便捷，着无庸由各口先行咨报总理衙门，以归划一"。这是咸丰帝仿照嘉庆四年（1799 年）为限制军机处权限，规定各省、各部院陈奏事件，不许奏报军机处。他此举也是有意限制总理衙门，不令其与各省发生直接关系，以防皇权受其侵越。

咸丰帝这样做当然是担心奕䜣有了权力，有一天会坐大，难以制约。但是恭亲王奕䜣坚持己见，并在奏折中向咸丰帝表示："俟军务肃清，外国事务较简，即行裁撤，仍归军机处办理，以符旧制。"奕䜣这个承诺化解了咸丰帝心中的疑虑，只好在奏折上批了"依议"二字。自此，总理各国事务衙门得以成立。

1861 年 3 月 11 日，奕䜣派员前往礼部，将铸好的"钦命总理各国事务衙门"的牌子领回，并照会英法各国公使，机构正式投入运作。总理各国事务衙门（简称：总理衙门）的成立，虽然是应对当时外交形势的不得已，但也是对传统闭关锁国、盲目排外政策的抛弃，是国家通过这样一个机构解决争端、走向国际外交准则的过程。随着这一机构在日后外交事务中发挥越来越大的作用，清王朝想恢复旧制、撤销这一机构已经变得不可能了。

2. 成了与"洋"有关的权力衙门

总理衙门的设立，标志着洋务运动的肇始。总理衙门成立之初，主要的职能是外交和洋务，但随着时间的推移和清廷内部政治变化及国际环境的变化，总理衙门的职能也在不断扩大。

《光绪会典》一书记述总理衙门的职能是：掌管与各国订立条约相关事宜，并遵约办事，凡通商、关税、两国勘界、海防、传教等方面的交涉都由总理衙门负责协办。从这个角度看，总理衙门的职能范围就是对外交涉和通商。

最初的交涉通商实际上也是有局限性的，外交对象主要局限在英、俄、美、法四国，后来逐渐扩大到来华各国。即便是建言成立总理衙门的恭亲王奕䜣也认为，总理衙门专办英、俄、美、法四国的交涉，其他国家概不与闻。但是，《北京条约》签订后，东西方各国纷纷效仿英、俄、美、法四国与清廷建立关系，于是总理衙门的职能不断扩大。

各国要求与清廷建立外交关系，在《北京条约》签订之前，恭亲王奕䜣也考虑到了。因而，在总理衙门筹设之际，恭亲王奕䜣就饬令南洋大臣兼江苏巡抚薛焕，要他设法阻止西方诸小国进京订约。恭亲王奕䜣将权力下放到薛焕手里，但是愿望很美好，在执行上又常常令清廷倍感失望。英、俄、美、法四国公使相继驻京后，普鲁士王国想与清廷建立外交关系，便于1861年3月派出公使艾林波来华要求签订条约。艾林波不肯在上海与薛焕商办，而是直接北上天津，要求进京与总理衙门谈判。当时，同在上海的三口通商大臣崇厚，认为这样不妥。对于艾林波的要求，他说，总理衙门专办英、俄、美、法四国之事，"别国之事并未奉旨兼管"，不能在京办理。同时，崇厚又致函总理衙门，询问该如何办理。

恭亲王奕䜣接到信函后，也是没了主张，便上奏病在热河的咸丰皇帝，请求派出钦差大臣到天津办理交涉。接到奏折，咸丰帝发来上谕说，普鲁士既为大国，可与其换约，"唯应统归总理衙门办理，未便另派钦差前往"，致与美、法等国互异。恭亲王奕䜣知照艾林波，在津与崇纶、崇厚商办。这一纸谕令，等于总理衙门的外交交涉权力的扩大，与各国交涉权力统归总理衙门。此后，无论大国、小国，无论准与换约或者拒绝换约，其交涉权力都归总理衙门了。

随着总理衙门交涉权力的扩大，其先后与丹麦、荷兰、西班牙、比利时、意大利、日本、秘鲁、巴西、葡萄牙等国签订了条约。每次谈判代表的派出都由恭亲王奕䜣奏请朝廷，特简加钦差大臣的便宜行事的名义办理。随着中外交往日益频繁，护侨、教案、华工出国、出国考察、派使驻外、外使觐见等都由总理衙门办理。戊戌变法期间，总理衙门还肩负着中外条约的刊印工作。

随着交涉权力的不断扩大，总理衙门还有一个特点是，外交事务的管辖由京师扩及全国。最初在设立总理衙门之时，《六条章程》中规定，各省的中外交涉事件，由各省随时办理，奏告给总理衙门就可以了。显然，总理衙门最初并不插手地方的外交事务。但是后来发生的事件，使这种初衷发生了变化。

1861 年 6 月初，英国驻华公使卜鲁斯因广东汕头官民阻止英国领事入城问题，特意拜会恭亲王奕䜣，要求其谕饬广东督抚按约办理，指责广东地方违反《北京条约》。这个问题，恭亲王奕䜣没敢自专。他上奏咸丰皇帝，请朝廷降下谕旨，饬令广东各级官员按照条约劝令当地绅民允准英国领事入城。

接到奏报，咸丰皇帝在 6 月 11 日发布谕令，一面令广东地方按约妥办，一面吩咐总理衙门说，总理衙门既然总理各国事务，如果各省督抚办理外国事务有不当之处，经外使呈诉，总理衙门就应当"札饬各省该督抚遵照施行"，然后再行奏报实情。这样便可以使外国知道，遇有外交之事，总理衙门可以代为办理，绝不能因事事奏请，致使外国对总理衙门产生"轻视之心"。

恭亲王看到咸丰帝的谕令，很快上折表示当遵旨奉旨，断不致有所推诿。这样，总理衙门肩负起了主管全国一切外交事务的职责。我们知道，总理衙门成立的初衷是外交和通商，因而与外国有关的通商、税务约章的签订，自然由总理衙门办理。起初，对于税务问题，恭亲王奕䜣认为是户部的事情，不愿多加干预。《六条章程》中也写明：关税总数虽咨报总理衙门，而稽核、考查仍由户部办理，总理衙门不得越俎。但关税一事毕竟牵涉到外国，总理衙门又不可能不过问。

1861 年 6 月，恭亲王奕䜣饬户部会同总理衙门，将新拟各通商口岸章程详议商定，但由户部主稿。恭亲王的意思是关税的拟定章程仍由户部主稿，总理衙门仅负责与英法等国的交涉、辩论之事。恭亲王的想法完全符合《六条章程》的精神，这也说明他办事之谨慎。但是，咸丰帝看到奏折后，一眼就看出了恭亲王的谨慎之心，便发布上谕，要恭亲王担起责任。上谕中说，现在办理各口关税，事属创始，设立新海关及与外国交涉，如果一切章程不能妥恰，会留下隐患。况且各口情形不一，户部难以厘定，因此，"所有各口税务章程，仍着奕䜣等悉心酌议具奏，并咨令（会）办理各口通商大臣，各就地方情形妥为筹议"。

有了这一纸谕令，原有的通商、外交之权又扩大到关税了。实际上，在此之前，总理衙门也一直主管着关税章程的拟定之事。如札委英国人李泰国为总税务司，与副总税务司英国人赫德商议新税则章程等事。

有了这一纸谕令，主办外交、通商兼办税务，使总理衙门权力的扩大变得更加名正言顺了。此后，为便于与户部的协调，除文祥外，总理衙门又增添了两名户部侍郎为总理衙门大臣。

从咸丰帝的上谕来看，他是把通商和外交混为一谈的。由恭亲王奕䜣起初奏请成立各国事务衙门，而咸丰帝原想把这一职能部门命名为"总理各国通商事务衙门"可见一斑。

根据咸丰帝的意愿，总理衙门主管通商事宜是责无旁贷的。但是，总理衙门在后来的发展中，特别是咸丰帝去世后，权力不断扩大，从主管通商、外交、关税逐渐扩大到国家政治、军事、经济、文化教育等领域。

军事是总理衙门涉足较早的领域，这是因为在国家的外交关系中，外交与军事是互为表里的两个方面。在筹设总理衙门之时，恭亲王奕䜣就奉旨复议"借师助剿"之事。当时，咸丰帝虽然不主张"借师助剿"，但太平军该怎样镇压，以及怎样处理对外军事关系，咸丰帝还是与恭亲王多有商议的。此外，此时的奕䜣已经插手八旗军及东三省清军的训练，总理衙门获得批准成立后，咸丰帝谕令"助剿"及"漕运"之事都按恭亲王所拟办理。

祺祥政变（又称"北京政变""辛酉政变"）后，奕䜣成了议政王，权力得到空前扩大，他领导的总理衙门实际上成为筹议"借师助剿"的参谋部和处理中外军事关系的总部。同时，总理衙门还肩负起各地新式练军的筹划、外国武器的购买、外国军事教官的雇聘等重要工作的职责。

1883年，总理衙门设立海防股，负责全国的海防建设，总理衙门实际上代行海军衙门的职责。此外，清廷各类民用工业的兴建，诸如开矿、铁路、电信、轮运等，总理衙门也都参与其中；在教育领域，诸如同文馆的筹设、留学生的派出、各种专业技术学校的开设、京师大学堂的奏办，总理衙门都主导其事。总而言之，总理衙门自最初的主管外交、洋务权限，逐渐扩展到将一切洋务事业囊括其中。

总理衙门自同治朝后，权力不断扩大，并不局限在外交、通商和洋务事业上，与外交和洋务有关的其他一些要政，也都参与管理，并且权力愈加扩大。经济上有军饷的筹集、划拨，军工工业的创办，海关税务司经费、海防经费的制定，外债的借还等，都由总理衙门负责。这些原本由户部主持的事情，逐步演变为共同筹办。政治上，如海关道道员的任用，外国使节的觐见、礼仪安排等都由总理衙门部署。戊戌变法期间，有关朝廷的吏治官制改革的许多重要问题，总理衙门都参与决策。在总理衙门之前，这些事务都是礼部和吏部的部务。

总理衙门权力的扩大，还体现在法制上。当时，教案、外洋拐卖华工和私藏私卖洋枪弹药事件不断发生，对这些事件的处理和交涉都由总理衙门议定。当然，在处理这些事件中，总理衙门会会同有关部院请旨议定，但是，总理衙门的意见往往起决定作用。

同治之后，总理衙门的职能已经扩大到内政外交的各个方面，甚至取代了清朝中央一些行政部门的职权。正因为如此，当时有的外国人称总理衙门为清廷的"内阁"，而后世学者更称之为"洋务内阁"。总理衙门的职能作用之所以快速得到扩展，是当时的国内形势使然。当时的外交关系已成为制约清廷内政外交以及国内社会活动的一个最重要因素，几乎没有任何稍微重大的事务能摆脱外交的影子。虽然如此，但清廷的整个行政体系又未能及时地顺应这种变化而做出适当的改变，大多数行政部门对各种洋务一则生疏，二则厌恶。凡涉及"洋"的事务都极力推诿，推给总理衙门来处理。这样，总理衙门由最初的外交、通商初衷逐渐扩展到一切与"洋"有关的事务，便成为时代的趋势，权力也在一天天扩大，这在晚清中国是必然的结局了。直到八国联军入侵中国，清廷被迫与列强签订《辛丑条约》，总理衙门改革为外务部，晚清外交才翻开新的一页。

还需要说明的是，总理衙门改称外务部之前，其权力、统辖的职能不断扩大，当然还与军机处王大臣统领总理衙门有一定关系。在筹设总理衙门之时，《六条章程》中明确提出由军机大臣"兼领"总理衙门。对此，咸丰帝虽然没有发布明确的上谕，但是，从奕䜣、桂良、文祥的任命来看，这验证了奕䜣等人的意见。祺祥政变后，恭亲王一跃成为议政王、王大臣，使得军机大臣兼领总理衙门的原则得到了肯定。

祺祥政变之后，军机大臣"兼领"总理衙门得到了确认，则意味着权力的扩大也成为必然。我们知道，军机处在清廷的地位很高，拥有实权，人称枢府，但却不是具体的办事机构。鸦片战争之后，中外交涉已经十分纷繁，军机处也由过去的处理军务的中枢权力机构扩展为外交情报的汇集之所。但是，对于外交事件，军机处并不直接处理，各国也不把它作为交涉对象，这种矛盾在第二次鸦片战争中变得尤为突出。

也正是在这样的情况下，恭亲王奕䜣倡议筹设总理衙门，将已归军机处或将归军机处的那部分外交事务，"以专责成"地转嫁给了新设立的总理衙门。在设立总理衙门之初，恭亲王没有想到权力会扩大，但既然军机大臣兼领总理衙门，且随着事务日繁，机构日庞，职权日广，地位日崇，总理衙门超乎恭亲王的设想，最终成了统领一切"洋务"的部门了。

3. 在政争旋涡中升沉

总理衙门成了统领一切带"洋"事务的职能部门，但是，随着权力的不断扩大，总理衙门官员们的职位高低往往在政争旋涡中升沉。

在政争旋涡中，以王大臣身份兼领总理衙门的恭亲王奕䜣，他的升沉经历最具代表性。

我们知道，恭亲王奕䜣的权力是在总理衙门设立后逐渐得到提升的。在筹设总理衙门之初，《六条章程》中曾经提到以王大臣"领之"，军机大臣"兼领其事"。恭亲王奕䜣当时不是军机大臣，但他是王大臣，因而，当他的奏折得到咸丰帝批准的时候，他以王大臣的身份统领总理衙门，便决定了他的权力的扩大。

咸丰帝去世后，慈禧、慈安与恭亲王奕䜣发动祺祥政变，恭亲王一跃成为议政王，总理衙门权力得到了更大程度的提升。

同治初年，奕䜣是慈禧拉拢和利用的主要力量，后来却成为她加以打击的对象。祺祥政变后，慈禧对奕䜣十分倚恃，宠荣倍加，让他主持举国军政，每日召见入对，献议拟旨。特别是授予奕䜣议政王的称号和职权，入掌军机处，这在清中叶以后的历史上是没有先例的。在当时皇室诸王之中，奕䜣才识出众，颇有行政才能。他在内依靠文祥、宝鋆、沈桂芬等得力重臣；在外支持曾国藩、左宗棠、李鸿章等地方洋务派大员，先后镇压了太平军、捻军和少数民族起义，创造了所谓"同治中兴"的业绩，挽救了溯临灭顶之灾的清王朝；对外坚持信守条约的方针，力避冲突，形成了"中外和好"的局面，也赢得了洋人对他的赞赏和信任。奕䜣逐渐成为清廷中最有决定性影响的人物，京师内外一切机构和官员都围绕着他运转。这种状况自然是权力欲极强的慈禧所不愿看到的，她要伺机打击一下这位小叔子的气焰。

1865 年 3 月底,翰林院编修蔡寿祺疏劾奕䜣"揽权纳贿",慈禧借机向奕䜣发起了第一次打击。蔡疏刚上,她便召集大学士周祖培等人,又是盛怒,又是哭泣,声言奕䜣"植党擅政","欲重治王罪"。诸臣不敢定议,请求查证。经质证,蔡所劾不实,但慈禧竟亲自作诏,避开军机大臣,径由内阁明发。慈禧的诏书以欲加之罪何患无辞的口吻说,蔡寿祺弹劾奕䜣"妄自尊大,诸多狂傲,倚仗爵高权重,目无君上,视朕冲龄,诸多挟制,往往暗使离间,不可细问,每日召见,趾高气扬,言语之间,诸多取巧妄陈"。着其毋庸在军机处议政,革去一切差使,不准干预公事。时人分析说,慈禧想借蔡寿祺弹劾之事,敲打一下恭亲王。但事情并不像慈禧所想象的那么简单。斥罢奕䜣的诏旨一下,即在朝中激起轩然大波,自王公大员至一般臣僚,纷纷上奏,请免罢奕䜣,继续任用。慈禧迫于众议,不得不让奕䜣仍在内廷行走,并仍管理总署,但取消了议政王的衔名。这一次较量,慈禧虽未达到目的,但也狠狠打击了奕䜣的锐气。由这一事件,慈禧看清了奕䜣在朝中的巨大影响,因而她此后便加紧拉拢扶植奕谭及"清流派"势力,以与奕䜣抗衡。

1874 年,奕䜣因多次恳请停修圆明园,引起慈禧和同治的不满。是年 9 月,奕䜣于召见时又率军机大臣力请停止园工。年轻的同治皇帝大为恼怒,责其离间母子、把持政事,遂朱笔尽革奕䜣的军机大臣及一切差使,降为不入八分辅国公,交宗人府严议。当时正是日军侵台、中日间交涉的紧张时刻,在这种形势下,一则处理日本侵台事件还离不开奕䜣,二则奕䜣请停园工代表了朝中绝大多数官员们的意见,受到包括奕谭在内的王公大臣的支持,显然这不是罢黜奕䜣的有利时机。慈禧太后也感到时机不成熟,便出来打圆场,恢复了其职位和爵位。

1878 年春,华北大旱,编修何金寿上奏提出遇灾修省、请责枢臣。慈禧借机降谕,向奕䜣等人发难,声称天灾饥馑,"皆由政令阙失所致","该王大臣等目击时艰，毫无补救，咎实难辞"，奕䜣着交宗人府严加议处，宝鋆、沈桂芬等四名军机大臣也均交各衙门严议。结果，奕䜣等五人全部革职留任，"声震一时"。

1884年的中法战争，为慈禧太后打击恭亲王奕䜣找到了借口，并最终引发了"甲申易枢"，将奕䜣等总理衙门官员一撸到底。

中法战争爆发之前，清廷对法国强迫越南签订的《西贡条约》该如何应对，产生了不同的意见。有朝臣认为，法国罔顾中国宗主权，不予承认这一条约，也有人认为应对法国妥协。

面对法国对友邦越南的侵略以及对中国西南边境的严重威胁，加上安南王朝的求助，朝廷中的翁同龢、李鸿藻等军机大员和地方的一些官员，如两江总督左宗棠、两广总督张树声，以及后来从山西巡抚任上接替张树声成为两广总督的张之洞、驻法公使曾纪泽等，都主张应对法国强硬，认为对其侵略越南的行径"断无坐视之理"。

在越南问题上，慈禧太后也表示要对法国人强硬。但是当时她的态度并不是真的希望强硬，她心里有自己的小算盘。前面说过，她需要进一步稳固自己的权力和地位，不希望恭亲王奕䜣坐大，有一天权力盖过自己。因而，她此刻盘算的是如何削弱奕䜣的权力。怎么办呢？那就是通过越南问题的交涉分化恭亲王奕䜣的权力。对于越南问题，恭亲王奕䜣与李鸿章一样是主张对法国人妥协的。但是，恭亲王的亲弟弟醇亲王奕譞却是一个主战派，极力反对恭亲王对法国人妥协。这使慈禧太后感到，在打击恭亲王的行动中，醇亲王奕譞是一枚不能不利用的棋子。

醇亲王是道光帝的七子，醇亲王和奕䜣在同治的时候，意见就不甚合。醇亲王保守，恭亲王由于与洋人交涉较多，被醇亲王指责为是亲西方的。

天津教案发生之时，当时恭亲王支持曾国藩做出对法国赔偿、道歉的决定，醇亲王奕譞表达了自己的义愤，认为反洋教是人民爱国的表现，朝廷应该采用安抚的办法，而不是抓捕惩处。对于当时的处理结果，他愤而辞去御前大臣之职，并表示耻于与奕䜣等人同列。奕譞对奕䜣的不满，实际上是希望奕䜣下台。为此，奕譞甚至打奕䜣的小报告，向慈禧太后密报说，奕䜣不能胜任总理衙门的职务，企图将其外交大权夺到自己手里。

慈禧太后看透了奕譞的这点心思，就像一个公司的老板，很渴望自己的属下相互打小报告，认为那样管理者就可以把被管理者玩弄于股掌之中。

现在，面对法国侵犯越南，根据《西贡条约》，要清廷承认法国对越南的"保护"，恭亲王亦䜣和李鸿章采取了妥协的态度。醇亲王亦譞十分不满，上奏朝廷表示不能议和。

醇亲王的奏折，慈禧太后知道是出于爱国的"义愤"，对于朝政，也并无多大的益处，因而便留中不发。我们前边说过，恭亲王奕䜣、李鸿章对法国都是持妥协态度的，但是，他们的妥协态度却助长了法国人的嚣张气焰。1878 年，清军将领李扬才反叛入越事件，成了法国侵犯越南、诱发中法战争的导火索。

李扬才反叛入越事件，在法国人看来，有一些问题是不能容忍的。主要有两点：其一是李扬才反叛入越，在越南进行了破坏活动。越南政府在向清廷请愿时，再次重申了中越之间历史悠久的宗藩关系。其二，越南方面要求清廷派出军队助剿李扬才，并长期驻军越南。

这些问题，于法国政府来说，认为违反了 1874 年法越签订的《西贡条约》。根据该条约，除了法国之外，越南与其他国家没有隶属关系；越南遭到外敌袭扰或入侵时，只能请法国援助，没有向清廷请求援助的道理。因此，当越南向清廷请求援助时，法国为阻止中国军队进入越南，于 1878 年底，也以助剿李扬才为借口，出兵北圻，武力侵犯越南。这一侵略行径，法国却声称是为了践行他们的保护国制度。

法国进兵越南之时，法国海军殖民部部长波多曾经致函外交部部长瓦定敦说："我认为，不管是安南要求我们进行武装干涉——因为它本身无法维持政权而要我们帮它维持，或者是叛乱者通过突然的暴力行动占领东京

（北圻）后同我们交涉，我们在安南的保护国制度都应该切实地建立起来。"
在越南建立保护国制度将给法国带来巨大的利益。

对于波多的建议，法国外交部深以为然。波多遂于 1879 年 1 月 10 日
给交趾支那总督罗丰下达指示，要求他在越南尽快完成一些条约，以便推
行法国人的保护国制度。但是，要实现这些，需要人力、物力做后盾，交
趾支那总督并没有力量完成这一切。这使法国外交部非常气恼，感到应该
换一个有能力、有魄力的人来担当此任。当年 5 月，法国政府任命卢眉为
新的交趾支那总督。但是，卢眉上任后，北圻的局势已经发生了很大变化。
一是李扬才在中越军队的追剿下，已经全军覆没，只有李扬才带领几名亲
信狼狈逃脱；二是应越南政府的要求，清军仍然驻扎在北圻，帮助搜索李
扬才；三是越南政府正式提出要法国政府归还南圻六省。

这些新变化使法国政府感到，法国将失去在越南的利益。卢眉为此向
法国政府提出，希望政府尽快拿出一个可行的方案，尽快结束不断发生的
纠纷和麻烦。

卢眉提出这一要求之时，正值法国政局发生重大变化的时刻。麦克马
洪总统的下台也宣告了王党统治的结束，执政的刚必达内阁是殖民扩张的
激烈鼓吹者，甚至后来的茹费理内阁也是积极的殖民扩张主义者。刚必达
内阁刚开始执政，就把海军殖民部部长换成了极具侵略野心的游列居伯利。
此人上任后做的第一件事就是把扩大侵略北圻的纸上方案变成了实际行动。

1879 年 10 月，游列居伯利给瓦定敦写了一封信，信中提出了一个侵
略北圻的行动计划：

> （法国军队）必须进行一次远征。而根据我得到的情报，这次远征
> 不仅要征服东京，而且要在那里停留几年。三千名海军陆战队或炮兵
> 队，三千名安南部队，十二艘炮舰或通信舰，有了这些行动手段，我
> 们的目的就可以达到。

瓦定敦看了这个计划，知道如此重大的计划不是海军殖民部和外交部所能拍板定案的，于是便将这个计划交给法国议院讨论。法国议院讨论认为，这个计划在执行中也可能会给法国带来危害，没有予以批准。

进入1880年，应越南国王的要求，清军仍然驻在越南，帮助追剿李扬才余孽；非但如此，越南国王不顾法国殖民当局的反对，再次派遣使团到北京朝贡。这些情况，使法国政府感到必须尽快将越南纳入治下。当年7月26日，外交部部长法来西纳要游列居伯利制订一个吞并全越的行动计划，呈给法国议院。经过近一年的讨论，法国议院通过了这个计划，拨款二百五十万法郎，作为法国吞并越南的经费。

法国人决定吞并越南，作为宗主国的大清当然不能无所反应。慈禧太后一面让清军备战，一面让恭亲王奕䜣、李鸿章与法国人交涉。她在给二人的谕旨中说，"相度机宜，妥为筹办"，显然这是一个十分圆滑的谕令。"相度机宜，妥为筹办"，本就主张对法国妥协的恭亲王奕䜣错误地认为与法国妥协也是"相度机宜"的办法。错误的理解，也为慈禧太后后来发动"甲申易枢"，打击恭亲王埋下了伏笔。

作为妥协派的李鸿章，在对法的态度上与恭亲王是相通的。一线交涉大都是他在进行，然后直接向恭亲王汇报。对于法越签订的《西贡条约》，李鸿章与恭亲王都认为是可以承认的。

李鸿章与法国方面的交涉是什么情况呢？当法国军队进入河内之时，李鸿章奉恭亲王之命与时任法国驻华公使宝海交涉，交涉的过程当然是极尽妥协之能事。双方商定了三项内容：其一，进驻越南的清军退回到中国境内，或在中越边境若干里之处驻扎，法国声明没有侵犯中国领土的意图；其二，中国在保胜设通商口岸；其三，中法双方在滇桂界外与红河中间划界，界北归中国保护，界南归法国保护。这就是被史家所称的"李宝协议"。

但是，这些条件并没能使法国殖民扩张侵略分子感到满意。1883 年 2 月，法国政府换成了更加贪婪的茹费理内阁。茹费理一上台就推翻了这个初步协议，并召回驻华公使宝海，另派驻日公使脱利古为驻华公使，要他继续就越南问题与清廷交涉。

当年 6 月，脱利古到上海与李鸿章重开谈判。他对李鸿章说，中国不要再管越南的事情了，不得"视越为属国"。这样的要求李鸿章竟然也答应了。不仅如此，他给恭亲王报告交涉情况，说得很冠冕堂皇。他说，现在军队驻扎在越南，是要埋下中法冲突的隐患的。如果法越相争，战争很可能就会爆发，那样就会连累到清廷。所以，在交涉中，他同意"华不必明认属国，法不必明认保护"。但是对脱利古所要求的两点：中国不得帮助越南及承认法国在北越的地位，李鸿章则不敢明确表态。因为这时候，朝廷中反对派的声音还是很强大的，李鸿章也担心自己成为众矢之的。因而，谈判没有取得结果。

虽然如此，朝中指责李鸿章的声音还是很强烈的。既然恭亲王也奉命交涉，他自然也成为被攻击的对象。1883 年 7 月，慈禧命令醇亲王奕𫍽会同办理法越事宜。这表面上是给主战派一个交代，实际上摆明了是对奕䜣的打击，鼓励支持奕𫍽向奕䜣夺权。而此举，也可说是其后来罢免全体军机大臣的前奏。

1883 年 8 月，法军继续扩大侵略。继占领了河内之后，向越南中部进发，目标是越南首都顺化。法军直逼京师，越南国王十分慌张，不得已和法国签订了《顺化条约》，承认法国对越南具有保护权，这个条约完全暴露了法国灭亡越南的野心。条约签订后，越南人民纷纷起来抵抗法军。朝野听说这个消息后更是十分震惊，沿边将领都请求出兵抗法。面对清廷和越南人民的激烈反对，法国侵略者再次耍起了外交欺诈的伎俩。9 月 15 日，法国提出一个解决越南问题的方案，建议在北纬 21°—22° 之间划定一线，以北至中国边界为中立区，中法两国都不得占领；开放中国云南蛮耗为商埠，清军从北圻完全撤出；清政府承认《顺化条约》。

这个方案当然是让人难以接受的。况且，此刻朝廷中主战的声浪高涨。9月24日，慈禧太后专门召集群臣召开了御前会议。当时，翁同龢说："总以战备宜速，而讲（和）局亦未可中绝。应持者力持，应斡旋者斡旋。"翁同龢的主张是外交、备战两条途径应对。当天的御前会议上，十二岁的光绪帝第一次表达了自己的观点。他很认同翁同龢的观点，并表达了主战的倾向。这次御前会议后，翁同龢又向光绪帝说了李鸿章在与法国人的谈判中不顾法军侵占越南，只想与法国谈判代表脱利古议定划界通商之事。光绪帝听了，"亦令总署坚持不许也"，鲜明地表明反对对法妥协的立场。既然还是个孩子的光绪帝都反对妥协，总理衙门便提出了以河内为界，界北由清廷保护的方案。对这个方案，法方表示拒绝。这样的交涉又终无结果。

交涉不能取得成功，在主战派的鼓动下，只有交战一途了。一个明显的动向是，慈禧太后让总理衙门对刘永福进行奖励，并令对刘军"军火器械，尤应多为筹援"。1883年11月初，清廷又明令两广"军政当局，如法军来犯，即予抗击"。12月中，法军进攻驻守在越南山西的清军，清军被迫实行抵抗，这样便开始了中法战争的第一阶段。

对于中法越南战争，我们可以把它划分为两个阶段。第一阶段是1883年12月到1884年的陆上作战阶段，作战区域主要在越南北部和红河三角洲一带；第二阶段是1884年到1885年3月的海陆作战阶段，战争在中国境内和越南境内进行。

在第一阶段，让大清朝野产生震动的有两大战役，即1883年12月的山西之战和次年3月的北宁之战，这也成为慈禧太后对恭亲王奕䜣下手的借口。就说北宁之战，自从1884年3月7日法军由河内出发渡过红河，短短几天，法军便攻克了北宁；驻守在这里的清军仓皇而走，越南太原省的大部分地区、谅山、郎甲等地先后被法军占领。败讯传来，云贵总督岑毓英率领的滇军也是不战而退，撤到中越边境的河口、保胜一带，如此一来，又造成兴化、临洮、宣化也沦入敌手。

这又是一个敌人以少胜多的战例，再一次说明了清廷军事上的虚弱。清军败退，得到消息的慈禧太后既震惊又愤怒，堂堂天朝军队经过洋务改革，怎么还是如此不堪一击呢？面对如此败局，她自然要有所态度。她先是做了人事调整，惩治了一部分人，希望以此挽回局面。

3月16日，慈禧太后以光绪帝名义下了一道谕旨，说广西巡抚徐延旭驻守谅山却不知道积极整军备战，调度无方，造成了北宁的失陷，因此革去巡抚之职。但又要他收集败军，尽力抵抗。这是慈禧太后给他留下戴罪立功的余地。

在当天的谕旨中，慈禧太后又命湖南巡抚潘鼎新火速前往广西督办军务，由庞际云暂时代理湖南巡抚之职。

3月26日，慈禧太后又下了一道谕旨，仍然是惩治一部分官员。北宁之战，云南巡抚唐炯不是积极抗敌，而是率先退缩，致使军心涣散；北宁之败，其有很大责任，因此交刑部治罪。徐延旭丧权辱国，也交到刑部治罪，这一次，慈禧太后不再让他戴罪立功了。谕旨中，慈禧太后正式任命潘鼎新为广西巡抚；岑毓英虽然未被治罪，但权力也大为削弱，慈禧太后让云南巡抚张凯嵩与岑共同署理云贵事宜。

惩治北宁之败有关人员，慈禧太后打击奕䜣有两个理由。北宁之战前，恭亲王奕䜣力荐唐炯、徐延旭，慈禧太后对他们也寄予厚望。可是他们面对法军的少量兵力，却表现得不堪一击。慈禧太后愤懑之余，自然要拿恭亲王用人不察说事儿；再者，作为军机大臣的奕䜣在中法争端中主张通过外交妥协的途径来解决纷争，害怕与法军正面作战，这也导致了他力荐的徐延旭、唐炯等一线作战指挥大员持观望犹豫的态度，最终导致了北宁之战的失败。

说到这里，有读者会这样说，自咸丰帝去世，慈禧太后垂帘听政以来，对于列强的咄咄逼人、索要多端，她的外交原则好像都是以妥协退让的方式来保全；在过去的诸多外交事件中，奕䜣可以说也是亦步亦趋地按照她的意图行事。不过，过去是这样，但是这一次不一样。在朝中主战派的鼓动下，她感到对法国人的无度强索一味地委曲求全实在说不过去。中法战争之前，刘永福所率领的黑旗军在纸桥大战抗击法军的胜利，也使慈禧太后感到：外交谈判中，妥协退让解决不了的问题，也许通过战争手段能争得主动。

慈禧太后心态上的变化使得她一面着手军事行动，一面让在法国的曾纪泽积极与法国人交涉，坚持中国是越南宗主国地位，反对法国人侵越。但是，主张外交妥协解决争端的恭亲王并没有认识到慈禧太后的这种变化，对于她的抗战命令也没有很好地执行。

执行命令上的偏差是北宁之败的一个原因，正欲寻找恭亲王麻烦的慈禧太后便认为这是打击恭亲王的一个绝好机会，而且理由很冠冕堂皇。她说恭亲王所荐非人，造成前线战事指挥失当，还说恭亲王藐视朝廷，与法国人妥协。在惩治了一班人马之后，慈禧太后当着满朝文武的面指责恭亲王因循守旧，一味妥协，致使边备不整，海防无修。

慈禧太后说这番话的时候表情冷漠，可以说是声色俱厉的。恭亲王吓得大气都不敢出，满朝文武也是面面相觑，噤若寒蝉。这个场景，光绪帝的老师翁同龢在他的日记中写道：

> 今日入对时，谕及边防不靖、疆臣因循、国用空虚、海防粉饰，不可以对祖宗。臣等惭惧，何以自容乎！退而思之，沾汗不已。

慈禧太后一番雷霆大怒之后，在4月8日下了道谕旨：

> 恭亲王奕䜣等人始尚小心匡弼，继则委蛇保荣，进年爵禄日崇，

因徇日甚，每于朝廷振作求治之意谬执成见，不肯实力奉行，屡经言者论列，或目为壅蔽，或劾其委靡，或谓簠簋不饬，或谓昧于知人。本朝家法甚严，若谓其如前代之窃权乱政，不唯居心所不敢，亦实法律所不容。只以上数端，贻误已非浅鲜，若不改图，专务姑息，何以仰副列圣之伟烈贻谋。将来皇帝亲政，又安能诸臻上理。

因此，免去奕䜣、宝鋆、李鸿藻、翁同龢等人在总理衙门和军机处的一切职务。并说恭亲王身体不好，回家养病去吧，朝中的事情就不劳恭亲王费心了。

慈禧太后借山西、北宁战败之事将恭亲王一撸到底后，军机处和总理衙门出现了权力真空。怎么办呢？慈禧找醇亲王奕譞商议。奕譞本来就对总理衙门和军机处的权力虎视眈眈，但是，他是光绪帝生父，不便入主军机处，便举荐了礼亲王世铎担任首席军机大臣。

世铎实际上也是一个草包，军机首揆由其担任，不过是充当奕譞的傀儡而已。同时，在改组军机处的第二日，慈禧又发布上谕："军机处遇有紧要事件，着会同醇亲王奕譞商办，俟皇帝亲政后再降谕旨。"这样一来就为醇亲王奕譞后来的参政铺平了道路。

可悲的是，取代奕䜣集团的奕譞、世铎、奕劻、孙毓汶等人，思想守旧，能力平庸，品格贪劣，他们当政后，"时局日非，遂如江河之日下矣"。

奕䜣的经历是总署大臣中最有代表性的；除他之外，后来还有不少总理衙门官员在朝内政争的舞台上充当了悲剧角色。汪鸣銮、翁同龢、张荫桓是中日甲午战争期间所形成的"帝党"的中心人物，光绪帝对他们十分信任，这使得"后党"和慈禧非常忌恨，寻机去除。结果汪鸣銮于1885年冬被革职永不叙用；翁同龢于戊戌政变后被革职永不叙用，交地方官严加管束；张荫桓则于政变后革职入狱，初拟斩决，后改谪戍新疆，1900年又被载漪等"矫诏"，斩杀于戍所。袁昶、徐用仪、许景澄、联元四名总理衙门大臣，在义和团运动时期，力主"剿团"，主张保护外国使臣、反对贸然宣战；袁、许曾接连上疏，严劾载漪、刚毅等人误国。由于忤逆了慈禧的意愿，四人先后被论斩弃市。对此，"举国称冤"，而徐桐还说是"死且有余辜"。概而言之，总理衙门主要大臣的升降沉浮，就是晚清四十年政争史的缩影。

4. "羁縻"政策下的妥协与抗争

总理衙门的官员在官场的权力斗争中浮沉，但面对外强却是在妥协与抗争的矛盾中前行的。

说其妥协，可以归结为一点，就是"守成外交"；说其抗争，往往又是内政外交的不得已。

我们知道，总理衙门是作为清廷的外交机构而设立的，从1861年到1901年改设外务部的四十余年间，虽然权力不断扩大，但外交一直是它的主要职责。其长期以来所坚持的"守成外交"就是"守定和约"，按照签订的不平等条约办理外交。按照条约办理外交，这一原则又是从历代王朝推行的所谓"羁縻"政策中转变而来的。

"羁縻"政策由来已久，是中国封建王朝为处理与周边国家和少数民族关系而采取的一种政策原则，其间包含着维系、笼络、束缚、驾驭的思想。《史记》载"盖闻天子之于夷狄也，其义羁縻勿绝而已"，就是这个道理。

进入近代中国，鸦片战争中，列强的坚船利炮打开中国的大门；在被动挨打的情况下，"羁縻"政策更是被腐朽的清廷发挥得淋漓尽致。可以说，《南京条约》就是"羁縻"思想主导下的产物。

1842年8月，鸦片战争进入最后阶段。为迫使清廷接受英国提出的条件，英国驻华公使璞鼎查率军兵临南京城下，做出攻城的样子。清朝慌忙派人谈判，谈判中频频使出"羁縻"手段。1842年8月12日，中英双方开始议和谈判。中英双方的谈判地点设在南京静海寺，这是第一次谈判。中方的代表是耆英、齐慎、张喜和陈志刚等人；英方的代表是璞鼎查。谈判一开始，璞鼎查就开出了条件。条件当然是苛刻的，内容是：

一、索赔款两千一百万元，本年度先交六百万元，其余分年还清；二、将香港割让英国，并开放广州、福州、厦门、宁波、上海为通商口岸；三、中英双方官员用平行礼相见。

对于这些条件，璞鼎查表示，只要中方答应签订条约即可罢兵，否则立即进攻南京。正在耆英、伊里布准备奏请道光帝时，璞鼎查又说，中方没有议和的诚意，扬言再战。道光帝只好让耆英"暂行羁縻"。

经过谈判，中英双方于 8 月 29 日正式签订《南京条约》。《南京条约》的签订让英国人喜出望外。兵临城下的恫吓，竟然可以使他们得到巨大的收获。作为全权外交公使的璞鼎查可以志得意满地向他的女王汇报在中国的"成果"了。根据规定，条约签订后，英舰将陆续离开南京。到 1842 年10 月 2 日，英舰已完全退出南京。

《南京条约》的签订，正是"羁縻"论调下的产物。当时，为使道光皇帝同意签订不平等条约，投降派耆英在给道光帝的奏折中说"战则士气不振，守则兵数不敷"，"舍羁縻之外，别无他策"。基于这样的论调，本就毫无主见的道光帝决定向英妥协。

《南京条约》签订后，道光、咸丰两朝为维护王朝的稳定，似乎得出经验，都把"羁縻"作为对外政策的方针，可以使列强停止对国土的侵略，停止对清朝的多端索要。事实并非如此。在侵略中国和向中国索要的问题上，列强并不会因为清廷的妥协而就此止步，而是得寸进尺。第二次鸦片战争就是如此。清廷一步步地妥协，而列强一步步地进逼，使得《北京条约》成为代价极高的"羁縻"；负责与英、法谈判的恭亲王奕䜣不无感慨地说："约内所允各款，已遂其贪婪之心，是该夷连年所欲得者，现皆如愿而偿，初非从前及战屡和、空事羁縻、毫无把握者可比。"

经过第二次鸦片战争的劫难，恭亲王奕䜣更是感到外交的艰难不是简单的"羁縻"所能解决的，认识到了改革外交的迫切性和重要性，因而建议设立总理衙门。遗憾的是，由于当时大清朝野仍缺少国际知识，对国际外交知之甚少，仍把"羁縻"作为对外关系的准则。在这种准则的指导下，清廷的外交在妥协与抗争中艰难前行。

清廷把"羁縻"政策作为对外关系的准则，其本质是想以此换取和平，妥协的程度又因国际形势、国内政治的变化而变化，恭亲王奕䜣常说的一句话就是"两害相形，则取其轻"。这样的论说，在《北京条约》签订后以及同治皇帝登基初年就不乏其例。

1860年《北京条约》签订，恭亲王奕䜣为自己辩解，对敌"羁縻"也是迫不得已，当时的形势是战与守都没有什么凭依，与敌作战则形势更加为难，迫不得已采取"羁縻"之策，"权宜办理，以救目前之急"。不止《北京条约》的签订是如此，后来总理衙门的成立更是如此。同治初，总理衙门在一份奏折中宣称："办理外国之事，非恐决裂，即涉牵（迁）就，势本难以两全。两害相形，则取其轻，实未敢因避迁就之讥，致蹈决裂之害。"看来，清廷的"羁縻"政策是因时、因地、因事而发生变化的。

在这种趋势下，清廷在涉及教案发生、领土纠纷、通商贸易、保护侨民等对外交涉中，无不体现着内政与外交关系的形势的变化。

1861年，针对太平天国占据江南半壁江山的危难形势，在处理对外关系的问题上，恭亲王奕䜣所领导的总理衙门在给朝廷所上的"统筹全局折"中，把中外关系比作三国时代的"蜀""吴"关系。奏折中说，"该夷虽非吴蜀与国之比，而为我仇敌，则事势相同"。认为当前的形势是"发捻"为"心腹之害"，俄国为"肘腋之忧"，英国为"肢体之患"。这是他们对咸末同初国内外局势的认识和判断，应该说这些看法基本上符合当时的客观实际。当时英、法、俄都没有灭亡清王朝的意图，只有太平天国和捻军是以推翻清王朝为目标的，奕䜣等人提出的"灭发捻为先，治俄次之，治英又次之"，是清政府在当时的政治总战略。这一战略的出发点就是维护清王朝的封建统治，谁要推翻它，谁就是主要敌人。

镇压太平天国运动是如此，后来发生的义和团运动，清廷更包含着这种趋利性。我们知道，对于义和团运动，清廷开始支持，后来则积极镇压。

义和团运动的发生与清廷准许德国人租借胶州湾息息相关，具有反侵略性质。义和团反抗外国侵略，是从山东冠县梨园屯开始的，当时还有些反洋教的色彩。冠县梨园屯位于直隶与山东交界处，这里也是洋教比较盛行之地；第二次鸦片战争后，法国人就在此设有教堂。此后，德国人、英国人都在此设有教堂。这些教堂同样都是欺压人民、鱼肉百姓的。深受其害的梨园屯及其"教堂林立"的周围地区的人民自然要起来反抗。这也引起了当地政府的警惕，把这些地区看作"教中吃紧之区"，诬为"盗贼匪窝"，"拳教渊薮"。

冠县梨园屯人民的反洋教斗争，遭到了洋教士和当地官府的镇压。但百姓并不屈服，他们联合直隶、山东、河南三省交界的百姓一起抗争，从而使梨园屯的反教斗争走向了一个新的阶段。他们组成了"义和拳"的团练组织，声势不断扩大。

义和团的发展壮大，对外国侵略势力造成极大的冲击。列强们要求清廷对义和团进行打击和镇压。起初，清廷对义和团是采取纵容态度的。在维新变法失败之前，山东地方官张汝梅曾经给光绪帝上了一道奏折，说正在山东、直隶交界处活跃的义和拳实际上是咸丰、同治年间创立的乡团，建议清廷充分考虑"化私会为公举，改拳勇为民团"，适时决定"督饬地方官吏剀切劝谕，严密禁察，将拳民列诸乡团之内，听其自卫身家，守望相助"。

张汝梅的想法是，将民间这种日益增长的反抗外国人的力量纳入政府统一管理的轨道，利用这些力量与外国侵略势力进行抗争。张汝梅的奏折上达朝廷的时候，光绪帝和慈禧太后并没有表明态度；但有一点可以肯定，对张汝梅的做法，他们是默认的，要不然义和拳也不可能得以迅速发展壮大。借助义和拳这样一种力量反对外国侵略，改"拳勇为民团"便成为山东地方对待义和拳、大刀会这些组织的招抚方针。以后，官方也将之称为"义和团"。这种力量的官方化，使得河北、直隶、奉天等地纷纷效仿，将这些组织改成民团，纳入政府管理轨道。这种形式还有一个好处，就是很大程度上遏制了这些地区长期存在的秘密结社等不安定因素。毓贤继张汝梅执掌山东后，继续推行这一政策。他一方面禁止民间私立大刀会、义和拳等名目的拳会，另一方面命令地方官员认真稽查，"凡属私团，概行归官督率办理"，以杜流弊。

列强要地方官镇压义和团，地方官却采取纵容态度，这当然使镇压义和团行动不能奏效。1899年2月，美国驻华公使康格来到总理衙门向庆亲王奕劻提出抗议，要求清廷出兵镇压山东义和团的仇教活动。随后，英、德、法公使也提出同样的要求。抗议归抗议，执政山东的毓贤仍然是消极的"执行"。

毓贤镇压义和团不力，令美、英、法、德等国公使非常不满。1899年12月，康格再次来到总理衙门，这一次康格很气急败坏。他说，山东巡抚毓贤不能阻止义和团的排外活动，清国政府应该撤掉他的巡抚之职，选派一个能够平定义和团的人去治理。

面对列强的要求，慈禧太后原本是这么想的：如果在废黜光绪帝的问题上西方能够支持她，义和团还是可以镇压的。慈禧太后先是在义和团的问题上采取了妥协态度，希望以此换取列强支持她发动戊戌政变后重掌大权的回报。慈禧太后于当月派袁世凯署理山东巡抚。12月30日，在肥城发生了英国传教士卜鲁克斯被杀案，总理衙门立即命袁世凯尽速缉拿凶犯。袁世凯逮捕了多人，将其中二人处死，其余的也分别判刑；此外又赔银九千两和空地五亩，为教会建教堂，再以银五百两竖立一座

"纪念碑"。不但如此，慈禧太后和光绪帝还写信给英使对卜鲁克斯之死表示遗憾。

但是，慈禧太后投桃，列强没有报李。在废黜光绪帝的问题上，列强仍然表现出强烈的关切。慈禧对外释放消息说光绪病重，公使团派人频频探询病况，英使窦纳乐竟然警告说："假如光绪帝在这政局变化之际死了，将在西洋各国之间产生不利于中国的后果。"

1900年1月24日，是确立溥儁为皇位继承人的日子。清廷让李鸿章请各国公使入宫致贺，但遭到了公使们的婉言谢绝。非但如此，1900年的春节刚过，列强的军舰便集结北上，以示对慈禧太后废帝和镇压义和团不力的不满。

列强的举动，使得慈禧太后对他们的怨恨更深。她一改让袁世凯缉拿杀害传教士凶犯（义和团民）时的姿态，再次对义和团采取了纵容的态度。1900年1月11日，她以光绪帝的名义发了一个对义和团相对妥协的谕旨，要求各地督抚在对义和团进行镇压的时候，不可将那些集众习武者盲目地视为会匪，不要扩大打击面，若安分良民，或习技艺以卫身家，或联村众以互保闾里，是本着守望相助之义。各级各地官员若遇有民教冲突，万不可良莠不分，而应持平办理。

这个谕旨使列强感到慈禧太后镇压义和团的态度并不积极。谕旨晓谕各省巡抚等地方官员，对民间秘密结社分子要温和对待，"首要的是不要惩罚一个无辜的人，不论他干过什么"。

各国公使对这个模棱两可、含混不清的上谕很有些不满，认为是对义和团的包庇和纵容。公使们的担心是有道理的。当清廷在御史们的压力下发布上谕，强调"化大为小，化有为无"，各地又走向了分化安抚与打击并重的老路，本已开始消散的义和团再次蠢蠢欲动，并很快由"初起时专掠教民"、破坏教堂发展为排斥洋人。他们打着"扶清灭洋"的旗号，对洋人"任意抢掠，直掠至距省卅里"。

面对烽火又起的社团力量，英国公使窦纳乐并不打算向清廷表达不满，他将此视为清廷不能有效地兑现曾经做出的严厉镇压义和团承诺的证据。

相比之下，德国公使克林德获知 1 月 11 日的上谕，情绪比较激昂。他让自己的属下葛尔士去总理衙门了解情况。总理衙门回答说，太后的第二道谕旨只意味着鼓舞各社会团体实行互助保护和做些体操锻炼，绝没有伤害和平的德国人的意图。然而，英国公使窦纳乐对这样的解释很不满意。他和公使们谈话时说："如果再伤害，我们真要发狂了，让他们也知道我们的厉害。"

1 月 23 日，法国驻华公使毕盛向美、德、英驻华公使提出建议，召开四国公使联合会议，商讨如何应对义和团对传教活动的破坏。因为法国传教活动在山东以及华北最为活跃，所以表现得尤为积极。24 日的联合会议，四国公使并没有讨论出一个有效的结果。25 日，四国公使在英国公使馆继续会商，讨论的结果是：各国联合起来，共同向清廷施压，从而使清廷产生忌惮。

1 月 27 日，四国公使联合向总理衙门发出照会。照会说，清廷 1 月 11 日发布的上谕中一些措辞是不适当的，这造成了一种印象，即清朝对义和团与大刀会这样的排斥外国人的组织存在好感，对他们采取了纵容态度。这些组织从上谕中会得到鼓励，更加疯狂地对外国人及基督教施加暴力。照会还说，这种行径对任何文明国家来说都是一种耻辱。照会还特别注明，因为义和团、大刀会这些组织打出的都是"灭洋"旗号，因此，强烈要求清朝政府发布一道措辞严厉的上谕，下令各地对这些组织进行全面的镇压与取缔。

对于清廷该如何发布措辞严厉的上谕，四国公使的照会把文字的大致内容也拟好了，就是要求清廷在上谕中清楚地说明，凡是加入这两个结社中任何一个或窝藏其任何成员者，均为触犯中国法律的刑事犯罪。

四国公使的照会才刚刚发出，得知此情的意大利公使也立即给总理衙门发出了一个内容大致类似的照会。中国各地的排教活动，当然也波及了意大利人，意大利公使为此感到很头痛。现在借此之机，意大利公使很快便加入四国公使的阵营，组成了五国公使联盟，共同向清廷施压。

总理衙门收到照会后，并没有立即做出答复。原因是1月24日宣布正式立储之事引起了国内不小的震荡，各地反对之声甚嚣尘上。总理衙门因为这种混乱而受到慈禧太后的责骂，事情便拖了下来。到了2月21日，五国公使见总理衙门没有做出答复，便又联合发出照会，要求总理衙门做出答复，并表示要与执掌总理衙门的庆亲王奕劻会晤。

3月2日，英、美、德、法、意五国公使如约来到总理衙门，庆亲王奕劻早已在那里等候。一见面，英国公使窦纳乐就说，他代表五国公使表达对清廷镇压义和团、大刀会的一些看法，重申要求清廷再次发布严厉镇压义和团和大刀会的上谕，并要求谕旨全文必须在公开出版的官方公报上发表。德国公使克林德强调，清廷3月1日送来的上谕虽然提到要取缔义和团，但是没有提及取缔大刀会，而这两个秘密结社必须取缔是各国的一致要求。

会晤中，各国公使都发表了自己的看法，庆亲王奕劻则一一解释。他说，我朝对民间结社所犯的罪行处理起来是认真的，上谕也要求有关督抚严格办理。至于上谕中没有提及大刀会，是因为朝廷认为它和义和团是同一组织。

经过庆亲王的解释，各国公使当时表示接受该上谕有镇压义和团等组织的意思，但对于清廷的诚意仍然表示怀疑。3月10日，五国公使再次组织起来，召开联合会议，要求清廷以更坚决的态度镇压义和团；如果不能接受这一要求或者形势没有得到根本改善，那么各国将为了其侨民的生命财产安全而采取必要的措施或者联合军事行动。这次会议召开半个月后，英国军舰"仙女"号和"快捷"号由上海驶抵大沽。4月6日，英、美、德、法四国公使奉其政府密令再次发出联合照会，限令清廷在两月以内"悉将义和团匪一律剿除，否则将派水陆各军，驰入山东直隶两省，代为剿平"。4月12日，俄、英、法等国军舰群集大沽口外海面，向中国炫耀武力。

列强故技重演，派军舰向清廷施压。慈禧太后对此又气又恨，虽然想报复洋人，但感到国力不支，又采取了妥协的方针。4月13日，慈禧太后以光绪帝名义再发上谕，谕令直隶总督立即取缔义和团。第二天，这个上谕发布在《京报》上。列强们看到这个上谕很是满意，知道慈禧太后害怕了。英国驻华公使窦纳乐不无得意地说，清廷终于开始展现出镇压这一反基督教团体的真正行动。虽然清廷向列强们表示了妥协，开始转向镇压义和团，但在列强派出军舰示威期间，义和团势力却在京津之地呈现出更加迅猛的发展势头。如此一来，列强于4月26日再次联合照会总理衙门，要求清廷尽快办理，否则各国将自行派兵。

列强要调兵来，慈禧太后不能不想到1860年英法联军攻占北京，火烧圆明园，她随咸丰帝逃亡热河的遭遇，至今仍心有余悸。况且，洋兵一来，京师之地恐又遭生灵涂炭。她不得不再次派出军队镇压义和团，可是清军在作战中显示了混乱和无能。在5月20日的作战中，义和团一鼓作气，在涞水把清军打得落花流水，真有点像太平天国的重演。经此一役，义和团的声势更加高涨，也使慈禧太后陷入进退维谷的矛盾之中。

义和团一举击败清军，列强们也很恐慌，再次提出调兵镇压义和团的要求，并给总理衙门发出照会，提出镇压义和团的具体措施，要求总理衙门立即做出答复。列强们是在5月21日发出照会的，具体措施是：

拘办拳民练团纠党传布揭帖拘；拳民聚会之处无论寺庙民居，将其住持屋主一并收监；将拘办拳民不力之员概行惩处；将为首焚杀之拳众一并正法；将纵拳之人尽行诛戮；直隶与邻省有拳团之处，地方官出示严禁。

　　总理衙门看了这个照会，即表示会立即剿办并"严禁该会"，但列强各国对这个答复并不满意，实际上仍然想找借口调兵进北京。5月28日，列强公使再次举行会议，一致"同意不失时机地调来卫队保卫各国使馆"。并照会清总理衙门，声称"奥、英、法、德、意、日、俄、美等国公使已决定调集特遣队立即前来北京，并要求提供运输便利"。

　　看来这一次提出调兵的要求，不再是动嘴皮子功夫的恫吓，而是来真格的。庆亲王奕劻慌忙向慈禧太后做了奏报。对于洋人的要求，认为妥协是上策的慈禧太后竟然答应了。这样，奕劻向各国公使做出答复，允许各国调入三百名士兵作为他们维护使馆的卫队。但是，这个卫队在6月初组成后，列强们却立即在沿海集结了二十多艘军舰，为进入北京城做准备。

　　6月10日，英国公使窦纳乐向英国海军发出求援，要求派出军队进入北京，英国海军上将西摩尔立即率领两千名士兵从天津向北京挺进。

　　消息传来，慈禧太后的心理又发生了变化。她感到，即便是妥协，列强还是有进兵北京的可能。况且，慈禧太后因在废立皇帝的问题上，对列强各国产生的怒火仍未平息；她越发感到，这一牵动其心的悬案之所以迟迟不能完全落实，其症结在于列强的干预。

　　强烈的报复心再度燃烧起来了。就在西摩尔率军向北京城挺进的当天，总理衙门做了重大人事调整，庆亲王奕劻被慈禧太后停职下课了，代替他执掌总理衙门的是端郡王载漪，启秀为总理衙门办事大臣。这些人都是极端排外分子。

　　就在慈禧太后对总理衙门进行人事调整的前几天，她曾经派刑部尚书赵舒翘出京"宣抚"团民；但是，她也没有想到，这个举动使得义和团认为朝廷是支持他们的，团民们开始涌进北京城。

　　义和团涌进北京城，理由是反对列强进兵京师。6月15日，进入北京城的义和团立即围攻了外国使馆。第二天，日本使馆书记官杉山彬为清军董福祥部所杀。据说载漪抚摸着董的背部，伸出大拇指赞曰："汝真好汉，各大帅能尽如尔胆量，洋人不足平矣！"搞得这个曾经被左宗棠所赏识的驴贩子、回民起义的被招安者有些飘飘然。

但是，义和团对列强所采取的行动，更加速了后者武装干涉的步伐。由于内外形势出现了日趋复杂的尖锐局面，所以慈禧太后也就不得不面对这种现实了。不过在复杂的局面中，她向来以对其皇太后统治地位的威胁程度来决定对策。

慈禧太后在洋人与义和团之间态度上的矛盾重重，也是因为朝中大臣对义和团的态度不一。她的亲信荣禄，吏部侍郎许景澄，总理衙门大臣袁昶、联元，封疆大吏李鸿章、刘坤一、袁世凯主张剿杀，当然是担心义和团坐大，局面难以收拾；而端郡王载漪、庄郡王载勋、贝勒载濂、大学士徐桐、军机大臣刚毅以及刑部尚书赵舒翘等认为应该安抚，为朝廷所用。当然，这些人也是因为洋人干涉他们的废帝行动，干涉到他们的"家事"了。掺杂着这种私心，使得他们对义和团极力支持。

朝中大臣态度不一，怎么办呢？在义和团涌进北京城的第二天，矛盾的慈禧太后再次召集群臣召开了一个御前会议，商量对策。她还让光绪帝发布谕令"着荣禄速派武卫中军得力队伍，即日前往东交民巷一带，将各使馆实力保卫，不得稍有疏虞"。直到慈禧太后决定要对列强同时宣战的最后时刻，她还是"执定不同洋人破脸"。当时，慈禧太后曾从天津、北京调集了一些军队，但其目的又是为了准备"攻期攀民"，根本不是准备抵抗侵略的措施。此后，由于八国联军不断向大沽口海域集结，这无疑又给她施加了压力。同时，反帝斗志日益高昂的义和团民，也加速向天津、北京推进，进一步使慈禧太后陷入"剿抚两难"的困境。

义和团冲进北京城对外国人不容分说就是一通滥杀，实际上对慈禧太后是一种激励。她很解气，很有些赌徒性质地准备把宝押在义和团的身上。但是，她又知道利用义和团存在很大的风险。且不说义和团的尾大不掉是否会危及朝纲，列强一旦像咸丰朝那样发动大规模的报复行动，那清廷肯定是要遭受比 1860 年更为惨痛的劫难。

准备把宝押在义和团身上的慈禧太后，又使出她一贯的卑劣伎俩，再次把光绪帝拉出来作为垫背。如果义和团阻止外国人成功，则皆大欢喜；如果失败，洋人报复，那光绪帝作为谕令的发布者，就会成为"罪人"。从 6 月 16 日到 6 月 19 日连续召开了四次御前会议。朝臣们为是否应该利用义和团打击外国侵略势力争论不休。慈禧太后在 16 日第一次御前会议上就一副假惺惺的姿态让光绪帝做主。

对于义和团，光绪帝是持剿灭态度的。在 6 月 17 日第二次御前会议上，没有丝毫权力的光绪帝以大局为重，仍然谈了自己的观点。他对山东、直隶纵容义和团的态度很是不满。光绪帝表态了，一些主张剿灭义和团的大臣，便趁势也发表自己的主张。翰林院侍读学士刘永亨官阶并不高，在当时的诸大臣中，他是站在后面的；这时候他由后排膝行而前，高声奏道：臣以为可让董福祥领兵驱逐拳匪。

刘永亨还没说完，端郡王载漪就伸出手指厉声喝道：好，此即失人心第一法。吓得刘永亨当即闭紧了嘴巴。此时，站在殿外的总理衙门大臣袁昶也说道，臣袁昶有奏。慈禧命李莲英传话，让袁入奏。袁说：义和团只不过是造反者，万不可恃，就令有邪术，自古及今，断无仗此成事者。太后反驳说："法术不足恃，岂人心也不足恃乎？今日中国积弱已极，所仗者人心耳，若并人心而失之，何以立国？"

慈禧太后冠冕堂皇的话，显然有偏袒义和团的嫌疑。但是，继袁昶之后，仍然有臣子大着胆子向慈禧进言。先是大理寺少卿张亨嘉提出捕杀义和团头头可以平息列强的怒气；翰林院侍读学士朱祖谋干脆直截了当地说，太后信拳匪乱西洋可恃者何人？慈禧回答说，可恃者董福祥。朱祖谋则说，董福祥是第一个不可恃之人。慈禧听了此言，脸色立时大变。她怒道：你说董福祥不足恃，你给我保个人来！朱祖谋仓促不能对……朱祖谋退出的时候，太后"犹怒目送之"。

慈禧太后说让光绪帝做主，态度上却倾向于义和团，这摆明了是让光绪帝难堪。她对朱祖谋等人反对依仗义和团之言的呵斥，正反映了她的态度。还别说，慈禧太后的这种态度，还真顺应了一些民心。最起码在义和团一干人众的心里，慈禧太后是圣明的；什么光绪帝、康有为维新派人士都是里通外国的二毛子，理应杀掉。特别是像康有为这样主张与英国、日本联盟结邦的人，最好把他引渡回来，交给义和团一刀砍掉，以儆效尤。

义和团认为光绪帝也是二毛子，让慈禧太后很有一种吃了葡萄干般的甜爽。因而在 6 月 18 日的第三次御前会议上，她更坚定了自己的态度，大有与列强一决雌雄的想法。当天下午的会议，慈禧太后及端郡王等人控制了整个会议。会议开始的时候，总理衙门大臣联元奏报了两江总督刘坤一与湖广总督张之洞等人发来的电报，建议朝廷为大局计，剿灭义和团。电报中说，乱民不但不可保国，外兵深入，大局难控，到时候后悔都来不及。

这样的电报，慈禧太后根本听不进去。载漪更是很有些不耐烦地打断联元的奏报，上奏慈禧太后说，应该趁义和团围攻外国使馆之际，一鼓作气使洋人屈服。慈禧太后当即"许允"。这不是赤裸裸地要与洋人开战吗？即便是慈禧太后的亲信荣禄对这种蛮干之举也不敢认同。荣禄很担心慈禧太后支持围攻使馆，造成不可收拾的局面，更不应该鸡蛋碰石头地对外国宣战，而应保护外国使馆。但是荣禄的劝告，慈禧太后也听不进去。

慈禧太后战意已决，可谓覆水难收。她如此一反常态地要与列强决战，光绪帝当然知道慈禧太后的险恶用心，是敛权与废帝的动机使然。虽然如此，面对国家危难局面，他却未顾及个人的处境与安危，仍利用得到的这点有限发言权"侃侃而谈"，尽力表述自己的见解和主张。

当然，对于义和团，光绪帝是站在了它的对立面，并对其怀有明显的偏见。不言而喻，他虽然遭到慈禧太后的打击，又处于被禁的状况，但毕竟还占着皇帝的位置。因此，光绪帝看不到人民群众中蕴藏的巨大反帝力量，对之持以蔑视的态度，是可以想见的。事实上，在维护清廷这一基点上，他与慈禧太后并无本质的区别。

光绪帝认为，在列强"合而谋我"这一总的前提下，"中国积衰"、敌我力量对比悬殊，并鉴于甲午中日战争"创巨痛深"的教训，认为"寡不可以敌众，弱不可以敌强"，反对同时与八国开战，主张只有议和，才不致使中国在大兵入境的情况下，再给国家和人民带来无法挽回的巨大伤害，才能使中国在与列强的交涉中获得一点主动地位。

总之，在当时那种特定的情况下，光绪帝是力图从维护朝廷（国家）与"民命"的大局出发的。他与慈禧太后及载漪等人的出发点截然不同，这就是他们主战、主和分歧的焦点。但是，"以民命为儿戏"的慈禧太后在数次御前会议之后，又观察了朝野以及列强的动向，于6月21日又召集她信得过的人召开了一次会议，毅然决然地以光绪帝的名义正式发布了宣战谕令。

宣战后，清军、义和团在列强面前再次不堪一击。慈禧太后为讨得与列强议和，不使列强问罪于她，再一次走上了打击义和团的道路上；并提出了"量中华之物力，结与国之欢心"的妥协羁縻政策，使清廷通过四亿五千万两的巨额赔款结束了这场荒唐的战争和帝国主义对她"战争首犯"的赦免。

一个个事件证明，清廷的"羁縻"是站在维护自身利益、维护王朝统治基础上的"羁縻"。因而，这其中包含着妥协与抗争，并在这种矛盾中艰难前行。

5. 逼出来的改革

总理衙门从设立到义和团运动的发生，一晃四十年过去了，它所发挥的外交、通商以及其他职能作用有目共睹。然而，西方国家对它却是愈发不满意。在 1875 年滇案的交涉中，英国驻华公使威妥玛就公然指责总理衙门说，"总署（总理衙门）向来总云从容商办，究是一件不办，今日骗我，明日敷衍我，以后我断不能受骗了"，"非先换总署几个人不可"，"实信不过总理衙门，所说之话，所办之事，全是骗人"。威妥玛对总理大臣文祥、沈桂芬亦极不满意，称：

> 我在中国当了七年驻京大臣，受尽文中堂磨折，怄气已多。今文中堂去世，又有沈中堂，办事也是一样路数，无非薄待洋人，欺瞒哄骗，不免有种种爽约之处。

威妥玛认为清廷总理衙门办理外交存在诸多问题，因而他归国后对清廷总理衙门大加讽刺，认为应当改革。中国的总理衙门与欧洲各国外交部迥然不同：凡是外国使节到总理衙门办事，总理衙门必然备下美酒、饮料、水果款待，王大臣也依次而坐，仿佛外国人到总理衙门是为了吃喝似的。特别是中国负责外交事务的官员，遇事敷衍，既无人敢于负责，也无人敢于公开表述个人的意见。在与外国使臣交涉时，常常是外国使节提出问题，总理衙门的官员则你看看我，我看看你，并不敢发言；当亲王发言时，则官员们轰然响应。"一日余至署，诸人相顾无敢先发一语。余不能复耐，乃先发言曰：'今日天气甚好。'而诸人尚不敢言，唯沈君某者似觉不可复默，乃首答曰：'今日天气果好。'於是王大臣莫不曰：'今日天气果好。'"时人认为，威妥玛的言论虽然有夸大其词的成分，但的确道出了中国官场的这一怪现象。

外国指责总理衙门在办理外交过程中敷衍塞责，并非空穴来风。后来交涉日益艰难，总理衙门在交涉外交的问题上并未能总揽，而是把许多外交事务交由南洋、北洋分揽。这种情况，英国的一位外交官一语中的地说，北洋大臣李鸿章"甚至不想掩盖他实际上是中国的外交大臣这一事实"，

"像现在这样组成，这样管理的总理衙门，只不过是李鸿章大学士在天津的衙门的一个分支机关"。这种地方大员分掌部分，甚至是大部分国家外交权的状况，有时有利于外国对华外交讹诈，攫取各种侵略特权，但在很多情况下又会不利于他们的对华总体外交。1897年李鸿章出访欧美五国时，英国驻华公使曾为此大发牢骚说：本大臣之所以驻扎北京，"非以北京为乐土也"，实因北京应握有外交实权，不意"贵国之掌外交者，反在数百里外"。第二次鸦片战争以前，西方"各国叹华权之散漫。既战以后，特派驻京公使，复请中朝设立总署，以收外省之权"。不料总理衙门设立后，一切仍旧，"明明应问京师之事，反令驰诣天津（直隶总督衙门）"。西方各国强烈要求清廷改变这一状况，俾使外国公使可"安处于京师，不再奔问于外省"。

不仅外国外交官认为清廷总理衙门存在问题颇多，需要改革，当时清廷的一些官员也认为总理衙门存在问题。1898年9月13日，刑部郎中沈瑞琳曾指出：

　　夫铨叙之政，吏部主之，今则出洋大臣期满，专由该（总理）衙门请旨；海关道记名，专保该衙门章京，而吏部仅司注册而已。出纳之令，户部掌之，今则指拨海关税项，存储出洋公费，悉由该衙门主持，而户部仅司销核而已。互市以来，各国公使联翩驻京，租界约章之议，燕劳赉赐之繁，皆该衙门任之，而礼部主客之仪如虚设矣。海防事起，力求振作，采购战舰、军械，创设电报、邮政，皆该衙门专之，而兵部武库、车驾之制，可裁并矣。法律本掌于刑部，自各国以公法相持，凡交涉词讼之曲直……甚或教案一出，教士多方袒护，畸轻畸重，皆向该衙门理论，而刑部初未与闻也。制造本隶于工部，自各国船坚械利，耀武海滨，势不得不修船政、铁政，以资防御，迄今开办铁路，工作益繁，该衙门已设有铁路、矿务总局矣，而工部未遑兼顾也。

面对总理衙门事实上已总理清廷吏、户、礼、兵、刑、工六部部务的情况，外国方面不断要求清廷设立一个与各国外交部相对应的专办外交而非兼理各种洋务的机构。同时，他们认为总理衙门的名称也不足以充分体现其权威性和重要性，而应将其命名为外交部之类，位列六部之前。

既然总理衙门从设立之始就存在诸多问题，改革就势在必行。沈瑞琳建议将总理衙门改设为部。他在给朝廷的奏折中说，总理衙门自成立以来，已经兼顾朝廷六部的部务，要求清廷"援各国外部之名，仍照我朝六部之制，请简放管理大臣，及满汉尚书、侍郎各专缺，以重责成"，希望朝廷把总理衙门改设为"外部"，"以重交涉而策富强"，"重外交以裨内政"。如若不发生戊戌政变，沈瑞琳的这一奏请或许能付诸实施，总理衙门或许于1898年即已改为外务部了。

好事多磨。戊戌政变后，光绪皇帝被幽禁，虽然使得当时改革总理衙门的呼声宣告夭折，但历史的车轮总是向前迈进，总理衙门不能与国际外交接轨的现实，专权的慈禧太后也是需要面对的。

1900年义和团运动发生，八国联军侵入北京，趁中外议和之机，列强再一次将改设外务部的要求提了出来。

当时的情况是，义和团拳民围攻外国使馆。列强借帮助弹压义和团之名进军津京，慈禧太后仓促发布宣战上谕。8月14日，八国联军进入北京。8月15日，慈禧太后挟持光绪皇帝慌忙离开北京，逃往西安。在慈禧太后向列强宣战后，实际上清廷于7月中旬就开始与列强交涉议和；到了10月，李鸿章、庆亲王奕劻受命进京与列强正式议和，此间列强已经提出了将总理衙门改设为新的外交机构的议案。当时，列强在与清廷交涉，为协调彼此的意见，组织成立了北京公使团会议。1900年10月8日召开了第一次会议，认为清廷应改变外交弊端，改革总理衙门。

　　10月10日，列强又召开了第二次公使团会议。这次会议上，各国公使对法国公使提出的排外地区停止加害外国人科考，要求清廷赔偿等六项议案进行了讨论。在这些提案之外，各国公使还讨论了关于《促使任命一名清国外务大臣以取代总理衙门》《促使认定外国公使具有觐见皇帝以奏闻相关国际问题的权利》的提案，这一次会议等于将改设新的外交机构的建议正式提了出来。

　　10月10日的会议上，各国公使关心的是赔款问题，对改设新的外交机构这一议案，并没有积极地呼应。直到10月31日的公使会议上，英国驻华公使呼应了意大利公使的提案，在会上提议"废除总理衙门或者变更其组织"，以及确定宫廷礼仪，解决多年来礼仪上的问题。对于英国驻华公使的提议，美、德、意及奥地利公使均表示同意；但俄、法、日表示反对，认为总理衙门仍然可以担当外交重任，不必设立新的外交机构。

　　随后，日本驻华公使将这一提案的讨论情况汇报给了国内。日本外务大臣加藤高明致电西德二郎说，关于废除总理衙门或者变更其组织问题，"须赞同代表者的多数意见"，不应加以反对，这就是说日本政府也赞成改革总理衙门。

　　根据日本国内的意见，11月8日再次举行的公使团会议上，日本驻华公使西德二郎对废除总理衙门表示了支持。据后来西德二郎在给国内的报告中说，"昨日会议中，一致同意交付清国全权委员之公文中加入上述条款"，要求"清国政府改革外交事务的衙门，且将有关外交代表觐见的宫廷礼仪依列国指定之宗旨进行变更"。而11月13日的北京公使会议上，决定了应交付给清朝全权委员的十一条款议和内容，而其"外交事务的衙门"一项的内容做了若干改动，成了第十二项。

　　根据11月8日的讨论意见，对改革总理衙门一事在12月4日的会议上予以正式确定，并将设立"外交事务的衙门"写入议和大纲十二条款中。

　　既然要改革总理衙门，该怎样改革呢？日本新任驻华公使小村寿太郎和美国驻华公使馆专员柔克义联合提出了一个方案，提交议和大纲委员会会议讨论，各国驻华公使再次召开联席会议。

会议设置了讨论议和大纲各条款的小委员会。对于第十二条款，即总理衙门改革问题，小委员会成员主要有小村寿太郎、柔克义及德国公使馆随员戈尔茨男爵等。

小村寿太郎将总理衙门的问题归结如下：其一，小村寿太郎批评了总理衙门职员的兼任以及机构的庸劣问题。他说，在本使看来，大清国的外交事务很不合理，缺乏灵活性，现在充任外交职能的总理衙门就是如此。总理衙门大臣、侍郎多为庸劣之徒，且存在多头政治的问题，因此必须进行改革。其二，小村批评了总理衙门在官制上的定位。"又今日之总理衙门大臣，弊在因其权力不充分而受他人牵制，不得尽责断然行事。此次事变之际，一方为总理衙门，另一方为军机处及宫廷，两者之间因外交意见分歧互相冲突之事实，及军机处借总理衙门之名向外国公使发送公文之事实，乃为明证。"

小村寿太郎认为改革后的外交机构应重视外交的独立性和权限。在这个问题上，总理衙门是欠缺的，也缺乏专业性。他说，现在的总理衙门大臣不通晓外交事务，不善交际，其言行往往与世界外交通例相悖，致使外国代表常常再三交涉，而不得其果。

因此，小村寿太郎得出结论，由总理衙门改革后的外交机构应选用得到充分信任及权力的士族为总理衙门之总裁，再以大臣二人辅佐之，一切外交事务委任于此三人，向皇帝负责。

小村寿太郎还认为，改革后的总理衙门应像日本那样设立次官一职，具体负责外交事务；次官之人要求应通晓外语，具体而言，建议由亲王出任总裁，二名军机大臣出任外交次官。小村寿太郎的建议构成公使会议关于第十二款议案的主要内容，也为新的外交机构的设立确立了组织架构。

小村寿太郎的建议，美国公使馆专员柔克义没有提出反对意见。应该说，他原则上也是同意的。因而，这个建议又在 1901 年 3 月 29 日的北京公使团会议上被提出。在公使团会议上，柔克义附和了小村寿太郎的观点，也对总理衙门提出批评：总理衙门组织臃肿，不能有效履行职责，应该按照公使会议所提提案进行改革，如外国设立外交部那样设立专门的外交机构。

公使会议上，柔克义还对这一方案进行了宣读，并向本国做了汇报。柔克义的报告中说，从外交事务的迅速处理，且必须以制度来保证的观点出发，应该设立与外国相对应的外交机构；新的外交机构负责人应具有无可置疑的权威，在与外国的交往、交涉中，能迅速做出决断；机构负责人最好由亲王来担任，其下自军机处调两人为大臣，两大臣之下再设熟悉外语及对外业务的侍郎两名。

柔克义与小村寿太郎提出的方案，北京公使团会议原则上表示通过；但对一点提出疑问，名称是继续叫总理衙门还是别的什么？小村寿太郎的原案并没有提出变更名称，似乎还尊重清廷"总理衙门"的称谓。英国、意大利、奥地利三国公使认为，"衙门"专指审判或官吏办事之处，不应适用于外交官署的称谓，希望清廷效仿户部、吏部等职能部门改称为外部。但小村寿太郎认为叫总理衙门并无不妥，只是应该更明晰地对应到外交层面上来。小村寿太郎还说"衙门"是指掌管公务的所有官署，当然也适用于外交。但会议上赞同改名的占绝大多数，于是就改名问题，公使团会议决定与清廷协商。就这一问题，柔克义记述，除日美两国外，其他各国都赞成改名。于是，负责此案的柔克义、小村寿太郎专门拜见了李鸿章、庆亲王奕劻等负责《辛丑条约》交涉之人。

4 月 6 日，小村寿太郎、柔克义一起会见了李鸿章，向其转达了公使会议提出的原案，向其说明总理衙门应该改革为专门的外交机构，并希望更改名称的诉求。交谈中，李鸿章未表示反对，并提出了三项建议，设立专门的外交机构，应符合以下逻辑：

第一，能够说明总理衙门成立的四十年间并未发挥作用、沦为非合理及不负责任的机构，结果招致公使馆被围攻、外国人在北京被害，因此须废除总理衙门，成立新的外交负责机构；第二，这一新机构的组织构成由公使会议推荐；第三，专门任职于该新机构的大臣，应授予与外国外政机构职员同样的高薪待遇，此事须由北京公使会议明确提出。

至于设立新的外交机构的名称问题，柔克义向李鸿章说明了多国公使主张变更新的名字，并提出了若干新名称让李鸿章选择。李鸿章斟酌再三，从多个理由出发，认为选用"外务部"名称较为合适。

根据李鸿章的建议，柔克义于 4 月 8 日会见了英国驻华公使萨道义，向他通报了李鸿章提出的三条意见，以及机构新名称的选项；萨道义也支持"外务部"的选项。

4 月 9 日，柔克义、小村寿太郎拜会了庆亲王奕劻，向其说明了各国公使希望清廷改革总理衙门，成立新的外交机构，并征求他的意见。实际上，改革总理衙门，庆亲王奕劻早有此议；他虽然此时掌握着总理衙门大权，但他认为总理衙门的确不适应当时的外交需要了。1901 年 1 月 23 日，庆亲王奕劻在给荣禄的信中说，"第十二款，译署鼎新，彼如不言，中国亦宜自加整顿"，已将总理衙门的改革视为自身整顿的课题。

庆亲王奕劻原则上同意柔克义、小村寿太郎等人的意见，但指出，新的外交机构不必拘泥于"亲王"担任总裁，可以由更广泛意义上的王或者公来担任总裁。对于李鸿章认为新的外交机构名称应该叫"外务部"之说，庆亲王奕劻也表示赞同；但新的机构任大臣之职都为军机大臣，似乎不妥，这样做在人员的调配上较为困难，可以有一人为军机大臣，来出任大臣之职。

柔克义、小村寿太郎先后拜见李鸿章、庆亲王奕劻二人后，又于 4 月 16 日召开了一次公使团会议，根据意见制定了公使团委员会方案，正式将总理衙门改为外务部的方案以及会议结果照会清朝中央。大意是这样的：

总理衙门的设立已达四十年之久，但在外交上尚未与世界通例接轨，因此，各国公使认为，清廷总理衙门应照他国外交机构通例进行改革，方显与中国政治、外交、邦交相适应。

> 总理各国事务衙门已设四十年之久，于应办各事实属未能获益，诸国全权大臣以为应照他国成局更易，方克与中国政治及邦交睦宜两有裨益。

公使团发出的照会完全吸收了李鸿章提出的三点建议，提出总理衙门在"能力、整齐、捷速、明哲"四个方面存在缺点，不利于外交的开展。照会同时还批评了总理衙门的组织架构，认为新的组织架构应设总理大臣一名，会办大臣两名。根据庆亲王奕劻的意见，会办大臣其一为军机大臣，其一应由具有尚书衔的人来担任。

根据柔克义、小村寿太郎的意见，在会办之下，设立两名总办职衔，其中一人应通晓欧、美、日等语言。关于改名为"外务部"这一名称，照会是这样说的：

> 忆总理各国事务衙门之名，殊厌听闻。大凡外政乃系代承皇帝之责，代发皇帝之令，为国家极重之端。往日之名，不足以显此等权要，故宜革除，以外务部代之。

这也借鉴了4月16日的公使会议及李鸿章、庆亲王的意见。但在与李鸿章、庆亲王的协调过程中未明确反映的内容是："外务部之品秩应请钦定，驾于六部之上。"

那么，公使团为什么要求将外务部驾于清廷的六部之上呢？这当是要求清廷加强对外交的重视。在公使团看来，外务部代替皇帝处理对外事务，担负着国家的重要职责，这样一个职能机构，理应得到清朝皇帝的重视。当然，作为主持外交事务的庆亲王奕劻、李鸿章都是支持这个动议的。从官制的定位上来说，庆亲王奕劻、李鸿章都希望外务部职员的品级由朝廷钦定，享受特殊待遇。

有了这个前奏，庆亲王奕劻根据照会内容正式上奏西安行宫，以自身的口吻希望朝廷同意改组总理衙门，成立新的外务部。庆亲王奕劻在奏章中说，"将总理各国事务衙门改为外务部，冠于六部之首"；就职衔问题，应设管部大臣一人，"管部大臣以近支王公充之，另设尚书二人侍郎二人，尚书中必须有一人兼军机大臣，侍郎中必须有一人通西文西语"，"予以厚禄"。此处的"冠六部之首"并非照着公使会议的照会中解释为代替皇帝行事，只是称效仿西洋各国的方式。

根据庆亲王奕劻等人的奏折，清廷在 1901 年 6 月 10 日发布上谕，命令政务处大臣与吏部就外务部的人事制度及职位设置予以安排。随后的 6 月 22 日，总理衙门向政务处送达了外务部的组织构想。

总理衙门在改设外务部的构想中，既有因袭旧制仿效六部的一面，又有因外交事务的特殊性而在设计时区别于六部章程的一面。参照这两个方面，总理衙门的瑞良、舒文、童德璋、顾肇新四名章京负责制定外务部章程。四名章京在拟订外务部章程时听取了总理衙门其他章京的意见，与政务处、吏部进行了商讨调整，并将商定的章程呈递朝廷。7 月 24 日，清廷再次发布上谕，将总理衙门改组为外务部：

> 现当重定和约之时，首以邦交为重，一切讲信修睦，尤赖得人而理，从前设立总理各国事务衙门办理交涉，虽历有年，唯所派王大臣等多系兼差，未能殚心职守，应特设员缺以专责成。总理各国事务衙门着改为外务部，班列六部之前。

"班列六部之前"体现了清廷对官制的重视。朝廷决定由庆亲王奕劻总理外务部事务，也体现了这一点，迎合了外国公使所要求的外交机构应由具有影响力的人物出任总裁的诉求。除此之外，外务大臣由军机大臣王文韶出任，外务部尚书由瞿鸿禨担任，并授予瞿鸿禨外务部会办大臣的职衔，这个安排则体现了庆亲王奕劻的意见。

上谕还根据公使团提出的外务部至少有一人懂得欧美等语言的设计安排，任命懂得法语的联芳为外务部侍郎；徐寿朋懂得英语，则也为外务部侍郎。

清廷发布上谕后的第三天，即 7 月 27 日，李鸿章向小村寿太郎通告说，西安行宫已经批准了设立外务部以及相关的人事安排。对于清朝的安排，美国驻华公使馆专员柔克义与日本驻华公使小村寿太郎都相当满意。柔克义说：

> 从整体来看，这一新官署在帝国的对外关系中，较其他统治机构的诸官署地位更优，因此对新官署的构成极为满意，正是该官署的设立，将为我们与中国的关系带来崭新及重要的变化。

1901 年 9 月 7 日，几经磋磨的《辛丑条约》终于签订。在这一条约的第十二款中写明："西历本年七月二十四日，降旨将总理各国事务衙门，按照诸国酌定，改为外务部，班列六部之前。此上谕内已简派外务部各王大臣矣。"这说明外务部的设立已通过条约文本的形式固定了下来。随后在庆亲王奕劻等人的协力下，外务部开始制度化运作，吏部交付的银印于 1901 年 12 月 8 日开始使用。这标志着外务部作为清廷新的外交机构，以一种新的姿态进行对外交涉。

第二章　同文三馆，对外交涉有了洋学堂

1."退兵书"的尴尬

总理衙门《六条章程》中有"认识外国文字、通解外国语言之人，请饬广东、上海各派二人来京差委"。这是清廷首次提出学习外国语言的设想。为什么要学习外国语言呢？

首先要解决的当然是横亘在中外之间的语言障碍。第二次鸦片战争之前的中国鲜有会外国语言的人，造成外国人在交涉中滥施淫威。说起来还有一段尴尬的故事。

第二次鸦片战争中，当英法联军攻破天津，逼近京师之际，受命主持和局的恭亲王奕訢只好硬着头皮出面与列强交涉。此外，咸丰帝还让怡亲王载垣作为钦差大臣与英法公使交涉。

1860年9月，载垣被派出时，英法联军已经兵进通州。在通州，载垣等人奉旨屈从英、法两国提出的赔偿兵费、公使进京等要求，战事眼看就要结束。谁知9月18日，时任英国使团中文秘书的巴夏礼，却提出了换约时须亲见皇帝面递国书、皇帝盖玺的条约批准书亦须当场交给英国使节的要求。

咸丰帝忌讳的事情，载垣、桂良等人自然明白，没有得到允准是不敢答应的；当即表示"关系国体，万难应允"。双方为此争执了一天，没有取得任何结果。载垣等人没办法，上奏章向咸丰帝做了汇报。咸丰帝看了

奏章当然也是不能接受，他告谕军机大臣："如欲亲递国书，必须按照中国礼节，拜跪如仪，方可允行。"咸丰帝又把风行了几千年的中国跪拜礼制抬了出来。为了维护这种体制，他表示："设该夷固执前说，不知悔悟，唯有与之决战。"咸丰帝还让僧格林沁做好战备。如果英法联军兵过张家湾，就应当全力抗击，不再考虑议和之事。

得到这样的谕示，怡亲王载垣立即通知驻守通州东南张家湾的僧格林沁做好战备。可是僧格林沁竟然违反外交原则，就地扣押了巴夏礼等谈判成员。

原来，僧格林沁接到咸丰帝让他做好战备的谕令后，巴夏礼却向载垣、僧格林沁提出蛮横要求，要求将张家湾的清军全部撤退。张家湾是咸丰帝的底线，他也有谕令，一旦英法联军到了张家湾就要全力抵抗，不再考虑与敌议和。现在巴夏礼却提出这么无理的要求，载垣怎能答应？僧格林沁吃了败仗，心里正在搓火，更是不肯答应。

巴夏礼在要求清军从张家湾撤退的同时，又提出了亲递国书的要求，并且表示要按西方的礼制觐见皇上。巴夏礼甚至还说，如果不让亲递国书，就是中国不愿和好。

巴夏礼的狂妄要求，在谈判与战场一线的载垣、僧格林沁都是难以接受的。因此，僧格林沁一生气就将巴夏礼扣押了起来。当时被扣押的英国人还有英国翻译洛奇以及随员二十六名、法国人十三名。

扣押巴夏礼，怡亲王载垣也十分支持。他上奏咸丰帝：

> 该夷巴夏礼善能用兵，各夷均听其指使，现已就擒，该夷兵心必乱，乘此剿办，谅可必操胜算。

以为捉住了巴夏礼即可在军事上获胜，载垣认为这是"擒贼先擒王"的兵家之道。他想得太简单了，他没料到此后的战事更是一败涂地。无奈之下，他便让关在北京刑部北监的巴夏礼写"退兵书"；而巴夏礼所写的"退兵书"又让他们瞠目，"该书只写英文，不写汉文"。偌大北京城，清朝找不出一个懂英文的人。这事情本身就能说明清朝存在许多问题。

这还不是主要的。僧格林沁不懂外交原则扣押英国外交官，希望以此要挟英法联军，达到迫使其退兵的目的；但是英法联军却不这么看，认为大清国扣押谈判代表，是对他们极大的羞辱，因而开始了更加疯狂的报复。

堂堂天朝上国，因为外交交涉，无理扣押来使，这本就荒唐，而且在交涉中还找不出一个懂外语的人。当恭亲王奕䜣得知密云县丞黄惠廉略懂一些英文，便赶紧将其召来。黄惠廉看了巴夏礼所写的文字，对恭亲王说巴夏礼的文字是告知英法联军清政府希望停战，以及其个人的签名而已。这番折腾，却使中英之间的战和之局又延宕了数日。

这封信经僧格林沁之手传递出去，但是恭亲王等人无论如何也不会知道巴夏礼文字里所隐藏的秘密。从参与通州之役的时任英军步兵第九十队队长所著的《1860年中国战争纪要》一书中可以看到，黄惠廉并没有看懂巴夏礼所写的文字！巴夏礼既不想让自己的信误导了英国公使，也不想让某个会一点儿英文的中国人看出来他写的什么，因此他在通常写日期的地方玩了一个小花招，把信息传了出去："10月2日，巴夏礼来书求救；书尾以印度文作暗记，'此为中国人逼写'。"巴夏礼的信，并非如黄惠廉所言只不过是清政府要求停战以及巴夏礼的签字和日期而已。黄惠廉为什么会这样说呢？《第二次鸦片战争》一书的作者蒋孟引认为，大概是黄惠廉并不能辨认，但又不想在恭亲王面前表现得太无知，就随便乱说。如是这样，就成了另一则说明当时中国人实际外语能力的例证。

巴夏礼的"退兵书"，清廷官员无人能识。而还有更荒唐的，清廷与列强签订的《北京条约》中指出，两国交涉，均应使用英文和法文，暂时附以中文，待清廷选派学生学习外文后，即停附中文照会，尔后各种文件和交涉事项都以外文为主。所以当时的谈判代表在交涉时，因不懂洋文而被哄骗、被欺瞒就成为见怪不怪的事情。就说当时的中法《北京条约》，法国人在条约中加入了关于外国人在华特权、传教就是仗着清朝很少有人懂得外文的缘故。

清自入关后也像历史上的中原王朝一样，以天朝上国自居，不愿意与外国交往，互通有无。1797 年，英国派代表马戛尔尼以给乾隆皇帝祝寿为名来到中国，实则是希望与天朝贸易通商，加强外交关系，但遭到了乾隆皇帝的拒绝。之后的嘉庆帝、道光帝也是如此，结果导致了鸦片战争的爆发。两次鸦片战争的结果，使清廷与洋人的交往日益增多；但是中外双方在交往中，由于语言的障碍加上政治与意识形态的不同，致使歧义与误会不断发生。

同时，当时会说一些汉语的西方传教士对汉语也并非全然精通，这使得在对外交往中如何突破语言障碍成为亟待解决的问题。

对中外沟通存在的语言尴尬，恭亲王奕䜣有切身体会。恭亲王在一份奏折中曾言："查与外国交涉事件，必先识其性情，今语言不通，文字难辨，一切隔膜，安望其能妥协。"恭亲王寄望于列强能妥协让步，但是这种愿望只能是一厢情愿的空想。英法等国知道中国人大多不识外语，便在这个问题上多方设法刁难。经历了《北京条约》的签订，他认识到了要想不被外国人欺蒙，唯有学习外国语言文字。

恭亲王奕䜣还发现一个问题，中国人不识外国语言文字，而外国人则多留心学习中文。他在另一份奏折中说：

　　窃查中国语言文字，外国人无不留心学习，其中之尤为狡黠者，更于中国书籍潜心探索，往往辩论事件，援据中国典制律例相难。臣等每欲借彼国事例以破其说，无如外国条例俱系洋字，苦不能识。

因而恭亲王奕䜣对打破语言障碍的愿望是相当迫切的。况且，总理衙门已经挂牌成立，要使这一对外机构真正运作起来，也需要尽快打破中外双方的语言障碍。恭亲王奕䜣感到，要办好中外交涉，当务之急是设立学馆，培养专门的翻译人才。正是在这样的背景下，培养掌握外国语言文字人才的同文馆诞生了。

要开办学馆学习外文，奕䜣在给朝廷的奏折中说，要办好外交事宜，必先了解外国的民风、政情。但是，中西语言不通，清廷少有认识西洋文字的人，怎能办理好对外交涉呢？清廷曾有过设立俄罗斯文馆的成例，这是值得借鉴的：

> 闻广东、上海商人，有专习英、佛（法）、咪（美）三国文字语言之人，请饬各省督抚挑选诚实可靠者，每省各派二人，共派四人，携带各国书籍来京，并于八旗中挑选天资聪慧，年在十三四以下者各四五人，俾资学习。其派来之人，仿照俄罗斯馆教习之例，厚其薪水，两年后分别勤惰，其有成效者给以奖叙。俟八旗学习之人于文字言语悉能通晓，即行停止。俄罗斯语言文字，仍请饬令该馆妥议章程，认真督课。所有学习各国文字之人，如能纯熟，即奏请给以优奖，庶不致日久废弛。

奕䜣的奏折送到仍在热河的咸丰帝的手里，这个有着亡国之痛的年轻人急欲回銮的心情相当迫切，也希望奕䜣尽快办好交涉，便朱批让惠亲王绵愉以及总理行营大臣、御前大臣尽快商议，向朝廷奏明。

绵愉在回奏咸丰帝的奏折中也说，恭亲王奕䜣等所奏情形属实。据此，咸丰帝便降旨批准，并让大学士桂良、户部左侍郎文祥协同管理。这件大事从提议到批准，只用了短短一个星期时间，可谓急如星火，刻不容缓。

同一天发出的廷寄中，对筹办外文学馆也有明确指示："准予八旗中挑人学习外国言语文字，知照俄罗斯馆，妥议章程，认真督课。如能熟习各国文字，即奏请奖励。"谕旨一锤定音，昭示着中国第一所致力于培养对外交涉翻译人才的外语学校将走向历史舞台。

2. 艰难起步

虽然清廷批准筹办外文学馆，但是这一学习外国语言的教育机构并没有立即成立。原因很简单，在咸丰帝病重的时刻，反对派肃顺、载垣等人仍然不断地掣肘，使得外文学馆的开办举步维艰。但是根据条约，外国公使驻京成为现实。在总理衙门成立两周后，即 1861 年 3 月 25 日，法国驻华公使布尔布隆就来到了北京，开始了外国公使驻京的历史。3 月 26 日，英国驻华公使卜鲁斯也入驻北京。

外国公使的陆续到京，使主持总理衙门的恭亲王奕䜣等官僚更感到了培养外语人才的紧迫性。曾经就读于同文馆的现代戏曲理论家齐如山对此有相当清晰的描述：

> 衙门中当然常有与外国人当面商议的事情，外国使臣多懂中国话，而中国官员都不懂外国话。每逢会议，衙门大臣说完一段话，该公使已经懂得很清楚，当翻译官在翻译的时候，他早斟酌了回答之语。其回答的言辞，中国官员又一字不懂，译成中国话传回来之后，中国官员须立刻回答，就是临时斟酌也不能太久，总而言之，没有考虑的余地。于是交涉事件，往往因此吃亏。

语言障碍给近代中国外交斗争带来的巨大负面影响，使恭亲王奕䜣等直接参与外交活动的大员们切切实实地感受到培养外语人才的重要性、迫切性。这一点在祺祥政变中两宫皇太后联手奕䜣铲除了肃顺集团后，奕䜣在给朝廷的奏折中再一次得到体现，"欲悉各国情形，必先谙其语言文字，方不受欺蒙……中国迄无熟悉外国语言文字之人，恐无以悉其底蕴"。更何况 1858 年《天津条约》规定，三年之后一切中外条约一律只用英文，不用中文。

看来，奕䜣奏请的这个外国语言学堂，在中国近代史上绝非是一个偶然的事件；它的成立是被逼无奈之举，是对西方势力对华侵略的一种回应，更是中国近代教育史上的一次变革。恭亲王奕䜣等希望通过它培养出能够广泛、深入地了解世界的外语人才，夺回外交主动权。

起初恭亲王在奏请开馆学习外语时，并没有给这个学馆起名字，甚至连笼统的"文馆"两字都没有提到，直到 1862 年 8 月 20 日的奏折中才正式称"即以此学为同文馆"。因该馆设在北京，为与此后相继成立的上海、广州同文馆区别，而被称为"京师同文馆"。这个名字，后来任京师同文馆总教习的丁韪良给出了这样的解释：

> 同文馆这个名字，迄今仍在使用，意为"具有综合学科的学校"，清朝官员们终于认识到除了语言文字之外，还需要有其他种类的学问。

其实，丁韪良犯了望文生义的毛病。时任广东巡抚刘瑞芬在给《英字指南》一书作序的一段话道出了"同文馆"名字的真谛："昔孙奭、祖珽、刘世清之辈，并以能通洋语见遇时主，位列显要，少坪有志用世，其出而襄圣代同文之化，可拭目矣。"即要用汉语去同化其他语言，一直达到那种"车同轨，书同文"的境界。

事情到了 1862 年夏秋之际，才终于有了着落。此时，经历了祺祥政变的恭亲王奕䜣不仅掌管军机处，还成为总理衙门领班大臣。也许是经历了第二次鸦片战争，与洋人交涉曾有诸多尴尬与困难，此时的恭亲王对于西洋事务格外留心。他推动洋务事业，支持曾国藩、李鸿章、左宗棠等地方实力派开办军工业，开展对外交流。而要使洋务事业有条不紊地进行，更需要熟悉外国语的人才。

培养外语人才，设馆办学，既要馆舍，又要有师资力量、招募学生，这些对于恭亲王来说，都是头疼之事。虽然说恭亲王起初在给咸丰帝的奏折里已经有了设馆以及师资、招生学员的规划，但那只是笼统的初步想法，而具体到实践却面临着很大的困难。

对于生源，同文馆在设立之初就已经确立了"外语应自少儿学起"的原则，恭亲王奕䜣在给朝廷的奏折中先是提出"年在十三四岁以下者"，后来又在奏折中提出"年在十五岁上下者"，可以到馆学习。但是恭亲王起初只重视满族学生的培养。民族成分的限制，造成了招生的困难。再者，当时观念传统，风气未开，谈夷色变，跟洋人打交道、学习外国语言都被认为是不光彩的事。齐如山曾回忆当时人们对同文馆的看法：

　　馆是成立了，但招不到学生，因为风气未开，无人肯入，大家以为学了洋文，便是降了外国。在汉人一方面，政府无法控制，招学生太费事，于是由八旗官学中挑选。虽然是奉官调学生，但有人情可托的学生谁也不去，所挑选者，大多数都是没有人情，或笨而不用功的学生。因为这种学生向来功课成绩不好，八旗官学虽腐败，这种学生也站不住，或将被革，倘到同文馆，或者还可以混一个时期。这是最初招生的情形，而且还有一层：这些学生入了同文馆以后，亲戚朋友对于本人，因为他是小孩，还没有什么鄙视，对于学生们的家庭，可就太瞧不起了，说他堕落。有许多人便同他们断绝亲戚关系，断绝来往。甚而至于人家很好的儿媳妇，因她家中弟弟入了同文馆，便一家瞧不起这个媳妇，而且因之便受了公婆之气。社会的思想，对于这件事情看得这样的严重，大家子弟不但不愿入，而且不敢入，因之后来之招生就更难了。

招生困难还不是主要的，最大的难题是这个外国语学校找不到外国语老师。设馆办学，原本计划是在广东、上海等口岸，于那些与外国人接触较多、会说外国语的中国商人中遴选。但广州方面回话说，找不到合适的人选；上海方面则说，虽有其人，但语不甚精，且这些商人都是唯利是图之辈。

其实，在当时的广州与上海，已经不乏会使用英、法语言之人；但对于仍视科举为正途的地方大员们来说，这些会说外语的商人不是科举正途出身，便不愿意推荐。偌大的广州、上海一口咬定说派不出来，似乎站不住脚。但现实的问题是，会说外语与外语教学并非一回事。

当时广东、上海会外语的商人们的外语能力多局限于口语，不会书面语，自然无法满足恭亲王奕䜣"通解外国语言"的要求，来做同文馆的教习更成问题了。即便别人不说，这些人也有自知之明，不敢应召。况且，经济上的因素也决定了这些商人不愿去充当薪水微薄的教习。总之，广东、上海无人来京充当外语教习，成为同文馆拖了一年多未能开办的主要原因。

眼看着一年多的时光过去，同文馆教习迟迟不能落定，总理衙门不得不接受英国驻华公使馆参赞威妥玛的建议，聘用外国人来当外语教习。在今天看来，学外语请外国人来任教是很自然的事情，外籍教员教外语是名牌学校的一块金字招牌，但在当时却被视为是一种耻辱。这些洋人刚刚用洋枪洋炮把大清皇帝逼得逃离了紫禁城，后来病死热河；英法联军进入北京城后，又一把火烧了"万园之园"的圆明园。这于中国人来说是何等的苦痛，令人难以想象：一方面要在轰鸣的枪炮声中你死我活地厮杀，一方面却要恭恭敬敬地请这些洋鬼子做自己子弟的老师，这让人情何以堪呢？

　　恭亲王奕䜣转不过这个弯儿，朝野上下的许多人都转不过这个弯儿。奏请开办学馆，也有条约逼迫的成分，奕䜣不愿回想这个尴尬的结局。现在却要请洋人做教习，如何开得了口？但是，清廷要洋务自强，也想摆脱长期依赖外国译员的被动局面，不能不忍辱负重，屈下身来请洋人帮忙。奕䜣了解到当时的一个现象，各国在华人员竞相花重金聘请中国人做他们的汉语老师。既然外国人肯花大价钱请中国人当老师，为什么中国人不可以请外国人来当同文馆教习呢？再者，在过去清廷设立俄罗斯文馆之时，也曾经聘请过俄罗斯人当教习，因而恭亲王在奏折中说，"查旧例，俄罗斯文馆准挑取俄罗斯佐领下另档之人"，后来还从俄国宣教团的学生和教士中选过教习。

　　恭亲王奕䜣在威妥玛的建议下，决定聘请英国圣公会传教士包尔腾到馆任教。包尔腾这个人，恭亲王奕䜣多少也有些了解。自主持总理衙门后，经常要与外国人打交道，他知道不懂一些洋文多有不便，便把包尔腾请到家中做自己的家庭教师，同时也让其子载澄一块儿跟着学英文。要说载澄此人，不过是个花花太岁罢了；他连汉语都说不利落，哪里还有工夫学外文，于是边学边忘，最后凡遇到洋人，不管对方说什么，他只管回答"噎死"（yes）了事。

　　包尔腾作为传教士，1853年来华，初在上海传教，第二次鸦片战争中来到北京。威妥玛推荐他，倒不是因为此人的外语水平和教学能力有多么高，而是因为别的洋人都坚持必须给高薪，方肯任教，而包尔腾却不同。威妥玛说，包尔腾当同文馆教习，要价不高，只要求试办期间付银三百两，第二年再根据其教学效果决定续聘之事。一旦续聘则应支付年薪千两左右，这样才能保障他专心授课，没有后顾之忧。总理衙门认为包尔腾的要价并不高，还算可以接受，因而就答应了他的要求。

　　恭亲王奕䜣决定聘请洋教士是一种不得已，而实际上当时西方人对受聘到同文馆任教反应也十分冷淡。那么，洋教士为什么宁肯自己掏腰包，吃苦受累，千方百计招收中国学生进教会学堂学习，而对京师同文馆这样一个官方创办、更能够使自己增强影响的学堂却不积极，要价甚高呢？一种可能是总理衙门只是在较小的范围内征求意见、物色人选，主要依靠的是英国驻华外交人员；而外交人员本身对这件事看得很重，不敢乱举荐，因此给人一种外国人，特别是传教士并不积极参与同文馆教学工作的印象。

当然，包尔腾愿意到同文馆任教也是别有用心的。他的使命是在中国传教，他认为借为同文馆授课之机，正是可以向中国学生传播福音的大好机会。实际上，恭亲王同意包尔腾到同文馆任教也是出于不得已。他知道包尔腾在翻译方面有些才能，但汉语口语却说得不甚流利。他的传教士身份，他试图传播福音的动机，都让总理衙门感到不放心。

我们知道，《天津条约》迟迟没有批准换约，一个重要的原因就是朝廷内外都坚决反对外国人进入北京；而反对的理由之一就是担心洋教士在北京传教，认为如果京师重地放任外国人长久居住，"则彼将坚筑垣墙，暗列火炮，洋楼则以渐而增，不得不听其侵占。丑类则接踵而至，不得不任其蔓延。潜引奸民，广传邪教"。现在外国人在中国广设教堂，目的就是广为传教，"近年沿海地方业为所惑，即粤逆（指太平军）亦藉耶稣以煽人心，京师首善之区，若遭蛊诱，则衣冠礼乐之族，夷于禽兽"。

包尔腾既然答应到同文馆任教，在政治上谨小慎微的清廷官员也附加了一个条件："只学语言文字，不许传教。"当然这一政策并不只是针对包尔腾而言。1863 年，恭亲王奕䜣委托法国公使馆临时代办哥士耆、俄国公使巴留捷克帮助聘请法文与俄文教习，因为同文馆里也开设了法文与俄文课程。两位公使帮助聘来法国传教士司默灵、俄国驻华领事馆翻译白琳前来任教。总理衙门鉴于司默灵的传教士身份便提出要求，若到同文馆，不准其传教；如果违犯，立即辞回。1863 年 3 月 28 日，清廷批准在广东开办同文分馆，也做出明文规定："唯该院学生专习外国语言文字，不准西人籍端影射，将天主教暗中传习。"

在不准传教的约束下，包尔腾正式到馆任教。在包尔腾接受任教的同时，学馆的生源问题也逐渐得以解决。1862 年 7 月 11 日，在京城一个名叫东堂子胡同的巷子里，一间被粉刷一新的教室，传来学生们朗朗的读书声；只是路过的中国人根本无法听懂这些孩子们呜里哇啦究竟读的是什么罢了。这里与总理衙门一墙之隔。选这么一个地方，用恭亲王奕䜣的话说就是避免外界来此寻事，也方便总理衙门随时监督考核。关于校舍，曾任总教习的丁韪良印象深刻，他回忆道：

> 1866 年（同治五年），因增聘教习的到来，同文馆新建了一批房屋，此后又陆续增建了一些。它们全都是只有一层的平房，按照北京标准的式样建造，地面用砖砌成，屋内外的装饰也很少。每一座主要的房子前面都有一个用砖石铺砌而成的院子，两旁有较矮小的厢房。全馆共有七处这样的四合院，此外还有两排低矮的房屋。这些房屋跟四合院中的厢房便被用作住馆学生和三四十名馆役的寝室。那些房屋整体看起来就像是一个军营或一个集中营。

同文馆的正式开办，恭亲王奕䜣寄予厚望。在学馆成立的第二年，知县桂文灿上了一个"筹远虑重海防"的条陈，谈到要培养外交人才。此时，恭亲王奕䜣在给朝廷的奏折中自豪地说，"欲取通晓外国情形之人，不必远求，上年臣衙门奏开同文馆挑选八旗学生学习外国语言文字，即为储此一项人材"。同文馆真有点像恭亲王的一个宠物，既宠溺又小心呵护。

1863 年 4 月，俄罗斯文馆并入同文馆。这个早在 1708 年康熙中叶就已设立、由理藩院管理的学馆是为应对中俄边衅渐起，应付频繁的对俄交涉而设。朝廷先后延聘来华俄商与通晓俄语的中国先生，开馆授课，学生最多时达二十四人。到雍正初年，俄罗斯文馆人才济济，朝廷录用的通译多从此出；一名俄语教习还曾与馆中的中国教习富勒赫和马查合作，将一本俄语语法书译成满文和汉文，取名《俄罗斯翻译捷要全书》，这是中国人最早使用的俄语教科书。

后来因为疏于管理，俄罗斯文馆渐渐没落。到嘉庆帝当政的 1805 年，被派往中俄最大商贸集散地库伦（今蒙古乌兰巴托）充当翻译的几名学生中，竟无一人能与俄人对话。更为荒唐的是，到了咸丰时代，俄罗斯文馆连翻译理藩院与俄国的一般文书这样简单的工作也难以胜任了。

这种情况正如丁韪良所说，"多年来，俄罗斯文馆中只有中国教习，并无学生。在被并入同文馆时，那儿只有一名不懂俄文的老教习。他没有带来任何学生和书籍，而且他本人也很快就被一个俄国人教习所取代。这使得原有的俄罗斯文馆对于同文馆的贡献徒有虚名"。

俄罗斯文馆并入同文馆后，那个不懂俄文的老教习被新聘请的俄国驻华使馆翻译波波夫所替代。

波波夫先后就读于俄国喀山大学和彼得堡大学，曾经师从俄国汉学界领袖瓦西里·帕夫洛维奇·瓦西里耶夫教授。他的这位老师曾在中国生活十年，1850 年回国时已出版《汉俄辞典》《中国历史》《中国文化史概论》等一系列著作、译稿，带回数千册中国图书，先后培育了上百名汉学家和东方问题专家。波波夫在瓦西里耶夫的指导下，学习过汉语、满语，中国文献的翻译，以及佛教史、儒教史等丰富的汉学内容，像他的老师一样也成了一名中国通。因学业优异，他被派来中国工作。此番推荐他充任俄文教习的是俄国驻华公使巴留捷克。

俄罗斯文馆并入同文馆后，同文馆又在此基础上设立了法文馆。法文馆教习是荷兰人司默灵，他和包尔腾一样也是一位传教士，于 1854 年来华。由于他的传教士身份，总理衙门一样对他不放心，担心他利用到馆任教的机会，进行传教活动。司默灵虽然有法国公使馆临时代办哥士耆的推荐，但总理衙门除了命令他禁止传教外，还对他进行了考察，确定其在馆并无传教倾向才决定正式聘为法文教习。司默灵在同文馆任教有五年，后辞去教职赴蒙古传教。

同文馆成立后，附设俄罗斯文、法文馆，成为学习英、法、俄三国语言文字的专门学校。在招生方面，每馆各有生源十人。这些来自满蒙八旗的子弟，经由各旗推荐，经过总理衙门的遴选，作为清廷第一批"降"了洋人的人，成为晚清洋务改革中对外交流的一颗"种子"。

3. 异数丁韪良

同文馆教习包尔腾在馆教学有一年的时间，之后，不忘传教真实身份的他便辞去教职，继续他的传教生涯。那么，包尔腾留下的空缺怎么办呢？英国公使馆参赞威妥玛又向恭亲王奕䜣推荐了同为英国人的傅兰雅。受父亲的影响，傅兰雅从小就对中国产生了浓厚的兴趣，阅读了大量有关中国的书籍，并常和同学们谈论自己心目中那无比神圣神秘的中国。为此，同学们给他取了个"傅亲中"的绰号。成年后，他得到政府助学金到伦敦海布莱师范学院就读，毕业后成为英国圣公会的一名传教士。1861 年 3 月，他受圣公会的派遣，远渡重洋到香港圣保罗书院任教职工作，从此开始其在中国长达三十五年的生涯。

傅兰雅对中国充满兴趣，因而他也很想提高自己的汉语水平，学说北京话，以更多地了解中国。正是怀着这样的愿望，1863 年，他毅然辞去圣保罗书院的工作，只身来到北京。这时，正逢包尔腾去职，经威妥玛的推荐，傅兰雅接受了同文馆教习一职，每天授课两个小时，年薪一千两白银。在北京，傅兰雅不仅很快学会了北京话，而且结识了当时在北京的许多中外知名人物。恭亲王奕䜣、总理衙门大臣文祥、英国驻华公使卜鲁斯，美国驻华公使蒲安臣、头等参赞卫三畏，海关总税务司赫德都成为他很好的朋友。

结识了上流人物，傅兰雅踌躇满志，打算在北京大干一场。然而，他在同文馆的教习生涯也只干了一年多的时间，英国圣公会让他南下上海。因为此时的傅兰雅已经熟练地掌握了汉语，英国圣公会让傅兰雅到上海英华书院出任校长。需要说明的是，这所由英国圣公会与中外商人合办的学校，办学目的不外乎传播福音，在中国培养一批信徒和牧师；但肩负圣公会厚望的傅兰雅没有按照教会对他的指示致力于基督教化中国，而是采取了与教会传教相悖的传教方式，这引起了圣公会的不满。傅兰雅在英华书院的聘任合同到期后，彼此都不满意的双方便没有签订续聘合同。1868 年 5 月，傅兰雅经人推荐转而到江南制造总局翻译馆任翻译，并主持馆务工作。

1865 年，傅兰雅离开同文馆前往上海后，总理衙门请来了美国传教士丁韪良到馆任教。在当时来华的传教士中，丁韪良是一个异数。他 1827 年 4 月 10 日出生在美国印第安纳州利凡尼亚的一个基督教世家。丁韪良后来成为一位传教士，并注重教育以及学术传统的研究，应该说与家庭的影响有很大关系。他先后毕业于印第安纳州立大学和新阿尔巴尔神学院，获得自然科学与神学两个学位。1850 年 4 月，丁韪良第一次来到中国，在香港做短暂停留后到宁波传教，并在宁波学习中国官话和宁波方言，研读"四书五经"。

在宁波期间，丁韪良创办了两所私塾，每所私塾约有二十名学生，所使用的教材有郭士立等传教士编写的宗教及世俗书，丁韪良自撰的《天道溯源》也在其中。1858 年，他作为美国谈判代表的译员参与了《天津条约》的谈判，条约中规定有保护基督教教士来华传教的条款。将这个条款写入条约中，丁韪良起了很大作用。

《天津条约》谈判后，丁韪良又进京参与了中美《天津条约》的换约谈判。1860 年，丁韪良离开宁波回到美国，开始其当传教士以来的第一次休假。1862 年，丁韪良再次来华，又开始了他的传教生涯。这一次他的传教活动是从上海开始的，进而扩展到北京等地。其间丁韪良翻译了美国著名律师惠顿所著的《万国公法》，经总理衙门审定后予以出版。

丁韪良利用译书的机会，逐渐结识了总理衙门的官员，他的名声也渐为清廷所闻。恭亲王奕䜣很赞赏他在中西文化方面的造诣，因而送了他一个"冠西"的雅号。

傅兰雅离开同文馆之时，空出来的教习职位正让恭亲王头疼，他向美国驻华公使蒲安臣以及英国驻华公使馆参赞威妥玛请求帮忙再予以推荐。他们一致推荐了丁韪良。用海关总税务司赫德的话说：

> 今天我的老师批评了这里各个外国人的汉语，他认为丁韪良是最好的——无论是说官话还是说土话都行。

由于蒲安臣与威妥玛的推荐，丁韪良同意离开正在创办的教会学校崇实馆而出任京师同文馆的英文教习。接受这个职位，一个主要的原因就是经济上的考虑。因为接受这个职位可以使丁韪良获得较为丰厚的经济收入，这笔收入不仅对于他的家庭，而且对于他的传教活动都是很重要的。当时美国长老会因为南北战争的影响财政十分困难，不得不压缩在华的传教活动经费，这让丁韪良也深受影响。

在同文馆任教，丁韪良每年可得银一千两，合一千三百三十美元，并且可以提前预支半年的薪水，这笔收入甚至都快赶上 1863 年 10 月提交的北京长老会计划的整个预算总额——一千四百五十九美元了。这对于一个除了传教之外还要担负家庭开支、担负孩子在美国念书的人来说，自然有很大的诱惑力，所以他曾直截了当地说，"我并不认为我的责任是拒绝它"。丁韪良还说，"我是出于做好事和减轻财政困难而接受聘任的"。他所说的"做好事"，实质是希望借此达到影响中国上层人物的目的。

丁韪良接任教习一职时，英文馆里只有十余个学生。虽然经过包尔腾、傅兰雅等人的教导，但这些孩子的接受能力很差；丁韪良到任时，他们还只能磕磕巴巴说一两个简单的英文单词，无奈他只好又重新从 ABC 教起。

虽然每天只需要授课两个小时，但丁韪良在同文馆干了有半年的时间，甚觉无味。他感到让自己这个科班出身的传教士教授小孩子学英语未免太大材小用，就好比是让一名建筑工程师去做搬运砖瓦泥灰之类没有技术含量的工作，因而向总理衙门提出辞职。总理衙门是了解丁韪良的教学能力的，自然不肯让他辞职。恭亲王奕䜣忙派主管京师同文馆的大臣谭廷襄和董恂前来安抚。二人与丁韪良进行了一番长谈：

"你为什么要辞职？是否嫌薪水太低？"

"不。"丁韪良答道："跟我付出的时间相比，薪水并不低。"

"是否有人冒犯了你？"

"根本不是，学生及其他人都很宽容友好。"

"那是为了什么呢？你为何请求辞职？"

丁韪良回答："坦率地说，照管十个只学习英语的男孩子，对我来说是太没出息了。我觉得自己是在虚度光阴。"

"假如这是你要辞职的原因，那你就想错了，你不会永远只教十名学生。还有，你得想一下这些学生的最终前程。我们的年纪越来越大，他们当中的有些人说不定会被委派取代我们的职位。皇帝也会想学外语，谁知道你的学生会不会被找去教皇帝英语呢？"

谭廷襄与董恂的劝慰打动了丁韪良，使他感到在同文馆任教习将大有可为。当然，丁韪良内心也潜藏着他不为外人言说的野心。"我之所以继续留在同文馆，也是因为决心要开拓比在北京街边教堂传道影响要更为广泛的领域。"

丁韪良打消了辞职的念头，可是同文馆很快又陷入了困难和危机。造成这种局面的起因是总理衙门计划在同文馆添设天文、算学等新学，扩大招生范围满足办理洋务的需要，但是却招致保守派的反对和攻击。

丁韪良到馆任教后，当时在馆学习的首批学生已经学满三年，按照当初的规定要进行一次考试，这也是对同文馆开办后学生学习成果的一次考核。同文馆的考试计有四种：每月初一日举行的月考、每季初一日举行的季考和每年十月举行的岁考，由各馆教习主持定时面试；每三年一次的大考，则由总理衙门执行。按总理衙门当初奏议，每届大考，优者授予九至七品官职，次等者留馆或降级学习，劣者除名。

大考陆陆续续进行了十天，英、法、俄三馆学生均须参加。初试是把外国照会译成汉文；复试是将某条约中的片段译成外文；最后是口试，考官密出汉语条子，令学生口译成外语。可是这次大考，学生的成绩并不理想，奕䜣向朝廷奏报说：

> 臣等在大堂公同面试……因洋文非臣等所习，特饬总税务司赫德与各馆外国教习会同阅看，分别名次高下……其翻译各文虽未能通体贯串，亦尚有相符之处，外国语言亦多吻合。

"尚有相符之处""亦多吻合"等语用词含混，显然有敷衍皇上之嫌，因为那些孩子的表现实在太差，奕䜣等又不懂外语，洋教习们只好敷衍了事。显然，这次考试并不尽如人意。但总理衙门却根据考试结果对学生们进行了奖优罚劣处理，并把几名不堪造就的学生退回原籍。经此考试，有一个积极的动向是为扩大招生、立本为信起到了很好的宣传作用。

经过这次考试，总理衙门感到，学生们如果单单学习外语很难适应办理洋务的需要。如此，这些孩子将来也难当大任。因而很有必要开设新馆，扩大学习范围，多方面汲取西学，这才是洋务自强的需要。

带着这样的设想，1866 年 12 月 11 日，恭亲王奕䜣上奏清廷，请求在已有的英、法、俄三馆之外，添设天文、算学馆，且招收对象不再限于八旗子弟，而是扩大到满汉举人、五贡生员以及正途出身五品以下京外各官。无疑，这是对传统的科举制度的一种变革。奕䜣的奏折中说此举是学习西学，培养新型人才，适应洋务自强的需要；西方人制造机器、火器以及行船、行军，无一不从天文算学中来，因而中国要自强，必须开设这样的学馆。

恭亲王等人的奏折呈递朝廷，朝廷同意设立这样的学馆；但这却再次遭到了朝中保守派的反对，认为这是舍中法而取西法，且拜洋人为师，实乃奇耻大辱。1867年1月，恭亲王奕䜣再次上奏朝廷，坚持要求开办天文、算学馆，并将翰林院编修、进士等也纳入招生范围，这引起了更大的非议。

1867年3月5日，山东道监察御史张盛藻上奏折表示反对。他说，自强之法在于"整纲纪、明政刑、严赏罚，求贤养民，练兵筹饷诸大端"。而国家的强大在于臣民有"气节"，只要臣民有"气节"，就能"御灾而灾可平"，"御寇而寇可灭"。如果朝廷让具有科考正途身份的人放弃功名，去学习外国人的那些"奇技淫巧"，甚至还许给科举士子以功名利禄，鼓励他们学习西人之学，实在是重名利而轻气节的举动。推动洋务，慈禧太后是持支持态度的，因而她以同治帝名义发布上谕，科举正途的士子也应该知晓天文、算学，不得视为"奇技淫巧"；正途人员应做到儒学与天文、算学无所偏废，也是"借西法以印证中法，并非舍圣道而入歧途"。清廷虽然驳回了张盛藻的折子，但争论并未平息。

1867年3月20日，一贯以强调义理精神闻世的理学大师大学士倭仁也上奏朝廷说，"天文、算学为益甚微，西人教习正途，所损甚大"，而加以反对。倭仁强调，治国之道，在于礼仪道德，不在于阴谋诡计；国家富强的根本在于人心，而不在于学习外国人所为的"技巧"；且"师事夷人"则将令士人"变而从夷，正气为之不伸，邪氛因而弥炽，数年后不尽驱中国之众咸归于夷不止"；习西方历算，"所成就者不过术数之士"，不能起衰振弱。

1867 年 6 月 23 日，遇缺即选直隶知州杨廷熙也上折反对设立天文、算学馆，并要求撤销同文馆，甚至对奕䜣设立同文馆的原奏折罗织了十大罪名，"臣月余以来，日夜研思同文馆原奏，觉其事、其理、其言、其心，有不可解者十焉"。

在倭仁、张盛藻、杨廷熙等人的干扰下，同文馆招生变得十分困难。他们"聚党私议，约法阻拦，甚且以无稽谣言煽惑人心"，使添设的天文、算学馆"无复有投考者"。

开设天文、算学馆，在定于 6 月间举行的招生考试中，虽然有九十八人参加了报考，但实到只有七十二人；且参加考试的大都是年老而穷困潦倒的书生，多为冲着总理衙门承诺的发给优待薪米而来。这次考试勉强录取三十人，到 1868 年 7 月，有二十名成绩差者被退学，仅余李逢春等十名较优秀者。

开办天文、算学馆遭遇挫折时，丁韪良再次返回美国。因为在开办天文、算学馆的计划中，给丁韪良安排的是政治经济学和国际法课程的教学，为胜任教课任务，总理衙门特意批准他回美国入耶鲁大学进行国际法的研修。

在他离开的一年多时间里，由海关总税务司赫德向总理衙门推荐了一名叫额布廉的英国人，顶替丁韪良在同文馆教习英文课。额布廉是海关的一名职员，并无传教的愿望，所以他授课倒也认真。丁韪良离开的日子，法文教习则请来刚刚来华的法国人李璧谐中途客串，新设算学则由中国学者李善兰到馆授课。

李善兰是浙江海宁人，1811 年出生于一个书香门第之家。他自幼就读于私塾，良好的家庭教育以及江浙一带开风气之先的环境，使他少年时代便与科学结缘。九岁那年，李善兰发现父亲的书架上有一本中国古代数学名著《九章算术》，感到十分新奇有趣，从此迷上了数学。十五岁时，李善兰已经通习利玛窦、徐光启所译的《几何原本》前六卷；在《九章算术》的基础上，吸取《几何原本》的新思想，使得他的数学造诣日渐精深。成年后，他参加乡试，虽然因为八股文做得不好而落第，但他并不灰心，而是更增加了对数学的兴趣。

李善兰而立之年刻印了《方圆阐幽》《弧矢启秘》和《对数探源》三种数学著作，成为远近闻名的学者。他致力于数学研究，也是受鸦片战争中国被动挨打、科学救国思想的激发。1852 年，李善兰来到上海，在墨海书馆将自己的数学著作给来华的外国传教士展阅，受到书馆教习伟烈亚力的称赞，从此开始了他与外国人合作翻译西方科学著作的生涯。他合作翻译了大量数学、牛顿力学及植物学方面的著作，定义了"微积分""方程式""植物学""代数"等科学名词。

1866 年恭亲王奕䜣奏请添设天文、算学馆之时，时任广东巡抚郭嵩焘就上书举荐李善兰为天文、算学总教习。郭嵩焘的奏折中共举荐十人，他赞扬李善兰"淹通算术，尤精西法"，提议此人到馆任教，也方便与西人一起讲习讨论。由于当时李善兰忙于在南京出书，所以到 1868 年才到同文馆任教。

在 1868 年这一年，李善兰、李璧谐、额布廉三人组成了同文馆里新的教习阵容；这也意味着同文馆的教职之席，不再是传教士一统天下的时代了。然而，尽管他们努力教学，但在保守主义拼死抵抗的时代，他们的努力并没能改变同文馆日渐冷清的命运。

面对京师同文馆日渐冷清的现状，作为教习的额布廉指出，需要提高外国教习在京师同文馆的地位和发言权："我们热切地希望在掌管学习上能有一定的发言权……应授予我们一种荣誉性官员。"额布廉还引述了英国驻华公使阿礼国的话，"我认为外国教习在总理衙门应当有一个高级的官衔"。额布廉和阿礼国的意思就是希望由洋人来接管这所学校。

4. 幕后操纵者赫德

额布廉与阿礼国都希望由外国人来接管同文馆，当然是想增强西方的影响力。当这些建议和要求传到海关总税务司赫德耳朵里的时候，立即引起了赫德的重视。

赫德 1835 年 2 月 20 日出生于北爱尔兰阿马郡一个名叫伯塔唐的镇子里，父辈以经营酒店为生，虽然规模不大，但也可以使一家人平淡度日。赫德出生后，为生计考虑，他们全家曾迁移到伯塔唐北面的米尔顿，并在那里开始经营一家酒厂。然而一场大火把酒厂烧了个精光，他们家不得不再次举家迁移，迁到了希尔斯堡。

1850 年，十五岁的赫德考入了贝尔法斯特的最高学府——皇后学院（现称"女王大学"或"皇后大学"）。在校三年中，赫德一直居于优秀生的行列，多次获得学校的奖励。对于皇后学院，他一直到晚年还不时表露出内心的深厚感情。后来在结束了中国海关总税务司的任职之后，他在写给同学的一封复信中，还深有感情地这样写道："当我在中国期间，凡是归功于我个人的每一项成绩，我都把它看作是学院的功劳，看作是对曾经和我一起学习的青年的酬谢，看作是对指定我到中国去的教授的充分肯定。"在赫德去世的当年，他的遗孀在给皇后学院副校长的信中，也透露了与赫德所表达的同样的感情。

1854 年，正当大学毕业的赫德为选择什么样的职业而着急时，英国外交部在爱尔兰皇后学院开始招收到中国和日本工作的领事馆人员。当时，英国驻广州领事官包令接替文翰的位置，升任香港总督，兼任英国驻华全权公使和中国商务监督。包令笃信功利主义哲学家边沁的自由贸易主张，想进一步打开中国的市场。他多次上书英国外交部，要求加强英国政府在中国和日本的代表人员设置，把远东各通商口岸真正变为指导商务与传教的中心。这个意见打动了英国外务大臣克拉瑞顿，英国外交部因此决定在贝尔法斯特皇后学院招收领事馆工作人员。

于是，是年只有十九岁的赫德开始成为英国驻中国领事馆的工作人员。但是，初到中国的赫德面临着语言的难题，他对汉语的理解可以说还是一片空白，只有学好汉语，才能更好地适应领事馆的工作。在来中国的轮船上，他就意识到这个问题。他知道自己的首要任务是学习语言，必须抓紧一切时间学习汉语。在旅行途中，他从词典、商人和船长那里开始接触汉语，对于中国语言的复杂性已有所了解，深深懂得学习刚刚开始。包令的指教对他很有帮助。他在当地请了一名官话讲得很好的汉语老师，每天坚持学习六七个小时。汉语老师使用的教材是《论语》《孟子》《诗经》等儒家经典。赫德一边学习汉语知识，一边了解中国的哲学、政治、道德、教育等文化观念。在学习过程中，他得到了英国汉学家麦都思等人的帮助，从他们那里得到了许多中英文书籍，如《麦都思中英文词典》《中国对话》等。1855 年，赫德开始学习宁波地方话。《红楼梦》作为中国文学的经典之一，对于汉语还很生疏的赫德来说，要领悟它是何其艰难，但他还是把它通读了一遍。读完之后，他感觉很有趣，也使他的汉语阅读能力有了很大进步。1856 年，赫德继续学习汉语，自我感觉已能胜任翻译工作，参与了法庭审判。他已经有了信心，在日记中这样写道："掌握汉语和中国文学比什么都困难，但是，我决心成为这方面的专家。"

赫德一边学习汉语，一边工作，先后在英国驻宁波、广州领事馆担任翻译，逐渐成了一个中国通。第二次鸦片战争中，广州也设立了海关，赫德受英国政府之命到海关工作。当时的海关有些荒唐，不像今天的海关，那时主要领导都是外国人，这还真有点半殖民地特色。当时的海关税务司由英国人李泰国担任，副税务司就是赫德。英法联军进入北京时，海关税务司李泰国认为清朝会灭亡，他不愿自己遭殃，便以养病为由，请假回到了英国。这样，海关税务司的实际工作便落在了赫德手里。

早在 1861 年夏天，还是代理总税务司的赫德到北京拜访奕䜣。当他听恭亲王说计划设立总理衙门，在其之下设立京师同文馆，就被这个计划所吸引。他为此曾经感慨地说："我不认为中国没有进步。在政府的支持下，人们正在努力学习外国语言和技艺，这样就会采取一些促进中外相互了解的行动。"

赫德虽然已经对设立同文馆表现出了莫大的兴趣，但他还是顶替回英国休假的李泰国暂时代管海关税务司；加上海关事务十分繁忙，因而他并无精力和条件支持这一事业。1862 年秋天，赫德再度来到北京，拜会恭亲王奕䜣。从奕䜣的口中得知，同文馆已经开始试办，他为此感到高兴；但是此时海关事务仍然占据着他全部的时间和精力，使他无暇顾及。1863 年，李泰国因为阿思本舰队事件引起中方的不满，他到北京活动，赫德也一同前往。舰队事宜的谈判错综复杂，所以他仍无法分身参与到同文馆的建设中。直到他取代李泰国成为海关总税务司，在北京定居，他才有时间和精力开始关注同文馆的建设。

恭亲王奏请在京师同文馆中添设天文、算学馆，扩大招生范围，应该说也有赫德建议的成分。实际上，赫德对同文馆表现出关注之情也是有私心的。海关事务千头万绪，需要的是人才，特别是翻译人才，他很想从同文馆中挑选一些优秀的学生充实到海关，利用京师同文馆为他控制的海关服务。"我们应该为中国政府和缔约各国尽量培养一批能够接任我们工作的中国人；但是，只有时间才能说明到底是从现有的、懂外语的人中挑选，还是更可能从同文馆的学生中产生。"后来，从同文馆结业的一些学生果然被安排到海关从事翻译工作。

当然，当时的同文馆在很大程度上也要依赖海关。对于财政捉襟见肘的清廷来说，同文馆的财政几乎完全依赖海关，从同文馆成立那一刻起就开始使用海关税款。正如恭亲王在给朝廷的奏折中所言，现今府库财政紧张，可用于支出的款项实在是太少了，考虑再三，"唯于南北各海口外国所纳船钞项下，酌提三成，由海关按照三个月一结奏报之期，委员批解臣衙门交纳，以资应用"。

晚清的中国海关是掌握在洋人手里的，因此，用海关的钱也只得依赖于洋人的"恩典"。既然海关税务司掌握着同文馆财政供给的大权，那么，身为总税务司的赫德便对同文馆产生巨大的影响。可以说，洋教习的招聘之权在 1865 年之后实际上便掌握在赫德手里；总理衙门对洋教习失去了任免之权，"对于后任不许推荐，有外国新到人员，亦不许直接来谋教习之职，必须由总税务司推荐"。对此，赫德在 1865 年 12 月 22 日的日记里写道："同文馆里由我雇聘三或四名教习，海关支付薪俸，总理衙门提供住宅。"

从财政到人员雇聘，赫德都试图增加自己的影响力。对于教习额布廉所说的同文馆正在走向冷清的局面，赫德也深有同感，他也认为应该增强洋教习的身份和地位。同文馆日渐冷清的局面使他认为，长此以往同文馆有可能要完蛋了。

1869 年 6 月 25 日，美国驻华公使劳文罗斯在给美国国务卿汉密尔顿·费什的报告中谈到了当时同文馆（即同文学院）的情况：

> 我自去秋到北京以后，即留心探访同文学院的情形，才知并无此院。丁冠西（丁韪良）博士已回美国；天文学教授方根拔先生正在待命，已定行止；英文教授额伯连（额布廉）先生，仅有两个学生拟用英文教授；法文教员李璧谐先生有学生八名，年龄是二十二岁到四十五岁，拟用法文教授；俄使馆翻译伯林先生，有俄文班学生十八人。学生每月领受津贴十元，实际上只是三十个年岁多达中年的贫民，在此学习欧洲语文，对于科学艺术，根本无法了解。这仅是一个语言学校，名为同文馆者而已；成于 1862 年，旨在养成本国翻译人才。

赫德觉得必须改变这种局面，否则自己对京师同文馆所抱的希望有可能要落空，自己花在学馆上面的心血也要付之东流。但是此时他正忙于海关中更为重要的中外交涉活动，没有更多的精力和时间兼顾同文馆。

怎么办呢？赫德想到了他的老朋友、正在美国耶鲁大学进修的丁韪良。丁韪良在宁波传教时就与赫德相识。当时赫德还只是一个助理翻译，丁韪良比他早四年来到中国；赫德那会儿还在努力学习汉语，而丁韪良已经能够说一口流利的汉语了。虽然国籍不同，但宁波的相识使二人一见如故，很快成为朋友。此番同文馆日渐冷清的局面，赫德认为丁韪良应该在同文馆的建设上发挥更大作用，因而他迫不及待地给丁韪良写信，催促他尽快回到中国。丁韪良回忆说：

> 我收到赫德先生的一封信，在信中他催促我尽快返回中国。他告诉我清政府对同文馆的工作不甚满意。实际上，它很可能要被迫解散。我回信说自己对前景并未丧失信心——即使同文馆被关闭，也是可以使之重开的，或者说"即使削弱到了尽头，它的全部价值依然丝毫未损"。

带着重振同文馆的信心，丁韪良于 1869 年 9 月回到北京。后来，他在回忆录中描述了赫德让他主持馆务的过程：

> 1869 年 9 月，当休完假回到中国，我拜访了赫德，向他了解同文馆的情况。他说："它依然存在。"接着又补充说，他已决定让我来主持馆务，并每年从海关税收中拨出一笔钱给我，以维持同文馆的正常运转。"我将不拒绝出来修剪一下灯芯，"我回答说，"但条件是你必须提供灯油。"也就是说我可以出任总教习，但财政方面不归我管。在我的坚持下，赫德同意由他来掌管同文馆的财政。此后二十五年中，他始终如一地履行了这个协议对他所规定的职责。……对于同文馆来

说，他堪称同文馆之父，而我则是个奶妈。

在赫德的建议下，别妻离子再一次回到中国的丁韪良，将出任总教习一职。对他而言，个人意味不言自明。这个类似于同文馆校长的职务，对总理衙门来说是还未曾有过的一个职务，这比仅仅在同文馆教英文的丁韪良希望的"比街头教堂更大的影响"又深入了一步。因而他对这个职位非常满意，也非常重视。

对赫德提名丁韪良任总教习一职，总理衙门是什么态度呢？有一点可以肯定，包括恭亲王奕䜣在内的总理衙门官员对丁韪良是了解的，他翻译的《万国公法》，连两宫皇太后与年少的同治皇帝都有所耳闻；从总理衙门挽留他出任同文馆教习可以看出朝廷对他是抱有好感的。

从这个层面看，赫德的提名似乎并无悬念。但是，总理衙门不知出于什么原因，或者是为走过场，抑或是对于这个将跻身中国官场的外国人并不信任，在授予他总教习职务之前，总理衙门对其进行了一场考试。考试内容既不是汉语或者其他语种，也不是国际法、教育法，而是考他的数学程度，也许是基于天文、算学馆的考虑。但丁韪良对这次考试，心里一直感到纳闷。这纸考题是谁出的？答卷又由谁来评判？这似乎给丁韪良一个感觉，总教习一职并非没有竞争者；但经过这次考试，丁韪良就任总教习一职变得名正言顺。

5. 赫德的"同文馆"

1869年11月26日，丁韪良正式出任同文馆的总教习一职。当天的就职典礼非常隆重，总理衙门以及美国驻华使馆的官员都来参加。对于这个就职典礼，丁韪良回忆：

与会者有总理衙门各大臣以及美国驻华代办卫三畏博士。赫德虽没到场，但却送来一张贺笺，祝我日进光明。一共有四十来个学生，出使欧洲的斌（椿）提州分班引见，长袍缨冠，致敬为礼，煞是有趣。我的就职演说是用中文的：大学士宝（鋆）是颇负诗名的，当时很受感动，即兴赋诗一首，写在两卷美丽的纸上，送给我作为纪念。

宝鋆以学识和巧智闻名于朝野，当天的赋诗写了什么已无从得知；但他在恭亲王奕䜣后来被罢职时随口咏诵的一首七律，却经丁韪良的记载保留了下来。诗云："笑沐天恩四季春，年年欢梦不知年。猎鲸渔父望洋叹，梦醒黄粱咒逝川。丢马塞翁安非福？劝进失意且保全。"从丁韪良对此诗的理解程度，可见其在中国文化方面有相当造诣。

丁韪良出任总教习一职，对于他的职责职权，总理衙门在上奏朝廷的奏折中似乎并没有明确指出，但从此后他所从事的各项事务中可以发现他的职责主要包括制订课程计划、督察各馆功课、聘用教习、组织教科书翻译、制订招生办法、筹建教学设施以及每三年以主持编订《同文馆题名录》的方式向总理衙门汇报同文馆的主要发展状况，等等。

同文馆的开办以讲授西方语言文字为主，也讲授西学。由于清廷负责馆务的官员对西学以及相关的管理业务并不熟悉，实际的管理权力掌握在丁韪良的手里；再加上同文馆的财政由赫德负责筹措，使丁韪良的权力很大。

丁韪良出任总教习后，不负各方所望，是一个令各方满意的人选。他懂汉语，会熟练地说北方官话，对中国文学、历史，甚至民情都了然于胸，况且又在美国受过系统、正规的高等教育。在既往的工作中，他是一个高度负责、能够团结清廷官员的人，因而也很得总理衙门的信任。出任总教习一职又得到为同文馆提供资金保障的赫德的全力支持，所以他一上任很快就使同文馆进入正常的轨道。他大胆地引进了甄别淘汰制，查明学生的学习进度和水平，对于那些不及格或者不认真学习的学生一律除名；他为同文馆配备了各种教科书，拟定了中国教育史上第一个分年课程表；他使得同文馆的规模逐渐扩大，并添加了大量的教学器材和设施，使同文馆成为近代中国第一个融教学与实践为一体的学馆。

同文馆的发展自 1869 年后以一种崭新的面貌呈现，令总理衙门与赫德都非常满意。赫德称赞：

> 我很高兴地说，学校在发展，我们现在有七十多名北京的学生，十二名广东学生，七名江浙学生，共计约一百名；德贞博士刚被任命为解剖学和生理学教习，并将为培养中国真正的医疗人才打下基础。学生们学习英语、法语、德语、俄语、数学、自然生理学和化学。今年还有两位教授要加入京师同文馆的教师队伍。同文馆已经经历了一番艰苦，但它迟早会成功的。

由此看来，丁韪良就任总教习后，同文馆在他与赫德这两个洋人的主导下，正在书写着新的篇章。尤为值得提及的是，丁韪良在改革同文馆招生制度、扩充同文馆规模的同时，还制订了较为完备的教学计划。

1876 年，丁韪良按照学生资质的不同，分别制订了八年和五年不同修业年限的两份课程表。

八年课程表的制订主要是针对那些汉语水平较高、天资聪明而好学的学生；他们不是简单地学习外文，而应涉及多个新学科。即在掌握外语的同时，也要掌握自然科学方面的知识。具体设置为：第一年学习基础外语，浅解词句，讲解浅书；第二年讲解浅书，练习句法，翻译条子；第三年讲各国地图，读各国史略，翻译选编；第四年数理启蒙，代数学，翻译公文；五年讲求格物，几何原本，平三角、弧三角，练习译书；第六年讲求机器，微分积分，航海测算，练习译书；第七年讲求化学，天文测算，万国公法，练习译书；第八年天文测算，地理金石，富国策，练习译书。

五年课程表则是为那些年龄稍长、不学习洋文，靠译本来学习天文、算学之人而设计的。具体内容为：

首年数理启蒙，九章算法，代数学；二年学四元解，几何原本，平三角，弧三角；三年格物入门，兼讲化学，重学测算；四年微分积分，航海测算，天文测算，讲求机器；五年万国公法，富国策，天文测算，地理金石。此外，汉文经学因自始至终是学生必修课，故未曾列入；而医学虽未列入，但亦是学生学习之科目。丁韪良的八年课程表得到了总理衙门的批准，总理衙门并命令将该课程表翻译成洋文，"以汉洋合璧刷印三百本，交与馆生各执一本，俾知趋向"。

同文馆八年课程的订立很具有指导意义，所以得到了总理衙门的批准和支持，个中也可以看出丁韪良对同文馆前途命运的寄望和努力。

丁韪良要求英语馆的学生能够用英文顺利地听讲所有课程，没有障碍。他认为英语是学习其他非英语课程的基础工具，由英语而及其他诸学，各年级的学生在语言的练习上则以译书为主。

丁韪良制订课程的计划，以八年为一个周期，外语教学贯彻始终。对于算学、物理、天文等学科，虽然在课程表上也占有很大比例，但与外语教学相比，这些课程则有较大的弹性，给出了较为灵活的要求，只是打基础而已；如果要学得很精，则要分途而立求之。如此，体现了同文馆以外语为本、外语精通了才能学习别艺的办学原则。

不过，丁韪良制订的这份课程表究竟是针对同文馆的哪一馆的何种专业，由于史料所限很难确定，但是丁韪良对教学工作所做出的努力很值得肯定，因而也深得官员们的信任。以至于后来，清廷也不再提让汉教习监督洋教习，防止他们在课堂上传教之事，对是否传教的问题也不再过问。丁韪良回忆："在我刚来同文馆任教时，教室里原有一块告示牌，上面写着众多规定，其中一条是禁止在课堂上教授圣经。我出任总教习以后，提调们撤掉了这块告示牌，让我自己决定该如何做。"

在赫德的支持下，丁韪良在总教习任上履行职责后，同文馆的管理、教习结构也相对趋于稳定。在管理上形成了由管学大臣、提调、帮办、总教习、教习、副教习、助教等构成的管理层；在教习的设置上，教习一职除汉教习外，多由洋教习担任。特别是外语教习，皆为洋教习负责讲习授课。

特别需要指出的是，丁韪良任总教习后的同文馆，洋教习的聘请多与海关税务司有着密切关系。

由于同文馆的经费多来自海关，赫德掌握着同文馆的财政命脉；也正因如此，赫德掌握着同文馆中教习的聘请任用之权，这也可视为赫德支持同文馆的"题中之意"，目的当然是为充实海关，为自己服务。在同文馆任教的洋教习中，欧理斐、额布廉、吉德、马士、韩威礼、安格联等都有在同文馆任教，然后又服务于海关的经历。

在同文馆任教习的欧理斐是爱尔兰人，曾就读于赫德的母校爱尔兰皇后学院，获硕士学位。他是 1879 年入同文馆任教的，1895 年继任丁韪良的总教习一职，并由英文教习改授物理课程。1902 年到宁波任海关副税务司，后来历任南京、苏州、牛庄、奉天等地副税务司，且一度为海关总税务司署管理汉文案税务司。

洋教习中，额布廉也是赫德的校友。他于 1868 年来同文馆任英文教习，后来成为海关总税务司的一名内勤人员。

吉德本是英国驻华使馆的一名会计，于 1870 年辞职进入中国海关，1872 年奉赫德之命兼职同文馆英文教习，三年后又回到海关工作，历任汕头、琼州、上海、广州等地海关副税务司或税务司。

马士，美国人，1874 年进入中国海关，1884 年任同文馆英文教习，1896 年又回到海关工作。韩威礼、安格联都是在海关工作后，然后到同文馆任英文教习，之后又回到海关工作。

　　从这些洋教习的经历来看，他们进入同文馆都与赫德控制的中国海关有关，那么，他们进入同文馆后，真的是为潜心教学而来吗？答案当然是否定的，只不过是海关为了培养他们的汉语能力，而以教习的名义进入同文馆罢了。

　　赫德聘任同文馆洋教习有一个重要的条件，就是要听从他的调遣，接受他的控制。赫德在 1874 年 6 月 12 日曾经委托他设立在伦敦的办事处的负责人金登干帮助物色京师同文馆教习。当时，赫德特别提醒金登干：

　　　　要使他清楚地了解，教习要听从我的命令，是隶司于总教习的。还要让他了解，续聘将取决于：一、受聘人仍符合聘请条件；二、同文馆或教习的职务继续存在。在教学提到更高阶段和飞得更高之前，这项工作只不过是一个普通教师的工作。总税务司在招聘方面并不比英国临时工雇主承担更多的责任。

　　虽然如此，但洋教习深知，到同文馆不但可以拿到高薪，而且将来汉语水平提高后在海关更可以得到赫德的重用。至于说外国教习到同文馆大多是希望向中国学生学习汉语，也许有人不信，但事实确实如此。据齐如山回忆，外国教习可以从学生中不断地提高自己的汉语能力。"虽然没有学些高深的学问，但因认识几位洋教习，我常常去找他们谈天，谈的当然非常之复杂，例如西洋大中小学的情形，各种艺术如戏剧等的情形、政治的情形、工厂的情形、家族的情形、婚丧的情形、饮食的情形、农业的情形、海陆军的情形。彼时不但没有空军，且无飞机，总之社会中各种情形，无不谈到。我永远是很详细地问他们，他们也都很详细地解说。他们不但不嫌麻烦，而且都很高兴，因为他们借此可以学许多的中国话。若只靠他们请的教习教他们，那范围是很窄的。"

　　由于赫德派遣这些洋教习到同文馆的目的是培养他们的汉语能力，因此对他们是否适合任教就不那么严格要求。事实上，这种以练习汉语为目的的派遣方式，严重影响同文馆的教学质量。近代中国的启蒙思想家、教育家、实业家郑观应曾批评京师同文馆聘用的洋教习大多数不过是滥竽充数罢了。维新派代表人物梁启超也反对这种对汉语一知半解的洋教习到馆任教。他说：

> 教习多用西人，西人言语不通，每发一言，必俟翻译展转口述，强半失真，其不相宜一也；西人幼学异于中土，故教法亦每不同，往往有华文一二语可明，而西人衍至数十言者，亦有西人自以为明晓，而华人犹不能解者，其不相宜二也；西人于中土学问，向无所知，其所以为教者专在西学，故吾国之就学其间者，亦每拨弃本原，几成左衽，其不相宜三也。所聘西人不专一国，各用所习，事杂言庞，其不相宜四也。西人教习即不适于用，而所领薪俸又恒倍于华人，其不相宜五也。

面对诸多的批评和质疑，赫德并没有改变派遣方式。一时间使得同文馆也成了洋员来学习汉语的学馆；这些洋员熟练掌握了汉语后，又回到海关或充实到其他部门或行业，这也造成了同文馆教习更换频繁的怪现象。这当然要影响到同文馆的教学质量。恭亲王奕䜣也发现了这种情况。早在1865年4月29日和1865年12月22日，他曾经两次上折批评说，"唯该馆外国教习屡次更换，学生功课难免作辍，恐所学外国语言文字未尽娴熟"。

同文馆洋教习屡屡更换，甚至有滥竽充数者，导致教学质量受到影响，但洋教习中也不乏像丁韪良那样专心执教之人。

1866年，赫德从欧洲休假归来，为同文馆聘请了五名欧洲教员。但是从欧洲到中国历经磨难，有两个人中途就死了；一个到北京后不久也染病去世，只剩下法国人毕利干和德国人方根拔两人。

毕利干由于汉语水平的问题，在北京学了数年汉语后，才于1871年到馆任化学教习。他为这门课程规定的教学内容是：从化学元素开始教起，概述非金属与金属两类，再分步讲解酸、碱、化合、分解等，使学生逐步提高化学水平。在1872年的化学岁考题中就有：

> 次硝强水，其代字若何？
> 天气助火，何故？
> 水系何物相合之质？
> 做轻磺气，其法若何？
> 磺强水其性情若何？

这些考题，当属于基础化学知识。到1878年，毕利干给学生出的化学题，难度已明显加深，如：

> 设有二碳四轻气、养气、轻气三气，以何法能将其气分之？
> 轻气与养气相感之理如何？
> 炼轻气之法如何？

在化学的教学中，毕利干还通过实践活动使学生真正领会贯通。1876年，他在同文馆设立了近代中国第一间化学实验室，注重实践与理论相结合，学生们也都很喜欢听他的课。有一次，一名学生听完他的化学课后，竟将一根磷棒藏在自己的上衣口袋里。结果，这名学生走出实验室后，身上突然起了火，毕利干后来常乐此不疲地向同学们和同事们讲起这个故事。

毕利干在同文馆任教二十五年，成为在馆年龄最长的洋教习之一。其间，他曾用中文编写了第一本化学教材《化学指南》，还译有《化学阐原》等一系列基础知识读本，是把西方近代化学介绍到中国的拓荒者。丁韪良认为，"在把近代化学引入作为炼金术老家的中国这件事上，他立下的功劳无疑是最大的"。

毕利干不仅在化学方面有很深的造诣，在语言、法律等方面也很有研究。除编有《汉法字汇》等书外，他还在刑部尚书王文韶的支持下，将《法国民法典》译成中文，定名为《法国律例》，这是近代中国第一部由官方支持、组织翻译的外国律典。此典后来成为清廷修改法律的重要参考。毕利干于1893年辞职回国，1896年病逝于巴黎。

赫德从欧洲延聘的洋教习的幸存者中，方根拔是一个怪人。他原籍德国，后改籍英国。之所以说方根拔是个怪人，因为他有着好强而又狂放不羁的性格，常常引起其他教习的不满。他到北京后，时常以一种自我理论来排斥别人的观点。比如说，他认为空间压力的正确定义为"宇宙的未聚集或单独部分"，以此推翻牛顿的万有引力理论。他还坚持认为地球的形状并非如白来尼所说的像个橘子，是个椭圆形的球体，而是像一枚柠檬，呈长椭圆形。为这些问题，他经常与人争论得面红耳赤。

多年后丁韪良还记得这样一件事：有一个夏日，方根拔在前往北京西山的路上遭遇暴雨，他满载书籍的车子被突发的洪水冲走。当洪水退去之后，沿途好几英里（1英里≈1.6千米）的路边都可以见到他散落的书籍和手稿。当丁韪良前去安慰时，他痛心疾首地说："唉，那可恨的雨水，它毁了我二十年的心血，而让牛顿的统治又可以延长好几个世纪。"

与不少传教士出身的教习不同，方根拔此人不信鬼神，不信什么上帝。他常常耻笑那些笃信耶稣的教习，以此来抬高自己。有着传教士与外交官双重身份的美国人卫三畏评价方根拔说，此人相信"无论在何处，上帝的力量都不足以伤害他"，而其他人则做不到。

实际上，方根拔还算是一个称职的教习。他在授课间往往生出许多奇思妙想，只是这些思想像电火花，须遇到相反的电极才会迸发闪烁。因此他非常喜欢与学生争论，常就电闪雷鸣、老天爷、星象等天文学问题发一些匪夷所思的高论。丁韪良在回忆录中也说，方根拔"虽然性格怪僻，但还是一个思维敏捷的人，且是个多面手，他的最大弱点在于太急于谋取生计"。

方根拔性格怪僻，与人格格不入，丁韪良认为他很有点"那种以实玛利人后裔的性格，即吹毛求疵，找碴撒泼"。当初赫德聘他来同文馆，就明确要求要听他的话，但方根拔的性格常常会引起赫德不快，结果被赫德解聘。方根拔向上海领事法院控告赫德，该院的一个陪审团判罚被告交纳一千八百英镑。赫德不服，将此事闹到上诉法庭英国枢密院那里，结果以原判决被撤销而结案。

方根拔被解聘后，从此变得穷困潦倒，在中国无人聘用，只好返回英国。在英国，方根拔于穷困中完成《蒲安臣使节真相》一书，对蒲安臣、赫德插手中国外交的动机予以披露和讽刺。

6. "改嫁"的时代

赫德控制下的同文馆，对于不听从命令的人予以排斥，方根拔事件并非个例；但这种"衙门式"的管理方法使得同文馆再一次出现管理混乱的现象，同文馆里的学生和教习也把这里当成混日子的地方。

1885 年，总理衙门对同文馆进行了整顿，制订了《同文馆章程》十八条、《续增同文馆条规》八条。在招收学生方面有了改进，放宽了年龄限制，使那些年龄大，有进士、举人功名的人也可以入学。教习队伍新面孔逐渐增多，来源不再单单是传教士和海关税务司任命的人员，从各国驻华公使馆或从国外直接延聘的教习也大有人在。

普法战争后，德国实力变得强大，同文馆还增设了德文馆，首任教习为第图晋。中日甲午战争后，又增设了东文馆，首任教习为杉儿太郎。两人都是经赫德聘请到馆的。

1886 年，丁韪良又条陈十项改革意见：一添造馆舍房屋；二补算学教习缺；三建外科医院；四延长修业期限；五游学各国；六咨调粤沪学生；七扩展学生出路；八奖励洋教习；九建立天文台以及购备仪器；十增添膏火额缺等。

同文馆整顿后，新教习不断充实到馆，外语教学也不断推进。总理衙门在给朝廷的一份奏折中说，总理衙门同文馆曾经奏定章程学习洋文，待学成后，作为外交翻译人才使用。"比年该翻译等，学有成效者，颇不乏人，或调往边界，或奏带出洋，均能奉差无误，俾疆吏使臣各收指臂之益。"

整顿后的同文馆由于引进多种新学，补充了教学设施和设备，招聘了一些有能力的教员，使得同文馆成为当时国内最先进的综合性西学学馆；同文馆还设立了印书处和藏书楼，印书处负责承担印制本馆翻译的图书和总理衙门的文件。

藏书楼可谓大学图书馆的雏形。1887 年刊印的《同文馆题名录》中，对此有具体记载：

> 同文馆书阁存储洋汉书籍，用资查考；并有学生应用各种功课之书，以备分给各馆资查考之用。汉文经籍等书三百本，洋文一千七百本，各种功课之书、汉文算学等书一千本。除课读之书随时分给各馆外，其余任听教习、学生等借阅，注册存记，以免遗失。

此外，为实现教学实践的需要，1888 年同文馆建成了具有现代风格的一座观象台。这座观象台从提议到建设，可谓经历了二十年的风雨历程。起初因为守旧派的压力和舆论，以及所谓的"风水问题"，迟迟没有动工，直到 1885 后才开始建造。观象台高约五丈，共三层，上面的顶盖可四面转动，内设有地球仪、象限仪和浑天仪等。同文馆教习常常带领学生登上观象台用仪器观测天象，可谓京城一景。

能够体现同文馆整顿后发展成就的，译书也是值得叙述之事。虽然说从同文馆开馆初期，因馆内教学需要就已经开始翻译西书，且不少书籍被选为数理、格致、化学、航海、天文等方面的教材，但整顿后的同文馆翻译书目更多，翻译能力更强。

《同文馆题名录》有载，同文馆设立后翻译的西书有《万国公法》《化学指南》《英文举隅》《富国策》《各国史略》《算学课艺》《坤象究原》《电理测微》等二十五种。这些西书中，颇具影响的是丁韪良主持编译的《格物测算》和《格物入门》。1868年，《格物测算》被同文馆刊印。1899年《格物入门》被京师大学堂以《重增格物入门》为名重新修订刊行，此书分为水、气、火、电、力等各卷。

《重增格物入门》着重于普及相关科学常识，多述常识性的知识点。如卷三《气学》中有一个问题，就阐述了火车这个新式交通工具的发明史；书中讲解的重点，还包含"瓦德之汽机胜于前者，于何见之？""以水力积气开凿山道，其机各式若何？"等，在当时都是非常新颖、实用的内容。1889年同文馆出版《增订格物入门》时，北洋大臣李鸿章及户部右侍郎、同文馆管理事务大臣徐用仪，以及总理衙门大臣董恂等洋务派官员，对丁韪良的学识和倡导的"实学"表示赞赏，表现出他们对同文馆的支持，对西学所持的开放心态。

《增订格物入门》以图文并茂的形式，附以问答讲解，十分实用。光绪皇帝对此书很是欣赏。

整顿后的同文馆虽然在教学内容、规模、师资力量、配套等方面都有所进步与改观，但同文馆所处的时代毕竟是动荡、腐朽的晚清社会，同文馆给人更多的印象仍然是"放任"和"腐朽"，并不能满足时代变革的需要。因此，批评同文馆的言论也从来没有间断。当然，在当时，新式教育像同文馆这样仍然存在滞后性，不能满足时代需要，也具有普遍性。

管理官书局大臣孙家鼐于1896年在《议复开办京师大学堂折》中明确

说道：

> 三曰学问宜分科也。京、外同文、方言各馆，西学所教亦有算学
> 格致诸端，徒以志趣太卑，浅尝辄止，历年既久，成就甚稀，不立专
> 门，终无心得也。今拟分十科……五曰文学科，各国语言文字附焉。

当年 6 月 12 日，刑部左侍郎李端芬在《奏请推广学校折》中则认为像
同文馆这样的学馆之所以没有取得较大的成就，是因为"教之之道未尽"
的缘故，换句话说就是没有发挥综合教学的作用。对于这种现状，也有人
认为是经费投入不足。1898 年，美国传教士狄考文在撰文中称，"中国旧有
之学堂，如同文馆方言馆之类，大率经费无多，规制未备，难云尽善"。

虽然如此，在洋务运动的波谷浪峰中砥砺进取，在晚清政治变革之
"剧"与日常变革之"钝"的巨大落差中，同文馆一路挣扎、徘徊前行，还
是涌现了一些为引进西学而筚路蓝缕、不断求索的人物。

同文馆从最初的奏请开办到义和团运动中被迫停办，近四十年中共聘
请各国洋教习五十四名，他们中有不少成为近代中国历史上有影响的人物。
比如说丁韪良。自他成为同文馆总教习后，同文馆即已成为在京传教士办
学的一杆标尺。1887 年，一位参观同文馆的外国人称赞同文馆说，"或许是
中国现存的传播西方科学和思想的最重要因素"。

同文馆的发展，总理衙门对丁韪良所起的作用是予以肯定的。1885 年
12 月，清廷赏给丁韪良三品官衔。总理衙门在奏请对其予以赏赐的奏折
中说：

> 臣等查同文馆总教习丁韪良，于同治四年充英文翻译教习，同治
> 七年升授总教习之任，化学教习毕利干、法文教习华必乐，均于同治
> 十年到馆，资格最深，馆课亦能谨慎，拟请赏给虚衔，以昭激劝。

此外，同文馆洋教习中，林乐知、满乐道、美国人马士都是值得提及的人物。正是由于他们的努力，使得同文馆能够在风雨中前行，也培养出了一些时代变革中开风气之先的人物。

同文馆毕业生张德彝，后来成为一名出色的外交官。他曾侍光绪帝读英文，先后成为驻英国使馆参赞、驻欧公使。当时从同文馆走出来的汪凤藻、杨兆鋆、陆徵祥、吴宗濂、刘镜人、刘式训等都是比较出色的外交官。

京师同文馆作为近代中国第一所外语学校，在晚清近代化的进程中，突破语言障碍，实现对外交流方面，可谓功不可没。正如毕乃德所言："1876 年郭嵩焘被任命为中国第一任驻英外交代表，自此数年之中，中国在其他国家相继设立常驻使馆五六处，都须同文馆供给大量译员，中国外交界即以此等经过训练的人才为其骨干。同文馆学生除任外交译员外，亦多有被任为各省外交译员及顾问者。"如果从"本衙门设立同文馆令诸生学习西文西语，备翻译差委之用"这一根本目的来衡量同文馆的成败得失，可以得出结论，同文馆相当圆满地达到了总理衙门的办学目的。

但是，随着时代的进步，总理衙门开办的这所在八旗子弟中培养通晓外语的人才，具有功利性质的外国语学堂，在变法和改革的呼声中，已显得不合时宜了。

甲午之败，国家亟思图强。人们对西学的作用有了新的认识，朝野士大夫对整顿和改革同文馆提出了新的呼声。1898 年，御史陈其璋奏《请整顿同文馆疏》，其中更有刻薄的批评。他指责同文馆专为学习西方文字而设，培养学生不过百余人，而"岁费亦需巨万两，而所学者只算术、天文及各国语言文字。在外洋只称为小中学塾，不得称为大学堂"。陈其璋的观点，颇有当年林则徐等"开眼看世界"的意味。只是到了此时，月转星移，人心思变，加之西学进入中国的脚步不断加快，"有眼之士"们对于同文馆的不满中，更多地夹杂了对新式学堂的呼唤与期待。

然而，1898 年的维新运动以失败而告终，光绪帝被幽禁于瀛台。康有为、梁启超等维新人士在慈禧太后的追杀下逃亡海外，谭嗣同等"戊戌六君子"血染菜市口，维新变法中的大多数新政措施被取消。幸运的是，变法中所倡议的创办新式大学堂一项被保留下来，这为同文馆跨入新时代提供了契机。

需要说明的是，同文馆跨入新时代，不是以寿终正寝的方式离开历史舞台的，而是在一场影响了清朝命运的大动荡中以"改嫁"的形式走进了现代。

1900 年，庚子国难，慈禧太后挟持光绪帝西逃的时候，同文馆作为培养与洋人交流的教学机构，无一例外地成为"排外"的义和团所攻击的目标。义和团誓言，一定要捣毁同文馆这个"里通外国"的地方。当时的环境对学习外国语言者尤为险恶。拳民痛恨洋学校及读西学的学生，"曾有学生六人，随带铅笔一支，洋纸一张，皆死非命"；义和团专杀那些信洋教读洋书的人，把他们视为"二毛子"。于是，满是"大毛子"和"二毛子"的京师同文馆，顿时成为义和团烧杀掳掠的目标。

齐如山后来回忆当时的情景时说："大家都知道，西太后要利用义和拳匪毁灭光绪，派团练大臣刚毅、赵舒翘等大批练造拳匪。洋人固然都逃到东交民巷去躲避，而学生中得点新知识、认为拳匪是强盗的人，大多数也纷纷逃避，回到南方的，回家乡的很多，同文馆自然就停办了。"后来，"同文馆也被占据了，可是拳匪头目下命令所用的印，即是同文馆总教习的洋文图章，这真可以说是极奇怪的事情。他（义和拳匪头目）也有理由。他说这是洪钧老祖赐的印信，上面文字是天文，所译平常人不认识。可也没有人敢告诉他那是洋文，倘若告诉，则自己非被杀害不可。馆中稍有价值的东西，被抢的很多，余下也就都烧了，同文馆从此被毁。"

在同文馆受到冲击之时，维新运动中设立的京师大学堂也遭到冲击。义和团和朝中的保守派认为接受新学之人都是汉奸，"同文馆、大学堂等所有师徒，均不饶放"。因而，义和团运动所发生的骚乱，同文馆、京师大学堂无一幸免。

面对这样的混乱局面，当时的管学大臣许景澄因为与慈禧太后政见不一，已经成为慈禧太后的眼中钉肉中刺；但他出于保护新学的目的上奏折说，现在京师混乱，同文馆、京师大学堂师生都已告假四散，请求朝廷"将大学堂暂行裁撤"，以免引起更多的麻烦。事实上，此时的京师大学堂已人去楼空。1898 年被任命为京师大学堂总教习的丁韪良带着一干洋教习躲进东交民巷的英国使馆内，拿起武器与拳民作战去了。

八国联军占领北京城后，同文馆被德国占领；京师大学堂则房屋尽被破坏，书籍、仪器、教学设施有的丢失，有的损坏。丁韪良在使馆解围后，曾亲自前往察看，看到破败的景象也只有无可奈何摇头叹息了。

《辛丑条约》签订后，慈禧与光绪从西安回銮，新任命的管学大臣张百熙建议恢复京师大学堂，并奏请朝廷建议将同文馆归并到京师大学堂。1902 年 1 月 11 日，朝廷发布上谕，"所有从前设立之同文馆，毋庸隶外务部，着即归入大学堂，一并责成张百熙管理"。这意味着京师同文馆即将脱离从总理衙门演变而来的外务部，而归并到京师大学堂。1902 年 8 月 15 日钦定的《京师大学堂章程》第一章第六节提到"同文馆归并之后，经费无着，变通办法，拟于预备、速成（包括仕学馆、师范馆）两科中设英、法、俄、德、日五国语言文字之专科，延聘外国教习讲授"，并在第六章规定"各外国教习之外，仍须用中人通西学并各国语言文字者为副教习"。但是，正是由于京师大学堂就同文馆的遗留问题，双方争论不休，并没有立即实施。

1903 年，张百熙提出了归并方案，"学生入馆肄业，由馆中随时考取。……但文理通而年齿稚者，即堪收取，卒业之后，拟不予进士举人生员等名目，专备外务部及各国出使大臣、南北洋、各省督抚咨取译员之用，并另行给予文凭，准为各处学堂外国语言文字专科教习。其课程则入学之初，课以各国语言文字，兼授汉文。二三年后择其优者，授以法律交涉等类专科。"

张百熙还建议将归并后的京师同文馆改名为"译学馆"，清廷批准了这个方案。这样，同文馆正式归并到京师大学堂。需要说明的是，从同文馆到京师大学堂译学馆，不只是名称的变更，更是顺应了时势发展的需要。

同文馆并入京师大学堂后，开课的京师大学堂重新任命丁韪良为总教习。丁韪良也踌躇满志地招揽旧部，准备继续实现他深入官场的宏愿。然而丁韪良到校后不久，就因西洋教习要求补偿薪金与张百熙发生了矛盾。张百熙以"经费紧张"为由辞退了丁韪良和西洋教习，改聘日本教习前来任教。

对于此事，丁韪良在给《教务杂志》的一封信中称自己系"辞职"，试图掩盖被解职的真相。因双方签订的合同未到期，丁韪良与西洋教习的解聘事宜费了一番周折；学部与美国驻华公使馆经多次交涉，最终以补偿十八个月薪水方才了事。

同文馆归并到京师大学堂，成为大学堂的一个译学馆，虽仍然兼具教学的功能，仍不失为当时京师最重要外国语言文字学校，在体制上属于半独立的性质，但再无昔日的荣光了。《学务纲要》记载，同文馆归并后，成为译学馆，"意在通晓各国语文，俾能自读外国之书，一以储交涉之才，一以备各学校教习各国语文之选，免致永远仰给外国教师"。看来，译学馆在培养人才方面主要体现为两类：一是培养专门的翻译人才；二是培养外国语教员。即便是这些，1904 年 1 月 13 日的《奏定译学馆章程》"立学总义"中也对译学馆培养人才提出了更高的要求：

> 设译学馆，令学外国语文者入焉，以译外国之语文，并通中国之文义为宗旨。以办交涉教译学之员均足供用，并能编纂文典，自读西书为成效。

基于此，译学馆将学制定为五年，课程分为外语、普通课程和专门课程三大类。外语主要有英语、法语、俄语、德语、日语等，学生"认习一科，务期专精，毋庸兼习"。在这个方面，译学馆是不如高等学堂的；高等学堂要求学生必须同时学习两门外语。普通课程主要有人伦道德、中国文学、历史、地理、算学、博物、物理、化学、图画、体育等；专门学科则为理财学、交涉学和教育学三类。

译学馆在学生的招生方面较同文馆时代有所扩大，定额为一百二十名，且学生必须具有中学堂五年毕业生资格。创办之初，考虑到招生的困难，译学馆主要选取那些文理明通及粗解外国文者，或者选取京师大学堂附设简易科和进士科中略通外国语者进入学馆学习。这样招来的学生外语程度是参差不齐的，外语老师对学生测评后，按程度分班学习。

1903 年 11 月 2 日，译学馆正式开馆授课，馆址设在北河沿。清廷"鉴于环境大势，非有兼通译寄之才，不足以肆应盘错"，为满足外交需要，对译学馆表现出了相当的重视，"严其资格，慎其考选，密其课程，厚其奖励"，"是以本馆之待遇在各学校中最为优异"。

从 1903 年归并，到 1911 年停办，译学馆历时八年；按照五年学制，招收学生五届，即甲、乙、丙、丁、戊。当张之洞参与管理学部后，他坚持要扩大京师大学堂的办学规模，便想把译学馆完全并入大学的文科，作为其中的一部，这个要求得到清廷的批准；此后，译学馆便不再招生。但是，已经招生的五届学生中，第一、二、三届学生已经毕业，剩下的第四、五届怎么办？学部与译学馆就善后事宜进行了磋商，认为第五届学员不过六十人，如果专为这些学生开课，则译学馆需要延长一年的教学时间，全部职员都要再续聘一年。用译学馆的全部经费教授这一小部分学生，很不划算，便想直接将这些学生划入大学堂文科；但这些学生的课业与大学堂又不是同步的，显然无法跟进大学堂的学习进度。学生监督邵恒浚也不同意这种做法，认为这是对这些学生的极不负责，认为应该继续保留译学馆一年，让这些学生把课业学完，才可以把学馆移交给大学堂文科，不能为了省几个小钱而荒废了这些学生。

正当学部与译学馆为此事争论不休之时，四川发生了保路运动，这一运动使朝局日益危殆。如此局面，当事者无不图迁就省事，希望尽快了却残局，便决定加快学生的学习进度，假期也不放假，真可谓"晨钟暮鼓，无间昼夜"，没有一刻偷闲，让学生匆匆忙忙完成了学业。宣统三年夏天，第四届学生举行了毕业典礼；三个月后，第五届学生举行了毕业典礼。

第四、五届学生草草完成学业，译学馆监督邵恒浚将馆里的一切房屋、教具、文卷之类一并清点交学部接收，译学馆就这样"欻然而兴，倏然而止"，走向了历史的尽头。两个多月后，清王朝也在武昌城头的枪炮声中走向覆亡。

清廷在设立同文馆的同时，适应形势需要而设立的学习外国语言文字的学馆，还有继而设立的上海广方言馆和广州同文馆，它们也值得一提。

于京师同文馆设立的同时，1863年，时任江苏巡抚的李鸿章奏请朝廷，希望在上海设立与同文馆类似的学馆，得到了清廷的批准。清廷在发给李鸿章和两广总督的上谕中说，"总理衙门固为通商纲领，而中外交涉事件，则广东、上海为总汇之所"。饬广州将军库克吉泰、两广总督晏端书仿照办理。

上谕中强调："此事为当今要务……务当实心办理，不得视为具文。"对于具体怎么办学，上谕中也进一步指出了办学的具体方针：招选那些资质聪慧，年龄在十三四岁或者二十岁上下，通晓满语、汉语的人；教习上，仍以雇聘西人为主，但也可以雇聘那些品学兼优的举贡生员，将他们加以培训，使他们学习满语、经史子集，能讲授课业时，给予高薪聘用；招选的学生学业期满后，即进京考试，成绩合格者，授予官职，以示激励。

从这个上谕来看，上海广方言馆开办与招收学生的条件都有所放宽，内容主要体现在三个方面：第一，年龄放宽到二十岁左右；第二，强调继续学习满文的必要性；第三，明确了洋文学有成效保证"授以官职"，以示鼓励。

上谕中有"中外交涉事件则广东、上海为总汇之所"一语，这句话说明清廷在一定程度上更看重上海、广州两地的语言学馆。这一点从李鸿章奏设之初的奏折中也可以看出。李鸿章在奏设的奏折中说，学习外国语言文字，"行之他处，犹一齐人傅之之说也；行之上海、广东，更置之庄岳之间之说也"。

上海、广州是洋人、买办汇集之地，在这里开设外语学馆，意义远大于在京城，况且广州、上海也有着天然的地理条件。重要的是，如果仅仅依靠京师同文馆培养的学员来兼顾到上海、广州两地的中外交涉事件，是有着很大的局限性的。这一点，在上海的李鸿章看得很清楚，所以在他上奏给朝廷的奏折中也做了说明：既然广东、上海两口的交涉事件较多于总理衙门，培养这方面的人才是不能总依赖于八旗子弟的，应该多途招选；这样培养的外国语言人才必多，"人数既多，人才斯出"。

李鸿章的建议是正确的。当然，李鸿章这样做也是有私心的。他想打破朝廷的垄断权，满足自己对新型人才培养的需要。李鸿章认识到培养外语人才除了帮助他对外交涉之外，更为重要的是为开展洋务事业、引进科学技术知识创造条件。因而，李鸿章在筹办广方言馆之时，即强调了他的这种初心：

> 彼西人所擅长者，推算之学，格物之理，制器尚象之法，无不专精务实，涵有成书。经译者十才一二。必能尽阅其未译之书，方可探赜索隐，由粗显而入精微。我中华智巧聪明，岂出西人之下！果有精熟西文者转相传习，一切轮船火器等巧技，当可由渐通晓，于中国自强之道似有裨助。

从这段话来看，李鸿章的见识远远超出主持总理衙门的恭亲王奕䜣等人之上。从实际的设计来看，上海广方言馆具有新的特点：其一，把学外语与阅读和翻译西方科学技术书籍联系起来；其二，把学外文、科技与"自强之道"联系起来。

当时，李鸿章与他的老师曾国藩、恭亲王奕䜣一样，都是希望通过创办洋务事业强国，因而很需要培养洋务人才。这一点从李鸿章在创办上海广方言馆招收人才与同文馆有很大区别可见一斑。上海广方言馆在招收人才上一是"选近郡年十四以下、资禀颖悟、根器端静之文童"入馆学习，这里强调"近郡"，就打破了从八旗子弟中选取的规矩；二是"其候补佐贰佐杂等官有年少聪慧愿入馆学习者，呈明由同乡官出具品行端方切结，送局一体教习，藉资照料，学成后亦酌给升途，以示鼓励"。学生入馆除了学习外语，还可以学习先进的科学技术知识，这也是一个创举。这应认为是主持总理衙门的恭亲王奕䜣等于1866年请添设天文、算学馆招收五品以下官员入馆学习的措施之先声。

在李鸿章等人的积极努力下，上海广方言馆很快于1863年3月开馆设立，任命幕僚冯桂芬为广方言馆的总办。冯桂芬随之订立了广方言馆章程十二则，招收正附课生各四十名，规定学习四年毕业。聘用英国人傅兰雅及美国人林乐知、金楷理为西文教习；徐寿、华蘅芳等人为中文教习。

上海广方言馆的设立，所取得的成效是显著的。它对上海外交人才的培养、洋务事业的开展所起到的作用是有一定进步意义的。1868年输送到总署的严良勋、席淦、汪凤藻、汪远焜、王文秀等五名学生，经过考试，"令以算法商除、归除及勾股弦和较诸法，逐条讲论，嗣以汉文照会饬翻洋文，并令以洋文照会译成汉文。该生等于算法颇能通晓，即翻译汉洋文字亦皆明顺，均无舛错"。

上海广方言馆设立的第二年，广州同文馆也宣告成立。清廷派镶黄旗、正白旗汉军协领黄镇雄、汉军防御谈广楠为提调，候补县丞汤森为馆长，江西南丰县翰林院编修吴嘉善为汉文教习，聘美国人谭顺为西文教习。广州同文馆招收学生数额为二十名，在广州驻防的满汉八旗向习清书翻译子弟中，选资质聪慧年在二十左右者十六人，另择汉人世家子弟才堪造就者四人。此外，"如有清白安分之人，自愿入馆附学，亦准公正官绅保送入馆，一律训习"，这种"附学"者限定十名。

从这个情况看，广州同文馆在选拔学生方面，没有上海广方言馆广泛，像京师同文馆一样仍是以八旗子弟为主。到了京师同文馆设立算学馆后，广州同文馆才设立了算学馆。1879年，清廷派使驻外已成为趋势，而外交使团又缺少懂法文和德语的人才；广州方言馆在学习的内容上添加了法文、德文学馆，将原来的二十名英文学生，"择其学有成效者十名分拨法、德二馆，每馆另挑质性聪颖兼晓清、汉文义者五名"，"三馆俱以十名为额"，合共三十名。每馆可招收附学生各五名。除原英文馆十名学生在学法、德文的同时仍需定期复习英文外，其他学生只需专习一种文字。这个教学原则还是对的，但比之上海广方言馆在学习语言文字之外必须学习算学等科学知识来说，就显得不足了。

第三章　自强，近代军用工业的开端

1.两个洋务派初试牛刀

靠镇压太平天国运动起家成为清廷中流砥柱的曾国藩与李鸿章，在与西人的合作中发现了西洋利炮所具有的威力。曾国藩曾经说，镇压太平天国之所以获得成功，很大程度上"实赖洋炮之力"。这种切身感受，为他积极求购西方新式武器，开办近代中国第一个军火工厂创造了条件。

曾国藩是中国历史上一位不同寻常的人物。他精于理学，崇尚礼教；作为清王朝的一员，他深知中国闭关锁国，远远落后于世界潮流的深重危机。正是这种危机感使得曾国藩对"洋务"格外留意。在第二次鸦片战争刚刚结束，清廷全力镇压太平军的关头，曾国藩提出了"目前资夷力以助剿济运，得以纾一时之忧；将来师夷智以造炮制船，尤可期永远之利"的主张，强调资夷力助剿只是权宜之计，长远的目标是自强、发展中国的近代化工业。

曾国藩 1811 年生于湖南湘乡县一个财主家庭。据说他降生之时，曾国藩的祖爷爷、年近七十岁的曾竟希做了一个奇怪的梦，梦到一条巨蟒从空中蜿蜒而下，盘桓在他家的房梁上。曾竟希被这个奇怪的梦惊醒了。当他醒来时，被家人告知，家里添了一个小曾孙，这个曾孙就是曾国藩。难道这是一种巧合？曾竟希将自己奇怪的梦告诉了家人，家人也感到惊奇，就又告诉了邻人。就这样一传十、十传百，大家都认为曾国藩是蟒蛇投胎，对他的身世赋予了一层神秘色彩。

曾国藩了解西方世界是在他进入仕途之后。青年时代的曾国藩长期生活在家乡封闭的小山村，又学习的是儒家传统，加上当时闭关锁国的社会环境，不可能对西方世界有所认识。但是，他入京后开阔了视野，长了见识。鸦片战争的爆发，中国的失败，西方列强的强索，使他对西方列强有了本质上的认识。当时，他刚刚科举入仕，职务为翰林院检讨，后又担任国史馆协修官。作为一个名不见经传的低级官员，他还无缘把自己的见解和主张上达统治上层。但是，鸦片战争的失败，使他看到了中国的腐败和落后。他很赞同林则徐、魏源的"开眼看世界"的主张，认为作为泱泱大国的中国之所以备受"外夷"欺侮，重要的原因就是技不如人、器不如人，武器装备和军事技术与西方相比存在很大的差距。战争中，他认识到了西方列强战舰的迅猛、快捷，洋枪洋炮的巨大威力。而中国长期闭关锁国，夜郎自大，加上朝廷上下的腐朽，导致了将无良才，兵无利器。这样的情形与洋人决战，无疑是以卵击石。要扭转这种局面，必须"开眼看世界"，"自强"中国，这也是曾国藩后来积极投身洋务运动的一个原因。

作为一个崇尚理教，深受理学影响的人物，曾国藩在镇压太平天国的过程中，通过西洋新式武器的使用，认识到引进和学习西方科学技术的重要性，于是他开始着手创办新式军火工厂。

曾国藩所创办的第一个军火工厂叫安庆内军械所，是他攻陷安庆后，在1861年秋冬之际创办的。早在1860年12月，曾国藩就有开办军工厂的想法。当时他在给朝廷的奏折中说，"将来师夷智以造炮制船，尤可期永远之利"。曾国藩所说的"永远之利"，就是一年后他所说的"剿发逆""勤远略"，乃至后来的洋务思想的形成。

学习洋人之智，早一些时候曾国藩是想向外国购进先进武器装备来为他领导的湘军求得先进技术。他说："购成之后，访募覃思之士，智巧之匠，始而演习，继而试造"，认为求得先进技术有一个循序渐进的过程。但是，在镇压太平天国运动中，他又发现利用外国先进武器带来的益处；于是，他打破了原先的计划，不等购进坚船利炮，而是直接进行访问求"覃思之士，智巧之匠"，也不等"始而演习"，就直接进行先进武器的试造了。全靠自己的力量和智慧制造轮船火器，成为曾国藩开办安庆内军械所的一个特点。因此，曾国藩率领的湘军攻陷安庆后，即开始着手新式军工厂的筹建。曾国藩一面亲自寻访人才，一面让江苏巡抚薛焕拜访无锡的徐寿、华蘅芳等当时较为知名的科技人才，将他们聘到安庆内军械所效力。

对于此事，徐珂在《清稗类钞》中记载说："文正尝愤西人专揽制机之利，谋所以抵制之，遂邀雪村徐寿创建军械所于安庆。"看来，此时的曾国藩已经打破最初购进先进武器进行仿造的初衷，颇有些筹建军工厂以抵制洋人利用火器买卖以得利的雄心壮志了。

曾国藩筹建军工厂之时，正是恭亲王奕訢与英国人赫德筹划购买船舰，组建中国舰队之际，而英国人李泰国又想控制中国舰队。借此之机，曾国藩反对向外国购求船炮，转向试制，就变得名正言顺了。

曾国藩开办的安庆内军械所是一个综合性军火工厂，主要生产子弹、火药、枪炮和火轮船等。开办后，所取得的成就就是小火轮；主持制造的负责人是蔡国祥。

徐寿、华蘅芳都是无锡人。徐寿字雪村，幼读"四书五经"，但认为这些东西并不实用，遂"专研博物致知之学"；对数学、律吕、几何、重学、化学、矿学、汽机、医学、光学、电学都颇有研究，"具窥见原委，尤精制器"。徐寿在当时以多才而闻名，不仅精通数理，还擅长仿制，曾经制造过指南针、象限仪等器具；其仿制的墨西哥银元更是达到以假乱真的程度。

华蘅芳是徐寿的学生，对数理尤其钟爱，十四岁就弄懂了当时流传的应用算术书《算法统宗》；并在这一年结识了年长自己十五岁的徐寿。两个酷爱数理的人物不时在一起探讨，并做实验。有一年，他们为了探讨光学奥秘，将水晶印章磨出三角形来代替难以找到的三棱玻璃，得出"光分七色"之论；为验证枪弹轨迹是否呈抛物线，他们设远近多靶，通过实弹测试，最终得出抛物线之大概。

1859 年，徐寿与华蘅芳两家和众多的百姓一样，因为躲避太平军对无锡的进攻，纷纷逃离无锡，来到上海。后来，在曾国藩的寻访下，两个有深厚科学根底的人来到安庆内军械所，可谓使安庆内军械所如虎添翼。

徐寿、华蘅芳在曾国藩的支持下，在安庆内军械所的第一个成就是蒸汽机的制造。制造蒸汽机需要深厚的物理、数学、力学知识，还必须具备制造机械的实际工艺经验。徐寿、华蘅芳具有数理知识，但对于实际的工艺经验却是欠缺的；加上当时军械所设备简陋，大多都要靠手工制作，这对于制作精密的蒸汽机来说，困难可想而知。但他们还是在 1862 年 8 月完成了中国第一台实用蒸汽机的试制。这台蒸汽机的结构与当时居世界领先水平的"往复式蒸汽机"类似。

徐寿、华蘅芳试制的蒸汽机以火蒸水汽，则可谓一大成功。这台蒸汽机的试制成功，使曾国藩的信心大受鼓舞，他仿佛看到了民族军工业的希望。看着运转的蒸汽机，他在日记中高兴地写道：

> 其法似火蒸水汽贯入筒，筒中三窍：闭前二窍则汽入前窍，其机自退而轮行上弦；闭后二窍则汽入后窍，其机自进而轮行下弦。火愈大则汽愈盛，机之进退如飞，轮行亦如飞，约实验一时。窃喜洋人之智巧我中国人也能为之，彼不能做我以其所不知矣！

当然，曾国藩明白，蒸汽机的试制成功为清朝自制火轮船创造了条件，也为后来江南制造总局制造各种机器提供了基础和前提。

受蒸汽机试验成功的鼓舞，安庆内军械所第二个成就是近代中国第一艘小火轮的试制。中国第一艘小火轮是木壳的。我们知道，中国造船业在世界上一直都是较为发达的；到清代，造船工厂的规模和技术已经相当成熟，这为试制第一艘小火轮提供了条件和技术人才。第一艘小火轮的试制，华蘅芳主要负责测算，徐寿负责制机。在吴嘉廉、龚云棠、徐建寅等技术人员的共同努力下，从 1862 年 4 月 8 日到当年 8 月，仅用四个月的时间就完成了小火轮的模型，到当年底完成了一艘长约二丈八尺小火轮的试制，并成功在安庆江面上进行了试航。这艘小火轮由轮船委员蔡国祥亲自驾驶，曾国藩也坐在轮船上观看，船速较一般行船快之甚多，曾国藩看了甚是高兴。他说："约计一个时辰，可行二十五六里。试造此船，将以次放大，续造多矣。"

初获成功，万分高兴的曾国藩又令徐寿、华蘅芳等人在此基础上进行放大试制火轮船的工作，并将制造地方搬迁至南京。1865 年，放大的轮船也试制成功，并在 1866 年在南京江面上试航。此轮船的成功建造，曾国藩将其赐名为"黄鹄"。据当时的《字林西报》报道，"黄鹄"号火轮船重二十五吨，长五十五华尺，高压引擎，单汽筒，直径一华尺，长两尺；轮船的回转轴长十四尺，直径两寸四分；锅炉长十一尺，直径两尺。船舱设在回转轴的后面，机器设在船的前部。试航时速，顺流二十八里，逆流十六里。

从试制蒸汽机到试制火轮船的两次成功，虽然都是在规模很小的安庆内军械所内进行的，但不用洋人，完全由中国自己的科技人员设计制造火器弹药，特别是第一台蒸汽机和第一艘火轮船的成功试造，其间虽"不甚得法"，但标志着中国人进入了自己制造机器的历史时期。这也为中国人从手工制机器走向机器造机器创造了条件。整个试制过程虽然未使用洋人，但是在西洋火器、轮船和西洋科技书籍的启迪下完成的。再者，当时的科技人员徐寿、华蘅芳已经具备了一定的科技知识，又从《博物新编》等西洋科技书籍中学到不少知识，这些都为试制的成功创造了条件。

第一艘蒸汽机和小火轮的试制成功，可以视为中国近代工业的开端，

也是洋务工业的起始。曾国藩等洋务派以及徐寿、华蘅芳等科技人员既看
到自己的不足，也认识到自己的优点，尤其是发现了手工机器所存在的缺
陷，这加速了曾国藩"觅制器之器"的决心和行动，也推动了后来江南制
造总局的设立。

在曾国藩积极创办安庆内军械所之时，清军有一个动向，便是同为
洋务派人物的李鸿章在上海创办的制造军火的洋炮局。李鸿章与曾国藩不
同，曾国藩开办近代军工企业使用的是中国人，而李鸿章使用的却是"洋
员"——外国的技术人才，这当然与李鸿章与西方军事人才的接触多有
关系。

李鸿章，安徽合肥人。他三十多岁的时候投奔到曾国藩麾下，屡屡得
到曾国藩的提拔。

李鸿章为什么屡屡得到曾国藩的提拔？一来李鸿章的父亲与曾国藩是
同僚关系，再者李鸿章与淮南地主团练头子关系密切。李鸿章父亲的幕僚
张树声在合肥办团练，与淮扬一带的各团练团长，诸如刘铭传、周盛传等
人都保持很好的关系，而张树声又与李鸿章关系密切。

1860 年 5 月，太平天国的洪仁玕、陈玉成、李秀成、李世贤、杨辅清
等主要干将在天京庆贺江南大营突围作战的胜利，并商议下一步进兵之策。
洪仁玕和李秀成主张先取长江下游。洪秀全采纳了洪仁玕、李秀成的主张，
命令李秀成率军东征苏常，并限期一个月完成任务。李秀成会同李世贤、
杨辅清、黄文金等联合东进。与此同时，陈玉成率部渡江往攻扬州，以牵
制江北清军，使其不得南渡救援苏常；刘官芳等则率部折回皖南，屏障天
京西侧。

当月 15 日，太平军李秀成部数万人从天京出发，一路浩浩荡荡，当天
占领句容。计划攻取苏常，进而攻取江西、安徽、湖北等地，一举消灭曾
国藩部主力。19 日，太平军顺利拿下丹阳城。苏常之战中，清军死伤万余
人，湖北提督王浚也被太平军当场击毙，部将和春看到形势不妙逃往常州。

苏常危急，曾国藩决定派兵增援苏常。他便让李鸿章写信召张树声到安庆来。这次相见，几人谈得十分融洽，曾国藩决定以淮南地主团练为基础编练淮军，由李鸿章负责。从此，李鸿章与淮军结下了不解之缘。李鸿章受命后，首先招募自己老家庐州一带的团练，又合并了湘军系统中原由安徽人组成的几营淮勇。考虑到新建淮军的实力单薄，曾国藩又调拨了一部分湘军归入淮军。曾国藩风趣地称这是送女儿出阁的"赠嫁之资"。在两个月内，淮军十三营六千五百多人乘船到达上海。说到这里，需要说说太平天国军队。太平军创立之初，说他们纪律严明，对百姓秋毫无犯的屡见不鲜。但是随着其队伍的不断扩大，土匪、流民的大量加入，这种"秋毫无犯"的局面很快便被打破了。太平军进军江南，每到一地，抢劫、屠城几乎成了家常便饭。这些，历史文献上多有记载。

当太平军进攻苏常之时，上海的百姓、士绅都非常害怕，不断地向两江总督曾国藩求救。当时，上海百姓、士绅听说曾国藩要派淮军来上海驻扎，都对李鸿章抱有很大希望。可是当淮军初进上海之时，上海百姓、士绅看到淮军的着装、军纪，不免有些失望。淮军士兵自由散漫，还时常脏话连篇，这样一支军队怎么能打得过如日中天的太平军呢？

初到上海的李鸿章也感到一种压力、一种挑战。上海百姓的失望还不是主要的，李鸿章感到真正的压力来自西方的挑战。史料没有记载，李鸿章率领他编练的淮军到上海之前，会做出怎样的思考。不仅是李鸿章，当时的曾国藩指使李鸿章编练淮军，最初的动机也不过是像保安团一样，保卫一方平安，根本没有想到把它培养成一支正儿八经的军事作战部队。

但是，李鸿章到上海后，就在琢磨这支军队的前途问题。当时，上海还驻扎着一支外国人组成的军队，大约有三千多人，装备是清一色的来复枪和榴弹炮。这支军队由美国人华尔指挥，实际上是上海地方士绅和商人出钱供养的雇佣军。虽然是中国人出钱，但核心的目标却是为洋人服务，保护洋人在上海的利益。外国人的军队在中国的地面上由中国人出资供养，末了却是保护洋人的利益，这也许是在那个巧取豪夺的时代的一个特点。但是，软弱的清廷对列强的索要多端似乎已经习惯了；即便是不习惯，它又到哪里说理去？驻扎在上海的这支由中国人供养、行使维护外国人利益的军队，在当时也成为现代化的象征；其装备精良，在保护洋人利益上确实也不遗余力。为此，清政府在1862年3月授予这支军队"常胜军"的称号。面对这支军队，当李鸿章带领着习气散漫的淮军来到上海时，焉能不感到压力。

在江南，李鸿章与太平军有过多次作战，最初的战绩并不理想，因为太平天国军队配有洋枪洋炮，后来淮军在与常胜军的合作中才转败为胜。这使李鸿章感到太平天国军队"专用洋枪，力可及远"，也看到常胜军及英法联军用洋枪洋炮击败太平军的事实，认识到淮军要发展、要壮大，必须装备西洋先进武器。

显然，李鸿章在与洋人的接触中，发现了洋枪洋炮的威力，他决定更换新式武器。但购买新式武器在当时相当困难，加之热兵器的消耗量很大，供应上很难予以满足，"买一颗从英国炮船上偷来的很普通的十二磅炮弹要费三十两银子，买一万粒最坏的铜帽也要十九两银子"。这样的情况是主持淮军的李鸿章难以力支的。正在感到为难之际，一个叫马格里的英国人走进了李鸿章的视野。我们知道，在晚清的洋员中，马格里同常胜军统领戈登一样，也是一位英国军官，都在英法联军侵略中国的行动中来到中国，也曾经参加过镇压太平军的行动。与戈登，法国人日意格、德克碑不同的是，他更早地参与到中国的近代化变革中来。

马格里有机会得到李鸿章的赏识，较早地进入晚清官场，与他能够使用汉语有一定关系。马格里的中文是利用业余时间学习的。早在1862年2月，清廷同意以上海为试点"借师助剿"，帮助镇压太平军的时候，马格里跟随两个连队一起被派到上海，在上海半径三十英里范围内协防。当时，马格里的汉语还不流利，仅能进行一般的交流，但这为他接触晚清官场和士绅提供了条件。在上海期间，马格里认识了苏松粮道杨坊，二人在交往中很快成为朋友。杨坊建议他投身到清朝的官场中来，为清朝服务。

在与中国官员的接触中，马格里也明白，清朝洋务初兴，正是使用外国人才的好时机。雄心勃勃的他也感到，要进入中国官场，仅靠他的军医履历不可能有远大的前程，要想取得成就就必须另辟蹊径。因此，杨坊的建议使他怦然心动。此后，马格里在杨坊的推荐下，成为李鸿章的幕僚，并很快引起李鸿章的重视。

李鸿章在镇压太平天国运动的行动中是吃了太平军洋枪洋炮的亏的，因而，从1863年便开始购买西洋武器弹药装备自己的军队。但是，装备军队需要花大价钱，这对李鸿章来说，显然有些力不从心。

马格里看到这种情况，便向李鸿章提出建议，应该设立兵工厂，自己生产枪炮、弹药，这样能够更好地把淮军壮大起来。李鸿章听取了马格里的建议，于是让马格里在上海附近的松江建起了一个车间。关于这个生产车间的建立，马格里在日记里写道：

　　获准离开英国军队后我加入了李鸿章的部属。我的第一个行动就是向他指出他为弹药付出的价钱何其过分，以及如果他着手做他应该做的事情，即重新装备他统率下的军队，将需要为购买弹药拿出的庞大数目。为买一发从英国炮舰上偷来的十二磅重的普通炮弹就要花三十两银子，而一万个质量低劣的雷管要价竟达十九两银子，或六英镑。我向他指出欧洲国家有大规模的设施来制造这些东西，而中国如果真正了解她自身的利益所在就应该也拥有自己的这类设施。李鸿章充分认识到了我这一提议的意义，但他担心靠中国的劳动力无法做到这些。我便设法向他表明这是可以做到的，并且过了一阵子后做出了一发炮弹、一些引信，以及摩擦管。在为这些新的设施播下种子的同时，我又负责了两团步兵及一连炮兵。当英国将军士迪佛立下一次来参观的时候，李鸿章在事先未告诉他来源的情况下，把它们陈列在他面前并询问他的意见。这些意见非常积极而肯定，以至于李鸿章立刻授命我雇五十名工人并在旁边的一座庙里开始工作。一切都是在没有一台机械，一个铁炉，或者更确切地说除了一把锤子和一个锉刀之外一无所有的情况下开始的。我们用附近地里的泥土拼凑出了一个熔化装置，等到造出的火炮有了足够的水准并且准备了足够的弹药后，我邀请道台来观看打靶练习。它的效果如此之好，以至于不久之后我就被要求上阵。我照办了，并且在一支当地部队的协助下成功地攻下了芳泾（音）和泗东（音）镇。

马格里生产的枪炮、弹药在镇压太平军行动中迅速发挥了作用，使得李鸿章对马格里更加信任。1863 年 12 月，太平军内出现纳王部永宽等诸王的叛降事件，从而使李鸿章顺利地占领了苏州。李鸿章占领苏州后，立即命马格里将设在上海松江的兵工厂搬迁到苏州街，以叛将纳王部永宽的府邸作为厂址，改称"苏州洋炮局"。

在苏州，李鸿章与马格里对兵工厂进行了扩大建设，添置了一些先进的设备，也聘请了技术人员，使得兵工厂焕然一新。兵工厂在搬迁的时候，正是总理衙门决定遣散通过总税务司李泰国在英国购买的所谓"阿思本舰队"之时。该舰队配备有一套制造枪炮、子弹的设备，总理衙门打算将设备同船舰一起驶回英国变卖。马格里得到这个消息后，极力鼓动李鸿章将那套设备买下来，供苏州洋炮局使用。事后，李鸿章一度对这一决定是否明智产生过怀疑。那么，马格里是怎么说服李鸿章的呢？鲍尔杰在《马格里爵士传》中说：

当李鸿章看到躺在地上的一箱箱一块块的铁件和钢件，他冷笑着说这些东西毫无用处，钱被白扔掉了。马格里请他耐心等一阵子，在有人去请他之前先不要再来。他随即动手把车间组装了起来。一切弄停当之后，他请巡抚（李鸿章）来为军工厂剪彩。他事先让手下人布置好了，只等他一打铃就把所有的机器一起开动起来。李鸿章进门之后，马格里先给了他足够的时间观看静默无声的车间，然后他给出了信号。一瞬间所有的机器同时运转了起来。李鸿章对此留下了极其深刻的印象，并且这件事情无疑大大提高了马格里在他眼中的声望。

投产的苏州洋炮局，成为近代中国第一个采用机器生产的军工企业。采用新设备后，它的生产能力较以前得以较大提升。据说，每周可制造枪弹和炮弹一千五百发到两千发，此外还可生产若干铜帽、引线以及好几门田鸡炮（短炸炮）。不过，苏州洋炮局的机器并不齐全，规模仍然十分有限。李鸿章曾经奏称："臣处所设西洋炮局，其机器仅值万余金，不全之器甚多，只可量力陆续添购。"

1865 年 4 月，李鸿章接替北上督师剿捻的曾国藩署理两江总督；他前往南京之时，让马格里将兵工厂也搬到了南京，改名"金陵机器制造局"。然而，李鸿章到南京赴任后不到一年，也被清廷一纸谕令调到北方去镇压捻军了。离开之前，李鸿章做了人事安排，让马格里与刘佐禹在他离开期间共同负责制造局的日常工作以及与外国的交涉事宜。李鸿章的这一任命既体现了对马格里、刘佐禹二人的信任，也可以说是马格里作为李鸿章幕僚生涯的顶点。马格里担任这一使命半年时间，直到曾国藩回到两江总督任上。

改称为金陵机器制造局（金陵机器局）的兵工厂搬迁到南京后，规模再一次扩大，此后逐年添置了新设备，使生产能力又提高到一个新的水平。到 1869 年，金陵机器制造局已经能够制造大炮、炮车、炮弹、枪子以及各种军用品；所需要的经费也从淮军饷项内拨给，每年有五万两左右。金陵机器制造局所生产的装备、弹药最初仅供李鸿章的淮军使用，虽然淮军在不断扩大，但军备仍能得到满足。1870 年，李鸿章任直隶总督兼北洋大臣后，金陵机器制造局生产的武器也逐渐运往北洋海军使用，后也扩大到供应江防及南洋各军中来。

但是，马格里在金陵机器制造局任职时，长期混迹于清朝官场，也学会了官场的投机、钻营。他和总办刘佐禹不和，二人互相排挤，相互攻讦，俨然学会了官场的流俗之气。马格里在金陵机器制造局作威作福，仅他的卫队就有三十多人。因为是洋人，与他关系较好的李鸿章、曾国藩很多事情也都迁就于他。特别是马格里曾经成功地给曾国藩的夫人治愈过一次疾病，使得二人的关系更加密切，因此，马格里也积极地将他的一些欧洲朋友介绍给曾国藩。马格里有一个很大的西方朋友圈，从马格里的往来书信中可知，这个已经熟谙中国官场、喜欢社交的人常常会为他的欧洲朋友如何跟曾国藩打交道而出谋划策。曾国藩喜欢古董，而希望认识曾国藩的英国海军凯佩尔将军也喜欢中国古董，马格里便建议他可以通过这一爱好与曾国藩交往。果然，曾国藩收到凯佩尔赠送的古董后大为高兴。

虽然马格里混迹于晚清官场也不免流俗，但他在 1873 年之前的任职中还算尽职。因为他明白，经营一座兵工厂绝非易事。他之所以流俗于官场，也许正是他的精明之处；在他看来，这样正可以更好地应付各种事宜。也正是因为这样，给机器局供货的商人们感到马格里并不是一个很好应付的人，即便是机器局的员工面对这样一个人也感到不好好工作肯定难以过关。但在流俗的官场生态中，他之所以能够得到李鸿章的迁就、纵容，与他在工作中不断地跟踪西方军工业的最新发展动态，并不断地拿出新产品也有很大的关系。马格里的一位朋友曾经这样说道：

> 在制造现代枪械方面，马格里一直因为缺乏掌握技术的外国工头和专业书籍而头痛，他经常提到他为获取信息而做的种种努力，因为一旦他在专业问题上表现出无知将对他的地位造成致命的后果。中国

人至少在好几年的时间里都以为军工厂造出的所有东西都是马格里自己的发明！这大大增加了他的威望。

由于李鸿章对马格里在金陵机器制造局里作威作福、盛气凌人的迁就与纵容，在马格里与总办刘佐禹的矛盾中，李鸿章满足了马格里的愿望。在这期间，刘佐禹对马格里流俗的官场习气大为不满，不断地向李鸿章报告马格里仗着洋人身份欺压中国员工。当李鸿章质询马格里时，马格里直接辩解说，刘佐禹干涉他的工作，使他无法正常管理工人。

1872年10月，李鸿章召马格里前往天津，商议筹建火箭和水雷分厂，并派他赴欧洲购买机器和招募洋匠。他乘机逼迫李鸿章将刘佐禹调离金陵机器制造局。李鸿章也认为刘佐禹"人甚蒙懂，管局十年，只知赚钱，不解制造"，撤去了刘佐禹的职务。1873年9月，马格里启程前往欧洲，在英、法等国停留了半年多的时间，于次年3月回到中国。此后，他更加飞扬跋扈，气焰十分嚣张。"1874年，他从欧洲回到中国以后，专横更甚往日。"在企业的决策上，一般来说洋务企业的"总办""督办"不能擅自做主，必须听从上一级的指挥。但马格里利用李鸿章对他的言听计从，实际上大权独揽，超越本应只负责指导、督查责权的"督办"身份，凌驾于一切人之上，这引起了李鸿章和金陵机器制造局上下的不满。1874年11月，李鸿章任命段寿虎为金陵机器制造局总办，将马格里降为工头。马格里当即拒绝接受，并以辞职相要挟。

1875年1月，马格里的辞呈还没有得到李鸿章的答复，由金陵机器制造局制造，架设在天津大沽炮台的两门大炮在操练时发生爆炸，当场炸死了几名士兵，重伤者十三人。据《申报》报道：

是日午，该局工匠正在做工之际，忽因石磨偶与铁器家伙相碰，钻出一星之火，落在火箭之上，顿时箭发，直射火药桶内，但闻霹雳一声，势如山崩地裂，连人带屋冲上云霄，顿时烧毁房屋数间，工匠三人亦炸为飞灰。

这一事件的发生，经调查系金陵机器制造局玩忽职守造成的。为此，李鸿章召见了马格里要他当面说明情况。但马格里接到命令后，迟迟没有动身，一直拖延到 5 月才到达天津。面对李鸿章的质询，起初马格里拒绝承认有失职行为，并要求重新检查演试。19 日，他亲自试放大沽南炮台的大炮，结果仍然发生了爆炸。这时，他在事实面前无法抵赖，不得不承认大炮的铁甲不良并有裂缝，但仍寻找种种借口推卸责任。李鸿章于 7 月 7 日下令撤销马格里在金陵机器制造局的职务。此后，金陵机器制造局一直由中国人主持，未再任用洋人担任监督。李鸿章于 1877 年致函吴赞诚说，金陵机器局"全赖龚仰蘧（照瑗）有三分内行，指挥调度"。

不管是英国人马格里或是中国人任监督，有一个事实是，金陵机器制造局自开办以来，所取得的成果是值得肯定的。金陵机器局在马格里离任之前，已经能够制造多种口径的大炮、炮车、枪子以及各种军用品，还能制造开花炸弹、洋枪、抬枪、水雷等。这些武器弹药源源不断地供应到李鸿章的淮军和两江的各防营中去，俨然成了清军在江南的军火库。

1881 年，两江总督刘坤一奏请清廷设立洋火药局，目的是配合江南制造总局更多地制造洋火药。这个奏请得到清廷的批准，使得金陵机器局的规模进一步扩大。

中法战争爆发后，各地需要军火甚急。为适应需要，金陵机器制造局规模得以进一步扩大。金陵机器制造局除了供应南北洋的军需之外，还接受了广东、云南、浙江、台湾、湖北、江西等省订制的各式大炮一百七十五尊；制造局虽然尽力逼令工人"蓐食晨兴，篝灯夜作"，但并未完成。1885 年中法战争后，清政府曾命令各省督抚"实力讲求"船厂、炮台、枪械各项军备，作为"久远可恃之计"。曾国荃遂乘机为金陵机器制

111

造局提出扩充计划，要求在洋药（即鸦片）加增税厘项下动拨十万两，作为添造房屋及增购五十余台制造枪炮子弹所必需的机器。到1896年中日甲午战争之后，这个局又曾从海关洋税项下拨支库平银一万一千三百余两作为更换锅炉之用。这两次扩充后的状况，据一位外国人在1898年所见，金陵机器制造局的"机器设备很好，主要购自英国，间或也有德国和瑞士的"，"但却用来制造过时的无用的军需物品。他们正在大量地制造一种小炮，只能放射一磅重的炮弹"，"大部分的机器用来制造抬枪"。另据两江总督刘坤一报称：制造局在1899年的生产能力是"年可造后膛枪一百八十支，两磅后膛炮四十八尊，一磅子快炮十六尊，各项炮弹六万五千八百颗，抬枪、自来火子弹五万粒，毛瑟枪子弹八万一千五百粒"。

1910年，宁藩司议请裁撤金陵机器制造局，由江南制造总局道员张士珩派人点验接收。辛亥革命爆发后，局势动荡，金陵机器制造局也宣告停产。民国后，金陵机器制造局虽然又恢复生产，但仅能制造子弹而已。

2. 觅制器之器

曾国藩创办安庆内军械所，李鸿章创办洋炮局，他们在实践中发现要满足军队的需要，需要更大的规模、更成熟的运作机制，因而，江南制造总局的创办成了曾国藩、李鸿章"觅制器之器"思想的实践和运用。

我们知道，在镇压太平天国的作战中，曾国藩、李鸿章认识到了西洋武器的优越，便有了研究、仿制的想法。太平天国被镇压后，曾国藩、李鸿章等湘淮军已经成为清军的中流砥柱；要维系自己军队的领导地位，军事装备的完善，在他们的心中更具分量。也正是在这样的情况下，曾国藩、李鸿章等洋务派感到安庆内军械所、洋炮局存在的不足，促进了他们在上海设立江南制造总局。

自制军火，还在镇压太平天国运动之时的李鸿章已有此想法。李鸿章

1862 年奉曾国藩之命来到上海。他一到上海就惊讶于英法侵略者的"大炮之精纯，子药之细巧，器械之鲜明"，又分外留心外国军队攻城劫营所用的各项军火，这些都是中国没有的东西。要建立自己强大的军队，他认为这些东西不能没有，不能不学，于是李鸿章决心学习"西人一二秘法"。为此，他先行设立了上海洋炮局，并从广东催调对西人军事较为熟悉的丁日昌来上海专办军火制造。当时，丁日昌正奉曾国藩之命在广东办理厘务，并负责提督昆寿军营制造火器。此时，丁日昌已经负责督造大小硼炮三十六尊，大小硼炮子两千余颗。李鸿章得知这个消息，便奏请清廷，谕令广东督抚调丁日昌来上海任炮局委员，与韩殿甲一起主持洋炮局事务。

李鸿章做出这个举动的同时，他的恩师曾国藩也在行动。他于 1863 年与中国近代留学先驱容闳相见后，便决定创办江南制造总局，并委托容闳携款六万余两去美国购买"制器之器"。

容闳还在美国采购机器之时，李鸿章基于急切增强湘淮军战斗力的现实，等不及国外机器的到来，已经着手选择制造局厂址了。同时，李鸿章也在上海委派人员觅购机器。当时，李鸿章虽然知道容闳已奉曾国藩之命到美国采买机器，但他认为到美国采购机器不如在上海购买现成的机器设备来得方便。他说，托洋商代购，"路远价重，既无把握，若请派弁兵径赴外国机器厂讲求学习"，也不一定能马上奏效。"不若于就近海口，访有洋人出售铁厂机器，确实查验，议价定买，可以立时兴造，进退之权既得自操，尺寸之功均获实际。"于是饬派当时升任上海海关道的丁日昌觅购。

丁日昌很快便在上海买下了设立在虹口的美商旗记铁厂。这家工厂在当时被认为是"洋泾浜外国厂中机器之最大者"，设备也较先进；它的原有设备以"修船之器居多，造炮之器甚少"，能制造大小轮船及开花炮、洋枪各件，原厂主美国人科尔据说也有一定的技术水平，"所有轮船、枪炮、机器俱能如法制造"。李鸿章买下这座铁厂后，便将原先设立在上海和苏州的由丁日昌和韩殿甲主持的两个炮局并入铁厂。此时，容闳在美国购买的机器设备也已运抵上海，李鸿章便奏请将容闳所采购设备运抵一起，成立"江南制造总局"，亦称"上海机器制造局"。

经此安排，在当时规模最大的机器厂成立了。据 1870 年的一项记载，旗记铁厂一经买下，便立即由美国人科尔和两三个外国技师以及五十余名中国工人，使用一个小型蒸汽机带动机器，匆忙上马从事枪炮的制造。对于此事，曾国藩在后来追述，"开局之初，军需孔亟，李鸿章饬令先造枪炮两项，以应急需，这时节一应经费开支都由淮军军需项下拨给，每月用银达一万两之余"。到 1867 年，曾国藩主张制造局轮船的经费拨给改由江海关拨给，同时，为求大举，曾国藩、李鸿章决定"择地移局"。由于当时虹口地区系美国的租借地，美国人反对中国人在虹口地区制造军火，而李鸿章等洋务派更害怕中国工人在"租界"内与美国人进行针锋相对的斗争，所以向美国人妥协，将制造局另迁他处。李鸿章在给朝廷的奏折中说，江南制造总局"厂中工匠繁多，时有与洋人口角生事，均不相宜"，便决定将制造局迁至上海城南高昌庙。经朝廷批准，制造局圈地七十亩，位于高昌庙濒临黄浦江的地方；后来又将厂址扩大到四百余亩，即现在江南造船厂原址。

江南制造总局迁至高昌庙，也标志着生产规模的扩大。由于江南制造总局的创设是由旗记铁厂的全套设备和容闳从美国购买来的"制器之器"两部分较为先进的设备合在一起，因此原来的"机器不齐全"的缺陷得到了很大改观，很多不能制造的枪炮都能制造了。随着工厂规模的不断扩大，设备的更新，到了十九世纪九十年代，江南制造总局已经成为生产规模基本成型，机械化程度较高，当时，在中国乃至东亚都堪称一流的机器工厂了。

江南制造总局形成规模化，说明它是一个综合性的新式军工企业了。它既有制造各种枪炮、水雷、弹药的能力，又设有轮船厂和炼铁厂，制造兵轮和有关钢材，这是晚清中国所建立的各制造局所没有的。

江南制造总局的规模和生产能力是不断扩大的。制造局迁址高昌庙后，建有机器局、木工厂、轮船厂、锅炉厂、洋枪楼、汽炉厂、铸铜铁厂、熟铁厂，并在陈家巷设立了火箭分厂。从1867年开始制造兵轮，并先后造成惠吉号、操江号、测海号、威靖号兵轮，到1875年共造成兵轮八艘。从1869年到中日甲午战争爆发，江南制造总局增加了汽锤厂、枪厂、黑药厂、炮弹厂、水雷厂、炼钢厂、火药厂，等等。

厂内的机器设备分布情况也显示出江南制造总局与众不同的实力：

　　　　机器厂内有钻床六，刨床六，车床五十二，铡床四，辊床一，制螺丝母机二，制齿机一，抽水机一，汽机一，小汽机一，锅炉二，磨刀石二，平台二，烟通一。铜引厂内有车床三十一，钻床四，刨床四，轧床一，砂轮床一，汽机二，锅炉二，磨刀石一。锅炉厂内有打铁炉十三，车床四，辊床四，剪撞机四，刨床四，钻床三，轧床二，汽机二，汽炉二，汽锤二，撞锅钉机一，热板炉一，烟通一，磨刀石一。熔、轧铜厂内熔铜炉二十，轧铜抽架五，老虎钳五，烘铜炉八，轧铜机器四，车床二，剪铜条机器二，起重架三，六十马力轧铜汽机、二十马力轧铜汽机、抽水机器、洗铜条铅箱、擦铜条木枰、打铁炉、打铁墩各一。炼铁厂各种机器设备共一百八十一；铜壳厂有各种机器设备共一百四十二；黑药厂内有各种机器设备共九十九；栗药厂内共有各种机器设备二百九十六；枪厂有各种机器设备二百五十五；炮厂内共有各种机器设备二百零二。

从这些情况看，江南制造总局被称为当时最齐全、规模最大的军用兵工厂并非浪得虚名。容闳曾称赞说，这是一座"机器母厂"。

江南制造总局有着庞大的规模，在生产方面也是独树一帜。在枪支方面，江南制造总局设立之初，根据李鸿章的要求，主要用于生产枪支、弹药，用以对付镇压捻军和各少数民族起义的紧急需要。起初江南制造总局开始仿制洋枪洋炮，主要是仿制英国的兵枪、马枪，也就是旧式的前膛枪。湘淮各军曾拥有各种枪支十万余支，除部分向外国购买外，多为江南制造总局制造供给。

后来，外洋兴起后门装送子药的后膛枪，制造试造后膛新型的林明敦枪，这是江南制造总局的一个进步，也是李鸿章等洋务官员洋务思想的改变。十九世纪七十年代初，国内大规模的农民起义已接近尾声，认识到客观形势的变化，恭亲王奕䜣在给朝廷的奏章中说，"趁此内地军务将竣之际，急谋备御外侮，理与势皆应及时以图"。成为直隶总督兼北洋大臣的李鸿章更是明确地说："窃谓内地仅备防剿土寇，前门枪尚可通用，子药亦一可取办临时，不似后门枪之费繁工巨。但西国前门枪久为弃物，恐难在外洋觅购。海防若有战事，则非最精之后门枪不足制胜。"

在李鸿章看来，他们所拥有的前膛枪镇压那些手无寸铁或者仅有刀矛弓石的农民起义还可以，而要防范外国的侵略，则非生产更新式的武器不可。在这样的情况下，江南制造总局买进一批新型的林明敦枪，于1871年开始试造。但当时欧美各国枪式不断改进，可谓日新月异，种类繁多。到了十九世纪八十年代，林明敦枪已经显得落后，且"有走火之弊，故各营未肯领用"，仅这种枪支，江南制造总局积压的就有万余支。针对这种情况，江南制造总局不得不将原有的林明敦枪加以改造，拨给各营操练之用，到1890年完全停止生产。此后，枪厂又仿制了奥国的蛮利夏枪和德国的新毛瑟枪。这两种枪在当时号称最为精利，并于1893年试制成功，后有所改进。

江南制造总局在积极改进、仿制外国枪支的同时，在大炮的制造上也有所建树。江南制造总局的炮厂建于1878年，建厂较晚，系由原来的汽锤厂改造而成；但在建厂之前，江南制造总局已经开始生产大炮，最初主要制造劈山炮和生铜炮。

劈山炮系中国原有的一种旧式大炮，威力很小；生铜炮在国外也早已过时，大都供鸣放礼炮之用。1876 年，该局聘请英国阿姆斯庄炮厂的督工员麦金泉来华，监督制造四十磅重炮弹的熟铁前膛大炮；至 1878 年制成两尊，试放效果良好。十九世纪八十年代间，该局又先后制造一百二十磅及一百五十磅重炮弹的前膛大炮。九十年代初，此类大炮也已成旧式，于是仿制全钢后膛快炮，制成四十磅及八百磅重炮弹的大炮。至 1895 年，该局共生产劈山炮及各种类型的西式大炮各三百尊左右，大炮口径自十五厘米至三十厘米不等，快炮口径自四点七厘米至十五厘米不等，主要供南北洋海防及长江沿岸各炮台之用。李鸿章说："御侮之道，炮甚于枪，纵不能如岛族（指外国侵略者）绝大穷凶之制，尚当勉图精利，取携自如，庶几船台不等虚设。"生产大炮的目的和作用，同制造后膛枪一样，是针对外来侵略的。

江南制造总局设立后，有一项重要成果就是轮船的制造，这也是制造局设立的初衷。我们知道，曾国藩、李鸿章设立江南制造总局，本来是要修造轮船。曾国藩在安庆内军械所试制"黄鹄"成功后，便想在轮船事业上有所突破，但是由于当时"攻剿方殷，专造枪炮"，同时还由于经费上相当困难，所以一时还难以开始兴建轮船。但曾国藩制造轮船的心情是迫切的，江南制造总局迁至高昌庙后，曾国藩即成立了轮船厂和船坞，并添制了锅炉和各种轮船用的机器设备，初步具备了制造轮船的能力；加上 1868 年曾国藩奏请另拨江海关二成洋税，以一成作为专造轮船经费，经济上有了基础，造船的条件具备了。1868 年 8 月，第一艘木壳轮船下水，曾国藩命名为"恬吉"，取"四海波恬，厂务安吉"之意。后又改名"惠吉"。该轮长十八丈五尺，宽二丈七尺余，每小时行三十七里。船较小，且系木壳，但它是中国自造的机器轮船，浦江试航，轰动了上海滩。曾国藩登舟试航时非常高兴，他很有信心地展望说："将来渐推渐精，即二十余丈之大舰，可伸可缩之烟筒，可高可低之轮轴，或亦可苦思而得之。""惠吉"之后，又续造了"操江""测海"等轮船。

江南制造总局造船事业发展缓慢，造成这种局面的主要原因是经费问题。1867年到1873年，江南制造总局共支银二百二十三万两，其中造船经费支银九十六万两，约占全部支出的43%。1874年到1875年，短短的一年间，又支银一百三十五万两，造船经费六十一万两，约占全部支出的45%。一个现实的状况是，造出的船只需要保养（人员、煤炭、维修等），这都需要费用。因此，造船愈多，养船的费用愈巨，这是江南制造总局无力承担的。所以，江南制造总局到1876年基本上停止造船。只有1885年造了一艘"保民"号，其他年份都只进行南北洋船只的保养。

江南制造总局除了制造枪炮、轮船之外，在炮弹、火药等军需消耗品上的制造数量也较大。从十九世纪六十年代到九十年代，已经形成相当大的生产规模，平均每天能制造各种子弹九万颗，每年能造地雷二百枚，每年制造无烟火药六万余磅，这些都极大地缓解了湘淮军弹药不足的困局。特别需要指出的是，江南制造总局在炼钢方面所取得的成就。十九世纪八十年代末，江南制造总局建起了第一个洋式炼钢炉，于1891年炼出了第一炉钢。江南制造总局制造枪炮需要钢材、钢管等关键材料，在此之前，该项材料都需要从外国购买，路途远、价格贵不说，关键是战时交通梗阻，且有买不到手之虞。于是，江南制造总局便决定从英国购汇一台十五吨炼钢炉，开始自己冶炼钢铁。

江南制造总局不仅开了军工业的先河，在"西学东渐"上的贡献也值得一提，即江南制造总局翻译馆的设立。翻译馆的设立与洋务派洋务思想一脉相承。洋务派认为中国要实现富国强兵，根本在于科学技术的先进，"思洋人制造机器、火器等件，以及行船、行军，无一不自天文、算学中来……讲求轮船各项，若不从根本上用著实功夫，及学习皮毛，仍无裨于实用"。正是在这种思想的主导下，江南制造总局设立后，李鸿章等人很快也设立了江南制造总局翻译馆。

1868 年，江南制造总局翻译馆应运而生，这是近代中国第一个由政府创办的翻译西书机构。翻译馆自设印刷机构。翻译馆先后聘请中外学者五十九人参加译书，其中外国学者九人，中国学者五十人。1905 年翻译馆停办。

江南制造总局翻译馆翻译方法相当严谨，采取的是西译中述的办法，也就是由傅兰雅等外国学者口述，中国学者进行笔译并修改。

在江南制造总局翻译馆的西方学者中，最值得称道的就是傅兰雅。傅兰雅在江南制造总局翻译馆译书长达二十八年。其间，1873 年他受制造局的委派回英国考察钢铁、机械制造技术；回中国后，他将妻子安娜带到了中国。1878 年，他将妻儿送回英国，并在英国休养了一段时间，其余时间他都把精力投入到中国的译书事业中。江南制造总局搬到高昌庙后，由于地处偏远的郊区，远离租界，局中所聘洋员只有为数不多的几个人。傅兰雅住在局里，虽然生活单调，但他坚持译书。对于当时的生活状况，他在日记中写道：

> 西人常居局内，专理译书之事，故人远处，无暇往来，而且水土为灾，不胜异乡之感，终朝一事，难禁闷懑之怀，然多年敏慎，风雨无虚者何也？盖以为吾人于此，分所当耳。况上天之意，必以此法裨益中国，安可任意因循违乎天耶！是故朝斯夕斯忍耐，自甘所以顺天心耳。

傅兰雅在江南制造总局的译书数量是最多的，他先后翻译了七十七种，占整个翻译馆译书数量的三成之多。他翻译的西书多从英国直接订购，他所译的化学、国际法学、政治学等著作，在当时都有着很高的学术价值。

傅兰雅对翻译馆所做的贡献，赢得了中国知识分子的尊敬，也受到了清廷的嘉奖。1876 年 4 月 13 日，经两江总督沈葆桢、直隶总督李鸿章联名具奏，清廷授予他三品官衔。同时被加衔的还有金楷理、林乐知，分别为四品和五品。1899 年 5 月 20 日，经两江总督刘坤一保奏，清廷又颁给傅兰雅"三等第一宝星"。刘坤一在奏折中对傅兰雅褒奖有加，内云：

> 教习、翻译各项事宜，每借资洋员之力。查有三品衔英国儒士傅兰雅，学博品端，志趣超卓，聘充上海制造局教习二十余年，所译格致、工艺等书百十种，传布最广，裨益良多。

3. 中国应自己造船

曾国藩、李鸿章在上海设立江南制造总局的第二年，时任闽浙总督的左宗棠也开洋务先河，成立了福州船政局。福州船政局的创办有着这样的背景：镇压太平天国后，具有洋人背景的常捷军宣告解散。左宗棠考虑到两次鸦片战争被动挨打的现实，提出了仿制外国轮船，巩固海防的主张。

当时，摆在国人面前的一个亟待解决的新问题是如何加强海防以抵御列强的侵略。早在鸦片战争期间，民族英雄林则徐就提出了仿造外国船舰的主张，这显露出中国海防近代化的新迹象。林则徐认识到中国的旧式兵船已难以对付英国的新式舰船，于是决意加以仿造。他"检查旧籍，捐资仿造两船，底用铜包，篷如洋式"，开了中国仿造西式船舰之先例。林则徐认为："外海战船，宜分别筹办也。查洋面水战，系英夷长技，如英夷逃出虎门外，自非单薄之船所能追剿，应另制坚厚战船，以资战胜。"他的目的在于"师敌制敌"。

镇压太平天国运动后，清廷的一些进步官僚考虑到被动挨打的现实，重新审视西力东侵、西学东渐的问题，促使仿造外国船炮的意识与初步实践活动开始活跃起来。

就左宗棠而言，常捷军在镇压太平军中使用火炮和轮船所发挥的作用，使他把购买和仿制外国船炮视为对内镇压人民起义和对外抵御列强侵略的工具。

早在 1863 年初，左宗棠就致函总理衙门说，将来应当拨出专门的经费，向外国学习仿制轮船的技术，这是保卫大清海疆的长远之计。

当年底，左宗棠在给浙江宁绍道台史致谔的信中也大谈自造轮船的重要性。他认为，轮船为海战利器，西洋常以此压制中国，将来必须仿制，为巩固海防之用。"欲仿制必得买其船，访得覃思研求之人，一一拆看，模拟既成，雇洋人驾驶，而以华人试学之，乃可展其有成。为此始有费而终必享其利，始有所难而终必有所获。鄙见如是，仍乞留心。"

仅仅过了半月，左宗棠再一次给史致谔写信，又是纵谈仿制轮船，保护海疆的宏观战略。左宗棠说：

> 海上用兵以来，过犹不及，言之腐心。……大轮船总当刻意办理，由粗而精，不惜工本，无不成之事也。……吾辈办事，不逮泰西，望由苟安一念误之，今当引以为鉴。

左宗棠纵谈仿制轮船，但是当时正在镇压太平天国，愿望难以实现。法国远东舰队司令饶勒斯揣摩出左宗棠的心思，认为应该抢占先机。他通过法国人日意格与左宗棠的良好关系向左宗棠传达一个建议，即法国远东舰队愿意将设在宁波的船厂转交左宗棠，双方合作建造船舰。当日意格代表绕勒斯向左宗棠说明此事时，左宗棠得知宁波船厂规模很小，只能进行船体合拢，无法制造轮机时，便没了兴趣。对于此事，日意格在 1864 年 6 月 15 日的日记中写道：

> 我代表饶勒斯司令官同左宗棠谈话，向他和盘托出了宁波造船厂一事，我们已在那里造出了四艘炮艇。他最初似乎感到满意，但当听说该造船厂迄今仅能制造船壳，螺旋推进器、引擎和大炮均不得不在

法国购买后，他便一口回绝了。为了替自己辩解，他托称朝廷尚未就他制造炮艇的请求给以答复，接奉上谕需要等上好长一段时间，而在此期间，造船厂将被闲置，这会使舰队司令官感到不快。我认为，真正的原因是，鉴于浙省目前的财政状况，他不准备立即着手制造炮艇，担心一旦接手该造船厂，他将会因此而面临财政上的压力。

左宗棠的拒绝，日意格认为是因为对太平军的进剿工作还没有结束，再者是财政上的困难，所以左宗棠便婉转地拒绝了日意格的建议。日意格与左宗棠合作已经多年，他没料到左宗棠会拒绝。他不知道，实际上，从这一刻起，左宗棠已经开始酝酿中国自造轮船了。

拜见左宗棠之后的几个月里，虽然日意格与德克碑也配合清军对太平军残余进行清剿活动，但那都是小规模的战斗。而在日意格、德克碑配合左宗棠的军队进剿太平军的进程中，他们都没有想到，左宗棠竟然找了几名中国工匠，土法上马，比葫芦画瓢，制造出了仅能坐两个人的蒸汽轮船，并在波光粼粼的西湖上成功试航。当时是金秋十月，正是江南最惬意的时节，日意格与德克碑正奉命到总督府与左宗棠商量裁撤常捷军之事，所以左宗棠便邀请二人观看了这艘小型蒸汽船的试航。对于这次接见，日意格在日记中写道：

拜访左宗棠总督。他身穿礼服接待了我，甚至走到里面门厅的入门处来迎接我。我们谈了两个多小时。为了催促我回宁波，他让我看一只由一个中国人自行建造的小汽船。该船的轮廓与宁波的船只相仿，一前一后共装载两人。总的来讲，它拥有了引擎发动机的所有细节，足以示范汽船究竟是如何运行的，但也仅此而已。前几天，总督曾在西湖对该船进行试航。他向我展示了用作设计的两件工具，说这是一名六十岁的中国人制造的。我回答说："棒极了，这证明中国人非常聪颖。"我向总督提出了两个要求，他都——应允。第一个要求是，我将告假十五天，以便到宁波税务司任上述职；其次，驻扎在宁波的库克的部队在我们部队之前遣散。由于我们这支部队在接受遣散时有一定困难，我希望有关谈判能够拖延到 11 月，这样军官们便可以多拿一个月的饷银。他均表示同意。

10 月 18 日，日意格、德克碑接到一个命令，这个命令决定了常捷军宣告解散。命令是什么呢？左宗棠指示在湖州的总指挥蒋益澧到常捷军驻地宣布解散命令。日意格在日记中记述了常捷军解散之事：

> 我一回到兵营，就接到一份来自藩司的公文，它使我大为失望。藩司命令我率领部队即刻开往宁波，到达后立即予以解散。而就在几天前，他还说要等到 11 月 1 日才发布这道命令。我便去找他的侍从，表示我十分诧异，并告知按照总督与我们部队之间所达成的协议，军官们的饷银应发到下一个月，即 11 月 19 日。

常捷军解散后，日意格与德克碑的命运究竟如何呢？此前，左宗棠让日意格、德克碑观看中国工匠仿制的小型轮船，实际上已经隐含着某种深意。

常捷军解散后，失去了职务的德克碑与日意格感到失落，虽然如此，但大势所趋，无可更改。日意格与德克碑都在思考着自己的前途，是回国还是留在中国。相比而言，日意格还算比较幸运，在宁波海关还有一个职务，他可以随时回海关继续担任他的税务司一职。

转眼间，1865 年的新春到了。按照中国的习俗，这两位洋大人先后拜访了曾经眷顾自己的总督大人左宗棠。拜见时，左宗棠说了他的想法，再次流露出想制造轮船、巩固海防之意。果然，春节的喜庆气氛还没有过去，左宗棠在给总理衙门的奏报中先是说了常捷军已经解散之事：太平军贼寇已经荡平。但是，经历了列强侵我领土、太平军叛乱的教训，国家要长治久安，必须修明政事，勤练兵勇。除此而外，左宗棠在奏报中还说，加紧仿制轮船都是紧要之事，如此才能改变列强环伺我中华的局面。

左宗棠在给总理衙门发出奏报后，也给正如日中天的李鸿章写了封信，一来是想缓和一下二人的关系，二来是想询问通过什么途径可以购买到外国的蒸汽船。虽然说太平军大势已去，但要对付在海上横行的列强，必须购买和自行制造船舰。他对李鸿章说，曾经设想雇用外国轮船，杜绝列强侵我海疆，但又担心引狼入室，列强暗自勾结，那样非但无益而且有害，还特别指出："沿海一带不得解严，我无火轮之船，致彼族得居为奇货，为之奈何？"

当月，左宗棠还给水师提督吴璧山写了一封信，流露出同样的心情："东南滨海之邦，水师毫无可恃，制船购炮，万不能不急为讲求。"他还说，对造船"上年在浙已筹度及之，俟台端抵闽后，当一一奉商"。细想起来，只有自造。

左宗棠仿制轮船的心情是急切的。而在当年，把持清廷海关的英国人赫德给总理衙门递交了《局外旁观论》的改革建议；随后，英国使馆参赞威妥玛奉新任驻华公使阿礼国之命撰写了《新议论略》一文。二人都建言清廷改革，并以威胁的口气说，不改革必然招致外国的侵犯。他们的建议虽然有让清廷推动洋务事业、推动军事近代化、推动中国政治体制改革和民生实业发展的成分，但骨子里仍然是为英国在中国推行的殖民利益服务；作为清廷雇员的赫德也希望帮助清廷改革以更好地控制清廷。建议呈递之前，实际上洋务派已经开始了小范围的改革。恭亲王奕䜣对英国人的这两份改革建议也非常重视，并为此定了基调，奏请两宫太后以同治帝名义发下谕旨，谕令沿海各省督抚发表意见，提出看法。沿江沿海的督抚都经历了与西方列强的战争，在"借师助剿"镇压太平军的行动中，也发现了外国的船炮技术的先进性，因而都发表了不同的看法和主张。除了两广总督瑞麟与浙江巡抚马新贻仍然采取不屑一顾的态度之外，其他七位督抚（左宗棠、曾国藩、李鸿章、官文、崇厚、蒋益澧和刘坤一）或者主张"斟酌仿行"，或者明确表示"中国欲自强，则莫如学习外国利器"。

1866年4月3日，一个历史契机是，身为闽浙总督的左宗棠行抵福州；在这里，他拜访了林则徐的故居。他很为自己能够到林则徐的故乡任职而感到自豪，对林则徐虎门销烟、抗击英军的壮举有一种由衷的敬佩之情。十几年前与林则徐相谈于湘江的情形涌上心头，左宗棠决心将林则徐未竟的事业发扬光大。经过两个多月的深思熟虑，他于6月间上书朝廷，提出了创办福州船政局、仿制外国轮船、巩固海防的奏请。左宗棠在奏折中说，"我国家建都于燕，津沽实为要镇。自海上用兵以来，泰西各国火轮兵船直达天津，藩篱竟成虚设，星驰飙举，无足当之""目前江浙海运，即有无船之虑，而漕政益难措手……臣愚以为欲防海之害，而收其利，非整理水师不可；欲整理水师，非设局监造轮船不可"。在这份奏折中，左宗棠还对将要设置船厂的地址、规模和人员的配置情况都一一做了说明。

左宗棠的这个奏折深得清廷的赞许。清廷在发布的上谕中声称："中国自强之道，全在振奋精神，破除耳目近习，讲求利用实际。该督先拟于闽省择地设厂，购买机器，募雇洋匠，试造火轮船只，实系当今应办急务……"朝廷的谕旨下达后，左宗棠就紧锣密鼓地开始了福州船政局的筹办。

怀着造船和购船的急切心情，左宗棠向朝廷奏明设厂开办福州船政局的奏请得到清廷的批准后，便很快召见了日意格。事实上，他早已经委托德克碑返回法国就造船事宜展开相关的活动。此时，日意格还在宁波海关任职。当他将左宗棠准备筹建造船厂的计划告知他的上司赫德，说明左宗棠计划聘请他帮助管理造船厂时，赫德这个控制着中国海关的英国人，当然不愿意将这个机会让给法国人，他不批准日意格辞职。随后，西方也立刻为左宗棠这个计划展开了激烈的竞夺。

　　在日意格与德克碑指挥的常捷军解散之前，实际上，英法等强国就在为在中国增强自己的影响力而暗自角力。阿思本舰队事件，英国人试图控制中国军队，招致清廷上下的反对而宣告失败，这个结果让法国暗自高兴。对于此事，日意格的看法是："阿思本的大失败，使中国离开了英国。""这事件发展对法国是有利的。"

　　我们知道，法国与英国一样也想更多地获得在华利益，增强对中国的影响力。1864年日意格奉法国远东舰队司令饶勒斯之命向左宗棠表明，希望中法合作开办造船厂，就有着这样的目的和动机。现在，左宗棠计划开办中国人自己的造船厂，想聘请日意格、德克碑到即将成立的福州船政局做管理工作，日意格与德克碑自然也要征得法国政府的同意。

　　左宗棠奏请朝廷计划开办船厂设立福州船政局，仿制西方船舰的消息传播开来，利益各方很快便做出反应。

　　1866年夏天，左宗棠的计划在西方报纸刊登出来的时候，英国人对这一计划大泼冷水，说中国人制造船舰，很难成功，费工费时，购船最为合算省事。英国方面了解到清廷虽然批准了左宗棠的建议，但是却不肯花钱开办近代工业的心理，大造舆论，"冀以阻挠成议"。但左宗棠决心已下，向接触他的西方人表示，一定会使中国有自己的第一个近代造船厂。英国政府感到阻止和破坏行动不一定奏效，便改变了立场，试图控制这个造船厂。

　　1866年底，日意格再次向赫德表明，左宗棠正在筹备的福州船政局计划聘请他担任船厂的监督。赫德却当即表示，左宗棠的这个造船计划应该在"海关的保护下进行"。日意格想辞去在宁波海关的职务，赫德却不答应。日意格只好将赫德这个居心叵测的计划转告给左宗棠。一贯对英国抱反感态度的左宗棠断然拒绝这个要求。赫德对法国在中国扩张影响所取得的进展深感不安，于是指使他的下属福州税务司、法国人美理登出面活动。美理登与日意格相反，是在外交界开始他职业生涯的。他表示，自己愿意配合赫德的设想，将左宗棠筹办的造船厂设法纳入海关的控制之下。

美理登在任税务司之前，任过中文翻译，与日意格认识也有几年了，曾赞许日意格"是一个有能力的和高尚的人"。可是，他现在却成为日意格最有力的对手，而且造日意格的谣，说日意格反对让"英国人在船厂中有一个角色"。美理登毕竟是有过从事外交的工作经验，他还向法国领事白来尼说，日意格是一个同情中国的人物。如此，白来尼就反对日意格介入左宗棠创办船厂筹办活动，更反对他到船厂任职。可是白来尼对赫德也是心存戒心的，白来尼断言："赫德反对法国在中国增加任何的影响，而以后私自怂恿美理登，他的一个税务司，去暗中破坏这个计划。"

白来尼既反对日意格到厂任职，又对赫德存在戒心。因而，他也反对一个受英国影响的法国人美理登到船厂供职。当然，白来尼也想寻找合适的法国人到船厂任职。

1866年末，因朝廷要平叛回乱，调任左宗棠为陕甘总督。去职之前，左宗棠推荐沈葆桢为福州船政大臣。趁此之机，美理登加紧了夺取福州船政局控制权的活动。他给福州将军英桂写了一个《议试造轮船有欠妥协》的建议书，在文中他毛遂自荐，福建正在筹办的船厂要么停办，要么有他帮助才能成功，重弹"徒糜巨款，终无成功"主张购船的老调。还提出两点建议：（一）福州口岸并不需要大批量造船，即便奉公缉盗，有三四只轮船分巡台湾、厦门、福州足矣，大量造船，并无用处。"倘或事已成局，万难中止，则拟请将船只减少，只造四条。"（二）"请管理船政人员随时将应用银两咨商本口税务司核实勘估，按月咨报总税务司察核，转报总理衙门，庶几事有共商。"

美理登所谓的建议其实是很阴险的，除了试图从财政上控制船厂之外，还设想把福州船政局的造船水平设定在仅能"捕盗"这个水平。如此，西方殖民者就可以高枕无忧了。美理登的这个建议，傻子都看得明白，自然得不到响应。

在美理登积极活动之时，新任船政大臣沈葆桢不顾西方的反对，与日意格、德克碑签订了雇聘合同。作为福州将军的英桂当然也是支持沈葆桢这个决定的，他在上奏给朝廷的奏章中说：

> 美理登所云各节，名为中国节省经费，实则暗中阻挠……因议造轮船之始，美理登原未预闻，及至腊月来闽接办税务司，即谋挽入……然此事现与日意格、德克碑等既有成约，即有责成，美理登系局外之人，自未便复令干预。

得不到英桂的支持，美理登干脆撕破脸皮，到处宣称自己奉有法国政府和驻华公使的"委其协同管理"的饬令，并有总税务司赫德的授权，总理衙门已经同意聘请他到福州船政局任职。当主持总理衙门的恭亲王奕䜣听到美理登这个恬不知耻的说法后，很是恼怒，为此向赫德交涉。赫德宣称，此次闽省兴造轮船，尚无欲其入局之意。同年八月间，美埋登从福州到厦门、香港、上海和北京加紧活动，在与赫德等人策划之后，即公开向船政大臣沈葆桢提出：派他为正监督，将日意格、德克碑改为左、右副监督。美理登的这一要求遭到沈葆桢的拒绝，他又没能成功。

美理登屡屡不能成功，而日意格、德克碑已经与福州船政局签订了雇聘合同，成了名副其实的清廷雇员。

船政局的创办毕竟是洋务运动中的新兴事业，左宗棠、沈葆桢等人要想成功，在日益半殖民地化的中国，只能在既要依赖西方技术人才、设备，又要避免被西方控制的危险中艰难前行。

1867年初，福州船政局成功与日意格、德克碑签订了雇聘合同。该合同也算符合中国利益，但日意格在福州船政局任职，既面临着赫德、美理登等人的阻挠，也面临着法国国内的干涉。况且，在福州船政局的开办中，左宗棠与沈葆桢希望通过日意格雇聘更多的法国人才，这样，他们必须通过日意格建立关系。即便他们知道，法国同英国一样有控制中国的野心。

事实上，早在1865年春夏，左宗棠要德克碑回法国帮助了解筹备福州船政局相关的设备、设计方案之时，德克碑就试图向法国政府说明，中国正在筹办的福州船政局的重要性。当时，德克碑回到法国后，通过自己在海军部的长官，要求觐见法国皇帝，说明正在中国开展的事宜，介绍左宗棠的造船计划，并希望获得法国政府的支持和帮助；还有一重愿望是希望法国政府保留他们在中国政府服务期间的军籍和待遇。

当年夏天，德克碑成功见到了法国皇帝拿破仑三世。他要求获得一个支持船政局的正式文件，而法国政府这时并未确定对船政局的基本政策，所以，法国皇帝只是口头上表示支持。日意格在1866年底给左宗棠的信里也对德克碑受到法国皇帝的引见有所叙述。信中写道：

> 卑镇克碑函开……于回国引见时，面奏法国皇上。蒙法国皇上以中外和好，卑镇克碑既愿报效中国，亦甚喜悦，奉准给予外国假，令来中国开厂造船，教导监造、驾驶多事务，须教导中国员匠技艺精娴，力图报效。当由法国内阁衙门知照驻京公使照料卑镇等办理。

不管是左宗棠、沈葆桢还是日意格、德克碑，他们都希望法国政府对正在筹建的福州船政局予以支持。但是，日意格、德克碑与左宗棠、沈葆桢不同，日意格、德克碑作为法国人是希望增强法国在中国的影响力的，而左宗棠、沈葆桢只是想获得资金或技术、人才的帮助，并不想被法国人控制。这样，他们的想法就不可能获得法国政府的支持。他们的设想首先遭到了法国外交部的反对。

外交部系统的官员强烈反对在法国不能对中国船政事业产生重大影响的前提下，与福州船政局发生任何官方的关系；法国方面没有承担对船政局进行援助的义务。但是，日意格作为一个法国人，又受雇于清廷，他的心态是矛盾的；既"希望自己国家卷入这个计划"，对中国产生政治影响，又希望法国在资金、人才等方面予以帮助。日意格甚至希望将法国皇帝的名字附在合同上，"希望法国政府在计划中扮演一种官方的角色，以便吸引法国方面的投资"。

日意格的设想，法国外交部没有同意。法国外交部希望法国政府派出官方代表到船政局任职，认为在不能对中国船政事业产生影响的前提下，法国卷入船厂的投资事宜是不合时宜的，并建议法国政府和海军部阻止日意格和德克碑在船政局任职，反对他们与中方订立的雇聘合同。如果日意格和德克碑接受福州船政局的任职，那么法国方面将取消他们在法国军队中的职务和待遇。

由于法国外交部的反对，日意格只好利用返回法国要求续假之际，在政府间积极活动。

1867 年初，完成与左宗棠雇聘合同签字后的日意格回到巴黎。为了改变法国对中国创办船厂的态度和要求续假，日意格早在 1866 年 9 月 19 日就写信给他的老上级法国远东海军司令罗杰，要求用他的影响延长假期。因为日意格知道，法国外交部反对他在福州船政局任职，因此他是否能成功续假便成为难题。按照法国军方的规定，到中国任职的法国现役军人，必须请假才能在中国任职。日意格坚持不愿辞去海军职务，主要是"害怕他的辞职会伤害他们的关系和将来与船政局里欧洲雇用者打交道"。他还"感到他的地位的改变，对一个天真的法国平民来说，会减少他作为一个领导者的影响"。日意格为了争取罗杰支持船厂计划，还强调：这个计划包括发展铁矿，有益于法国。铁矿的发展，使人们想起"中国工业化的开始"。日意格向罗杰保证，这个计划"无疑有益于法国的商业和工业"。从这里我们可以看到，从根本上说，日意格支持船厂的创办，也是出自法国利益。

　　日意格还在给罗杰的信中表示，"在中国要获得最符合法国人的利益，不是靠向中国人强求无止境的特权，而应靠培植中国人对他们的好感和信任"。希望派出官方代表到中国任职是不正确的。

　　罗杰看了日意格的信后认为不无道理，对中国的影响是循序渐进的，不是依靠强权的力量，他赞成日意格的意见。他在收到日意格的信不久就写信给法国海军部部长，表示日意格的建议是有建设性的，他是法国所有军官的骄傲。

　　虽然罗杰表示支持日意格，并给法国海军部写了信，表明了自己的态度，但法国国内对中国开办船政是否支持，是否派出官方的代表，对中国施加"影响"的讨论仍在继续。

　　1867年2月，日意格回到国内，面对诸多的困难立即展开了积极的活动。当时，法国外交部刚刚给海军部转来一封信，商榷对于日意格在福州船政局任职，是否仍然保留他在军队的职务和待遇。海军部又将此信转给了罗杰，罗杰看了很生气，即将此信交给了回国的日意格。日意格看信后，情绪很激动。他对罗杰说，他要求就外交部的观点展开辩论，证明法国试图派出官员影响中国的想法是荒谬的。

　　日意格的积极活动，使法国海军部首先改变了态度。那么，是什么原因让法国海军部改变了态度呢？我们知道，在日意格、德克碑所领导的常捷军解散之前，法国军方就希望与左宗棠就造船事宜展开合作，不过当时左宗棠感到规模太小，又不想受法国的控制而作罢。首先，现在，既然日意格回国说明了情况，那么法国海军部自然立即表现出了浓厚的兴趣；其次，英国人日益迫切地渴望插手船政局之事，也对法国军方是莫大的刺激；再者，左宗棠、沈葆桢在国内的积极活动，也促使法国方面在逐渐改变态度。

　　1867年3月，沈葆桢派出代表胡光墉拜访法国新任驻上海领事白来尼，就开办船政局事进行了谈话。会谈中，胡光墉向白来尼阐述了三个要点：（一）中国皇帝支持这个计划，它不只是左宗棠个人的努力；（二）在法国政府不派出官方代表的前提下，福州船政局希望与法国人合作，而不愿意与英国人共事，左宗棠更喜欢法国人而不喜欢英国人；（三）船政大臣对美理登的破坏活动十分愤怒，中国方面将调查美理登在法国的确切身份。胡光墉要求白来尼澄清：法国是否在这场斗争中支持美理登？美理登声称，新任驻华公使伯洛内和法国政府反对日意格在船政局任职，这个说法是否属实？

胡光墉这个出生于安徽的买办商人，在太平天国运动中就帮助左宗棠购买军火，对西方是很了解的。这次沈葆桢之所以派他来与白来尼谈话，当然是左宗棠的推荐，一来是想表明自己不受外人控制的坚决态度，二来是想利用胡光墉了解西方情势，用"以夷制夷"的办法促使法国人改变态度。胡光墉在谈话中说，英国人试图插手福州船政局的心情是很迫切的，只是福州船政局一直不肯接受。胡光墉的说法，很快引起了白来尼的注意。白来尼意识到这次会谈的重要性和中国人恼怒的程度。他当时向胡光墉表示："美理登无论如何不能代表法国。法国人美理登为中国工作，不是为法国工作，而他的上司是中国福州海关。无疑，巴黎知道这个项目，但没有进行以美理登替换日意格和德克碑的活动。"白来尼还向胡光墉保证，鉴于中国已与日意格、德克碑签订雇聘合同，法国方面将不再干预。随后，白来尼向法国外交部汇报了他与胡光墉的会谈情况。这样，白来尼也继罗杰之后，成为第二个支持日意格的人。

显然，白来尼态度的转变，除了胡光墉与左宗棠的努力外，英国试图插手福州船政局的愿望，深深地刺激了白来尼。他在向法国外交部的报告中汇报了此事后，又给在法国的日意格写了封信。他在给日意格的信中表明自己的态度和立场，反对让税务司美理登供职成"英国人在船厂中扮演一种角色"。至此，形势急转直下，新任驻华公使伯洛内也转而支持日意格。他正式照会海关总税务司赫德，声明法国不支持美理登到福州船政局任职。同时，罗杰经调查后，断定"这项目是真正的国家的项目"。1867年7月10日，罗杰给海军部长热罗利写了一封信，态度很坚决地表示，希望军方"不要阻止日意格的工作"。他还写信给法国皇帝拿破仑三世，转达日意格的主张。罗杰还计划访问左宗棠，可惜左宗棠已离开福州去西北担任陕甘总督去了。这一切都表明法国海军部比外交部更有兴趣于创办船厂这个项目。后来法国远东舰队舰长韦尔隆秘密访问船厂，其重要动机之一就是"希望能获取重要情报"。后来事实证明，法国不断派出军官访问船厂，得到了船厂最详尽的政治和科技情报。法国驻北京使馆的武官康坦森在给法国陆军部的报告中供认，如果福州船政局的监督不是一名法国海军军官，他就不可能写出这样详细的报告。这就一语道出海军部支持日意格到福州船政局任职的重要原因。

既然法国海军部和外交部的一些人都改变了态度，那么法国政府也不得不改变立场，同意不派出官方的代表到船政局任职，并接受福州船政局对日意格的任职要求，表示支持福州船政局与日意格已经签订的雇聘合同。在法国方面态度发生转变的时刻，继任左宗棠成为船政大臣的沈葆桢发表声明，反对海关总税务司赫德插手船政局。

8月8日，沈葆桢还给总理衙门写了一个奏报说，美理登千方百计试图插手船政局事务，都遭到了拒绝。但是他近来又无端造谣，诽谤生事；据说他之所以如此，是得到了总税务司赫德的批准，因此请求总理衙门对此事予以过问，"万一赫德有所希冀，务恳据理折之，以杜其摇撼全局之端"。总理衙门收到信后，恭亲王奕䜣即函告赫德，赫德不得不表示：他已经多次向美理登表示，不要插手船政局的事务。如此，赫德与美理登试图插手福州船政局的阴谋也宣告破产。

在晚清中国的洋员中，日意格是为数不多主张同中国保持良好关系的外国人之一；但他在中国任职也有为自己的母国获取利益的成分。不过他不主张用强迫的方式使中国接受西方的殖民特权，而是应该以与中国人合作的方式，逐渐获得中国人的信任。他在福州船政局任职期间，雇聘的大多是法国人，这无形中增强了法国在中国的影响力。

日意格的主张是明智的。他回到法国后，经过他的努力活动，这种思想也逐渐占了上风。在与外交部的斗争中，日意格曾经于 1867 年 3 月给法国皇帝拿破仑三世写了一封信，他反复强调，欲对中国增加影响，就要加强与中国的合作，而不是运用特权手段。他讲了中国正在筹办福州船政局对中国近代化的意义，这个计划得到了中国皇帝的支持；他得到左宗棠的邀请，他到局任职将对法国带来好处。他还写道，如果他本人根据法国政府的意愿，不到船政局担任监督，那么，中国就有可能转向英国或者寻求他国的帮助。

日意格的这些话，也打动了拿破仑三世。不久，他高兴地接见了日意格。后来，日意格在给沈葆桢的报告中写道：

> 六月二十四日引见法国皇上，垂询此情，甚蒙喜悦，谕令监督用心办理，并沐恩典，传谕各部尚书大臣，咨行驻扎中国提督，随时照应等因。且监督起程时，已见兵部尚书大臣以监督该工办好，许赏加一品功牌，以资鼓励。凡前有谣言，皆不足信。

这些举动虽宣告了赫德、美理登阴谋活动的失败，但有一个问题需要说明，法国政府之所以表示要在福州船政局派出官方代表，实际上是在与英国利益角逐中的无奈之举；法国不想英国在中国的势力进一步扩大，可是自身的实力又无法阻止英国的扩张。所以，法国采取了以退为进的外交策略。

同意日意格到船政局任职后，法国外交部向总理衙门发出了一个照会，美其名曰是法国政府的立场和态度，实际上是担心英国对法国的猜忌。在没有获得实际影响力的前提下，法国政府认为有必要排除那些不必要的猜忌。

　　法国外交部给总理衙门的照会内容主要有四点，基本上涵盖了法国政府就中国开办船政事业的态度和立场。主要是：（一）同意日意格任船政局监督，准予中国雇聘法国技术人员及购买机器设备；（二）法国政府不派出官方的代表，不承担船厂成败的风险，不直接参与船政局事宜；（三）为避免英国的猜忌，应该对此事予以说明；（四）奉行不干预的政策。

　　在英国试图插手船政局的当口，法国亦试图增强自己的影响力，派出官方的代表，却没有得到左宗棠的回应。但要不失去在中国的利益，法国政府感到只能给予福州船政局一种有限的支持政策。

　　这样，日意格在法国的活动获得了成功。1867 年秋，日意格再一次返回中国，正式开始了他在福州船政局的职业生涯。

　　因为有日意格等洋员的配合，左宗棠、沈葆桢等洋务官僚的鼎力支持，福州船政局自创办后，就显出不凡的气象。从 1867 年到 1874 年的七年间，福州船政局造出了十五艘大小不等的轮船，耗银五百三十万两。1868 年造成的"万年青"号，系木质暗轮，较日本仿造的蒸汽船"千代田"号一百三十八吨的排水量要大十倍。此后，福州船政局又仿造出"湄云""福星""伏波"三艘木质轮船，但这些轮船的轮机都是从外洋购买的。从开始仿造第五艘轮船"安澜"号起，轮机才由中国人自己制造，且质量不逊于外国同类产品。当时，一位英国海军军官在参观福州船政局后说了这样一番话：中国的工程师"最近造的一只船……引擎及一切部分，在建筑过程中，未曾有任何外国人的帮忙"。"工人由中国工头监工。工头是由船政局的学校训练出来的，……（他们）和欧洲人毫无差别地能够胜任愉快……；船与引擎的绘图与设计工作，由船政局学校训练的中国制图员担任。"船厂所制产品，其"技艺与最后的细工，可以和我们英国自己的机械工厂的任何出品相媲美而无愧色"。从评价看，英国人还是比较实事求是的。的确，福州船政局在技术和设备都短缺的情况下，短短数年间就造出十五艘轮船，又训练了一批年轻人熟练掌握一定的技术，应该说成效是较为显著的。

但是，福州船政局在发展中也遭遇了困难。1874 年，法国洋员的雇聘合同先后到期，清廷没有考虑到船政局中国技工技术不成熟的现实，而是盲目地将所雇聘的洋员全部遣散回国，这一举动造成福州船政局的造船项目全部陷入僵局。再者，早在 1872 年，大学士宋晋曾经上奏提出，福州船政局花费巨款造船，争此未必果胜之事，并无多少益处，福州船政局造船应"暂行停止"。根据宋晋的奏折，清廷发出了"徒费帑金，未操胜算，即应迅筹变通"的上谕，使得福州船政局几近处于夭折的边缘。危难时刻，沈葆桢等洋务派坚持定见，选择了继续开办福州船政局。在沈葆桢等人的支持下，福州船政学堂的学生们挺身而出，接下了近代化造船工业传承的重任，并很快造出了近代中国第一艘具有自主知识产权的火轮船"艺新"号，"船身图示为学生吴德章等所测算，而测算船内轮机、水缸等图则出自汪乔年一人之手"。虽然也系木质兵船，且只有五十马力，不具实际实用价值，但这却是中国工匠自主造船的开端。

"艺新"号是一个激励。此时的洋务派也感到骤然解聘外国技术人员对中国造船事业是一大伤害，出于继续培养人才的需要，1875 年后，洋务派一面陆续聘请回那些外籍工匠，返回船政局指导和工作，一面派福州船政学堂学生到外国留学，学习国外的先进经验。

1875 年，沈葆桢趁日意格回国采购之便，在前、后学堂中挑选魏瀚、陈兆翱、陈季同、刘步蟾、林泰曾五名学生随同去法国参观学习。此后，福州船政局先后派出了三批学生赴欧留学，这些都为福州船政局的发展提供了有利条件。客观地说，福州船政局所制之船，从仿造到自行设计制造，从木质到铁甲的变化，与人才的培养有很大关系。

福州船政局造船从木质到铁甲的变化是从 1876 年开始的。当时，西方的造船技术铁肋已经成为主流，甚至有的国家发展到了钢肋的钢壳。为赶上先进水平，沈葆桢在就任两江总督之前，就有建造铁肋船的打算；他离任后，继任者即命人从法国、英国订造铁肋船所有机件，开始了铁肋船的制造。从1876年到1880年，福州船政局陆续建造铁肋船四艘。由于有"艺新"号积累的经验，所建造的"威远""超武"铁肋兵船都系中国人自造，而且"肋骨轮机及船上所需各件，均系华工仿照外洋新式放手自造，与购自外洋者一辙"。

虽然如此，福州船政局并没有因为反对派的阻挠而停滞不前。1881年，被派往欧洲的留学生留学归来，他们在国外学习到先进的造船和驾驶经验，也很快运用到实践当中。当年，福州船政局开始制造清廷第一艘自主设计的巡海快船，即"开济"号。"开济"号两千四百马力，载重量两千二百吨，时速十五海里，装备六百马力往复式蒸汽机一具，二百毫米克虏伯后膛炮两门，副炮六门，性能远超福州船政局以往所造之船。当时的船政督办黎兆棠称赞开济号，该船"机件之繁重，马力之猛烈，皆闽厂创设以来目所未睹"。其"制件之精良，算配之合法"，悉皆制造学生参照"外洋最新最上最便捷之法而损益之，尤为各船所不可及"。接着又造了均为两千四百马力的"寰泰""镜清"两艘快船。署船政大臣裴荫森说，魏瀚设计制造的"'开济'快船，视所购之'南琛''南瑞'规制相同，灵快相似，而坚实则过之。本年告成之'镜清''寰泰'两艘，其制法之精密，船机之稳快，又远过于'开济'"。这就打破了李鸿章等人"造不如买"的谬说。

1884年，中法战争爆发，使得发展中的福州船政局遭遇重创。马尾海战中，法国舰队司令孤拔率领8艘战舰悍然攻击福建水师，造成福建水师十一艘兵舰被毁。在随后的攻击和破坏行动里，福州船政局十余家工厂被破坏，即将完工下水的第五号铁肋船"横海"号竟被炮弹击穿达九十余处，可谓千疮百孔。

孤拔袭击福州船政局的目的在于牵制越南方面的战事，但是又听信清廷已经从德国购进新式鱼雷战具的流言，未敢孤军深入，草草撤退，从而使得福州船政局在战后能够很快便恢复重建。

经此一劫，清廷总结马尾海战失利的惨痛教训，也对福州船政局重视起来。慈禧太后甚至罕见地在左宗棠奏请建造铁甲巡洋舰的奏折上做出批示：

> 筹办海防二十余年，迄无成效。即福建建造各船，亦不合用。所谓自强者安在？此次请造铁甲兵船三号，著准其拨款兴办。唯工繁费巨，该大臣等务当实力督催，毋得草率偷减，乃得有名无实。

老佛爷的谕旨很有些对福州船政局寄予厚望的意味。从这个谕旨看，慈禧太后对清朝海军、福州船政局的发展相当关注，超出人们的想象。如果仅仅从慈禧太后挪用海军经费去建颐和园，给海军发展带来的消极影响这件事来看慈禧太后，显然有些偏颇。

慈禧太后的谕旨，表现出了对造船的高度关注，但也显露出慈禧太后对福州船政局的不满。因此，清廷对福州船政局采取了三条举措：

第一项举措是建造新的大型船坞。此时，南北洋舰队购买的大型铁甲舰、快船日多，原有的容纳一千五百吨级船舶的船坞已经无法满足需要，建造新式船坞成为迫在眉睫的问题；第二项举措是订购大型新式机器设备，尽可能地提高建造新式舰船的能力；第三项举措就是提供资金保障。要造船，经费是必须要解决的问题，这也是一直困扰着福州船政局发展的难题。中法战争之后，左宗棠驻军福州，督办福建军务，他立即向慈禧太后提出"经费宜统筹"，解决船政经费的问题。

在做出这些举措的同时，左宗棠根据法国在中法战争中能够"游弋重洋，不过恃其船坚炮利"的现实，又果断提出开办穆源铁矿，设立炮厂，建造铁甲舰以抵御外侮的建议。他在给朝廷的奏折中说，"及时开厂制办，补牢顾犬，已觉其迟，若更畏难惜费，不思振作，何以谋自强而息外患耶"。左宗棠的奏请得到清廷的批准。

1885 年 6 月，清廷发布上谕：

> 现在和局虽定，海防不可稍弛，亟应切实筹办善后，为久远可恃
> 之计。自海上有事以来，法国恃其船坚炮利，横行无忌，我之筹划备
> 御，亦尝开设船厂，创立水师，而造船不坚，制器不备，选将不精，
> 筹费不广。当此事定之时，惩前毖后，自以大治水师为主。

清廷要大治水师，受此鼓舞，左宗棠与新任代理船政大臣裴荫森再次
上奏，请造铁甲兵舰。二人根据沈葆桢曾经提出的"有铁甲而兵轮乃得其
用长"的论述，鉴于法国"徒以二三铁甲，纵横闽浙洋面。马江之役，七
船同沉，石浦之役，五船俱退。虽管船者不得其人，而虚声所播，士胆先
靡，要皆无铁甲而兵轮失所恃之明证"的现实，阐述了制造铁甲兵轮的重
要性、紧迫性，"惩前毖后之计，整顿海军，必须造办铁甲，时势所趋，无
庸再决者矣"。

二人甚至还打包票说，建造铁甲，船政局已有把握。"查有船政出洋学
生同知衔魏瀚，参将衔游击陈兆翱，都司郑清濂等，在洋肄业，时逾七年。
曾经委令监造德国铁甲兵船，阅历颇深。据称法国于光绪十一年创造双机
铁甲兵船，名柯袭德士、迪克士、飞礼则唐等三船，计船身长中尺十七丈
三尺九寸，船腰阔四丈，船旁铁甲厚八寸，舱面钢厚二寸，每时可行中国
海道八十里，配用新式康邦卧机，计算实马力一千七百匹。较北洋德国订
造之定远铁甲船身较小，与济远铁甲马力稍轻，而驾驶较易，费用较减。
除炮位鱼雷电灯另购外，每船工料估银须四十万两。两船并造，须二十八
月可成，三船同造，三十六月即竣。闽省若得有此等兵甲船三数号，炮船
快船，得所护卫，胆壮则气扬，法船断不敢轻率启衅。兹禀由提调道员周
懋琦绘图转禀请示，并据试造双机铁甲。以魏瀚、郑清濂、吴德章监造船
身，陈兆翱、李寿田、杨廉臣监造船机，确有把握。如果虚縻工费，甘与

该学生等一同科罪等语。"二人的奏折得到批准，清政府下达谕令说："此次请造铁甲兵船二号，著准其拨款兴办，唯工繁费巨，该大臣等务当实力督催，毋得草率偷减，仍致有名无实。"

左宗棠等人的奏折得到批复后，船政局就开始铁甲船的制造工作，着手绘制船式木模，由福建善后局先后拨款四十六万两，派工程处魏瀚去英法德等国考察十余工厂，比较图式，选购铁甲、龙骨等件，最终选定法国图式。

1886 年 12 月，中国第一艘双机铁甲快船开始动工兴造，即"平远"号。"平远"号铁甲快船经过一年时间的精心制造，于 1887 年 12 月下水试航。该船排水量为两千一百六十吨，装配有二百六十毫米克虏伯后膛炮一门、四十七毫米速射炮两门、一百五十毫米副炮两门以及八门多管机关炮和四支五百三十三毫米鱼雷发射管。这艘铁甲快船的制造毕竟是清朝历史上的第一次，速力机件均未达到预期的先进水平，但这毕竟是一个开端。福州船政局此后又继续建造铁甲快船多艘，技术也不断提升；虽然与外国的先进水平相比，尚存在很大差距，但经历从无到有，从木质到铁肋到钢甲，福州船政局造船技术是不断提高的，因而在整个洋务运动期间，发挥的作用也不容小觑。

甲午之后，船政局开始走向衰落。其衰落的原因是多方面的，既有运营方式违背资本主义积累和分配的矛盾，也与封建衙门式的管理方式有很大关系，但更重要的是晚清重臣间派系之争与相互倾轧。

我们知道，北洋大臣李鸿章掌握着清朝海军绝大部分的经费使用权，但是李鸿章是主张从外国购买船舰的，希望快速成军，形成战斗力。李鸿章这样做，当然不是崇洋媚外那么简单，而重要的是其中的利益成分。利益使然，李鸿章自然不愿意把军购订单交给左宗棠，且李鸿章对船政局建造的船舰很是轻视，认为充充门面还可以，并不能适用于作战。

甲午战前，李鸿章的北洋海军的主要船舰，多系从英德购买，只有

"平远"号等为数不多的船舰为福州船政局制造。而在甲午之后的海军重建计划里，北洋海军的战舰几乎全部是从外国购买；福州船政局仅有的一次订单就是两艘新式鱼雷快船被北洋海军订购。因为这是法国监督杜业尔在上任后追随世界海军发展潮流而建造的新式舰艇，即鱼雷艇猎杀舰，也就是后来的鱼雷艇驱逐舰。法国人杜业尔督造的新式鱼雷快船采用高长宽比线型，时速可达二十三节，在当时的世界海军舰船中也属于先进水平；但北洋海军的最大订单四艘装甲巡洋舰和多艘主力炮舰都未被福州船政局斩获。

李鸿章在党争中排斥福州船政局，左宗棠何尝不是如此。看看左宗棠在西征新疆之前的举动，我们就明白了。左宗棠西征之前，宁可在兰州设立制造局制造军火，委托胡雪岩从国外购买，也不肯把军火订单交给江南制造总局，因为江南制造总局的实际操控者就是李鸿章。两个洋务巨头的相互拆台、暗争、互不买账，严重阻碍了中国军工企业的发展。

阻碍福州船政局发展的还有一个原因，就是财政不济。左宗棠在任之时，其拨款主要来源于闽海关关税；但随着船政局规模的不断扩大，建造的船只不断增多，海关关税已经无法满足需要。面对资金困难，清廷也曾经要求海关"将船政局造船、养船两款尽先拨解，毋得延缓"。但当时的清廷海关被英国人赫德所控制，赫德也是希望清廷从外国购买船舰的；他希望染指军购，从而控制中国军队，因而面对朝廷谕令，海关拖欠欠款依然。直到沈葆桢任上，沈葆桢利用自己的关系多方筹措，才使船政局顺利运营，这也是船政局造船最多的时期。沈葆桢离任后，船政局资金再告困顿，仅靠微不足道的财政拨款勉强维持，资金短缺就无法采购新式设备，无法扩大规模，恶性循环地让清廷也认为李鸿章"造船不如买船"观点的正确。

1898 年，光绪皇帝推动维新变法，建立新式海军成为变法的一项重要内容。建立新式海军，重要的一环就是发展船政。为此，光绪皇帝谕令各省按额拨款给船政，共筹银一百七十万两；但维新变法仅仅持续百天，便因慈禧太后发动政变而夭折。慈禧政变后，清廷筹措的船政经费改拨京师部队，拨给船政局的款项只有区区的十五万两。如此，船政局何以为继？1907 年，清廷只好无奈发布谕令，宣布船政局停止造船。

清廷覆亡之时，船政局依赖的一点微不足道的拨款也宣告终结。虽然如此，福州船政局仍然试图振作。在厂区最终荒废前，有一个叫王助的人，设计制造了中国第一架水上飞机；但在大势面前，他的努力是徒劳的，他的举动并没有引起后来的民国的重视。福州船政局消失在历史的尘烟里，它似乎仍然在诉说着那曾经的辉煌和遗憾。

4. 南方有局，北方亦应有局

左宗棠设立船政局的第二年，在京畿门户的天津，经恭亲王授意，清室贵族、三口通商大臣崇厚也创办了天津机器制造局。与南方的曾国藩、李鸿章、左宗棠相比，崇厚的洋务步调虽然有些落后，但他奋起直追，到1870 年，建成了京津地区规模最大的近代军工企业。天津机器制造局的创建也与清军镇压农民起义有关。太平天国运动失败后，1864 年 12 月，捻军和西北太平军共同推举遵王赖文光为首领，继续与清朝军队对抗。

第二年 5 月 18 日，清军将领僧格林沁在山东曹州与赖文光、张宗禹交战，结果大败。僧格林沁试图突围，未果，战死在曹州。

僧格林沁是清朝道光、咸丰皇帝都十分喜爱的人。他是蒙古科尔沁人，成吉思汗胞弟拙赤合撒儿的第二十六代孙，扎萨克多罗郡王索特纳木多布济与嘉庆皇帝的第三女庄敬和硕公主的嗣子。道光帝见僧格林沁长得仪表堂堂，就将他立为嗣，袭封郡王；后封为亲王，可以出入宫中，对他十分恩眷。咸丰朝时，咸丰帝任命他为钦差大臣防守天津海口，1859 年指挥大沽口保卫战。1861 年他受命对捻军作战，在山东、河南、安徽等地镇压农民起义军。僧格林沁防守天津海口时，崇厚受命"檄调天津，襄理一切"，成为僧格林沁身边受重用的人。僧格林沁兵败被杀，这对于把僧格林沁视为长城的清廷来说，无疑是极大的震动。慈安、慈禧两太后听说此事后，更是惊异；一面"诏嘉其忠勇，以优议恤"，一面命曾国藩为钦差大臣，赴山东督师剿捻，让李鸿章暂时署理两江总督。1864 年 5 月 24 日，清廷发布的上谕说：现在直隶防务吃紧，刘长佑驻扎大名，兵力单薄，因此饬令崇厚组建洋枪队一千五百名驻守天津。此外，京畿所有原练兵厂即著崇厚会同天津道李同文认真操练，使其技艺娴熟，有利天津防务。

接到谕旨，崇厚立即从天津、芦台两镇标兵中选拔五百名精壮年轻者，饬令练习洋枪队，这便有了崇厚接触洋务的开始。

崇厚练习洋枪队的同时，清廷谕令李鸿章火速调令曾经镇压太平天国的常胜军旧部由海道赴津接受崇厚的编练，并让丁日昌到京制造火器。这些举措，都显示出朝廷急于通过坚船利炮的制造、洋枪队的编练来达到捍卫京畿的目的。此时，坚船利炮除了向外国购买之外，在仿制方面，南方已经取得成功，并可用于实战，这让李鸿章充满信心，认为北上救援绰绰有余。他对崇厚在天津编练洋枪队不以为然，也有些不屑。李鸿章藐视镇守天津的三口通商大臣崇厚及其军队："崇公及总理衙门，庸鄙无远识，奚必与较，我辈只须自立脚跟，使人望而知为有制之师。"

李鸿章对崇厚的轻视，当然是因为在南方他所开办的洋炮局如日中天，而北方却还局限于洋枪队式练军的原因。南方的捷足先登，当然是由于李鸿章、曾国藩等人的远见卓识。在镇压太平天国的过程中，曾国藩、李鸿章等人就已经看到了外国坚船利炮的厉害，因而有了"彼机巧之器非不可以讲求学习，以诚中国之长技"的想法，便有了安庆内军械所、洋炮局，以及后来的江南制造总局的创办。

曾国藩、李鸿章等人在南方设局大办军火，在北方的实力派们当然不肯无动于衷。僧格林沁阵亡后，总理衙门就有在京津设局制造军火的打算；

但是，此时的曾国藩、李鸿章正在南方积极地创办江南制造总局，对恭亲王在天津设局并让崇厚负责主办之事大泼冷水。1865 年 6 月 11 日，李鸿章在给潘鼎新的信中说，"天津设局制造，奏中姑宕一笔，俟弟到直（隶），如再有旨催，容与雨生商办。崇（厚）等如太外行，或多批斥，即作罢论"。李鸿章认为在天津设局并不可行，一来崇厚此人是个外行，二来也不能接受崇厚对他设立江南制造总局的批斥。

李鸿章认为设立天津机器制造局应该"缓议"，这样一来，朝廷可以专心地投入到江南制造总局的筹办。但是，李鸿章的论调终挡不住恭亲王奕䜣的想法。恭亲王奕䜣的想法是，在南方设局的同时，北方也应尽快设局，补充北方军队的军备需要。

在这种思想的主导下，恭亲王奕䜣在 1866 年把想法付诸行动。7 月初，恭亲王奕䜣上奏两宫皇太后，建议朝廷在北方也设立机器制造局，"一切机器，尤应设局募匠，先事讲求，或在都城，或在天津，派员专司制造"。

这个奏折上呈后，朝廷并没有立即答复。10 月 6 日，恭亲土奕䜣再次上奏清廷：

> 现在兵部会议章程，练兵需用军器条内，亦有由直隶派员在天津设局之议。臣等因思练兵之要，制器为先，中国所有军器，固应随时随处选将购材精心造作。至外洋炸炮炸弹，与各项军火机器，为行军要需，神机营现练威远队，需此尤切。中国此时虽在苏省开设炸弹三局，渐次著有成效。唯一省仿造，究不能敷各省之用。现在直隶既欲练兵，自应在就近地方添设总局。外洋军火机器成式，实力讲求，以期多方利用。设一旦有事，较往他省调拨，匪唯接济不穷，亦属取用甚便。

在北方设立机器制造局，恭亲王奕䜣的想法应当说相当周全，认为练兵之要，当以制造军火，武装军备；在天津设立制造局多方利用西洋军火武器制式，实力讲求，制造各种军火，可以解决北方数省军队对军火的需求。清廷还考虑到曾国藩、李鸿章所领导的湘淮军队在南方正不断地发展壮大，很担心他们随着势力的壮大，尾大不掉，形成割据一方的局面。对此，李鸿章看得明白，谈到恭亲王奕䜣奏请在北方设立制造局的用意，李鸿章一针见血地说，"总理衙门奏令崇厚在津购办机器设局制造，足补南局所未备，且隐寓防患固本之意，极为深谋远虑"。

基于这些，清廷终决定在天津设局制造"外洋各项军火机器"，并对如何制造，如何管理，由何人主持都提出了具体的建议。恭亲王在奏折中说："或雇何项洋人做教习？或派何项员弁作局董？拣选何项人物学习？或聚一局，或分数局教习，学习人等名数若干？薪水若干？材料匠役及杂项用费若干？"凡此种种，皆建议由三口通商大臣崇厚"悉心筹划，妥立章程"，并"咨明臣衙门会商定议，其一切款项，即由三口通商大臣酌定支发，准于关税项下作正开销"。总理衙门寄予天津机器制造局极大的希望，"总期力求实效，尽得西人之妙。庶取求由我，彼族不能擅其长，操纵有资，外侮莫由肆其焰"。这一计划得到了清廷的批准。

恭亲王奕䜣建议由三口通商大臣崇厚主持天津机器制造局，当然是因为其曾经有编练洋枪队的经历，且在编练洋枪队的过程中，曾经引进过洋枪洋炮，并试制过枪炮。早在1862年，恭亲王奕䜣曾经给崇厚写过一封信，饬令他筹措经费向外国购买或租赁船炮，用作防守海口之用。信中还对崇厚说，不必考虑费用的问题，朝廷当一律承担。当时，崇厚得到恭亲王的饬令，即派员前往上海办理此事。此外，崇厚在天津训练洋枪队之时，曾经在天津试制过炸炮，并制成大炮两尊"装子试炮，甚为猛利"，立即命令继续进行仿造。因为有这样的经历，恭亲王奕䜣向朝廷推荐了崇厚。

于崇厚而言，虽然有编练洋枪队的经历，与外国人多有接触，且仿制过西洋军火，但奉命筹办天津机器制造局，毕竟是开天辟地的头一遭，不像曾国藩、李鸿章创办江南制造总局那样富有经验。但面对困难，要不负恭亲王的信任，他必须要迎难而上。创办机器局，事务千头万绪，首先要做的就是搞好调查研究。首要的是要对北方军队的需求进行调查，他为此了解了直隶军队的军需情况。崇厚在调查中发现，直隶分设六军，每军有五个营，共马步队三十营；这三十个营就需要洋劈山跑四百八十尊，洋炮车两百四十辆，洋开花炮一百二十尊，洋炮车六十辆。此外，各炮需要的洋火药、洋炮子等军需耗品也是不小的数目。直隶尚且如此，那北方数省呢？

北方数省需用军火甚巨，是该购买还是制造呢？崇厚了解到，"此时商办外国机器，甫经访询价值，将来能否购运，尚无把握。而直隶练兵需用炮位等项多而甚迫，缓不济急，必致有误备操。即或购买洋铁，选觅工匠，仿照外洋式样成做，亦非数月之间所能备齐"。

显然，无论是向外国购买或是设局自造，都显得时间紧迫，且用费甚巨；既然朝廷属意于设局自造，他也把设局自造的难处，调查的情况向恭亲王做了汇报。汇报说，除了时间紧迫外，重要的是资金问题，"选匠购采料，仿照外洋成式制造，统计炮位，炮车，一切共需银六万九千余两"。

面对这么大一个数字，崇厚感到资金的筹措实在是一个难题，但是，恭亲王奕䜣曾经有过经费不是问题的承诺。现在接到崇厚的奏报，他立即命令崇厚"督同天津道专设局厂，遴派妥员认真赶办，所需经费，即由刘长佑于盐课项下，随时筹拨，责成天津道核实报销，务期工坚料实，不准草率浮冒"。由此可见，朝廷对创办天津机器制造局的决心和期望是非常大的。

资金问题有了眉目，崇厚即开始天津机器制造局的筹办，并在1867年1月进京述职向朝廷做了汇报。其间，崇厚两次受到慈禧太后召见，这使崇厚感恩不尽，既感到朝廷对自己的信任，也认识到朝廷对创办天津机器制造局的期待。

受命创办天津机器制造局，千头万绪，在采购设备、制造军火等问题上，崇厚自然是个外行；他不得不求助于外国人，因此委托英国人密妥士总办其事。

密妥士是英国驻广州领事馆领事密迪乐的弟弟。密妥士和他的哥哥一样也是一个中国通。他于 1845 年来到中国，曾在广州学习官话和粤语，后为广州外侨做翻译，曾充任法、荷、比、普鲁士领事的翻译。1850 年上半年代理其兄在英国领事馆任翻译，后调任副领事；第二次鸦片战争后，到天津经商，与崇厚等人多有接触，成为崇厚的座上宾。

因为这层关系，崇厚筹办天津机器制造局期间，凡所购外国机器，雇聘外洋工匠，所需创建费用等项，都向密妥士请教，请其帮忙安排或者预算。崇厚曾向总理衙门报告说，据丹麦领事官员英国人密妥士对外国同类机器局的了解情况，从外国购买设备，运输、雇用洋匠、择地建厂需银十万两，可以将局厂安排妥当。

崇厚接总理衙门复函后又奏："应请饬总理衙门转行总税务司赫德，遵照分别办理，以便由密妥士派人领取，汇寄外洋赶办。至开厂以后，常年薪工费用，天津一关，难资敷用。应请饬下户部，将天津、东海两关，应解户部二成之款，改拨津局，专办军器火药。至设局一切章程，应俟外国工匠到后，悉心筹议，咨商总理衙门应行奏明办理。"为了筹措第一笔资金，经总理衙门和户部议准，"由香港轮船变价项下，拨交密妥士银八万两，汇兑外洋，采买机器，运送来津，设局办理"。"香港轮船变价"，指的是阿思本舰队被清政府解散后，全部兵船遣回英国，英国交还轮船变价银，八万两是其中的一部分。

除了密妥士的帮助外，崇厚还奏请清廷，推荐前任奉天府尹德椿来天津帮助他筹办天津机器局事宜。德椿曾任通用道员，与崇厚一起办理过海防，崇厚对他多有了解，认为德椿"人极勤慎"，对天津地方也颇为了解，因而向朝廷推荐了他。

崇厚的举荐，得到了朝廷的批准。1867年四月初一，德椿正式走马上任负责管理局内事务。此后，在密妥士、德椿等人的帮助下，天津机器制造局很快选定了地址，并向外洋购买机器设备。

天津机器制造局设立的地址在天津城东十八里贾家沽道地方，"设立火药局"，是为"东局"，初名"天津军火机器局"。崇厚很注重人员的使用，用人在精不在多。崇厚认为，事关军火急务，又系初创，与办理寻常局务不同；如果人员过多，反而不利于机器局发展。崇厚计划从京营和同文馆中选拔二十五岁以下，较为聪明之人，给予较高待遇，向西人学习制造；对于管理人员，必须是那些通晓洋情，熟悉西学之人，较为得力。崇厚与德椿商议后认为，"通商委员内运同衔同知用广东候补知县高从望，堪以派充提调局务；直隶候补同知黄惠廉，堪以派充翻译；其文案收发、采办转运等事，拟拣派文武委员数人，视局务繁简定人数之多寡。总期各有所司，不准滥竽充数"。报酬方面，崇厚"查京营员弁之薪水公费，四五品者拟仿照直隶六军营官，六品者拟仿照六军帮带官，七品者仿照哨官，同文馆学生仿照六军佐杂官，文案收发、采办转运等差文职均仿照六军中之正印佐杂等官阶支给；武职都守仿照帮带官，千总仿照哨官，总理局务仿照总统，提调局务仿照翼长。办理军火与营务不同，其书手、听差视事之繁简，酌定人数"。在天津设立机器制造局，崇厚对全局做到了统筹安排，每一个细节可以说都费了心思。

崇厚在用人上做到知人善任，对他们也充分信任。天津机器制造局厂址选定后，很快便开始了厂房和宿舍的建造，接着便委托密妥士从海内外购买各种机器设备和材料。

密妥士大多是委托人到英国购买设备。1867年，密妥士向崇厚汇报说，接到英国委托人的来信，"所有制造火药铜帽机器，均已买妥，共用二万一千余金磅，核银约七万余两，应雇大船三只，运送来津，每船需雇价三千余金磅，共需船价约三万两上下"。

　　密妥士还对崇厚说，购买的设备多系重大之物，不能装入船舱；船舱
有多余空间，可用别物压舱。密妥士向崇厚建议说，可用煤炭做压舱之物，
一来是英国煤炭较中国煤炭价格便宜，二来是"用作机器，甚为合用"。
他对崇厚说，英国煤炭燃烧时热量大，有助于提升机器的运转速度，建议
崇厚应买上一千数百吨，这样既可以压舱，又实用价廉物美。崇厚接受了
密妥士的建议，同意从英国购买一部分煤炭。

　　崇厚除了请密妥士购买设备外，还听取英国军官薄郎的建议，从上海
或者香港就近购买修造枪炮和仿制炸子开花炮等机器。崇厚听取了薄郎的
建议，委托英国人狄勒尽快前往这两地调查采买，力争机器局早日投产。

　　崇厚积极筹办东局的同时，为应对可能存在的厂房不足、满足不了生
产需要等问题，又请密妥士等人帮助在上海采购机轮铁炉、镟床等设备，
在天津城南海光寺建立"西局"。

　　对于创设西局，崇厚曾在 1867 年底向总理衙门奏报说，由丹麦领事官
员密妥士采买各项器具并代雇工人，现在已经准备妥当，准备由外国起程，
须等到明年开春后方能陆续抵达天津；考虑到东局可能无法满足制造需要，
现又在城南海光寺觅地一块，准备建厂房，安置机器，这些皆由下官与德
椿督饬办理。

　　对于崇厚主持在海光寺建厂一事，1867 年度海关《关册》内也有记述：

　　　　去年度入口的枪炮、火药、铜帽等项的总值，约计为
　　五万一千五十两。三口通商大臣（崇厚）已在海光寺建立一个机器厂
　　和炼铁厂，由外国工程师督管。在那样地方居然建起高耸的烟囱，可
　　见风水之说还是不难克服的。今年内即将建成一个火药制造厂，也将
　　由外国人监管。中国人既已认识在这种事业方面可以使用外国机器与
　　技术，那么在开发中国富源方面的种种障碍也许就有希望能够逐渐减
　　少了。

经过积极筹备，在机器到达之前，西局在 1868 年春正式开工兴建。根据外国技师的设计，"局内共建机器等房四十二座，计二百九十余间。大烟筒十座，洋匠住房一百六十余间"。西局的厂房、宿舍只经过几个月的时间便宣告完工；到了当年夏天，狄勒所购之设备陆续运到，崇厚命人进行安装。招聘的外国洋技师在密妥士的安排下，在机器安装之前，就已抵达西局，安装调试机器设备，只等运行生产了。

根据总理衙门的规定，制造武器弹药的经费都由盐课项下随时拨给，并要求做到随时实报实销。有了总理衙门的这个支持，崇厚责成时任芦运司前天津道恒庆督饬制造局有关人员，"选匠购材，仿照外洋式样认真制办"，经过初步试制，西局核算出了制造各种枪炮、弹药所需要的费用：

计每洋劈山炮一尊实用工料银七十二两九钱一分四厘七毫五丝，每炮车一辆并随带什物车套等项实用工料银五十三两九钱七分九厘三毫六丝，对子洋开花炮每尊实用工料银十四两九钱九分六厘，炮车一辆并随带什物车套等项实用工料银五十七两九钱三分四厘二丝，随炮铁子每斤工料银四分九厘，铅箭每粒工料银九分九厘，空心炸子连木管每粒工料银三钱一分，仿照外洋次炮药每斤银一钱六分，均系督饬局员力求撙节，核与原奏银数有减无增。

依据这个核算，1868 年，崇厚先后收到"长芦盐课银六万九千六百九十一两五钱"。当年制造出"洋劈山炮四百八十尊，炮车二百四十辆，对子开花炮一百二十尊，炮车六十辆，并随带铁子、铅箭、炸子、火药等项，统计用过工料银七万四百四两八钱八分七厘六毫"。这些制造出的枪炮弹药，崇厚都运送到直隶各军营配备使用。

崇厚在德椿以及洋人密妥士、狄勒等人的帮助下，克服重重困难，终于建成一座规模可观、京津地区最早最大的军工企业。天津机器制造局建成的第三年，即 1870 年，天津教案发生，使崇厚不得不将天津机器制造局移交给了洋务派李鸿章。当时的情况是这样的：天津教案发生，恭亲王奕䜣听各国在华公使说，法国可能对中国用兵，这将影响各国在华贸易；中国必须拿出妥善解决问题的办法，使中法之间免动干戈。而此时，法国公使罗淑亚也提出中国必须派使到法国赔礼道歉。恭亲王奕䜣遂上奏慈禧太后，请求朝廷选派大员带上国书，奔赴法国，就道歉事宜，相机办理。恭亲王的奏请，慈禧太后予以批准。派谁去呢？恭亲王推荐了与洋人多有接触的崇厚。于是朝廷谕令"三口通商大臣兵部左侍郎崇厚，着充出使大法国钦差大臣"。对于其主持的天津机器制造局怎么办呢？ 11 月 4 日颁布谕旨说，崇厚出差法国，天津机器局事宜交由李鸿章妥为管理，"该督于此事讲求有素，务当督饬津局委员，事事悉心研究，务将此中机巧，竟委穷源，庶可有裨实用，不至徒托空言"。天津机器制造局遂交李鸿章主持，崇厚于 11 月 16 日搭乘法国公司轮船启航赴法。

天津机器制造局移交李鸿章之后，又几经扩建，品种和产量也得到了飞速提升。最初，崇厚于 1867 年修建厂房和购买外国机器等，耗银二十一万三千多两；李鸿章接手后，仅 1870 年 8 月到 1871 年 12 月就支出扩建经费二十四万五千两，以后逐年增加，最多的年份是 1880 年到 1881 年，耗银六十四万三千多两。总之，李鸿章经手后，天津机器制造局规模不断扩大，并先后开办了水雷、水师、电报等学堂。

天津机器制造局的不断发展壮大，《津门杂记》曾有记载：

机器局，即制造局，一在城南三里海光寺，工匠六七百人，以机器制造洋枪炮架等物，兼制小火轮船。每日卯正上工，酉初停息，由气机管放气为号，响声遥闻数里。一局在城东八里大直沽东北，人称东局。地广数百亩，屋宇机器全备，规模宏大，井井有条。工作者约二千人，日费不止千金，专制火药及各种军械，均有道员总理其事，并有洋匠及闽广江浙人为之监制云。水雷、水师、电报各学堂，并附于东机器局肄业，考究洋学，道宪出示，有饮食教诲，皆取给于公家，事业勋名，望后来之继起云云。将见为国储材，自必日新月盛，当有用之不竭者矣。

天津机器制造局在李鸿章的主持下，规模不断扩大，后来竟沦为李鸿章扩张淮军军阀势力，向清廷邀功请赏的一张王牌。因为自他接手后，清廷开办的较具规模的江南、马尾、金陵、天津四个军用工厂，被李鸿章掌控的就有三个了。

李鸿章掌控天津机器制造局之后，在制造方面可谓"规模宏大"，取得巨大飞跃。李鸿章把天津机器制造局形容为"洋军火总汇"，在海光寺里主要"从事铸造炸炮、制作炮车，修理小型军器，制造铜帽、炮弹，以及许多其他军用品"。在紫竹林租界以东的火药厂和机器厂里，则"从事制造品质优良的火药和军器——包括枪弹、炮弹和水雷"。

天津机器制造局除主要生产军火之外，还承修兵船、轮船和挖河机器船等，如驻巡北洋的"镇海""操江"号轮船的承修、物资的补给，都由天津机器局承担；福建、江南前往直隶的轮船，遇有损坏之事，也多由天津机器制造局承修。

天津机器制造局所生产的各类军品中，火药、铜帽、枪子是最多的。李鸿章接手后，较崇厚时代提高了三四倍。中法战争爆发后，这一趋势更得到了提高。湘淮各军、张之洞所属的两广军队都在使用天津机器制造局生产的军火。需求量的加大，使天津机器制造局不得不昼夜加工，以适应"催造调拨益显严紧"的形势，并新建厂房、添加设备，以适应中法战争大清各军对军火的需求。

中法战争后，清廷再谈海防建设。为适应需要，李鸿章对天津机器制造局生产内容进行了扩充，不仅为陆军各营提供枪支弹药，还为海军提供弹药，并在 1887 年投资兴建了栗色火药厂，购买了新式武器进行仿造，制造新式炸药，满足"各海口炮台内新式后膛大炮及铁舰、快船之巨炮"对新式火药的需求。北洋海军成立后，李鸿章深感天津机器制造局是"北洋水陆各军取给之源"，于是更重视它的地位与作用，不断加以扩充。1893年，天津机器制造局从英国买进了全套机器设备，建起了一个炼铁厂，能铸造六寸口径的小钢炮，从中也可窥见天津机器制造局的新式军火制造能力在不断地提高。

天津机器制造局在李鸿章的主持下，重要性逐渐体现出来，它对"北洋筹办海防，拱卫京畿，关系重要"。李鸿章评价说，"天津机器制造局为北洋海防根本，至关重要"，"近年西法日新，制造繁赜……机器制造系海防军实事宜，非寻常局务可比"。天津机器制造局的发展，崇厚创下基业，为李鸿章接管与扩建奠定了基础；它的发展壮大也为李鸿章扩张势力、巩固北洋地盘创造了条件。

5. 山东也要办局

曾国藩、李鸿章创办江南制造总局，左宗棠创办福州船政局，崇厚创办天津机器制造局，应该说对晚清洋务事业是很大的促动。尽管当时清廷财政相当困难，但此后各省纷纷创办自己的军工企业。甘肃、广东、湖北、四川等地都建有大小不等的军器局厂；在这股潮流中，山东巡抚丁宝桢创办的山东机器局也是颇具特色的一个。

丁宝桢是贵州平远（今属毕节织金）人，生于 1820 年，1853 年考中进士，1860 年授湖南岳州知府，1862 年调任长沙知府，当年底署理陕西按察使。但是丁宝桢尚未到任便又被委任为山东按察使，因参加镇压捻军农民起义有功，1864 年升任为山东布政使，1867 年又被擢升为山东巡抚，1876

年底升任四川总督。

丁宝桢此人，应该说是一个深受儒学教育及洋务思潮影响的双重人物。说他深受儒学教育，当与其接受的家庭教育环境有很大关系。丁宝桢祖上三代靠读书走向仕途，"曾祖考公俊庠生，祖考必荣四川昭化县知县，考世芬镇远府学训导"。本族丁氏与其祖母族黄氏、母族谌氏三姓是当时平远州的三大书香门第，曾祖妣李、祖妣黄、妣谌、魏都曾经被封为一品夫人。良好的家庭环境，给丁宝桢接受儒学教育提供了条件，儿童时代以"少能文，有操略"称奇乡里。从小到大，丁宝桢一路考举人、中进士、入翰林院，接受的都是传统的儒学教育。儒学思想也培养了他根深蒂固的忠君爱国思想，他临终前曾经说，"沐三朝豢养之恩，频叨异数，犬马余生，尚愿以身报国"，充分体现了丁宝桢作为传统儒家仕子的忠君报国情怀。

说丁宝桢受到洋务思想的影响，是因为他所处的时代正是晚清发生深刻变革的时代。经历两次鸦片战争的失败，长期闭关锁国的清帝国不得不学会与世界接触，与世界交流，因而也出现了林则徐、魏源以及后来的曾国藩等主张"开眼看世界"的先锋人物。洋务运动开始后，丁宝桢与洋务派曾国藩、李鸿章多有接触，可谓"情谊久深"，"引为同志"，联系相当密切。丁宝桢颇为欣赏洋务派理论家薛福成的洋务见识，"与语天下事，逾两旬不倦"。丁宝桢曾经将薛福成的"治平六策"及"海防密议十条"代奏给清廷，引起清廷的重视。丁宝桢的身边聚集了徐建寅、张荫桓、薛福成等一大批洋务干才。丁宝桢也积极结交外国传教士，听取他们对"修筑铁路，开挖矿产"，创办洋务事业的建议，并"深表赞同"。这些时代变局中涌现的带有新思想、新观念的人物也对丁宝桢开办洋务事业产生着积极的影响。

真正促动丁宝桢创办洋务事业的一个关键因素是清廷强军、抵御外侮的需要。1867 年，丁宝桢升任为山东巡抚，任上他受命剿杀捻军起义。在与捻军的作战中，丁宝桢所属军队"施放连环洋枪，将首先执旗一骑轰毙并杀马步百余名，该逆败窜""排列连环枪炮对贼轰击，该匪渐退""连放连环枪炮，轰毙首先骑贼十余名，余匪中伤数十人，立时败退"。这些战争经历使丁宝桢发现了西洋新式武器的威力。他为此总结说，山东奉命会剿捻军，山东、淮军多以洋枪洋炮向敌攻击，洋枪洋炮摧坚破敌的威力是巨大的；虽然捻军有十万之众，但面对洋枪洋炮的轰击，"直东两省遂收聚歼之功"。剿捻所使用的先进武器使丁宝桢尝到了甜头，遂有了大规模配备新式武器提升战斗力的想法。

正当丁宝桢试图为其所属军队配备新式武器之时，清廷面临的海防与塞防危机进一步加深，更使丁宝桢感到配备新式武器的必要性和迫切性。当时在海防方面，天津教案的发生，法国联合多国军舰先是闯进山东烟台，继而又兵临天津海面，逞强示威，使得沿海形势骤然紧张。丁宝桢向清廷提出应加强各重要地区的屯兵布防，并制造新式武器配备军队。丁宝桢在奏折中提到，山东东有海疆万里，西又连接京畿，海防形势最为紧要，"东省水师从前未有夷务之时，仅以护送行旅，严防盗贼，情形尚缓。今则夷务方殷，水师实为第一要务"。因此，清廷必须整顿水师，强化海防。整顿水师，配备新式武器当系重要一环，新式武器可以自行仿造，"一切火器只须访求善式，由营自行加工制造。至火药、炮子二种，在军中尤为紧要之物，应责成该营统领督同营官等加工监制，不准草率，务使火器各项渐就精良，以收实用"。

天津教案发生没几年，又发生日本侵犯台湾事件，海防危机进一步加深。总理衙门提出加强海防的六条建议，由军机处发给各省督抚征求意见。丁宝桢在回复朝廷的奏折中说，海防危机，重要的是要有新式武器装备军队，现在上海、福建已经设立机器局，应对西洋各项军火，"极意经营，及时仿造。凡在管理局员及一应工匠人等，务就其已成之器，殚精毕思，悟彻其实在情妙之处。然后工力悉敌，器不虚制，且积久生新，亦无难夺彼之长"。丁宝桢进一步说：福建、上海这样做，是应对危机使然；而山东也处于海防危机的前哨，自应加强海防，"臣定以修筑炮台与安设制造药丸及修理枪炮之机器两事为先务"。

海防危机让清廷上下焦头烂额，同样严峻的塞防危机也不能不让清廷上下引为警惕。1875 年"马嘉理事件"发生，清廷被迫与英国签订《烟台条约》。根据条约，英国获取了可以派人由中国内地经西藏去印度或者经由印度去西藏的特权。此后，英国人便不断派人进入西藏。丁宝桢揭露英人此举"明为查看通商事宜，乃徧地游历，或则欲会凉山猓夷，或则欲由藏赴国，沿途详绘地图……英人此时用意在蜀，蜀得而滇黔归其囊括矣"。

当时，法国对中国云南的觊觎也是日甚一日。法国图谋通过屯兵越南，进而进入中国云南，想把越南作为进入中国的军事基地。法国人说："有了这个基地，一旦欧洲各强国企图瓜分中国之时，我们将是一些最先在中国腹地的人。"对此，丁宝桢也有相当清醒的认识，他说，"法人之谋并越南，其端虽著于越南，其意尤注于滇粤"。

面对严峻的海防与塞防危机，丁宝桢与当时的有识之士一样，认为要巩固海防，必须装备能与敌作战的军队；要不被外人掣肘，必须开办自己的军工厂。山东作为海防前哨，一旦有事，首当其冲。丁宝桢说："谋国之道，必当统观全局，而筹边之计，尤在先事预谋。"他从巩固海防的大局出发，积极筹划应对之策。于是，他积极设法装备军队，屯兵设防，巩固海防。

丁宝桢"先事预谋"，把开设机器局、制造军火作为整军布防的重要一环。但是，要开办机器局重要的是人才的寻觅。丁宝桢说，练兵必须要有先进武器装备军队，先进武器的制造重要的是人才的寻觅，"不虑兵饷之难筹，而深忧人材之不易"。从他调任山东巡抚后，为筹备设局制造军火，丁宝桢"数年来于本省及外省留心采访精谙机器之员以为制造之用"。

试图开办机器局，丁宝桢一面向曾国藩、李鸿章等人探求经验，一面积极地寻求人才。1871 年，丁宝桢曾两次派人向曾国藩了解江南制造总局的办厂经验。此时，江南制造总局已经开办六年，且相当成功。通过对江南制造总局的了解，丁宝桢在当年就开始了随营自制火器、火药、炮子的尝试。尝试是成功的，这坚定了丁宝桢办机器局的决心。

1873 年，丁宝桢听说在广州机器局的温子绍"自幼即留意艺学，于泰西机器制造之事，悉心考究"，颇有才干，极富办厂经验，便奏请清廷希望将此人调至山东，帮助筹建机器局。这个奏请得到清廷的批准，但是两广总督瑞麟却不放人，原因是广州机器局经温子绍一手创办，且正在任总办之职，暂无可以替代之人，等合适时机再行放人。

丁宝桢求才不得，无奈之下，又奏请朝廷将正在湖北任职的张荫桓调来山东任职。丁宝桢说他"熟悉洋务，而于炮台、机器各事在粤时常与西人讲求，闻见极多"。张荫桓是广东人，早年曾参与科举考试，没有考中，从此放弃科举一途，留心洋务，对欧美事务颇为了解。让这么一个人帮助开办机器局，当然也是一件好事。这一次，丁宝桢的愿望得以实现。当年，张荫桓即从湖北任上调来山东。丁宝桢委派他去天津拜会李鸿章。丁宝桢让他拜会李鸿章有三个意图，一是为创办机器局寻求资金上的支持；二是"访求制器之法"；三是从李鸿章控制的江南制造总局借调人才。

三项诉求，丁宝桢一面让张荫桓带上自己写给李鸿章的信函前往天津拜见，一面给总理衙门写信，寻求朝廷的支持。总理衙门答复说，办厂之事可与李鸿章接洽。

丁宝桢要创办机器局，寻求李鸿章的支持，李鸿章会支持吗？李鸿章与丁宝桢是有宿怨的，这要从镇压捻军说起。奉朝廷之命镇压捻军，二人曾经有过合作。李鸿章当时的想法是，把捻军围困在登州、莱州一带一举歼灭；但是，丁宝桢却不以为然，他一门心思想把捻军逐出山东境内，在军事上并不太配合李鸿章的作战计划。非但如此，二人还互相在朝廷那里告对方的黑状。丁宝桢说李鸿章迁延不战，李鸿章说丁宝桢急躁冒进，二人积怨颇深。

因为有这样的矛盾，李鸿章对丁宝桢设立机器局之事当然是持抵触态度的。丁宝桢让张荫桓转来他的一封信中谈了自己请温子绍、陈择辅等人出洋考察并帮助采购机器的打算，李鸿章没有当面反对，而是给总理衙门写信大泼冷水：

> 稚璜（丁宝桢）中丞四月（光绪元年四月）间接奉寄谕后，曾专函牍以此事相商。鸿章阅其原奏于仿造新式军火、选觅精巧工匠、派委员并出洋，一切言之太易。……窃唯派员出洋之难，前函已叠陈犀照。若其人结实可靠而不深悉洋务、谙习制器，固不足以膺是选，即略知洋务制器而心地不能笃实，身体不甚耐劳，亦未可轻相付托。

李鸿章对丁宝桢拟派遣出洋的陈择辅、温子绍等人多方挑剔，认为均不相宜。李鸿章似乎很了解内情地罗列了一大堆理由，说陈择辅年老体衰，又有抽大烟的嗜好，这样的人不能轻易相信。又说，即便温子绍、徐建寅这样的人对洋务颇为得心应手，但二人并不愿出洋；即便是命令他们出洋，也必然不肯卖力。李鸿章还拿丁宝桢说过的话说事：丁宝桢说过，购办机器，选觅工匠，津、沪、宁各局皆有成式可循。李鸿章说，既然是这样，为什么要舍近求远，到外国去购买设备、寻觅人才呢？这样只能徒增靡费。"若仿制新式精利枪炮，即派员前往详加省视，其中节目奥窍，非一言可尽，亦非一时能成。"

李鸿章还直截了当地批评丁宝桢："稚璜视为易事，似由阅历太浅，但恐意气过盛，成见未化，敝处即无由会商耳。"

开办机器局，丁宝桢最想要的是资金。当时，清廷答应每年拨款四百万两作为南北洋海军经费，而山东位居北方，自然属于北洋海防的范围之内。丁宝桢认为既然朝廷每年拨款四百万两，山东开办机器局使用这笔经费理所应当。丁宝桢向李鸿章提出拨款三十万两用于山东炮台的修筑和开办机器局，但是这个要求遭到李鸿章的拒绝。李鸿章去函丁宝桢说：

尊议两事（指修筑炮台和设机器局）同时创举，拟筹三十余万，窃虑后难为继。……至南北洋海防虽已指拨专款，而税厘所入，各省关皆不敷所出，断不能如数照解，前函已略言之。即使每年能拨百数十万，南北（洋）各分数十万，于事何裨？鄙人忝守京旅锁钥，空拳独张，一事无成，常自愧疚。拟设炮台、机局，皆为筹防本省（指山东）之计，于北洋大局无甚关系，自未便分用此款，致有窒碍。

不用说，丁宝桢碰了壁，资金的问题未能解决，只好自筹资金，动用山东省藩库、粮道库、临清关等处的款项开办机器局。

三项诉求中最重要的一项李鸿章予以拒绝，只同意将江南制造总局、天津机器制造局的开办经验介绍给张荫桓，并让张荫桓带回江南制造总局和天津机器制造局章程供丁宝桢参考；此外，同意将在江南制造总局任职的徐建寅调入山东，帮助丁宝桢创办机器局。

丁宝桢在积极筹措资金、寻觅人才的同时，厂址的选择也是开办机器厂的一件大事。最初，丁宝桢想把机器局设在莱州后路，这里虽然距海甚近，但却不能停泊洋船，不致受到威胁。但是，张荫桓发现在这里设厂工程较大，建议将机器局设在潍县（今属山东潍坊）、昌邑交界处的白浪河，认为地势相宜，不甚费工。但丁宝桢认为白浪河仍不是理想的所在，他又派人几经考察，最终决定将厂址设在济南北部泺口迤东的一块高地上。丁宝桢将厂址设在这里有三方面的考虑：第一，于内地设厂，可以躲避外国侵略者的破坏，"万一别有他事，仍可闭关自造，不致受制于人"；第二，济南附近有章丘、长山煤矿，便于开采，供机器局使用，"纵有闭关之时，无虞坐困"；第三，泺口北临黄河，南临小清河，水运交通十分便利，"秦、晋、豫、燕、湘、鄂各省，由黄运溯流而上，一水可通，将来制造军火有余，可供各省之用，转输易达"。此外，通过小清河，机器局所造军火可以运往东部沿海，丁宝桢认为在济南设厂是比较相宜的，他称赞济南设局"该局最得地势"。

选定了厂址，有了徐建寅和张荫桓这样的洋务人才，丁宝桢于1875年8月正式上奏清廷，提出开办山东机器局。丁宝桢的奏请得到了清廷的批准。当年10月29日，山东机器局正式挂牌；丁宝桢任命徐建寅为机器局总办，薛福成的哥哥薛福辰为会办。办局事宜，丁宝桢皆与徐建寅、张荫桓、薛福辰等人商量。

厂址选定后，丁宝桢一面着手建厂事宜，一面派徐建寅奔赴上海与英国蒲恩公司接洽，订购机器。订购的设备主要有生产火药的机器、制造枪炮子弹的机器、修理西洋枪炮的机器等，这些设备都通过福州船政局的"万年青"号轮船运回。

1876年11月18日，丁宝桢在给朝廷的奏折中说了徐建寅购买机器设备的情况，"委派徐建寅到上海购买各种机器，刻已陆续运到，装备转瞬即可竣事"。在丁宝桢的积极督促下，山东机器局建厂工作极为神速，"全厂告成，为期不逾一年"，"自春及秋，业将机器厂、生铁厂、熟铁厂、木样房、画图房、物料库、东西厢、文案厅、工匠住房大小十余座，一律告成。其火药各厂，如提硝房、蒸磺房、焗炭房，以及碾炭房、碾磺房、碾硝房、合药房、碾药房、碎药房、压药房、成粒房、筛药房、光药房、烘药房、装箱房，亦次第告竣。其各厂烟筒高自四十丈至九十丈，大小十余座，亦俱完工"。1877年3月即开始投工生产。

创办机器局，丁宝桢原本计划是同时生产枪炮和弹药的。他感到，长期以来，"中国知用洋枪而不能自造洋枪，非受制于洋人，即受骗于洋行，非计之得也"。丁宝桢扬言要把山东机器局办成一个国内领先、能制造新式军火的单位，使"将来著名利器如格林、克虏伯炮、林明敦、马氏尼等枪均可自行制造，不必购自外洋"。要做到这些，他要求山东机器局所采购的设备可以不惜重资，务求精良。事实也的确如此，丁宝桢让徐建寅采购的设备是超前的。当时，有一个外国人参观山东机器局之后写道：

> 这机器局值得注意的是一切厂房，一切西洋机器，……全部系在
> 中国人监督下装配起来的，没有雇用一个外国人。所有的机器都完美
> 地转动着，没有丝毫震荡。这种良好的成果应归功于总办徐（建寅），
> 即上海的徐（寿）之子，他曾在江南制造总局受过教育。我觉得最大
> 的缺点是机器选购失当。有些大的机器也许再过些年还用不着，而看
> 着不体面但很有用的小的机器却很缺乏。

虽然机器较为超前、精良，但丁宝桢并未实现打造领先军火单位的愿
望。由于技术力量薄弱，经费一直捉襟见肘，机器局只能是以制造火药、
铜帽、子弹等为简单的生产内容。尽管丁宝桢曾十分得意地宣称，他曾经
令技术人员曾昭吉仿造过马氏尼后门枪一百二十支，每支所需费用仅银十
两，较向外国购买在价格上每支可节省银十四两，而且在质量上与外国的
同类枪支“精利相等”；但是，李鸿章的淮军在试用这些枪支时，发现这些
枪支“机簧不灵，弹子不已，准头不远”，在技术上存在极大的缺陷。

丁宝桢的愿望未能实现，还有一个重要原因是机器局才刚刚起步，他
即调离山东升任四川总督，山东巡抚空缺被满族正黄旗人文格继任。在文
格任上，山东机器局得到了一定程度的扩充，建造了火药库，实现了章丘
煤矿的机械化作业。1878 年，英国人莫理循在《北华捷报》上介绍章丘煤
矿时说，“我听说机器局有一个附设的煤矿，有两种机器，一部八匹马力，
另一部六匹马力，供抽水之用，从井底运煤到井口也使用机器”。当时能
有这种设备已经是很先进的了。

但是，文格在任不及两年，清廷又调任周恒祺出任山东巡抚。周恒祺
任上，山东机器局可以说处于维持现状的局面。1879 年，清廷中曾有官员
以治理黄河需要经费为由，建议清廷停办山东机器局，“所有经费移作治黄

之用"。对此，周恒祺不以为然。他上奏朝廷说：

> 查停止机器局，每年需用之洋、土火药仍应分别购制，其可提充治黄经费者不过万数千两。该局创办至今，综计费款已巨，目下规模粗具，工艺渐精，本年臣饬令仿造铜帽，及查以前及现在所制亨利马梯呢（马氏尼）枪尚属合用。海防亟须妥筹，似宜留为缓急之备。遽尔停止，尽弃前功，固属可惜；而所节用费移以治黄，不过杯水车薪，未为有裨。

清廷批准了周恒祺的奏请，同意山东机器局继续开办；但是，由于经费上的困难以及反对派的掣肘，山东机器局处于发展迟滞的状态。

1881 年 8 月，任道镕接替周恒祺成为新一任总督。他一上任即对山东机器局进行了压缩。任道镕压缩机器局的理由很荒谬，他认为当时的海防正处于和平时期，"事机非急"；再者，山东财政紧张，山东机器局自当简办，任道镕随即命令将机器局"不急器具概行停止"，委员、司事及工匠"择要酌留"。

任道镕的压制使山东机器局的生产大受损害，几近停顿。当时的报纸《益闻报》曾经报道："东省济南军器局……闻近已停闭，上等工匠都散而他去，察其情形，大有撤消之象。岂承平已告。载戢干戈，欲将兵器销为日月光耶？"

好在任道镕在山东巡抚的任上时间也不长，才一年半的时间即被陈士杰接任。陈士杰有在山东机器局任职的经历，对山东机器局的命运自然关心。1883 年 5 月，陈士杰上奏清廷："东省机器局历年制造后膛洋炮及林明敦、马氏尼等枪尚属适用。嗣经添造枪子机器亦有规模，上年因库款支绌，暂行停办，但做洋火药、铜帽、铅丸以资操防。唯查枪子机器共十三部，前已造成七部，仅短六部，弃之未免可惜。现在各防营用后膛枪炮者居多，而枪子不能自造，仍须购之外洋，价值昂贵，于库款亦觉靡费。据总办局务候补道刘时霖禀请制造齐全，以免有废前功。核计用款无多，自应准其办理。"

陈士杰此奏的第二年，恰逢中法战争爆发，清军需用军火十分急迫，当时清廷又重提海防建设。在这样的情况下，陈士杰为山东机器局争取到了一笔经费，才使生产恢复起来，但其生产规模并不理想。不过陈士杰在山东任上之时，为机器局添置了生产子弹的机器，使机器局的生产能力得到了提高。

山东机器局真正的规模扩大是在中日甲午战争爆发以后，清廷在军事上的被动迅速凸显出来，对军火的需求成为清廷十分头疼的一件大事。为满足军火需求，总理衙门提出"军务紧急，以赶制军火为急务"。1894年秋，日本将战火燃到中国境内，各机器局纷纷赶制军火。当此之时，新任山东巡抚李秉衡也饬令山东机器局抓紧生产军火，满足前方作战部队的需要。1895年初，李秉衡在给朝廷的奏折中说，自上年秋起，山东机器局生产规模得到了扩大，"从前月造枪子五万粒，今则月造十万余粒，铅丸、铜帽、白药等项皆数倍于平日"，产量达到了山东机器局开办以来的高峰。

甲午之败，清廷的一些有识之士提出了创建新式军队的建议，李秉衡更感到"时事艰难，练兵、制械尤为当前急务"，决定将山东机器局规模再行扩大。他整顿了官办南运总局，把南运总局盈余的资金用到山东机器局的扩建上。他在给朝廷的奏折中说，山东"机器局所制洋式后膛抬枪，尚能坚利及远，可称利器。唯旧有机器规模太小，每月不能多造。查外洋制造后膛枪机器多则数十万两，至少亦需十五六万两。……臣拟将南运局赢余之项目，自本年为始，尽数陆续提作购置机器之用。机器购就，即可扩充制造。将来购买钢、铅、煤、铁及添募工匠、设炉建厂等项，须岁增数万金，藩库例拨银两不敷甚巨，拟俟机器购成后，常年提南运局余利四万两，作为添造枪械之需"。这是山东机器局建厂以来最大的一次扩建，直到甲午战争结束后两年，即 1897 年才大致完成。

袁世凯出任山东巡抚后，山东机器局规模得以进一步扩大。这个因出卖光绪皇帝、镇压义和团获得慈禧太后赏识的人物，正在山东大搞他的"练兵计划"。要练兵肯定需要补充军备，于是袁世凯决定扩大山东机器局的规模，"派人到湖北、江南、上海考求枪炮制造各局办法及布置事宜，并拟添设无烟火药及磺强水等厂"，使山东机器局又上了一个新的台阶。

继袁世凯之后，曾为李鸿章幕僚的周馥也使山东机器局规模得到了扩大。周馥是 1902 年接任山东巡抚的。当时，军队已多使用小口径的毛瑟枪。为适应需要，周馥在 1904 年花银八万余两，向德商瑞记洋行订购了一批新式机器，用于新式枪弹的生产，每日可以生产新式枪弹七千余颗。总而言之，自陈士杰之后，山东机器局一直保持比较兴旺的发展势头。袁世凯出任山东巡抚后，山东机器局更成为北洋军的军火库；辛亥革命爆发后，山东机器局大规模生产枪弹，为镇压革命提供了保障。

第四章　从求强到求富，民用工业崛起

1. 轮船招商局拉开求富大幕

曾国藩、李鸿章、左宗棠等洋务派推动洋务运动，认为求富求强是中国强大的根本。所谓"求强"，就是军事自强，因而洋务派怀着"师夷制夷"的用心，开始推动军事近代化。在军事自强的推进中，洋务派也认识到军事工业如果没有高水平的民用工业做基础，也不可能得到顺利发展，军事自强就只能是一句空谈；因此，清廷在推动军事近代化的同时，也积极地求富——推动路矿、纺织、运输等民用工业的发展。

洋务派所追求的求富活动是随着 1873 年轮船招商局的开办而拉开大幕的。因此，轮船招商局可以视为洋务运动从求强的军用工业向求富的民用工业过渡的关键一着。

轮船招商局的创办，是洋务派主要人物李鸿章倡导的。洋务派为什么要创办轮船招商局，这要从当时中国航运的历史背景说起。

早在鸦片战争后不久，即有洋商船只航行于沿海。1842 年英船"美达萨"号首抵上海；1844 年，怡和洋行派"哥萨尔"号做香港、广州间的定期航行；1850 年，大英火轮船公司派"玛丽乌德"号开辟香港、上海间航线；1853 年美轮"孔晓修"号亦开抵上海。1858 年《天津条约》和 1860 年《北京条约》签订后，在五口开放之外，又开了琼州、潮州、牛庄、天津、汉口等多处为商埠。于是外轮得以直入长江、大沽口。各国闻风而至，英、法轮船公司和在华洋行，纷纷自行其是地派轮船航行于各埠。十九世纪六十年代的十年间，外商在港、沪、津等处设立的轮船公司主要有：美国的旗昌，英国的会德丰、上海拖驳、大沽驳船、太古洋行，以及英葡合营的省港澳轮船公司、德国的美最时，等等。到十九世纪七十年代，外轮侵入的势头继续扩大和深入，揽载客货和漕运，剥夺大利。这种趋势造成两种情况。一是以往航行于江海的沙宁帆船停业。咸丰年间沙船两千余只，到七十年代初只剩四百只，因为它们不能与迅速、安全和取价较廉的外轮争衡。中国沿海内河航行权逐渐沦于洋商之手。二是原为中国沙船、钓船所得的水脚，日益增多地流入洋商之腰包。于是，朝野上下乃有创办轮船航运以争回利权之议。

清廷创办轮船航运，最早提出这一倡议的是一个叫吴南昌的商人。他原本计划购船四艘，充运漕粮之用，但未得到官方的支持。原因很简单，当时，即便是曾国藩这样的洋务大佬也未认识到航运业的地位。

1868年，道员许钤身、同知容闳也向曾国藩提出，希望他劝谕华商集资购买轮船，春夏之计承运漕粮，秋冬之计载运客货。曾国藩虽也有此意，但他坚持认为，既是轮运就应该将揽载客货放在第一位，运漕粮放在第二位。

曾国藩对容闳说，漕运应先尽沙船装运，其次才许轮船。商人们则赞同容闳、许钤身的意见，认为既是轮运，就要考虑成本，是固包运全漕。但曾国藩坚持认为自己的理由是对的。从与洋人争利的大局看，曾国藩的眼光看得更远。他认为试办轮运之所以先尽沙船运漕，一来是"恤疲商、念旧谊"；二来是让轮船有更多机会承载客货，达到与洋人争利的目的。

商人重利，投资一项事业就要看到利益；曾国藩虽然看得远，观点正确，但轮船"起办之初，贵在立脚坚定，又似非先办运漕无以为体，继办揽载无以为用也"。

需要说明的是，十九世纪六十年代官与商在办轮船航运的问题上，有一致也有矛盾。官商均认为轮运可行，这是一致的。但官偏护沙船，即所谓"恤疲商"；商则利用运漕立定脚跟以便在揽载中与洋商竞争。前者虽也有一定道理，但其办轮船航运以与洋商争胜的意识，则不及商人远甚。因此，商方大声疾呼："邻氛日逼，不能不尝胆卧薪；积习太深，不能不改弦易辙。非蒙中堂坚持定见，登高而呼，则某虽痛哭陈词，恐亦不能挽回万一耳！"商人办轮船航运以与洋轮争衡的迫切心情，于此可见。但矛盾一时难以解决，终于日久因循，未有成局。

现实的矛盾面前，轮运事业处于徘徊局面；但进入十九世纪七十年代，中国人自己办轮运的舆论继续扩大，有志于此项事业的不乏其人。也正是在这样的背景下，洋务派的另一个重要人物李鸿章，因为军事工业的发展，考虑到筹措资金的需要，也开始打起轮运实业的主意来。

1870 年，清廷令李鸿章接替曾国藩出任直隶总督，"掀开了自强运动历史新的一页。李鸿章调到如此接近北京的地方，事实上成为一名全国性的官员"。

李鸿章成为直隶总督，列朝中封疆大吏之首，而且得到淮系旧属的拥戴和支持，使其在晚清政坛上成为炙手可热的人物。李鸿章虽然一跃成为清廷主心骨，大权在握，但在洋务运动刚刚起步的时代，他仍面临着许多问题。

当时洋务派虽然已经兴办了安庆军械所、上海洋枪局、苏州洋炮局、江南制造总局、金陵机器制造局、福州船政局等军工企业，但这些企业都是官方所办，耗资很大，且没有考虑到运营成本，以致财政上捉襟见肘的清廷无力支撑。李鸿章上任后，他面临的问题是必须为这些企业寻找资本，为军工企业寻找一条出路。他考虑到了兴办民用企业，"以民养军"来改变尴尬的局面；再者，经历了第二次鸦片战争的清帝国虽然在国际环境上处于一个相对和平的时期，但列强环伺，外国资本和势力不断向中国渗透。虽然对外贸易的不断增长也刺激了轮船航运业的发展，但外商却不断在华设立轮船公司。从 1859 年到 1872 年，外商先后在华创办了琼记、旗昌等九家轮船公司，投资总额达五百二十三万两，不仅吸附了大量华商资本，而且对中国旧式船运业造成了极大的冲击。在外资的不断渗透面前，是停滞不前还是迎难而上，李鸿章和中国航业界也做出深深的思考。此外，外国轮船不断在中国江海水域游弋，对中国沙船漕运业也是严重挑战。

在严峻的局势面前，认识到西方国家"船坚炮利"背后拥有雄厚"财富"基础的洋务派发展民用工业，借以推动洋务发展的心情是相当迫切的。正是在这种背景下，李鸿章提出了"轮船招商"的发展之路。

李鸿章提出这一发展之路，还有一个原因是应保守派对洋务事业的攻讦而提出的。1872 年 1 月 23 日，保守派官僚、内阁学士宋晋上奏清廷，要求停止造船。他说，现在国家财政困难，但福州船政局连年造船，已耗费四五百万两，实在是"靡费太重"。在财政如此艰难之时，却"殚竭脂膏以争此未必果胜之事，殊为无益"；建议朝廷下旨将福州船政局和上海制造局"暂行停止"。

宋晋的建议一旦被朝廷批准，则关系到洋务事业的大局，李鸿章又与船政大臣沈葆桢是好友，对宋晋的攻击岂能坐视？曾国藩、李鸿章、沈葆桢、左宗棠纷纷上奏反驳宋晋的"裁撤"论。

最早反驳宋晋的是曾国藩，他也可以说是最早提出"轮船招商"的倡议者。他在 2 月间提出，闽厂除继续制造兵轮外，还可制造四五艘商船，"平时则租与商人装货"，并可配运漕粮。这可视为曾国藩轮船招商的雏形。但是，他提出这个建议仅仅一个月后就病故了。曾国藩死后，李鸿章作为他的门生，继续提出"轮船招商"的建议。左宗棠、沈葆桢也向朝廷提出建议。

5 月间，左宗棠、沈葆桢先后上奏表示反对停止造船。6 月 20 日，李鸿章上《筹议制造轮船未可裁撤折》。在奏折中，他先是纵论当时的形势，"合地球东西南朔九万里之遥，胥聚于中国，此三千余年一大变局也"。李鸿章通过中外力量的悬殊对比，向朝廷表明，自强之道在于学习西方的先进技术，要改变朝中一些人安于现状、忘记国耻的麻木心态，重要的在于学习西方的经验；况且西方的坚船利炮确有可以借鉴之处："若我果深通其

法，愈学愈精，愈推愈广，安见百数十年后不能攘夷而自立耶？"李鸿章
还以日本明治维新为例，说明日本学习西方，才有了近年来的逐渐崛起，
直逼中国。他进而指出，朝中的一些士大夫沉湎于章句之学而无视世界格
局的变化，忘记了鸦片战争给中国带来的创伤和剧痛，这样下去将"何以
创巨而痛深，后千百年之何以安内而制外？此停止轮船之议所由起也"。

李鸿章认为宋晋所提出的"裁撤"论，实属误国误民之举，这关系到
国家的生死存亡：

> 国家诸费皆可省，唯养兵设防，练习枪炮、制造兵轮之费尤不可
省。求省费则必摒除一切，国无与立，终不得强矣。

李鸿章在《筹议制造轮船未可裁撤折》中指出，创办民用轮船公司是
"求富"为国家增加财源的重要办法；但也认识到各口岸的轮船生意都被
外商抢占，要想设立此类实业，外商必然会加紧对中国口岸轮运业的掠夺，
所以"华商自立公司，自建行栈，自筹保险"肯定会存在困难，但"天下
大事，枢机莫不在于人。此事若要办成，自需有体恤商人，熟悉商情，且
公廉明干，并为众商所深信之人"来担当重任。

基于这样的设想，12 月 23 日，李鸿章上《试办招商轮船折》指出，自
己在当年夏天验收海运之时，令浙局总办海运委员朱其昂等人拟定轮船招
商章程，准备轮船招商。

为什么会选中朱其昂呢？作为江苏宝山人的朱其昂，是以沙船为其世
业的上海富商，在当时的航运界颇有声望。经过盛宣怀的推荐，二人得以
认识。朱其昂在担任海运委员时尽心尽力，遇到沙船商有矛盾纠纷时，"经
常费尽心机解决这些难题，并提出建议，发出指示，因而赢得了船主及力
夫的称赞，从而是一位难得的官员"。经由盛宣怀的推荐，李鸿章也感到，
南洋无熟悉情形、肯担当大事的商人，"筑室道谋，顾虑必多"，只能由上

海商人领办。

朱其昂得到李鸿章的指令后，与人反复磋商，终于拟定《轮船招商节略并各项条规》（即招商局章程）二十条。明确规定轮船招商局在招商过程中，要杜绝洋人借名入股，也不准将股份转让给洋人，以保证企业的民族性。但招商局可通融雇用洋人，在轮船进出口时，由洋人引水员"帮同驾驶，以免搁浅"。章程的拟定，和漕粮海运直接相关。轮船承运漕粮均按照江浙沙宁船章程办理，在纳税方面享受外国轮船同等待遇。轮船运米到津后，先行上栈，在天津紫竹林一带修造栈房，费用先向江浙海运总局借支，于水脚项下陆续扣还。这个章程，总理衙门表示支持。12月26日，清廷批准了李鸿章的奏议，这标志着中国第一家轮运企业正式开办。

需要说明的是，开办轮运企业，从一开始就存在两个矛盾。一个是筹办者内部各式各样人员的求利和与洋人争利的思想虽然一致，但他们各自的目的却不尽相同，甚至是对立的。以李鸿章为代表的洋务派虽然本意也想与洋人争利，"俾外洋损一分之利，即中国益一分之利"，但目的却是为自己的军工企业，甚至自己的军队筹措资金，"裕饷""浚饷源"具有明显的功利目的；在商人、买办、维新人士方面，开办轮运，在他们看来能达到自强和维护清朝统治的目的，但更多的是出于爱国热忱，当然也着眼于眼前利益。所以，参与轮船招商局筹办的人员既有一致的方面，也有矛盾的一面，从而使筹办轮船招商局存在矛盾和斗争。

另一个矛盾是官办与商办的矛盾。轮船招商局在创办之初，这一点就表现在盛宣怀与朱其昂的对立上。开办轮船招商局，盛宣怀是怀着强烈的与洋商争利的思想的。他说，"火轮船自入中国以来，天下商民称便，以是知火轮船为中国必不可废之物"，绝不能"听中国之利权全让外人"，必须自办轮运以"藩篱自固"。他认为只有商本商办才有可能把轮运办得有成效并能持久地赢利。他说："筹国计必先顾商情。……试办之初，必先为商人设身处地。"发挥商人的积极性，就能做到"息息相通，生生不已"，就能"使利不外散，兵可自强"。显然，盛宣怀的"顾商情"观点，是符合资本主义企业经营要求的，它必将发展到集商股以商办轮局的轨道上来。

但是，对盛宣怀的观点，作为海运委员的朱其昂持否定态度。朱其昂根据李鸿章的指令拟定轮船章程时，曾对李鸿章说明自己的看法：

> 现在官造轮船，并无商船可领。稔知在沪殷商，或置轮船，或挟资本，向各口装货贸易，向俱依附洋商名下，若由官设商局招徕，则各商所有轮船股本，必渐归并官局。

朱其昂试图招徕依附在洋商名下的华商轮船股金，将他们的股本"归并官局"，这种想法是可取的，但在运作上存在诸多的难题，这与盛宣怀提出的将"顾商情"放在首位并进行商办的思想是相对立的。但是，李鸿章等人认同朱其昂的主张，在李鸿章麾下当差的天津海关道陈钦、天津河间兵备道丁寿昌都同意朱其昂的意见。于是，盛宣怀的主张被否定。

轮船招商局存在的两个矛盾使得具体的运作存在障碍。1873 年初，清廷委派朱其昂、朱其诏两兄弟借领官银十万两，其中有李鸿章的五万两银子，向英国购进"伊顿"轮船一艘，后又购进"永青""福星""利运"等轮，正式开始了轮运业务。

果然，这个具有招商官办性质、最初命名为"轮船招商公局"的企业，一开始便决定了官办轮运并不能长久。造成这种局面有两个原因：一是轮船招商公局的主要任务是运输漕粮，并不从事客货揽载，这并不能起到与洋商争利的作用；其次，官办轮运很难招集商股于自己的名下，尤其是很难吸收洋商名下的企业转附于自己。尽管清廷拨款十万两，以此取信于众商，但商人并不能真正地表示信任和支持。这种不顾商情，不能与洋商争利的做法，自然无法持久地运营下去，这样也就达不到"筹国计"的富强目的。果然，轮船招商公局开办不到几个月，即因运营上的矛盾而不得不商议改变不景气的局面，这就有了从"公局"的官办向"商局"转变的过程。

从"公局"向"商局"转变是受了盛宣怀的启发。盛宣怀一直都是轮运企业"商办"的倡导者，曾经提出"气脉宽展，商情踊跃，持久不敝，由渐扩充"十六字方针，作为开办商局的目标。盛宣怀的十六字方针是建立在"商情踊跃"基础之上的，认为是改变公局不景气的最佳方案。对于这十六字方针，丁寿昌也是深为赞许。

既然是受了盛宣怀的启发，李鸿章找到盛宣怀，向他说明希望改"公局"为"商局"的想法。盛宣怀拍手赞成，接受了李鸿章"饬议（轮船招商局）章程"之命。他这次所拟章程条目："委任宜专""商本宜充""公司宜立""轮船宜先后分领""租价宜酌定""海运宜分与装运"等六款，贯穿着"筹国计必先顾商情"和"为商人设身处地"的精神。盛宣怀指出，新的轮船招商局，应委派有道、府头衔的绅商主持其事，因为这种人可以起到"联络官商"的作用；官与商两方面的人才能信任他。只有官、商信任才能把轮局办成功。

盛宣怀的六条章程得到了李鸿章的赞许，他立即又建议仿照外国洋行办股份公司的模式成立新的轮船招商局。他在建议中说，招商局股银按年一分支息；官方客货，一律收取水脚，不得以官势损害公司利益等。同时，为了更有效地与外轮竞争，建议官方租给轮船应减少租价；每年以四十万担漕粮交商局装运，以期"稍藉补苴"。

盛宣怀的主张也得到了陈钦的赞同。他更胜一筹地提出，轮船招商局的"商"应处于企业的主导地位。

从朱其昂的官办公局到商本商办转变，以及陈钦提出商应处于企业的主导地位，这些主张李鸿章也表示积极支持。观丁寿昌给在沪上的盛宣怀的函可以窥出李鸿章等人的意见。丁说："弟顷奉中堂面谕，唐景星（唐廷枢）业已来津商议轮船招商各节，阁下如愿出为综理，即祈刻日办装北上，以便面为商酌，迟恐此局一定，未便另添总办矣。"

当时，李鸿章等人为招商局总办一职颇伤脑筋，丁寿昌对总办一席很明显是属意盛宣怀。丁寿昌说明其理由："办理招商，必应选举商董数人，集资办事，而以委员总其成，官商方能一气联络。阁下抒论在先，诚中肯綮"，足敷"总其成"的总办之任。

李鸿章是属意唐廷枢的。他明白，在官办失败情况下，还在强调"官"的主导地位，是不易为商所接受的；其次，招徕商股，没有像买办商人唐廷枢这样"素为粤商信服"者，是难以解决资金来源的，而这是招商局成败关键所在。盛宣怀也自知初出茅庐无以当此重任，看来总办一职是非唐莫属了。果然，官办的轮船招商公局转为商办的轮船招商局的改组工作于1873年夏完成；重订局规，规定股金一百万两，先收五十万两。总办为唐廷枢所得，位居会办者有朱其昂、朱其诏、徐润、盛宣怀。二朱代表官方主管漕运事宜，唐、徐主管揽载、招股等轮运各务，而盛宣怀却兼了漕运、揽载二事，也即兼了"官""商"两个方面的工作。

经过积极的筹议，盛宣怀主导的轮船招商局顺利改组，这意味着官僚、买办的结合进入了一个新的阶段，在性质上也发生了根本的改变。在改组轮运公局之初，李鸿章就定下"官督商办"的调子。他说："目下既无官造商船在内，自无庸官商合办，应仍官督商办。由官总其大纲，察其利病，而听该商董等自立条议。"从此，轮船招商局就被贴上了"官督商办"的标签。但是，从发展的历程看，轮船招商局事实上又并非如此。

1873年夏，唐廷枢、徐润被李鸿章任命为总办、会办后，轮船招商局实际上成为商办企业，直到1885年一直没有官督办。

唐廷枢、徐润任职期间，依据良好的商业规则，起草局规和章程，以便推动局务。此间虽然李鸿章经常向轮船招商局发出指示，并任命招商局推荐的高层管理人员，但唐廷枢、徐润做出的成效是值得肯定的，也得到了李鸿章的认可；唐、徐二人认为轮船招商局必须严格按照商业模式运作，并根据规章，不可委任官员入局，局方不会聘请官方人员，亦不需要向政府提交报告和账册。

在这种思想主导下，轮船招商局得到了快速发展。从1873年夏起，轮船招商局业务不断扩充，利润不断增加，但是这种局面持续到1883年，情况发生了变化。

中法战争爆发之时，清廷财政困难，迫切需要从各方面敛取财源，又因唐廷枢等人贪污轮船招商局款项之事的发生，有不少官员提出将轮船招商局收归国有。这时候虽然李鸿章尽力保障轮船招商局的自主权，强调"盈亏全归商人，与官无涉"；然而李鸿章的政策仍遭到清廷和江南地方官员的反对，加上当时正在发生上海金融危机，清廷便未对轮船招商局提供帮助。

困难面前，李鸿章下令再次改组轮船招商局。他在1885年任命盛宣怀为督办，正式开始走"官督商办"的路子。当时的情况是，金融危机中，部分商董为减少自身的风险，纷纷赔上他们的股本退出；盛宣怀已购进大部分股份，成为轮船招商局的最大股东。于是，他以官方的身份控制着轮船招商局的业务。但是，盛宣怀控制轮船招商局的时代，官僚作风日渐加重，轮船招商局的股份大多被他的亲信所控制，大多数管理人员有着官督背景却无管理经验；加上随着李鸿章地位的动摇，轮船招商局曾一度享有的优势也渐渐丧失。轮船招商局早期的成功是由李鸿章的精明政策以及商董们的积极进取和技巧所共同缔造的；然而，官督商办体制带来了冗员充斥、机构臃肿、贿赂公行、腐败成风等诸多弊端。这种官督商办企业的毛病，不但扼杀了轮船招商局的勃勃生机，也给民族经济发展留下了一个深刻教训。

2. 奇特的运煤铁路

晚清实业中，铁路与采矿业的发展，也成为继轮船招商局成立之后，"求富"的重要标志。但是，让英国人金达百思不得其解的是，清廷和它的子民们竟然有开矿、筑路会破坏风水和地气的见解。

在洋务运动之前，清廷还没有认识到开采矿藏的意义。但是，西方在第二次工业革命中不仅向中国倾销其工业产品，也在积极地寻找制造这些产品的能源与资源，要求在中国建立矿场，开采煤、铁等矿藏。对这些超出条约范围的要求，清廷最初是持回避和拒绝态度的。洋务运动开始后，清廷开设的机器制造局、购买的外国船舰也都需要大量的煤、铁资源，却不得不依赖于洋煤的进口；再者，经历了第二次鸦片战争及太平天国运动，清廷财政困难，也不得不寻求新的财源。这样，采矿业便在外强的经济侵略与清廷的内在需求下逐渐兴起。

总理衙门成立后的最初几年，在华的一些外国人以及清廷的洋务派官员不断有人提出开采矿藏、扩大资源的建议。1862 年，时任英国驻华使馆翻译官柏卓安向总理衙门建议用新式方法开采中国煤矿以满足外轮需要；1864 年，美国驻华公使蒲安臣说，"中国沿海的（外国）轮船每年消耗煤达四十万吨，必款四百万两"；次年，赫德在《局外旁观论》、威妥玛在《新议略论》中都劝告清廷，希望中国允许外国人在中国建立矿场，开采煤矿。而在洋务派开展的洋务事业方面，所使用的土煤质劣，外国煤又价格太高，洋务派也深刻地认识到开办煤矿的紧迫性。

在呼声和趋势面前，李鸿章于 1873 年上奏清廷：

> 船炮机器之用，非铁不成，非煤不济，英国所以雄强于西土者，唯借此二端耳。闽、沪各厂，日需外洋煤铁极夥，中土所产，多不合用，即洋船来各口者，亦须运用洋煤。设有闭关绝市之时，不但各铁厂废工坐困，即已成轮船，无煤则寸步不行，可忧孰甚。

李鸿章很清楚，洋务实业的开展，需用外国煤铁日多；一旦中外关系紧张，外国对华采取禁运措施，各铁厂就会出现"废工坐困"、轮船无煤可燃而寸步难行的局面。中国煤、铁资源丰富，外商垂涎已久，处心积虑地想攫取中国的煤、铁开采权。如果朝廷能够"遴派妥员，召觅商人，购买机器开采，价值必视洋煤轻减，通商各口，皆可就近广为运售，而洋煤不阻自绝，船厂亦应用不穷"。借用洋人的办法、机器、管理方式开采煤铁，"此等日用必须之物，采炼得法，销路必畅，利源自开，榷其余利，且可养船练兵，于富国强兵之计，殊有关系"。

面对呼声和建言，清廷在 1874 年发布谕旨，决定在直隶磁州和台湾基隆先行试办煤矿。据此，李鸿章于 1876 年派轮船招商局总办唐廷枢带领英国采矿工程师马立师到唐山开平一带勘测煤、铁矿的蕴藏量。探查发现，开平煤矿蕴藏丰富，且品质优良。李鸿章旋即奏明朝廷开办开平煤矿。

1877 年，开平矿务局成立，成为继轮船招商局之后的又一家大型民用企业。开平矿务局于 1881 年正式投产，到 1885 年达到年产煤十八万余吨。开平矿务局所产煤炭投放市场后，立即与外煤展开了在天津市场的竞争，并迅速占领了天津市场。为方便运输，开平矿务局于 1881 年筑成唐山至胥各庄的铁路，次年开始通车。这是近代中国第一条铁路，成为日后整个华北铁路系统的开端。

开平矿务局也成为最早使用机器开采的大型煤矿，它不仅开启了中国煤炭生产的现代化历程，也是实施中国现代化企业制度的开端。开平矿务局从创办那一刻起，就采用现代企业经营管理模式，避免了以前官督商办企业的许多弊端。被李鸿章任命为开平矿务局总办的唐廷枢对此深有体会。他曾向李鸿章建议，开平矿务局虽然属于官督商办性质，但归根结底仍由商人经营，经营上似仍应遵照工商业的运营规则。对于管理，唐廷枢要求开平矿务局不应像其他官督商办企业那样由官府派驻委员及文案、书差等，以节省经费。

李鸿章答应了唐廷枢的请求，也认为只有摈弃过去官办企业的积习，开平矿务局才能像新式企业那样进行经营管理；此外，李鸿章要求"各厂司事人等，应于商股内选充，不得引用私人"。要注意节约开支，"厂内督工司事工匠人等均量材酌给薪水，除薪水、饭食、油、烛、纸张等项开销公账外，无须局费、公费等名目；其余酬应一切，无论何人皆不准擅用公款分文，违者议罚"。

有了李鸿章的保证，开平矿务局开始按照资本主义企业的运作模式运营。在开平矿务局的运营中，由于国内技术和管理人才的欠缺，唐廷枢还雇聘了许多洋员，从矿脉的勘测到机器设备的安装、使用、维护，都由外国的专业人员管理和指导。

1879 年，开平矿务局有洋员九名，而到 1883 年达到十八人。这些洋员中最值得提及的是英籍工程师金达。1881 年，金达为缓解矿务局运煤困难的问题，研制成功中国第一台铁路机车"中国火箭"号，开辟了从唐山到胥各庄的运煤铁路，对中国早期铁路的建设贡献良多。

中国铁路的建设，虽然因运煤而生，但它的建设却经历了一个曲折的历程。早在 1863 年，英国铁路工程师斯蒂文森曾向清廷提出在中国修建铁路的设想，劝清廷有计划地修筑铁路。为此他设计了几条干线：以汉口为中心，开发从汉口往西经四川、云南到达印度，往东到达上海，往南到达广州的铁路干线；开发从镇江经过天津、北京，从上海到宁波的铁路干线；在南方，开发从福州到内地的铁路干线，认为"这样一来，中国的四个重要通商口岸，也是最重要的商业中心将由铁路互相沟通"。

同时，设在上海的以英商为主的二十七家洋行，也联名向时任江苏巡抚的李鸿章提出，希望取得从上海到苏州间的铁路修筑权帮助修建铁路，只要同意沿线"买受地基，豁免一切钱粮"，"即由此路以扫逆氛，其便捷清利未有过此者"，这遭到了李鸿章的断然拒绝。李鸿章明确表态，只有中国人自己创办和管理的铁路才会对中国人有利，并且坚决反对在内地雇佣许多外国人；而一旦因为筑路，中国人民的土地被剥夺的时候，将会引起极大的反对。他甚至上奏希望清廷拒绝任何这类建议；还说，他认为有反对外国人追求铁路让与权的企图的责任，因为这种让与权将使他们在中国取得过大的势力。

英国商团遭到李鸿章的拒绝后，又通过驻华公使卜鲁斯向总理衙门施压，但一样遭到拒绝。李鸿章和清廷拒绝的原因，一来是担心西方借此侵犯中国利权；二来清廷尚未认识到铁路在国计民生中的重要性，极为保守的观念使他们认为隆隆的火车震动和行驶，破坏了地气，打扰了地下的亡灵。

1865年2月17日，总理衙门饬令各将军提督，严拒外人请办电讯、铁路等事宜，理由是"山川险阻，皆中国扼要之区，如开设铁路，洋人可以任便往来，较之尽东其亩，与大局更有关系"。李鸿章的观念也未改变，他认为修筑铁路耗资巨大，伤财害民，应当拒绝。大学士、湖广总督官文认为，列强之所以力劝修筑铁路，意欲使中国无处不在其控制之下，以震慑国人。

到李鸿章后来开办煤矿时，他和清廷一些洋务官员才开始认识到修筑铁路的好处。1874年，李鸿章曾向恭亲王奕䜣力陈修筑铁路的好处，希望他劝说两宫皇太后下谕旨同意修筑铁路。奕䜣虽然表示赞同，但碍于保守势力的阻挠，他答复李鸿章"两宫皇太后也不能定此大计"。1877年3月，出使英国的郭嵩焘在给李鸿章的信函中一再赞扬所见火车的便利，建议中国修筑铁路，称"英国富强，实基于此"。李鸿章见郭嵩焘字里行间详述铁路之利，更为动心。

煤矿的开办中，有一个重要的问题就是煤的运输，李鸿章、唐廷枢为此很伤脑筋。英国工程师建议修建一条从唐山到胥各庄的运煤铁路，但鉴于当时吴淞铁路的失败，李鸿章很有些踌躇。当他向清廷奏明此事，皇室生怕火车"震动陵寝"，也是不准。事实上，拟建的唐胥铁路距离清皇陵有上百千米之遥。

种种原因，李鸿章退而求其次，奏明朝廷，拟修建的唐胥铁路可以仿照台北的煤矿修建马拉车的小铁路一条。李鸿章上奏说，这条铁路不用机车，改用骡马拖拽，保证不惊扰先皇圣灵。有了活人让死人的保证，清廷才默认修筑。1880 年初，唐胥铁路正式开建，资金由开平矿务局筹集；该线全长十一千米，采用每码三十磅的轻型钢轨、一千四百三十五毫米的标准轨距。唐胥铁路是中国自办铁路的开端，但技术上完全依赖于外国工程师。也就是从这时候起，英籍洋员金达正式登上了中国铁路建设的历史舞台。

金达出生于 1852 年，是首批到开平矿务局工作的外籍工程师之一。他来中国之前，曾经先后到法国、俄国、加拿大接受系统的工程教育，参加过修筑俄国乌拉尔铁路和日本东京至横滨铁路的工作，到中国后一度在海关任职。

1877 年 6 月，经天津海关税务司德璀琳的推荐，金达被聘到开平矿务局任工程师。在煤矿的开办中，他向李鸿章、唐廷枢建议修筑铁路，解决运煤之急，得到了唐、李二人的赞同，并被任命为唐胥铁路总工程师。唐胥铁路修建之初，清廷官员考虑到政府财政紧张、修路资金不足的难题，主张这段铁路采用窄轨，遭到了金达的反对。金达联想到他在日本修筑铁路时，日本采用窄轨所带来的种种弊端，认为中国铁路一旦使用窄轨，待将来铁路形成规模，再想改成标准轨距谈何容易。因而，唐胥铁路的修筑，金达坚持要求使用标准轨距。英国人肯德的《中国铁路发展史》一书中说：

> 金达了解到这个问题必须力争的重要性。他认为这条矿山铁路一定会成为他日巨大的铁路系统中的一段，因而他决定尽他所能，不让中国人蒙受节省观念的祸害，力劝采用标准轨距。

1881 年，唐胥铁路建成通车。这一铁路的修筑也为英国铁路工程产品进入中国打开了通道。在建设唐胥铁路的同时，金达也向唐廷枢建议，不能使用马拉火车，应该研制动力火车头。他不能忍受在自己修筑的铁路上只能用骡、马来拉车的局面。金达的建议得到了唐廷枢的支持，让他秘密研制。他亲自设计了中国第一台蒸汽机车图纸，指导开平矿务局的工匠制造了中国第一台蒸汽机车，即"中国火箭"号，开创了中国铁路制造蒸汽机车的先河。据记载："金达氏乃利用开矿机器之旧废锅炉，改造一小机车。……其力能引百余吨，驶行于唐胥间。是为我国驶行机车铁路之始。"

1882 年，"中国火箭"号载着一批洋务官员在轨道上以每小时二十英里的速度行驶，证实了机车比骡马劲头更大，速度更快。这让李鸿章大为高兴，决定将轨道改成铁路，但他并没有将这一成果告知朝廷，而是让这条铁路由机车牵引着秘密运行了五年。为什么要这样做呢？李鸿章在下一个赌注，"把他的赌注押在这条路线上，而以它的成功来证明他的办法是正确的……直到他能够利用它的成功来作为修筑更多的铁路的理由时为止"。

机会终于来了。1885 年，清廷为巩固海防而成立了海军衙门，李鸿章奉旨会办近代化海军。在此之际，李鸿章奏请朝廷将铁路事务划归海军衙门办理。1886 年的一天，李鸿章通过天津海关税务司德璀琳，与金达就中国铁路的发展问题进行了一次晤谈。这次谈话的结果是，李鸿章奏请清廷批准将铁路从胥各庄延伸到芦台，并说服当时掌控总理衙门并兼任海军大臣的醇亲王奕譞，奕譞支持他的这一动议。

1887 年 3 月 18 日，醇亲王奕譞、离英返国帮办海军事务的曾纪泽以加强海防的名义上奏清廷，请求将唐胥铁路延伸到天津（即津榆铁路）。李鸿章、金达等人发展铁路的思想，经醇亲王、曾纪泽之口说出，"轮船铁路，于调兵运饷、利商便民诸大端，为益甚多，而于边疆之防务，小民生计实无危险窒碍之处"。自大沽北塘以北五百余里，防卫空虚，"如有铁路相通，遇警则朝发夕至，屯一路之兵，能抵数路之用，而养兵之费，亦因之节省"。北洋水师所需的开平煤，如有铁路半天即可送到；如中外爆发战争，只需收回火车，拆断铁路，即可防止铁路为外人所用。

实际上，清廷对于如何运载开平煤、如何利商利民并不感兴趣，对于铁路建成能快速运兵运饷利于海防却很为关注。因此，奏折上达后，很快获得批准："开矿务处，均次第依照兴办。"

李鸿章为促使铁路尽快修筑，指示开平矿务局公开招股一百万两，在各地报纸上刊登招商章程，吸纳商股。此条铁路建成后，正式被清廷接管，并成立"中国铁路公司"，后改名为"天津铁路公司"。1888 年 12 月，唐山至天津的铁路通车，李鸿章率众官员登车验收，现代化铁路带给他的是再次深深的震撼。他在奏折中说，从天津至唐山有二百六十里路，一个半时辰即可到达，便利为轮船所不及；一台机车可以带动三四十辆货车，往来便捷。此外，运输之权掌握在中国人手里，对于国防更是十分重要。商业贸易可以无所不至，荒凉之地也可因此变为经济中心。铁路才是今天中国强大的最紧迫的事情。

1894 年，这条铁路又向东延伸到山海关和关外的绥中。这条铁路被外人视为"中国铁路世纪的正式开始"，它的建成，英国人金达功不可没。

中国因为运煤而始建铁路，当时资金、人才都成为难题。金达在帮助中国修筑铁路的历史进程中，不但发现人才也积极培育人才，先后启用了邝孙谋、詹天佑等人，并把他们培养成中国最优秀的铁路工程师。

1890 年，李鸿章也感到修建铁路、培养人才迫在眉睫。他在其创办的天津北洋武备学堂中设立了铁路班，聘请德国人包尔为教习，帮助培养人才，这是中国自办铁路教育的开端。1892 年冬天，在这里接受培训的 12 名学员毕业，分配到各铁路参加工程建设工作。1893 年，包尔辞去教习之职回国，李鸿章特意上奏朝廷予以嘉奖，并奏请另聘德国人沙勒继任教习。

对于北洋武备学堂设立铁路班之事，金达认为并不能达到培养专业人才的目的。因此，他在 1893 年 11 月上书李鸿章，认为将铁路班附设在武备学堂内，由于"合堂事多人众，工程师耳目难周，该学生等所习技艺，亦未能精通"，因此建议在山海关设立专门铁路学堂"方足以收实效而重久远"，金达还附上了对建立学堂所需要的规划和经费预算、章程等。

但是，金达的这个建议并没有引起李鸿章的重视，而只是以"所有盖房用人各节，需费颇多，金达拟定之银恐必不敷"作为答复，便将此事搁置。按说，金达在开平矿务局的表现以及他这个顺应时势的建议，对他有所欣赏的李鸿章应该接受才是；而且，对当时人才缺乏的状况，李鸿章也有切身的感受，可为什么会出现把他的建议搁置起来的事情呢？

个中隐情，推敲起来，却也有着诸多的因由。从表面上看，李鸿章不主张办独立铁路学堂的理由是经费问题，认为金达并没有给出一个合理的预算。李鸿章感到，如果独立开办铁路学堂，实际上要比金达的预算开支大得多；如果突然冒出来一些开支，则难以应付。那么按照金达的预算，聘请洋教习、中国教员、招募学生、日常的管理与开支、杂役的雇佣、一切器具的采购、房屋租赁等，合计每月需费银七百八十两，全年需开支白银九千三百六十两。

金达自到中国后，从海关到开平矿务局，通过多年的工作以及与洋务官员的接触，他自信对开办洋务实业的许多细节还是比较了解的。他参照1882年天津电报学堂的经费支出情况，拟定铁路学堂的预算。当时天津电报学堂的费用开支情况，从1882年3月到12月，各项开支为：委员汉教习司事夫役人等薪粮，银一千九百六十四两；洋教习二名费用，银三千三百五十八两；学生衣履、膏火、奖赏等费用，银七百三十一两；委员、司事、中外教习、学生等办公费用，银一千八百五十二两；书籍、笔墨等费用，银二百二十八两。据此，天津电报学堂每年大致需银九千七百六十两。金达拟定的铁路学堂初步计划招收二十名学生，而电报学堂则有四十名学生。从这个情况看，铁路学堂的预算难称"不敷"。虽然1893年作为直隶及北洋大臣的李鸿章要负责慈禧太后筹备六十大寿而挪用筑路经费，但对于开办铁路学堂这样的事情，还不至于拿不出钱来。

李鸿章将金达的建议搁置起来，实际上不为外人所道的原因，是列强对华利益的竞夺不能不让他有所顾虑。金达在上书中提议开设独立铁路学堂，加速培养铁路人才，以适应关东铁路的建设，这一出发点其实正迎合李鸿章的思路。但是十九世纪九十年代初，俄国正筹划兴建西伯利亚大铁路，并计划将铁路延伸到中国。这个计划一旦实施，势必对清廷的"龙兴之地"东北造成威胁。李鸿章密切关注着俄国的动向。早在1890年5月，李鸿章派金达对东北南部地区进行勘测。随后，金达放下矿务局的工作，率领勘测队途径锦州、吉林、宁古塔到达珲春，然后通过边境，经黑龙江滨海地区抵达符拉迪沃斯托克（海参崴），后原路返回，完成了李鸿章交付的任务。根据金达的勘测，李鸿章以"速征调，利边防，实关国家根本大计"为由，奏请清廷暂缓修筑津通线，建议将铁路从天津向关外方向延伸，经山海关、沈阳、长春延伸到珲春，修筑关东铁路。李鸿章的建议得到了清廷的批准，清廷还决定由李鸿章督办在山海关设立北洋官铁路局，每年拨银二百万两。金达上书设立铁道学堂之时，关内部分地方的铁路即将修完。

在俄国计划将西伯利亚大铁路向中国延伸的同时，英国也在窥伺东北的利权。俄国鉴于英国企图插手修建关东铁路的情况，决然在1891年3月正式宣布修建西伯利亚铁路直达符拉迪沃斯托克的计划。同时，俄国就中国修建关东铁路向清廷"严重交涉，力行阻碍，图缓时期"；并在1892年由车里雅宾斯克也向东展筑。

1893年，关东铁路因仅修到接近山海关处，所以金达在上书李鸿章时，主张学堂在山海关暂时租房开课，"以免首尾不应之虞。待各桥工完竣后，再将铁路学堂迁移奉天要地"，并说："现闻俄国加工赶造铁路，其居心实不可问。而中国亦宜赶紧造至吉林为要务。须多用精壮执事，工期速成，屈指一二年内，便可造到千余里之遥。"看来，金达完全是遵循李鸿章的抗俄思路而建议开设独立铁路学堂的。

但是，由于中国修筑关东铁路引起了俄、法、日、美、英等国的关注，李鸿章因此陷入了错综复杂的外交交涉之中。俄国一面向东展筑铁路，一面让俄国驻华公使在北京活动，企图阻止修筑计划的实施。法国很希望在资金和技术上介入，从而在利权上得到好处。早在芦汉铁路筹议之时，法国就已按捺不住，试图插手，不过因该段铁路缓建而只好作罢。关东铁路得到清廷的批准后，得到消息的法国立即令其代理公使林椿向总理衙门表示法国商人可帮助修建该路。法国驻天津总领事白藻泰也数次拜访李鸿章要求承建关东铁路。

在俄、法、英试图竞夺东北利益之时，日、美则在朝鲜争夺铁路修建权，这更加剧了东北铁路修建的复杂性。如此局面，李鸿章不能不小心谨慎。虽然说金达作为一个英国人，并无太多的政府背景，但由于法、俄和英国的敌对关系，如果接受金达的建议，很可能成为法、俄干涉筑路的口实。1890年，李鸿章让金达在东北进行的铁路勘测活动，虽然是在密令下进行的，但是，"俄情报机关早已获悉这个勘测出发前的活动。中国人这个活动不受欢迎是可以想象到的。的确这件事情的影响所及促使俄国人不得不赶快实行他们的计划……那时候俄国人在北京不断进行阻碍李鸿章的计划，以争取时间完成他们的计划。事实上，那个局面已经发展成为中俄两国东部边境前进的竞赛"。

金达对李鸿章提出设立铁路学堂的建议，虽然是出于对中国的善意，但客观上已超越了其工程师的本分。此外，金达上书中批评了天津武备学堂铁路班的德国教习，不主张学生学习德语，而此时德国已与法、俄结成同盟。如果说李鸿章是担忧可能发生的外交纠纷而对金达的建议表示冷淡，也是合乎逻辑的。

事情的发展确实如此。1897年之后，清廷决定续修因甲午战争停工的关内外铁路，并仍以金达为工程师。此举遭到俄国的激烈反对。围绕金达的去留，俄、英之间甚至发生了正面对抗，并导致了两国在东北铁路上长达数年的争夺，深刻影响了远东局势。

1896年5月，金达上书津芦铁路总办胡燏棻，附呈《在华学成之铁路华工程局章程》十六条，再次提出设立铁路学堂的建议：

> 目下中国所急需者，首在多储人才……今朝廷业经定意推广铁路，核计目下人才虽修路五百里亦不敷用。即乏人才，仅靠外国员司办理诚非得计，成路迅速实难专靠洋工程师数人。

因此，必须培养华人工程师，以适应铁路发展的需要。在他的建议下，中国第一所铁道学堂——山海关北洋铁路官学堂（西南交通大学的前身）诞生了。

金达凭借专业的技能、敬业的工作态度深得清廷的信赖。在津芦铁路的勘测与修筑中，李鸿章再次委任他为总工程师。津芦铁路自 1896 年 1 月开工后，仅用了十八个月就建成通车。1897 年，又修筑了丰台到卢沟桥的支线。建设中，金达采用了当时被视为重型钢轨的四十三千克每米的钢轨，还从国外进口了大批新型机车。津芦铁路造价虽然高达白银四百一十四万两，但一百五十千米的铁路路程却由过去的乘坐马车需要两天的颠簸，缩短到四个小时平安舒适到达。津芦铁路的修筑没令清廷失望，其修筑速度之高，施工质量之好，投资回报之快，即便用今天的眼光来看，也颇为令人惊叹。

3. 开平煤矿的一个插曲

中国铁路因煤而生，极大地改善了矿藏开采的运输条件，这对中国采矿业的发展意义是重大的，不仅提高了矿藏的外运能力，刺激了采矿产量的增长，更进一步推动了采矿业的发展。但是，在中国采矿业的发展中，外国侵略者并不甘心，试图侵夺中国利权的图谋从来就没有停止过。

在开采煤矿的发展中，天津海关税务司德璀琳利用李鸿章对他的信任，也不断地将参与之手伸进这个颇具影响力的官督商办企业，并试图达到对这一巨大利源的控制。开平煤矿开办之初，德璀琳推荐了金达成为矿务局总工程师。此后，在人员推荐、矿务局运营中都有他活动的影子。

1877 年，德璀琳成为天津海关税务司时，正值开平矿务局成立。此时，他就对开平矿务局表现出关注之情。在当年的海关年报里，他非常详细地讲述了开平煤矿的蕴藏量和开采量等详细情况，希望介入开平煤矿的愿望已经暴露无遗。

1892 年 10 月，开平矿务局总办唐廷枢病逝，曾在醇亲王门下做仆役的张翼接替总办之职。但张翼毕竟是未经历练的仆役出身，对洋务事业一无所知，这给德璀琳介入开平煤矿提供了良机。他主动给张翼提供各种建议，加上李鸿章对他的信任，很快在开平煤矿产生了影响力。

1894 年，中日甲午战争爆发，日本趁机掠夺中国矿权。为保护矿产，李鸿章任命德璀琳为开平矿务局及津榆铁路临时会办，这为德璀琳控制开平矿务局提供了平台。此后，德璀琳与张翼建立了良好的私人关系。德璀琳成为临时会办后，起初对于开平矿务局事务倒也尽心尽力；按照唐廷枢制定的经营思路，他们继续寻找便于运输的运煤码头。唐廷枢曾说，秦皇岛是天然良港，适合作为大批量的运煤港口。

据此，张翼和德璀琳曾经于 1896 年派遣在开平煤矿任职的英籍工程师鲍尔温到秦皇岛港湾一带进行水文、地理方面的勘测。鲍尔温考察的结果，验证了这里的确是建码头的理想港湾。

1897 年，张翼与德璀琳、贺璧理乘津榆铁路专列前往秦皇岛，在沙河站下车后，分骑毛驴沿岸踏勘，认为秦皇岛南临渤海，北依燕山，实在是建港的天然之地。如果一旦建港，于运输、军事、商务都是大有裨益的。况且秦皇岛距离京师咫尺之遥，"铁道一旦有事，不独兵丁之征调，军火之转运，朝发夕至，呼应灵通，而且水陆相依，有大气盘旋之势"，如果"设立码头则地情与水势均宜，不至如大沽各处之受病，且以旅顺比较，该岛实甚便而甚近"。当年 2 月，张翼、德璀琳派"永平"号轮船载运客货于秦皇岛—烟台之间往返试航，获得成功。

经过多次勘测和试航后，张翼向清廷上奏说秦皇岛建港，此事不单关系到国家的用兵大计，且"关中外之利权，若出自国家，固滋唇舌，且遂行和盘托出，亦启戒心"。"津海与山海两关巨万税金将归无有，我唯有以秦皇岛补救"。他认为，秦皇岛建港后不仅可以改善商务，还可以设关收税，增加财政收入。

张翼在奏折中还说，德璀琳是兴建码头不可多得的好帮手，此人很有些才能，也熟悉各国情形，在海关任职三十余年，对北洋事务也算尽心尽力。驻德公使许景澄、吕海寰对他都很信任，视为可以倚重之人，"其为人公正，不肯唯利是趋，且办事朴诚，是以中国官商知之者多相嘉许，在洋员中尤为难得"。

清廷在接到张翼的奏折后，认为张翼的奏折有一定远见，但也担心列强像瓜分胶州湾、旅顺港那样侵犯秦皇岛；犹豫再三，还是决定先由开平矿务局在秦皇岛试办码头，主要运输煤炭，附带运送旅客、杂货、邮政文件等，并允许北洋海军驻扎。随后，德璀琳与张翼为码头的建设开始积极筹划。

1897 年 4 月间，德璀琳在天津见到了曾与自己共事多年的英国人葛德立。葛德立此行的目的是为英国商人墨林在中国开展业务牵线搭桥，并充当翻译角色。葛德立与墨林得知开平矿务局正在筹划建设秦皇岛码头，便说可以代为提供资金、技术和人才。

修建码头，开平矿务局遇到了资金难题。于是在德璀琳的撮合下，英商墨林提供资金二十万英镑（折合白银一百四十万两）帮助修建码头和开办新码头。秦皇岛码头的试办，为促使秦皇岛辟为通商口岸开创了条件。

1898 年 3 月，总理衙门向清廷上奏折《秦皇岛自开口岸折》称，"兹查直隶抚宁县北戴河至海滨秦皇岛，隆冬不封，每年津河（海河）冻后，开平船由此运煤，邮政包封亦附此出入，与津榆铁路甚近。若将秦皇岛开作通商口岸，与津榆铁路相近，殊于商务有益。如蒙谕允，即由臣等咨行北洋大臣、顺天府尹先将应办事宜速筹备，定期开办"。当天，光绪帝朱批批准了此议。同年 4 月 2 日，总理衙门饬令总税务司赫德："秦皇岛等处添开通商口岸，以裨商务各折，朱批'依议钦此'，相应抄录原卷，恭录谕旨，札行总税务司查照钦遵妥筹办理可也。"由此，秦皇岛被正式确定为通商口岸，对外开放。

秦皇岛开埠后，总税务司赫德向总理衙门建议，基于设关征税的考虑，又因秦皇岛距天津较近，可由天津海关或者北洋大臣派员驻扎。天津海关道即行在秦皇岛设立"秦皇岛分关"。1899 年 2 月，赫德命德璀琳在秦皇岛设立"税务司公署"，任命其为秦皇岛开埠的税务司，天津海关税务司仍由其担任。德璀琳接到任命后，划定了秦皇岛通商口岸的界限，"戴河口往内三里之处起，至东北秦皇岛地方止，原为将教堂等购买之地、盖造之房均归通商地界内"，以"秦皇岛以西设立码头，限定商船起卸处所"。来往船只、货物，根据税例，征收关税。

在秦皇岛码头设立上，德璀琳的积极参与，使得秦皇岛顺利开埠。但在开平煤矿矿权的争夺上，作为近代中国的一个国际公案，使他的形象一落千丈。

开平煤矿矿权的争夺也源于列强对华采矿权的觊觎。甲午之败，清廷的软弱无能暴露无遗。列强趁势掀起瓜分中国的狂潮，在中国划分势力范围，掠夺路权、矿权。李鸿章因签订《马关条约》而失势，使得德璀琳更多地开始考虑个人的实际利益；在海关同总税务司赫德的权力暗逐中，德璀琳也感到在赫德铁腕控制下的海关，自己不可能有更大的发展前途，他也不满足于李鸿章赋予他的开平煤矿及津榆铁路临时会办这个并无实权的职务，他渴望将中国矿业的开采权控制在自己手里。

失意于邮政总局局长和海关总税务司权力之争的德璀琳也希望清廷像

设立海关总税务司署那样，设立专门的矿务机构，由自己来出任"总矿务司"。德璀琳心里清楚，出任这个职务，不仅可以使自己的影响力大为提升，这个职务的背后更有着巨大的利益。但要获得这样一个职务，必须获得清廷的信任并得到在中国拥有巨大利益的英国的支持。

因而，在开平矿务局计划筹建秦皇岛码头时，他献力献策，并联合英国商人墨林提供资金和人才帮助。在全球的英国殖民地经营采矿业多年的墨林也清楚，要想在中国获得成功，并进而将采矿大权掌控在自己手里，必须得到"与中国官场有联系的极其重要的人物"的帮助。于是，两个同样野心勃勃而又有互补资源的人便心照不宣地联合在了一起。

德璀琳希望清廷设立中央矿务总司，这对墨林来说也是极大的诱惑。墨林希望德璀琳与自己加强合作，他说："我准备如已说妥的那样为中央矿务总局一事与你合作，你将在中国做领导人，我的公司将提供专家和资金，利润与你平分。"但是，德璀琳又感到这个计划太庞大了，不可能得到清廷的批准，二人便把目标缩小在张翼控制的直隶和热河范围内。

德璀琳亲自跑到直隶、东北等地进行勘查，并上折说设立矿务总司于大清如何如何有好处，希望由其统归负责筹办，并依照海关之例拟定了矿务总司章程。但是德璀琳这个踌躇满志的决定并没有得到清廷的批准。他只好再次缩小目标，决定拉拢张翼与墨林合作，先控制开平煤矿，进而实现自己的愿望。当时，德璀琳与墨林合作，还有一个重要原因是基于对抗俄国潜在的威胁。

早在1896年，李鸿章代表清廷参加沙皇尼古拉二世的加冕典礼，并顺访欧美等强国考察实业，与列强商议"照镑加税"等问题。李鸿章这次出访，德璀琳作为李鸿章的顾问一同出访，实际上是作为德国的内线。在俄国，李鸿章以同意"借地筑路"为代价，与俄国签订《中俄密约》，共同对付日本，但此举却为列强侵犯中国利权打开了方便之门。条约签订后，俄、英两国商定以长城为界划定各自的势力范围，沙俄意欲控制东北和华北。

德璀琳很担心俄国也控制开平矿务局，使自己的愿望落空，为此他多次与墨林讨论成立国际财团办理中国的采矿事宜。他希望"任何金融交易都是国际性质的"，因为他怕"如果是一个国家，就会引起政治纠纷"，"俄国方面由于最近签订铁路协定，一定要提出反对，因为他们显然不愿在他们的边界附近或势力范围之内和英国资本打交道"。

出于种种原因，德璀琳与墨林合作后，都试图控制开平煤矿。在八国联军进犯天津、威胁北京之前，开平煤矿的生产经营都取得了相当大的经济效益。张翼接替唐廷枢职位之后，他虽然不懂近代企业的经营与管理，但开平煤矿的生产能力与规模仍在不断扩大，相继开辟了秦皇岛码头及其他相关的生产、运输设施。企业规模的扩大，带来的是资金上的巨大缺口，"彼时开平矿局资本不继，负债一百二十万两"。所以，在德璀琳的撮合下，张翼也希望与墨林合作。

继秦皇岛建港向墨林借款二十万英镑之后，墨林争取对开平煤矿投入更大的资金，即着手组建东方辛迪加公司，作为向开平煤矿投资的国际财团。同时，德璀琳向墨林提出要求，要他派一名矿务工程师到开平矿务局工作，名义上是张翼的技术顾问，实际上充当德璀琳与墨林的秘密代表。

1898年9月，正当清廷维新变法夭折之际，墨林派美国工程师胡佛来华，出任开平矿务局工程师一职。他到任后，立即对开平矿务局的经营状况、资产负债等情况进行了非常详细的调查。经过调查，胡佛评估，拥有土地、矿山、铁路、运煤船、货栈和码头等资源和设施的开平矿务局资产总值已达百万英镑，这还不包括开平煤矿所蕴藏的丰富资源。胡佛在给德璀琳与墨林的秘密报告中说："这项产业肯定值得投资一百万英镑；这个企业绝不是一项投机事业，而是一个会产生非常高的盈利的实业企业。"

根据胡佛的调查报告，德璀琳与墨林更坚定了投资并控制开平矿务局的信心。1900年初，墨林带着东方辛迪加财团意图吞并开平煤矿的秘密使命再次来到中国。他与德璀琳、胡佛等人打着中外合办开平煤矿的旗号，积极活动诱使张翼上钩。当然，张翼迫于资金的压力，也不得不与墨林合作。但从当时的情况看，不论开平矿务局使用多少外国资金，清廷所坚持的既定原则都是不允许外国人在中国独立地管理与采购矿业。如果不发生后来的义和团运动导致开采停顿，矿井被淹，便不会出现后来矿权旁落的局面。

由于时机和清廷的政策所限，在义和团运动之前，德璀琳在与墨林的图谋中，还只是试图通过引进国际资本（主要是英国资本），来对抗俄国势力在中国北方扩张。他希望通过与英国人的合作，将开平煤矿置于英国的保护之下，进而也将开平煤矿的技术和行政管理大权尽归自己掌控。但是，八国联军入侵镇压义和团运动并占领了天津和唐山，使得德璀琳与墨林都不再满足于原来的想法。同时，张翼也很希望通过外国人来保护中国矿权，不致被列强侵吞。

1900 年 6 月间，在天津的租界内不断有传言说，有中国人给清军和义和团送信，帮助义和团打杀外国侨民。当时张翼家里聚集着三百多名中国人避难，此外他家里还养着许多鸽子，因而张翼被诬为养鸽子是方便给清军和义和团提供情报。很快，张翼便被英兵带走并羁押在太古洋行的厨房里，扬言要将其处死。6 月 21 日一大早，德璀琳即前往看望张翼。德璀琳的这一举动，有学者认为是德璀琳一手导演所为；导演这出戏是希望达到威胁恫吓张翼，使其交出开平煤矿的目的。尽管这个论断没有确切的证据，但张翼被羁押，德璀琳很好地利用了这个机会。

德璀琳假惺惺地看望张翼，安抚了一番后，表示将尽快设法营救。在谈到开平煤矿的状况及可能发生的危险时，德璀琳告诉张翼，形势严峻，恐开平煤矿矿权将落入他国之手，最好的办法就是委托他代理开平矿务局总办一职。德璀琳表示，基于他外国人的身份，他国也不敢为难。德璀琳拿出事先写好的"委任手据"要张翼签字。张翼担心性命之忧，不假思索地在这张收据上签字画押，承认德璀琳"为开平煤矿公司经济产业、综理事宜之总办，并予以便宜行事之权，听凭用其所筹最善之法，以保全矿产股东利益"云云。

张翼签字画押的第二天，便被释放回家；但德璀琳得到"委任手据"后并没有因此而满足。当然，所谓的"委任手据"没有开平矿务局的认可，并无实际效力，德璀琳又诱迫张翼补充了两份委托书和一份备用合同。

两份委托书，其中一份是委托德璀琳"或借洋款，或集外国股本，将唐山开平矿务局作为中外矿务公司"。荒唐的是，这份类似于委托书的东西，却将签字的日期提前到义和团运动爆发之前，给人一种在此之前张翼就已经与德璀琳完成了委托事宜的假象；另外一份委托书则要求德璀琳"广招洋股，大加整顿"。至于张翼与德璀琳签订的"备用合同"，则是德璀琳得到委托书后又诱骗张翼签署的一份虚假的买卖合同。这些手续完成之后，德璀琳与胡佛又进一步要求张翼签署了一份授权书，同意德璀琳、胡佛和墨林筹措资金一百万英镑改组开平矿务局，并同意将直隶全省及热河的矿山权益尽行出让。所幸的是，由于德璀琳与胡佛在利益上的争执，这份合同并没能生效。

7月15日，德璀琳致函墨林说："开平矿务局的产业都已交我保管，因为张翼已经卖给我了。"当月底，德璀琳以"全权代表"的名义，背着张翼签署一份合同。德璀琳代表开平矿务局作为卖方代表，胡佛代表墨林公司，把开平矿务局的全部产业毫无代价地交给了墨林公司。

这份出卖合同当然不是张翼的本意。张翼被羁押之时，让德璀琳作为全权代表来处理开平事务，是希望在八国联军入侵中国的情况下，设法保全矿产的不得已之举。10月间，胡佛带着他与德璀琳签订的这份合约到伦敦交给了墨林，墨林又将这张合约以七万九千五百英镑的价格转让给东方辛迪加公司，由东方辛迪加公司出面筹组"开平矿务有限公司"。

根据合同规定的开平矿务有限公司在英国伦敦注册生效后，胡佛又回到中国，他立即要求张翼将开平矿务局尽快移交，并拟定了移交合约，要张翼签字。胡佛向德璀琳和张翼承诺，只要合约一经签订，即给予张翼和德璀琳各五万新股（相当于五万英镑），并许诺张翼可以出任终身督办。胡佛还欺骗德璀琳说，"开平矿务有限公司"成立后将设立两个董事部，一个设在伦敦，一个设在中国；在中国的董事部将由德璀琳等"总理公司在中国之一切产业"。但是，在买卖合约以及新成立的开平矿务有限公司的组织章程中，并没有提出在中国设立董事部和任命张翼为终身督办的规定。而张翼在胁迫和诱惑面前表示，只要签署一份"副约"，即可以签订"移交合约"，将开平矿务局的所有产业和权益尽归开平矿务有限公司。如此，开平煤矿的矿权被几个居心叵测的人断送。

开平矿务局矿权的旁落本非张翼所愿。相关合约签订后，他看到开平的事情越办越糟糕，左右不了局势的他先是在上海躲了一阵子。躲是躲不过去的，万难之际，他想到曾在英国留过学的严复。严复了解英国的风土人情，也对英国的法律有较深的了解，但严复进入开平矿务局后并未能挽回利权；而在德璀琳方面，他费尽心力帮助英国财团将开平煤矿攫取到手，根据胡佛的保证和副约，他本以为自己作为中国方面的"全权代表"从此可以掌控开平矿务局的管理大权，但想不到结果却是被胡佛这个年纪轻轻的美国人给骗了。最后实际到手的只有五万英镑，除了还给开平旧股东的三十万英镑以外，新开平公司囊括了开平矿务局的所有股权。

更令德璀琳气愤难平的是，新开平公司的董事都为英国辛迪加财团的代表；他们不承认合约所规定的中国董事部，这等于德璀琳苦苦想得到的管理大权并没有捞到。当开平矿务局矿权旁落之事暴露于天下之时，德璀琳不得不与张翼、严复等人一起到英国打官司。

在历时四年的诉讼中，中国花费四百万两白银，最终获得所谓的"胜诉"。官司虽然打赢了，但英国法院却宣称，"副约"因签署"移交合约"而签订，是"移交合约"的补充，不能视作独立执行的合同，故而不能判决强制执行。因此，这一官司"名为胜诉，实为败诉"。在诉讼过程中，开平矿务局为促使德璀琳帮助中国打官司，每月都给他几百两白银作为车马费。开平矿案的暴露，也意味着德璀琳的职业生涯走到尽头。海关总税务司赫德以德璀琳从开平矿务局秘密领取车马费为由，将他解雇。

德璀琳等人盗卖开平煤矿矿权的行径，是一起典型的官商勾结、以虚假入股形式盗卖国有控股企业，造成国家财产严重损失的恶性事件。但在列强环伺、瓜分、争夺中国利权的现实环境中，这并不是一个单一的个案。德璀琳的行为是强权掠夺中国利益的印证。开平矿权旁落事件也说明：无论何时，只有国家主权独立，才是维护国家和人民利益的根本保证。

4. 清廷"触电"

继李鸿章等人设立轮船招商局、开平矿务局之后，清廷又创办了一个新兴的洋务企业，即电报总局。电报总局也是官督商办企业，它的创办为清廷发展近代电讯事业，抵制外商在中国领土内敷设电线，活跃社会经济民生所起到的作用是不容小觑的。

第二次鸦片战争之后，通过战争在中国尝到甜头的列强很想进一步控制中国，并扩大在华政治和经济利益，也是扩大军务、商务的需要，纷纷提出在中国敷设电线的要求。1862年，俄国公使巴留捷克照会主持总理衙门的恭亲王奕䜣，"本国为通信便捷，欲由都城至天津造用发铜线法"。恭亲王没有接受这个要求，他以"中华未能保其永固且不免常有损坏以致缘此生隙"为由，让总理衙门加以拒绝。虽然如此，巴留捷克并不甘心，他说，"以后如有允许他国于贵国设立此法，必须先准俄国以为始"，试图为架设电线留有余地。

俄国提出在中国架设电线之后，英国驻华公使卜鲁斯得知消息，也向总理衙门提出要求。卜鲁斯说，英国电报企业家"因闻俄国飞线之设经过俄国将及恰克图地界，该民意欲添设飞线，与俄国所设相联合"，也就是要由恰克图经北京城至海口设立电线。美国也不甘落后，美国驻华公使蒲安臣于1864年"备具照会，请置铜线"。同年，福建税务司美理登亦"请自福州口南台河边至罗星塔一带架设电线"。清政府均毫不犹豫地予以拒绝。清政府之所以拒绝洋人在中国架设电线，其原因与拒绝外国在中国筑铁路一样，主要出于政治上也即军事和外交上的考虑，认为两者都有损天朝的政治权力。总署说，"开设铁路，洋人可以任便往来，较之尽东其亩"更为严重；"倘任其安置飞线，是地隔数千百里之遥，一切事件，中国公文尚未递到，彼已先得消息，办事倍形掣肘。且该线偶值损坏，必归咎于官民不为保护，又必丛生枝节"。这里表明，清政府拒绝洋人架设电线，是出于抵御和害怕两者兼而有之的心理。对此，江西巡抚沈葆桢讲得更为明确，他说："查外洋之轮船，捷于中国之邮递，一切公事，已形掣肘，若再任其设立铜线，则千里而遥，瞬息可通，更难保不于新闻纸中造作谣言，以骇视听。"他主张坚决拒绝洋人架设电线。

大清朝野拒绝外国人架设电线，而自己也没有架设电线的打算。为什么呢？原因很简单。第二次鸦片战争后，洋务初始，以军事工业为主的洋务事业才刚刚起步。即便当时曾国藩、李鸿章等洋务派推动的洋务事业也是以功利性的自强为目的，此后发展民用工业也是为军工企业解决经费上的不足，但电线为主的电讯业尚未成为经济民生的必需；再者，当时的国际形势已趋向缓和，清廷把精力用在统治、镇压人民的反抗之上，电讯业并不为清廷所重视。

当然，拒绝外国人架设电线，也是清廷上下惧敌心理的"避害反应"。在这种心理的影响下，除了清廷在极力劝阻外国人架设电线，官民对外国人架设电线的行为也是极力反对。

1865年，英国领事巴夏礼向上海地方官提出希望"自川沙海口至浦东六十里开设铜线"，这个要求遭到了上海道台丁日昌的拒绝。当然，丁日昌也不是直通通地拒绝。他对巴夏礼说，架设电线，百姓是反对的，如果"将来被百姓所毁，地方官亦不能代为保护"。这样，巴夏礼的要求便不了了之。也是在当年，上海利富洋行擅自在浦东竖立电线杆二百余根，便于商贸及国内联系之用。上海道台丁日昌知道后，让上海百姓悄悄将电线杆尽行拔去，希望以此杜绝此类事情再发生。

外国人想在中国架设电线，清廷与地方官民的不配合，使洋人感到必须设法与中国官方合作，或者采取中国自设电线、中外皆可使用的办法。也是在1865年，法国翻译李梅向总理衙门提出：

> 中国与泰西各国，既笃友谊，而信函常相往来，铜线之事，必须也！中国自备银两，雇外洋工人治具修造。此项工程系中国自办，沿路地方官，必能用心照料。以现收之银，补修建之费，获益良多。

李梅的这个建议，一样也遭到拒绝。总理衙门甚至还向各地将军、督抚发密函说：中国地势、民情，与外洋不同，如果任由外国架设电线，那么，外国电线远隔千里之遥即可迅速传达，中国公文尚未送到，外国已先得消息，"办事倍形掣肘"。况且，外国电线一旦损坏，必然把责任归咎于中国没有尽心保护，这样必然产生矛盾，因此各省都要拒绝。

总理衙门的做法，洋务派李鸿章不以为然，他表达了自己的见解。他在给总理衙门的复信中说：

> 铜线费钱不多，递信极速，洋人处心积虑要办，将来不知能否永远禁阻。鸿章愚虑，窃谓洋人如不向地方官禀明，在通商口岸私立铜线，禁阻不及，则风气渐开。中国人或亦仿照外洋机巧，自立铜线，改英语为汉语，改英字为汉字，学习既熟，传播自远，应较驿递尤速。若至万不能禁时，唯有自置铜线以敌彼飞线之一法。

看来，正热衷于办洋务的李鸿章是知道架设电线、开设电讯事业的益处的；但是由于保守势力过于强大，清廷又没有认识到其重要性，再加上李鸿章当时也不过是一个巡抚，因此他的观点还不能左右朝廷。

面对清廷的拒绝，列强并不甘心，仍然以各种名目提出此项要求。1870年，列强竟然采取哄骗的手段，诱使清廷架设电线。1870年4月，英国驻华公使威妥玛考虑到保护其商船的需要，提出从广东沿海经汕头、厦门、福州、宁波等海口安设海底电线至上海，以便把信息通报给上海的英国领事馆。为此，他拜会恭亲王奕䜣，说明英国仍然希望在中国架设电线，并解释说，以往与中国商讨的通线之法都是陆路明设，这一次不同，是海路暗设。架设的电线线端在船内安放，并不牵引上岸，似乎对中国没有什么损害。

那时候的清廷还不知道领海主权为何物，认为只要外国人不在陆地上架设电线，就并不损害中国主权；也是迫于威妥玛的压力，便妥协答应了下来，表示："只须线端不牵引上岸，与通商口岸陆路不相干涉，界限分明，尚可通融准办。"这样，英国便取得了在上海、广州、福州等沿海敷设海底线缆的权力。口子一开，丹麦、法国、德国、美国，甚至正在进行明治维新的日本都提出此项要求。更为荒唐的是，丹麦将电线敷设于中国沿海后，竟然擅自将电线牵引上岸。

列强的举动，使经历过被动挨打的清廷有一种难以招架的感觉。看来，敷设电线的问题是难以阻挡的。清廷的洋务派感到既然无法阻挡，还是应该积极面对。

我们知道，法国翻译官李梅曾经提出过让中国自办电线、外国与中国皆可使用的建议。受此影响，李鸿章曾经数次提出让中国人自办的建议，现在总理衙门既然开了口子，那么中国人就应当自办。时任福州船政大臣的沈葆桢也提出了这一主张：

　　闻电线之设，洋人持议甚坚，如能禁使弗为，则多一事不如省一事。倘其势难中止，不如我自为之，予以辛工，责以教造，彼分其利，而我握其权，庶于海疆公事无所窒碍。

沈葆桢的建议，有一种与洋人妥协的嫌疑，但其主张中国自办无疑是一种进步。在建议中，沈葆桢还提出了自己的方案，在主权原则上强调由中国发起，中国拥有主权；至于操办运作问题，沈葆桢考虑到中国当时缺乏相关的技术和人才，因而提出了可请西人帮助教造。沈葆桢认为，这样做，是与洋人分利，但就大局而言"我握其权"，中国受益更多，也可缓和与洋人的矛盾；如果不这样做，反而任凭西人架设，"则遇有机密事务，彼一二日而达者，我十余日尚复茫然，将一切机宜为之束手矣"。况且，大势面前又难以阻挡。

沈葆桢的建议是从缓和与列强矛盾出发的，也是以商务、军务的需要为出发点的。但是，清廷并没有感到事情的紧迫性。直到1874年，日本派兵进犯中国台湾，受此事件的刺激，清廷才同意了中国自办电线的建议。当时，沈葆桢受清廷的指派，率兵前往台湾支援。沈葆桢抵达台湾后，在筹备战备中感到，台湾地势险要，在中国海疆中为最。从前文报传递常常累月不通，自从有轮船后，当月即可送达。然而，当有飓风时，虽有轮船也为大风所阻；要使消息畅通，断不能无电线。他再次上奏清廷，请求设立由福建陆路至厦门，并由厦门水路至台湾的电线，使台湾与大陆"瞬息可通，事至不虞仓卒矣"。

沈葆桢在奏折中说明，往台湾敷设电线，由官方设立，水陆兼筹。与以往外国要求敷设电线的情况不同，这次往台湾敷设电线的要旨在于"中国自主，权无旁落"。

日本侵犯台湾，北洋大臣李鸿章也感到吃了通信不畅的亏。他在《筹议海防折》中说，"今年台湾之役，臣与沈葆桢函商调兵月余而始定，及调轮船分起装送，又三月而始竣，而倭事业经定议矣。设有紧急，诚恐缓不及事。故臣尝谓办洋务、制洋兵，若不变法而徒骛空文，绝无实济，臣不敢明知而不言也"。李鸿章直言，这是信息不灵通造成的局面。李鸿章提议在加快修筑铁路的同时，尤应迅速架设电线。

军务紧急，清廷批准了沈葆桢的奏请，要他全权负责办理此事。丹麦大北公司得知此消息后，特意通过美国驻福州领事戴兰那找到福建署盐法道陆心源商议此事，希望由丹麦大北公司负责敷设福州至厦门的电线。陆心源答应向闽浙总督李鹤年汇报此事。此事还在商议之中，丹麦大北公司便迫不及待地擅自开始动工敷设，遭到了福建百姓的反对，将已敷设的线路破坏拆除。这也使丹麦大北公司感到，要使事情顺利进展，必须得到清廷官方的保护。

丹麦大北公司便向丹麦驻中国大使馆求助。丹麦驻北京公使拉斯勒福亲自来到总理衙门施压，要求总理衙门饬令福建地方官设法保护已设电线，不能再发生破坏之事。丹麦大北公司也感到敷设这段线路将遭遇更多困难，因而也提出将已修线路由清朝赎回；福建地方则饬令福建通商局提调丁嘉玮与丹麦大北公司代表进行谈判。

谈判中，丹麦大北公司却实施讹诈手段，索要所谓的损失十五万四千五百元，并提出非理要求。丹麦方面声称，中国购回已修线路及相关的电线器材后，福州及厦门未修的线路，仍归丹麦大北公司负责敷设，福建地方负有保护不被破坏之责；电线敷设后，清朝必须聘请丹麦技师教导三年，每年薪工银三万元等。

丹麦大北公司的要求，在福建高级官员之间产生分歧。闽浙总督李鹤年本来就反对敷设这段线路，他说，大北公司索价太高，无理讹诈，该线路工程应"暂且停滞，一切俯须舆情，以杜彼族之刁狡"。

敷设电线，本为沈葆桢所提，现在发生这样的周折，他也大失所望。但他更关心的是如何缓和矛盾，日后不再发生龃龉，因而他说，"敷设电线，不在于价之多减，而在事后不生枝节"。

在福建地方的争议之中，总理衙门和恭亲王是主张收回线路自办的。总理衙门认为福建线路"总当买回自办，庶免后患"；恭亲王奕䜣在给慈禧太后的奏折中也说，"臣等因此次设立电线，本应官为经理，自宜及早买回"。

看来，清廷上层是主张收回线路自办的。也就在此时，接受丹麦大北公司贿赂的通商局道员丁嘉玮却已悄悄地与大北公司草签了合同，以十五万四千五百元的代价，将线路"一律买归中国"，并规定："厦门电报由该公司代中国造办，工竣之后，逐段交由中国验收管理。"

线路仍由丹麦大北公司代为造办，丁嘉玮未经福建地方和总理衙门的批准，就擅自草签合同，这在朝廷中也引起轩然大波。有人指责说，"局员丁嘉玮不俟覆定，冒昧与之合同，将买回后责成地方官随时保护，即定动工日期、中国居民勿生枝节等语草率列入，并有造成后须该国教导三年，每年需薪工银三万元等语"，实于中国权益有损。

线路买回后仍归外国人代造，这也引起了主张自办的沈葆桢以及视电报为洪水猛兽的工科给事中陈彝、闽浙总督李鹤年的反对，甚至闽省地方士绅和普通百姓也纷纷站出来反对。面对反对之声，总理衙门做出了买回之后中国另行处理的决定。

对于丁嘉玮擅自草立的合同，总理衙门表示不予承认。随后，福建地方派员与丹麦公司重新谈判，双方围绕着如何买回、买回之后是否自设、自设开通之后是否由大北公司"教导三年"等问题展开谈判，也产生了分歧，使得谈判迁延一年多。

几经磋磨，双方才于1876年3月20日签订取消委托大北公司代造福厦陆线合同，照付全部工程费用，银十二万四千五百元，即日交付银五万元，三月底付交三万七千二百五十元，其余三万七千二百五十元四月内交清；收回已建成线路和房屋，将所收之一切物件分别存储。

清廷这种"买而不办"任凭电线锈蚀烂掉的做法，不仅浪费了一笔巨款，也显示出清廷的愚昧至极。合同英文本规定有：在重新修建这条线路时，不再准给其他外国人以签订相似合同，或许给专营权的利益。"如中国自己修建这条线路，并开放对公众的业务时，应给该公司专营的权力。"这实际上是承认了大北公司在中国的电信垄断权。对于这一纸合同，连美国驻华公使都感到实在出人意料。

1876 年 4 月，已经在福建巡抚任上的丁日昌感到："前此合同，彼此以英文为正义一层，又与汉文不符者数处。若不收回涂销，殊多窒碍。""且即以前合同内以汉文论之，起造完工月日由洋人限定。若停工一日，即须贴彼一日之费，一弊也；兴泉百姓素极蛮悍，甫经起工，抢毁器物、殴伤华工之事，已纷纷呈报，而合同内云，须官为保护，万一将来百姓竟将洋人误杀，岂不蹈云南马加里案（马嘉理案）之覆辙乎，二弊也……"于是，派通商局委员唐廷枢继续与大北公司总办哈伦谈判。

谈判中，哈伦坚持声称合同已经订立，且经福建地方承认，不能更改；唐廷枢则坚持认为合同存在问题，必须予以修正，否则酿成的后果则不是大家愿意看到的。这样双方"往复辩论十余次，始有成议"，同意将"前之合同，当面彼此涂销，作为废纸"。

唐廷枢与哈伦另立合同如下：

> 一、电报公司已允将所有电线机器以及房屋木桩等件，照合同按期点交委员接收。其合同内所议未找价值，亦按期交该公司收清。电线器物，除被乡民抢失并毁坏外，若有不符合同者，照数扣价；二、省厦电线将来如若由中国人造成，除专归官用无庸再议外，倘准与商民一体通信，即准与该公司之现在海线代递信息。但彼此递价，均不得高抬；三、此线既不请该公司代造，亦不再请他国洋人代造；四、现由官买回之电线，仍请该公司教习中国艺童一年。

最终，丁日昌买回并拆除了丹麦大北公司敷设的电线，从而解决了这一持续近两年的纠纷。由于清廷保守势力的反对和大北公司的乘机讹诈，使已经架设了百余里的闽台线半途而废。"多允价值，率立合同，种种迁就"，曾经收受洋人贿赂的丁嘉玮和陆心源之流因此受到了清廷的惩罚。在各方的压力之下，沈葆桢提议的闽台线以买回拆毁而终结，但福建的电线陆路权却因此失而复得，中国历史上第一次官方自行敷设电线的闹剧草草落下了帷幕。

沈葆桢提议敷设闽台电线中途夭折，但海防危机使清廷必须要正视电报这个快捷便利的通信设施。继日本兵犯台湾之后，其吞并琉球的野心更是日甚一日。受命筹办海防的李鸿章以及福建巡抚丁日昌都明白，一旦琉球被日本吞并，日本就有可能进一步把侵略的野心放在中国台湾；要不使台湾有事，就必须加快信息的传递。

1876 年 6 月，丁日昌把从大北公司买回的福建南台至马尾罗星塔的电报线路重新展设至长门，用于军情的传递。1877 年 1 月 29 日，丁日昌上奏清廷，提议设立台湾电报局。他在奏折中列举了没有电报的危害性，说敷设电线有利于互通军情，"电线一件，所以达要报而速军情，为用至明"，"台湾南北路途相隔遥远，文报艰难；设立电线，尤为相宜。臣现拟将省城前存陆路电线移至台湾，化无用为有用，一举两得"。

丁日昌计划将自己买回拆除的省城前留存陆路电线移至台湾，"先由旗后造至府城，再由府城造至基隆。目前暂不雇用洋人"。丁日昌的奏请得到了清廷的批准。于是，丁日昌饬令游击沈国先率领福州船政学堂学生苏汝灼等人于 5 月 8 日制订出敷设电线的具体方案，并于 5 月 18 日开始动工修建。但由于经费的问题，只敷设了从台湾到旗后的一段，线长九十五里。此次架设完全由中国人自己完成，开创了近代电报事业的新篇章，可以说是一个里程碑。

继丁日昌之后，北洋大臣李鸿章也将电线从大沽、北塘海口炮台敷设到天津。虽然只是很短的一段距离，但投入使用后，李鸿章发现"号令各营，顷刻响应"，效果还算良好。

虽然丁日昌、李鸿章敷设电线都是用于军事目的，但这毕竟是一次成功，也触动了洋务派进一步创办电报线路的决心。1879年，日本吞并琉球，中俄因为伊犁问题危机进一步加深，沿海各地纷纷告急。北洋大臣李鸿章深感"电报实为防务必需之物"，必须尽快敷设更多的电报线路，以应对瞬息万变的军事危机。

1880年9月16日，李鸿章上书清廷，请设天津至上海的电报线路。他说，办电报以便利通讯，可使南北信息灵通，在军事上的作用更是意义重大。用兵之道，贵在神速。西方大国除了枪炮先进外，在水路上则有轮船，陆路上有火车，如此用兵十分快捷。现在列强更想跨过万里海洋，架设电线。电线之法，和平时期用于商务，战时用于军事通讯；万里海洋，如近在户庭，信息瞬息可得。近来日本、俄国都在仿效西方架设电线。于是，列强各国纷纷要求在上海设立电报线路，顷刻之间，信息便可传达，"独中国文书尚恃驿递，虽日行六百里加紧，亦已迟速悬殊。查俄国海线可达上海，旱线可达恰克图，其消息灵捷极矣"。

李鸿章又以中俄伊犁交涉情况为例指出：曾纪泽从俄国发电报到上海，数万里外的消息，只需一天便送到了；而从上海转送到北京，因无电讯设备，用轮船附寄尚需六七日，如遇海道不通，由驿必以十日为期。上海至北京仅二千数百里，较之俄国至上海数万里，消息反迟十倍。如果遇用兵之际，外国军信速于中国，利害已判若径庭。且其兵船在海上日行千余里，势必声东击西，莫可测度。

敷设天津至上海的电线，李鸿章还提出了自己的简略方案。他认为敷设电线不宜用海线，因为海线经费过多，而且容易被海水侵蚀，应该以敷设陆线为宜。即由天津陆路循运河以至江北，然后越长江，由镇江以达上海，费用约十余万两，半年时间就可敷设完成。对于敷设电线的经费问题，李鸿章建议先由淮军军饷内拨款开办，"俟办成后仿照轮船招商章程，择公正商董招股集资，俾令分年缴还本银，嗣后即由官督商办，听其自取信资，以充经费，并由臣设立电报学堂，雇用洋人教习中国学生自行经理，庶几权自我操，持久不敝。如蒙俞允，应请饬下两江总督、江苏巡抚、山东巡抚、漕河总督转行经过地方官一体照料保护，勿使损坏。臣为防务紧要，反复筹思，所请南北洋设立电报实属有利无弊"。

李鸿章的奏折得到了清廷的批准。当年 10 月，李鸿章即成立电报总局，任命盛宣怀为总办，负责筹设津沪电报线路；郑观应襄理局务，并在天津紫竹林、大沽口、济宁、清江、镇江、苏州、上海等地设立七个电报分局。如奏折所请，天津电报总局设立后，李鸿章即创立了电报学堂，招雇洋人来华教习电学及收发报，目的是摆脱洋人控制，逐渐取代电报总局所雇洋员。

天津电报总局的创立，标志着中国电讯事业的正式诞生。从李鸿章在天津设立电报总局到中日甲午战争爆发，经过十余年的发展，除西藏等少数几个地区外，大部分行省和重要的商业城市都敷设了电线，形成了一个四通八达的电讯网，"中国创设电线，已阅十年。近来风气渐开，推行日广，东北则达吉林、黑龙江俄界，西北则达甘肃、新疆，东南则达闽、粤、台湾，西南则达广西、云南，遍布二十二行省，并及朝鲜外藩，殊方万里，呼吸可通，洵称便捷"。电讯，在中国洋务事业中所发挥的作用是值得肯定的。

5. 该怎样遏制洋布在中国倾销

在轮运企业、采矿业、电讯业得以发展的同时，晚清洋务运动的另一个重要标志就是纺织工业的发展。纺织工业与当时的轮运、电报电线、煤炭矿务被称为"四大洋务民用工业企业"。纺织企业的创办与轮运、采矿业一样都是与洋商竞争，分洋商之利，追逐利润以致富。

经历两次鸦片战争，列强对中国的经济侵略逐渐加深，这种侵略也涉及纺织方面。当时，在外国向中国输入的商品中，除了鸦片外，所占比重最大的就是棉纺织品了，而且增长的速度相当惊人。1872年，中国进口棉纱有五万担；到了1890年增长到一百八十二万担，增长幅度达二十一倍。此外，中国向外国进口的棉布也呈大幅增长的趋势。

外国机制棉纱的大量输入，逐渐替代了中国的土纱土布，传统手工纺织业受到了严重的挤压。列强在向中国倾销纺织品的同时，还试图在中国通商口岸招募资金，利用中国廉价的原料和劳动力建立棉纺织工厂。早在1865年，英商义昌洋行便计划在上海苏州河畔兴建一座棉纺织厂，吸引中外商人投资，但当时设厂的条件还不成熟，华人"绝无顾而问者，议遂中止"。然而，外国侵略者并没有就此罢手，十九世纪七十年代以后更千方百计地企图设厂制造纱布。由于清政府的反对和抵制，在1895年《马关条约》签订前，他们设厂的阴谋活动一直未能得逞。

1876年，李鸿章看到外国洋布在中国倾销的现状，认为发展纺织业也是富国的一条措施。他在给沈葆桢的信中说：

> 英国洋布入中土，每年售银三千数百万，实为耗财之大端。既已家喻户晓，无从禁制，亟宜购机器纺织，期渐收回利源……而苦于无人创办。……适有魏温云观察，与弟世好，会计最精，商情最熟，浼令出头承办。

筹办织布事宜，李鸿章设想的是采取招商的办法。当年春，李鸿章派遣幕僚魏纶先前往上海筹办织布事宜。但是魏纶先在北洋系的洋务幕僚中不过是一个技术人员，与江南官场和上海工商业界都少有交集，因而他在上海期间既没有得到官方的支持，在商界的招股也毫无着落。

李鸿章此时面临着急兴办机器织布业，但又缺乏可用之人的窘境。

1878 年 10 月，一个和官僚、买办都有联系的前四川候补道彭汝琮拜见了当时在保定的李鸿章，请求其代为向朝廷奏请设立上海机器织布局。

彭汝琮先是说了设立织布局的动机，并提交了一个设立织布局的大致章程，内容有八条，另外还有一个预算细目。彭汝琮说，中国"寓强于富，大要两端，外面所需于中国者，自行贩运；中国所需于外国者，自行制造。制造莫过于洋布、呢毡，二者皆用机器织成，而助机器以织洋布，则尤便于上海"。按计划，纺织工厂将是一家兼营轧花、纺纱、织布的纺织厂，资本为白银五十万两，布机共四百八十台（后增至八百台）；扬言半年后，棉布年产量可由二十六万匹增至四十五万匹，预期赢利由九万两升至十八万两，红利可达 30%。

彭汝琮还自称有集资把握，不需要官方在资金上予以帮助。这对于早有办厂之意、但又为资金发愁的李鸿章来说，自然有一定的吸引力。不用说，二人是一拍即合。李鸿章对这个计划大为赞赏。他在批示中除了答应对布厂尽力保护，还同意布厂出布在税收上予以优待，要求彭汝琮从熟悉洋务的人员中挑选可用之才，以便织布事业顺利开办。

根据李鸿章的要求，彭汝琮建议任命当时的太古洋行买办郑观应为会办，庚和隆洋行买办唐汝霖、同为太古洋行买办的卓培芳和候补知县长康为帮办。彭汝琮所提议的官商组合的人事结构，很符合当时洋务企业的特点，利用商人的号召力和资金来筹集公司经费，领导权仍牢牢地掌控在洋务官员之手。

彭汝琮的这个建议，李鸿章自然又是答应。但是，彭汝琮原本是一个劣迹斑斑之人。在他的官场生涯中，有过多次贪污腐化的经历。十九世纪六十年代初，他曾经任湖南候补知府，与藩司文格、臬司裕麟是师生关系。他凭着溜须拍马的本事被文格委以重任，在文格手下先是当了几年军需局总理，后来被擢升为常德府知府。任上，他禀请文格将辰州府木税移至常德城外，改为抽厘，擅自侵吞巨款。湖南巡抚恽世临察知其劣迹，准备上奏参办。彭汝琮请前湖南巡抚、已革云贵总督张亮出面为之缓颊，并交出所侵吞的厘金银一万两，才被免予参劾。彭汝琮在湖南难以立足，乃捐升四川候补道，不久便被委为四川军藉防剿局总理，"其豪赌演戏，为人求缺求差之事，指不胜屈"。1867 年 10 月彭汝琮的母亲病故，他于次年 2 月才报丁忧；被人揭发后，奉旨饬令回籍守制。但是，他并未返回原籍，仍在成都逗留，百般钻营，求为成都将军崇实、四川总督吴棠的募友。经御史张沄、龚承钧等分别参奏，清廷于 1869 年 11 月 21 日发布"上谕"："盐运使衔候补道彭汝琮着即革职，勒令回籍，不准投效各路军营，再图开复。"

这些情况，李鸿章并不是不知，但彭汝琮信誓旦旦地打包票，李鸿章被他描绘的美好前景吸引了，所以对彭汝琮的要求基本上是有求必应。但事情的结果很快令李鸿章大失所望。

1879 年 5 月，上海织布局开始动工兴建。彭汝琮的劣迹再次显露出来。他先是与会办郑观应互相指责，最后郑观应向李鸿章请辞，并指责彭氏久未兑现筹集股本的承诺，更在厂址及订购机器等重大问题上犯严重错误，作风独裁浮躁。彭氏的所为动摇了股东的信心，1879 年 4 月，《申报》传出不少广东商人打算退股另起炉灶的消息，这无疑对刚成立的织布局是极其沉重的打击。

事情办成这个样子，李鸿章不能不大骂彭汝琮，骂此人荒诞不经，甚不靠谱，办起事情常常喜欢信口开河，毫无品行地自吹自擂。李鸿章说，彭汝琮去年冬天承诺说可以很快将织布局开办起来，自己就有些怀疑，不敢相信。众人对彭汝琮一直指责，的确是"彭道（汝琮）作事虚伪，专意骗人，毫无实际，其心术品行，至穷老而不改，可鄙已极"。据此，李鸿章要求彭汝琮辞职离局，上海机器织布局也宣告停顿。

彭汝琮离开后，李鸿章决定对正在筹办的上海织布局进行整顿。是年秋天，李鸿章委派浙江候补道戴景冯负责"就近兼理局务"。戴景冯接到命令后，又向李鸿章请求增派吴仲耆、龚寿图两人会同办理。但是这几个人都是官二代，吃喝玩乐可以，要他们负责筹办经营一个新式企业，还真没有这个能力。他们到上海后，像彭汝琮一样也没有什么影响力，自然得不到上海官商的支持，因此招商、筹建工作又是一筹莫展。

上海织布局筹建工作屡屡不能成功，使得李鸿章感到找一个真正懂洋务的人，设法联络商人参与企业筹资才是重中之重。他明白，要成功为织布局募集大批资金，使正在筹办的织布局得以顺利开展，要找到不仅在上海绅商界有一定名望，而且还应具有近代实业管理理念的人来担当重任。李鸿章要已经辞职的郑观应重新回局。当李鸿章向郑观应说了他的想法时，郑观应向李鸿章推荐了在上海商界有一定名望的经元善。他说，经元善不论是管理还是招募商贾都是理想人选。

1880 年夏，在郑观应的推荐下，李鸿章委任正在直隶雄县办理账务的经元善为上海机器织布局会办，担任"驻局专办"的商董。织布局这次改组后，由郑观应、经元善土持上海织布局事宜，社会各界对这一人事变更表示赞同。当时，有媒体评价说，郑观应与经元善二人久居上海，"熟谙洋务商情，而洞达事理，且公正诚笃，朴实耐劳，于筹赈一事已见一斑，今爵相以此局委诸君，诚可谓得人也"。

新的管理层上任后，除了筹措商股外，人才的难题也困扰着郑观应与经元善等人。当时，用洋机器织布毕竟是一项崭新的事业，需要懂得机器的使用和拥有丰富纺织经验的人才，因此郑观应直接向国外寻找人才，而不是在上海雇用洋匠。在他看来，通过向国外寻找能人能达到"工巧而艺精"的目的。为此，他给中国驻美公使馆副使、留学生监督容闳写信，请"代选聘一在织布厂有历练、有名望之洋匠，来沪商办"。容闳作为近代中国留学生第一人，毕竟在美国留学多年，且对近代科学技术多有了解，他立即向郑观应推荐了美国技师丹科。经容闳的介绍，丹科对前往中国也非常向往，他拿着容闳的推荐信来上海实地考察。丹科来华后，郑观应对他进行了一番考察，发觉他确实是一个可用之人，便与其确定了雇佣关系。上海织布局与丹科签订合同后，郑观应报请李鸿章让具有丰富管理经验的丹科管理局务并负责生产事宜，俨然一个主管生产副厂长的角色。此后，上海织布局又通过容闳聘请了美国纺织工程师哈顿。

根据雇聘合同，"其应办之事，自安置机器并纺纱一切事务均归经理"；丹科、哈顿"须竭力尽职，始终如一，不得稍有推诿。厂内寻常之事，哈顿应与洋总管丹科同本厂总办和衷妥商经理。遇有紧要事件，须由丹科、本厂总办请示督办批准后方可照行"。上海织布局在洋总管的帮助下顺利投产，成为近代洋务运动的一项重要成果。

在李鸿章于上海开办织布局之时，时为陕甘总督的左宗棠也跃跃欲试。1878 年，左宗棠奏请创办兰州织呢局。左宗棠到任时的陕甘，经济上"库贫如洗"，军费激增，经济、社会与政治都面临着窘境。在当时，不仅有陕甘回民起义动摇着清朝的统治，而且不断发生的"兵变"也使得统治上层矛盾重重，这让主政一方的左宗棠感到一种严重的危机。要改变这种局面，左宗棠需要经费发展军事，稳定地方。

当时，困扰着陕甘经济民生发展的还有一个难题，同李鸿章所看到的江南之地被外国资本侵略一样，陕甘虽地处内陆却也难以幸免。1875年，外国的毛制品和毛棉交织品向中国疯狂倾销，使得甘肃的手工业也无一例外地受到了冲击。冲击最大的是毛纺、毛织业。"海禁开放，洋布输入极多，物美价廉，影响土产之生产"，"致毛毡之产销，沦为无人过问之趋势"。毛毡生产也是如此，"舶来品源源输入，我国固有之手工业多被摧毁，兰州毡房自不能幸免"。面对外国资本的疯狂掠夺，左宗棠感到应该创办中国的纺织工业。他开始策划创办兰州织呢局，以抵制洋呢的输入。

左宗棠想发展纺织工业，改善民生，同时解决其军队经费不足的难题。作为其幕僚的赖长很懂得左宗棠的想法，向左宗棠提议，可以用机器纺织本地羊毛。因为甘肃很多人以牧羊为生，有的是羊毛原料。左宗棠听了赖长的想法，就命他负责筹办织呢局事宜。赖长"以己意新造水机试制洋绒"，用自己设计制造的"水轮机"试制的呢片，"竟与洋绒相似，质薄而细，甚耐穿着，较之本地所织褐子，美观多矣"。赖长初步试验获得成功，让左宗棠万分高兴。他感到用机器织呢是可行的，但也感到"唯以意造而无师授，究费工力"。赖长又向左宗棠提出建议，可以"购办织呢、织布火机全副，到兰（州）仿制"。向外国购买机器，这意味着创办机器织呢厂正式被提上日程。

1877 年，左宗棠给上海采运局补用道胡雪岩写信，让他设法帮助购买机器和招募技师。胡雪岩虽说与洋人多有接触，对西方也多有了解，但是具体到纺织业，他还真是个外行。可左宗棠之命他不敢怠慢，立即找来与自己多有接触的德国商人、泰来洋行老板嗲喱吧帮助承办此事。

嗲喱吧感到代为招募洋员和采办机器事关重大，便去拜访德国驻华公使巴兰德说明此事。巴兰德认为，人员招募、机器采购都应该从德国办理为宜。嗲喱吧接受了巴兰德的建议，通过德国亚亨地区织呢技师石德洛末，延聘了李德、满德、白翁肯思泰等十三名德国技师，同时采购各种机器设备六十多架，主要有蒸汽机、织机、分毛机、顺毛机、压呢机、刮绒机、洗呢机、剔呢机、缠经线机、烘呢机、鬃刷机、熨呢机、卷呢机、刷呢机、纺锭，等等。这些机器设备共分装成四千多箱，先从德国运至上海，后辗转从汉口转运到兰州。在国内的运输中，因为"路上费掉了好几个月的工夫。直到 1879 年 10 月，一部分机器才运到兰州府"。最后一批机器于 1880 年 3 月才运抵兰州。

机器运抵兰州后，左宗棠非常高兴。他认为"以中华所产羊毛，就中华织成呢片，普销内地，甘人自享其利，而衣褐远被各省"，而且从关内到新疆，百姓世代都可以享受到由此而带来的利益。他还设想以原料就地而取，"能使成本低廉，足以抵制洋呢入口"。左宗棠要洋员负责机器的安装与调试。1880 年 11 月,兰州织呢局正式开工。左宗棠任命石德洛末为总办专理局务,任命李德、满德为总监工。

尽管兰州织呢局后来因经营不善而夭折,但左宗棠在任时兰州织呢局还是取得了一定成果。至于该局的规模与生产情况,左宗棠在 1881 年 1 月上奏给光绪帝的奏折中说:

> 兰州织呢局结构宏敞,安设机器二十具,见开织者尚只十具,所成之呢渐见精致,中外师匠及本地艺徒率作兴事,日起有功。……蚕丝织呢等局雇用中外师匠及办理局务华洋各员弁,有实在出力著有成效者,应由刘锦棠、杨昌濬随时汇案奏请奖叙,以示激励,庶几人心竞奋,利无不兴矣。

左宗棠把兰州织呢局视为"气象更新"之举,他为兴此利民善举可谓费尽苦心。

继李鸿章、左宗棠之后,张之洞也积极发展纺织实业。1890 年,张之洞在武昌文昌门外创办湖北织布官局。该局于 1892 年建成,安装英国布机一千张,纱锭三万枚,雇工两千余人,聘用英国籍工程师摩里斯为总管,德金生为织布局监工匠首。摩里斯在工作中进行棉种改良,可谓对中国棉纺业的一大贡献。

在历史上,湖北植棉虽然已有近七百年的历史,但在湖北织布官局开办之前,湖北的棉纺织一直都是传统的家庭手工作坊模式。对于棉花品种的要求也很低,"乡农栽种者,只供日常需要";所产之棉多为土种粗绒,品种杂劣,花株矮小,且纤维质硬短粗,不能满足机器纺织特别是满足纺织细纱的需要。

摩里斯在织布局安装设备期间,特意到荆州一带考察棉种,发现鄂棉朵瓣细小,纤维短粗,不如美国棉花纤维匀细柔韧,成布光滑耐看,建议引进美棉。摩里斯还建议，为节约成本，可以考虑让棉农试种美棉。

张之洞听取了摩里斯的建议，给驻美公使崔国因发电，让他帮助代购美国棉种十吨，在湖北境内试种。对于棉农试种的棉花，要求"不经胥吏之手，随到随收，按照向来最高之棉花价值，每斤连子收买，从优给价"，"倘有胥役藉端需索，及有意压搁，克扣棉价等情弊，致民间以缴售领种为难，裹足不前者，查出该州县定干未便"。在张之洞的推动下，湖北的植棉业和棉纺工业得以快速发展。

6. 张之洞与"铁"结缘

李鸿章等人积极开办电线、轮运、采矿等洋务事业的同时，洋务派的一个重要举措就是湖广总督张之洞开办的湖北铁政局。这是近代中国一个规模最大的民用军工企业，兼营采铁、炼钢、掘煤等领域。

张之洞在洋务派中可谓后起之秀。他是直隶南皮人，出身于封建官僚家庭，十四岁考中秀才，十六岁中举，二十七岁中一甲三名进士，然后被朝廷授为翰林院编修，曾有过出任湖北、四川学政的经历；1882 年被擢升为山西巡抚，从此开始热衷洋务事业。他开办纺织局、钢铁厂等洋务企业。钢铁厂是他洋务事业中颇为重要的一个民用企业。

在张之洞升任两广总督之前，江南制造总局和天津机器制造局都曾开办过钢铁厂，但那些都是规模很小的企业，生产的钢铁仅供该局制造枪炮之用，还没有为民所用；而且江南制造总局与天津机器制造局生产的钢材都是以外国购进来的原料再生产，而不是使用本国原材料。从这个层面说，中国近代钢铁工业的发展，是以张之洞设立的湖北铁政局为开端的。

张之洞设立铁政局，最初也是为解决军工急需的。他曾经说，"设厂炼钢乃开办铁路、铸造枪炮第一要义"。到了湖广总督任上，张之洞才考虑到"辟利源""杜外耗"为民所用，同时也抵制洋铁进口。1889 年春，张之洞计划在广州设立炼铁厂，就是本着不仰人鼻息，不依赖外国钢铁，自炼钢铁以自用的目的而设立的。当时，他在给朝廷的奏折中说：

> 采铁炼钢一事，实为今日要务。海外各国，无不注意此事。而地球东半面凡属亚洲界内中国之外，自日本以及南洋各国各岛暨五印度，皆无铁厂。或以铁矿不佳，煤不合用；或以天时太热，不能主办。中国创成此举，便可收回利权。……不特此也，各省制造军械轮船等局，所需机器及铁钢各料，历年皆系购之外洋。上海虽亦设炼钢小炉，仍是买外洋生铁以炼精钢，并非华产。若再不自炼内地钢铁，此等关系海防边防之利器，事事仰给于人，远虑深思，尤为非计。

张之洞试图发展强大的钢铁工业，巩固海防，在此已经显露出来。张之洞的想法得到了清廷的批准，他即开始筹办钢铁厂。1889 年 4 月，张之洞致电驻英公使刘瑞芬，说明朝廷已经批准他在广东筹设炼铁厂，希望帮助了解开采铁矿、冶炼钢铁及制造普通钢铁料件的相关设备及价格。刘瑞芬在英国积极查询，二人往来商议。张之洞决定在英国订购每日出铁一百吨的全套机器设备；至于建厂地址，张之洞计划设在广州城外珠江南岸的凤凰岗。他认为此地"水运便利，地势平广，甚为相宜"。

相关的准备工作就绪后，张之洞再次上奏清廷，说在广州开设炼铁厂的条件已经成熟，如前所请，应立即在广州设厂。他谈了设立工厂的计划，即官方先筹款项开办炼铁厂，待取得成效获得利润后，商民必然羡慕，这时候就可以招集商股，归还官本，让商人经营管理。如此"则事可速举，资必易集"。张之洞认为，"大概中国创办大事，必须官倡民办，始克有成"。这一次张之洞对创办炼铁厂已经有了新的想法，认为应该先官办再商办，炼铁也不局限于军事目的，而应考虑长远的利益，为民所用；他甚至有打入国际市场与洋人争利的打算，先官办后商办的目的就是保证"资本之足，熔炼之精"，只有这样才能做到"销路之广"。他还说，"且闻日本确已筹备巨款，广造铁路，原拟购之西洋，若中国能制钢轨，彼未必舍近图远。是此后钢铁炼成，不患行销不旺"。

张之洞计划筹办炼铁厂之时，清廷内部正在进行一场关于修筑铁路的大讨论，且意见分歧巨大。经过一场大讨论，清廷采纳了张之洞修筑芦汉铁路的意见，张之洞也遂于当年调任湖广总督，两广总督一缺由李鸿章之兄李瀚章继任。

李瀚章与张之洞不同，他是一个相对保守且谨慎的官员，对洋务事业并不是很热心。但是，朝廷的谕令下达之时，张之洞让刘瑞芬代购的设备已经有一部分抵达广州，不愿承担办炼铁厂所面临的风险的李瀚章便给自己的弟弟李鸿章写了封信，询问该如何处置。

本来，在广州设厂，张之洞接到朝廷的谕令后，是希望继任者能继续办理此事的。张之洞是这样想的，他和李鸿章主持的芦汉铁路是一条长达两千余里的大铁路，需要大量的钢轨。张之洞认为，与其向洋人购头，不如自炼，因此，他希望钢铁厂能够尽快办起来。

但是，李鸿章不相信中国能够炼出钢铁，制造出铁轨。他给张之洞去电说，"炼铁至成钢轨、铁桥、机车，实非易事。日本铁路日增，至今工料皆用土产，唯钢轨等项仍购西洋，非得已也"。

李鸿章还给其兄李瀚章去电建议他奏请朝廷，让张之洞将炼铁厂移至湖北。1889 年 12 月 5 日，李瀚章奏请清廷说，前任两广总督张之洞订购的熔铁大炉，日出生铁一百吨，每日需要铁砂甚巨，非有丰富的铁矿不可。广东产铁之区不多，倘矿务稍有延误，即难以源源供应。修建厂房，需银数十万两；厂房建成后，需用常年经费更多，粤省度支款项向有定额，何能百务停搁常为垫支？"现在直隶、湖北正议刱办铁路，如将炼铁厂量为移设，事半功倍，较胜于粤省边隅，用与地违。臣确察情形，实难开办，相应请旨敕下海军衙门会同户部筹议，此项炼铁机器应设何处，以及如何指款动用，统俟奏奉谕旨，再行遵照办理。"

于是，海军衙门询问张之洞是否可以将炼铁厂移至湖北。此时，李鸿章也电告张之洞，希望他将炼铁厂移至湖北；并说，广东并无炼铁必需的资源，相反，湖北的铁砂资源较为丰富，且品质极佳。

张之洞答应了海军衙门和李鸿章的要求，决定将炼铁厂移到湖北去。张之洞一面电告李瀚章"此机粤既不用，自宜移鄂"，一面致电海军衙门与李鸿章："两广李督（瀚章）既不欲在粤置机炼铁，且此机内本兼订有造铁轨机器，自以移鄂为宜。……谨当即电使英刘大臣（瑞芬），将此机运鄂。"海军衙门根据张之洞的意见入奏，获得了清廷的批准。

张之洞同意将炼铁厂移至湖北，总理衙门则向其承诺，修筑芦汉铁路每年允拨经费二百万两；开办铁厂为的是"今日之轨，他日之械"，经费可以在铁路款项下拨给。

铁厂移至湖北，虽然总理衙门表示支持，但是，总理衙门的大员们和李鸿章都有着看笑话的嫌疑。李鸿章曾经在给其兄的电文中说：

> 香（张之洞）复海署，抑扬铺张，欲结邸欢，即准拨部款，恐难交卷，终要泄底，枢廷皆知其大言无实也。

面对枢臣们表面喝彩内心想看笑话的现实，张之洞积极面对。为筹备铁厂，他首先对是否可将铁厂移至湖北进行了论证。他先是给湖北巡抚奎斌发电，请其密查大冶铁矿的开采情况。而事实上，颇有洋务经验的盛宣怀此时也已经着手让奎斌查询大冶铁矿的开采情况，但其没有告知张之洞罢了。从这个情况看，盛宣怀有觊觎大冶铁矿之心，但张之洞还是通过奎斌了解到盛宣怀的动向。

1889 年年终岁尾的时候，张之洞辞别广东前往湖北，在上海停留了十余日的时间。在这里，他特意将时任山东登莱青兵备道盛宣怀邀请到上海商谈建铁厂事宜。张之洞认为盛宣怀走在自己前面，了解大冶铁矿的情况，可谓"勘矿首功"，对建厂事宜必有自己的见解，于是向其请教。二人在上海"连日晤谈，详加考究"。

交谈中，盛宣怀向张之洞递交了招商股办铁厂的章程。但此时，张之洞仍主张官办，认为商办时机尚不成熟。他说，"商股恐不可恃，且多胶葛"。张之洞坚持官办，有将铁厂权力牢牢控制在自己手里的打算；而盛宣怀的商办建议，既有意在"牟利"，也有染指铁厂权力的图谋。

二人意见不统一，盛宣怀并不甘心。张之洞离开上海前往湖北时，盛宣怀则向李鸿章、张之洞上了《筹拟铁矿情形禀》，系统地阐述了自己的主张，认为应派大员督办，将湖北大冶、武昌（今湖北省鄂州市）铁矿、当阳煤矿、江苏徐州利国铁矿与煤矿，统归一局，由该局统筹安排，招股商办。

盛宣怀的这些主张不但与张之洞的意见截然相反，而且进一步暴露出他本人急欲控制这一新兴事业的企图。后来，张之洞曾指出，"初议建设铁厂时，盛道曾上一禀有慨然自任之意"。

张之洞没有接受盛宣怀的主张，但却从中得到了启示。他以筹备勘矿、采炼、建厂的名义奏请清廷设立湖北铁政局，地点设在武昌水陆街旧营务处公所，令曾经跟随他多年、具有办理洋务经验的湖北候补道蔡锡勇总办局务，又聘请洋员白乃富、毕盎希、巴庚生、化学教习骆丙生、工程技师时维礼到局任职。6月初，张之洞认为原来的局址过小，又将铁政局搬迁到武昌宝武局公所，仍委派蔡锡勇等人总办局务。从此，湖北铁政局的各项筹备工作积极展开。

开设炼铁厂需要大量的煤炭和铁砂，虽然说此前盛宣怀已经命人勘得大冶铁矿、当阳铁矿，但张之洞心里并没有底。他在原有的基础上进行了大规模的复勘。经过勘查，发现大冶铁矿储量大，含铁量高，可供长期开采。在煤的方面，比较理想的煤矿有湖北大冶王三石煤矿和江夏马鞍山煤矿，张之洞随即在此二处设立了煤矿局，将煤矿纳入官方轨道，方便随时采用。

在张之洞命人进行大规模勘探煤、铁矿之时，一个重要的议题就是炼铁厂的筹建，厂址应该选在哪里？张之洞到任湖北之后，李鸿章曾经给他写了一封信，建议他将铁厂设在煤矿附近。李鸿章说，"西洋多以铁石就煤，无运煤就铁者"。但是，当时虽已勘得大冶铁矿，但煤矿还没有勘得理想的所在，无煤矿可就。张之洞便询问白乃富等洋匠们，白乃富回答"但视其变，不拘一格"，并没有给出应该设立的具体地点。

此时，盛宣怀也提议说，铁厂最好设在武昌下游大冶逸北的黄石港，因为这里距离铁矿较近，但是张之洞并没有采纳。张之洞认为铁厂应该选址在武昌城外，理由有四：其一，黄石港平者太洼，高者太窄，不适宜设厂；其二，设于大冶，矿石上运，湘煤下运，炼成铁又要运往省城，多一次运输费用，增加了成本；其三，离省城太远，不便于管理；其四，雇聘的洋员和技术人员，可一人多用，如分至省城之外，力有不逮。

张之洞主张将炼铁厂设在武昌城外东南二十里汤生湖边的金鸡垸。但是，他让蔡锡勇等人勘察后又发现金鸡垸虽然"地势高广"，具有较好的地理条件，但必须"作闸疏河，劳费太巨，冬令内湖结冰亦不便"，便放弃了在金鸡垸设厂的计划。

张之洞又让蔡锡勇等人另作考察，终于在汉阳大别山下勘得一地，决定将炼铁厂设于此处。选定的厂址是大别山下一个长约六百丈，宽余百丈的地方，这里南枕大别山，东临长江，与武昌、汉口隔水相望，且运输比较方便。张之洞认为在这里设厂有"六便"。一是湖南及湖北荆门等处所产煤炭都在上游，如果运到大冶，虽较汉阳仅多三百余里，但上水回船无货物可以运载，运费必贵。若运至汉阳，这里商业繁盛，情况就大不相同了。二是钢铁炼成后，必须要运至汉口销售或运至枪炮厂制造，在汉阳设厂则取用较为方便。三是湖北创立的炼铁、织布、枪炮三厂集中在武昌和汉阳，便利各项人才的通融使用。四是汉阳与省城仅一江之隔，便于管理。

五是铁厂每年都需要大笔的款项收支，若设在省外，没有官员到厂管理，容易引起非议。六是便于废物利用。炼铁产出的矿渣、煤渣除可填筑本厂地基外，还可以运往汉口后湖，填筑湖身，汉口城垣可免遭江水冲灌，也可保护沿江房屋不被江水淹没。

厂址选定后，建厂工程从 1891 年 9 月开始动工，到 1893 年底工厂大致完工，其规模相当宏大。厂地面积有十万平方米之大，包括十个工厂，即炼生铁厂、炼贝色麻钢厂、炼西门士钢厂、造轨厂、造铁货厂、炼熟铁厂、鱼片钩钉厂等。

在建厂的过程中，张之洞又与新任驻英公使薛福成取得联系，希望他与英国有关厂商接洽，继续添加设备。考虑到修筑芦汉铁路，张之洞最想购买制造铁轨的炼钢大炉。于是，薛福成专程来到英国梯塞特厂询问情况。询问的情况是，只要有铁石、煤焦，且化验合格，即可购买生产。于是，薛福成向张之洞做了汇报，并根据张之洞的要求，新订购了可以炼造钢轨的钢炉，雇聘了能炼贝色麻钢和西门士钢的技师。

1894 年 2 月 25 日，炼铁厂煅铁炉正式生火开炉。因为大冶铁矿的矿石中含有大量的硫磺，生产出来的铁质地较脆，所以必须先投入煅铁炉处理，使硫磺挥发，然后才可以投入生铁炉冶炼。6 月 28 日，生铁大炉也点火开炼，于 30 日正式出铁。当时，生铁大炉可以日产出铁五十吨，有时候也达到七十吨，钢年产能力在三万吨左右，张之洞曾自豪地称之为"东亚第一雄厂"。

既然号称"东亚第一"，支出和产能必然巨大。铁厂有炼生铁大炉两座，如果两座铁炉同时开炼，则全年需要经费一百余万两。张之洞考虑到经费紧张，仅开生铁大炉一座。从铁炉开炼到 1895 年 10 月，铁厂一年多的时间生产生铁五千六百六十吨，铁厂用去两千七百吨，枪炮厂等处用铁二百余吨，外售约一千一百余吨，尚有库存一千六百余吨；此外，铁厂还炼成熟铁一百一十吨，生产贝色麻钢九百四十余吨，马丁钢料四百五十余吨。

从当时的库存情况看，张之洞创办的汉阳铁厂的销售情况并不是十分理想。为解决销售问题，他制定了一个《行销各省章程》，章程中说：

中国自开铁厂，乃奉旨饬办之件，关系自强要图，凡我军国所需，自宜取资官厂，唯赖户部与各衙门及各省合力维持，方足以畅地产，而保利权。

张之洞希望北洋所属中国铁路公司以及各省机器制造局、船政局等企业在需要钢铁原料时，都优先从汉阳铁厂购买。至于购买的价格，为提高与洋钢铁竞争的能力，张之洞还奏请朝廷："开办之初，工本较巨，行销各省及出口远销外洋，自应一律统免税厘，以轻成本。"希望朝廷能够在税收方面给予支持，增强市场竞争力。

虽然如此，但毕竟汉阳铁厂生产的钢铁成本太高，价格上不占优势，质量也赶不上外国的钢铁，所以张之洞的《行销各省章程》并没有对销售产生多大的促动力。张之洞考虑到经费的问题，只开了一个生铁大炉，但是面对销售不畅，张之洞很想将两个铁炉齐开，以降低成本，而要两个铁炉齐开，又必须有充足的煤炭。张之洞虽然在开办汉阳铁厂之前已经勘得王三石和马鞍山煤矿，然而，王三石煤矿在1894年夏因挖出了大水而不得不宣告停止，被迫停采。马鞍山煤矿的情况又怎样呢？1894年马鞍山煤矿安装洗煤机、炼焦大炉，并增设了大型挖煤机，日出煤三十余吨，三十五座炼焦大炉齐开，日出焦炭五十余吨；汉阳铁厂尚有炼焦厂七十五座，所以，马鞍山之煤产量不敷炼焦之用，且"煤质含磺过重，不甚过于炼焦之用"。这样，的问题成为制约汉阳铁厂发展的瓶颈。

张之洞的汉阳铁厂在采煤方面面临着无法解决的困难。为解决煤的问题，他一面派人从外国购买煤炭，一面从湖南醴陵和江西萍乡购回一些煤炭；即便是这样，也常常有中断的情况发生。由于煤炭供应不及时，而且经费又十分困难，既不能多购湘煤，又无法多买外煤，所以铁厂于1894年11月将生铁大炉暂停冶炼。到1895年8月，马鞍山所出焦炭逐渐增多，而且购买了一批开平煤矿的焦炭，与马鞍山的焦炭混合使用，才使生铁大炉重新开炼。

从这些情况看，张之洞开办汉阳铁厂的经费是相当紧张的。因为经费紧张，汉阳铁厂的运营从一开始就处于举步维艰的局面。汉阳铁厂处境困难，曾经想控制中国铁矿之权的盛宣怀多次向张之洞提出铁厂商办的主张。1892年12月，盛宣怀向张之洞发了一个禀帖，声称考虑到汉阳铁厂经费困难，"拟招集商股，承领铁厂，先集股一百万两以四十万两缴还官本，以六十万两作为开炼经费，如有不敷，由商自筹"。

张之洞虽然为资金筹措感到力不从心，但仍不同意盛宣怀的主张。他回复盛宣怀说，"若归商办，将来造轨制械转须向商购铁，虽塞洋铁之漏卮，究非自强之本计"。

盛宣怀希望商办汉阳铁厂，屡屡遭到张之洞的拒绝；甲午战争之败，却给盛宣怀提供了机会。甲午战争战败后，清廷被迫与弹丸小国日本签订《马关条约》。当时列强有一个不成文规定，与清廷签订条约，各国可以"利益均沾"。《马关条约》中规定日本有可以到华投资设厂的权力，于是各国也纷纷要求到华投资设厂。再者，根据条约规定，清廷需向日本赔付战争赔款两亿两，此外还有巨额的赎辽费，本就财政捉襟见肘的清廷更是无力投资官办企业。在这样的情况下，清廷上下要求商办企业的呼声是非常高的。当时，给事中褚成博就上奏朝廷说：

> 中国制造机器局不下八九处，历年耗费不资。一旦用兵，仍须向外洋采购军火。平日工作不勤，制作不精，已可概见。福建船厂岁需银六十万，铁甲兵舰仍未能自制，湖北枪炮、炼铁各局经营数载，糜币已多，未见明效，如能仿照西例，改归商办，弊少利多。

褚成博所奏对朝廷缓解财政压力是大有益处的，于是，清廷准其所奏。1895 年 8 月 2 日，清廷发布上谕，要求官办各局"从速变计，招商承办"。

谕旨已下，且点了汉阳铁厂的名字，张之洞感到经营汉阳铁厂今后再向朝廷伸手要钱势必变得更加困难，甚至是不可能的了。面对款项筹措艰难、煤炭供应又时断时续的现实，张之洞只好考虑甩掉汉阳铁厂这个沉重的包袱。

"招商承办"，朝廷的意思是从南洋华侨中招商，"南洋各岛及新旧金山等处，中国富商在彼侨寄者甚众，劝令集股，必多乐从。着边宝泉、谭钟麟、马王瑶遴派廉干妥实之员，迅赴各该处宣布朝廷意旨，劝谕首事绅策等设法招徕"。但是，张之洞接到谕令后，起初并不打算与华商合作，他不相信华商有此财力和魄力包办得起已经投资五百多万两白银的汉阳铁厂和煤铁矿产。张之洞计划以"招商承办"的名义把汉阳铁厂承包给外国人。

1895 年 9 月 4 日，张之洞电告湖北铁政局总办蔡锡勇："铁厂一切经费拟包与洋人，有愿包者否？每年经费若干？速询各洋匠。"蔡锡勇接到电报后，因为正在估算铁厂经费之事，并没有立即回复。三天后，张之洞再次去电："阁下何日来，铁厂有洋人肯包否？速复。"短短几天连续电询，张之洞的急切心情跃然纸上。

与此同时，张之洞也积极与外国各洋行联系，要他们速派人到武昌面商。蔡锡勇接电后，一面与洋人洽商，一面也致电盛宣怀的侄子盛春颐，转达了张之洞想把汉阳铁厂包与洋人的想法，希望盛春颐劝说盛宣怀，设法接办汉阳铁厂。蔡锡勇从骨子里仍是希望汉阳铁厂由中国人接办的。

张之洞要把汉阳铁厂包与洋人，感到有利可图的英、法、德、比利时商人纷纷前来接洽。法国商人黛玛陀表示愿意以五百万两附股合办，先缴一百万两，另附股四百万两，增加炉座机器，添开煤井，大举采炼，得利后官商平分。张之洞积极与洋人接洽，也引起了外国公使和领事的关注，他们"皆屡来婉切询问，坚欲承揽"。

汉阳铁厂要包与洋人，当这个消息传开后，遭到社会各界的反对。湖南巡抚陈宝箴甚至去电规劝张之洞：

> 忽闻铁政将与洋商合办，极为怅然。我公此举原为铁路、枪炮及漏卮而设，……今需用正急，忽与外人共之，与公初议大不符合。且此端一开，将无事不趋此便易之路，彼资日增，我力难继，必至喧宾夺主，甚为中国惜之。

张之洞并没有听从陈宝箴的劝告。当年冬天，德国商人也来与张之洞商议包厂事宜。张之洞再次电催蔡锡勇，说有德国大工厂愿意合作。但是这一次，蔡锡勇却表示不应该将铁厂包与外国人。他告诉张之洞，已与盛宣怀取得联系，"闻盛道（宣怀）已南来，揆度时势，似包于洋人不如包与华人为宜"。

在蔡锡勇的积极劝说和社会各界的一片反对声中，张之洞放弃了"包与洋人"的打算，也感到"矿务为中国自有之利源，断不能与外人共之。洋商合办之议，不得不作罢论"。但是，他回电蔡锡勇说，铁厂"固以华商包办为宜，但中华绅商类多巧滑，若无洋商多家争估比较，定必多方要挟，不肯出价"。一面让蔡锡勇继续虚张声势，一面与盛宣怀联系。当然，张之洞此时转变态度急切地想与盛宣怀联系，也是迫于国内反对他将铁厂包与洋人的压力。

1896年春，盛宣怀怀着承揽汉阳铁厂的急切心情来到了湖北，受到了张之洞的热情接见。此时，二人见面的氛围已大不相同。甲午之败，李鸿章遭受弹劾，一时间失了势，被解除了直隶总督和北洋大臣之职，成了一个闲散的待职官员，闲居在北京贤良寺，无职无权。突然从高位上闲下来了，李鸿章倒也清净。盛宣怀本系李鸿章幕僚，受其影响，也遭到弹劾，说他在天津海关任上贪污腐化、任用亲系。盛宣怀突然失去了庇护的大树，"意甚自危"的他"决计舍去天津海关，别图他项事业"，以摆脱被众人指责的尴尬。当然，在自己的仕途中，他需要重新寻找一棵大树，很想依附于张之洞的政治势力庇护之下。因此，借张之洞急于甩掉包袱之机，他很快接受邀请拜见了张之洞。

汉阳铁厂的情况，盛宣怀是知道的。债台高筑，要想获利相当困难，但又是与张之洞结合的一座桥梁。此时还有一个动向是，朝廷中建议修筑芦汉铁路的声音又起，盛宣怀感到将承办芦汉铁路与汉阳铁厂结合起来，既可以增加自己的权力，又能讨得张之洞的欢心，他向张之洞提出了这个要求。张之洞考虑到盛宣怀具有官督商办企业的经历，就答应了。张之洞在给李鸿藻的信中曾提到过此事，信中说：

> 盛道此来与之细谈，……大意谓铁路若归鄂办，则铁有销路，炼铁之本，可于铁路费内挹注。正筹议间，适闻有芦汉铁路交王夔帅（直隶总督王文韶）及散处督率商办之旨，渠甚踊跃，谓亦愿招商承办。……盛若令办铁路，则铁厂自必归其承接，如此则铁厂全盘皆活。

张之洞与盛宣怀经过积极磋商，拟定了承办汉阳铁厂的承办章程，主要有六点：

第一，汉阳铁厂承办后，为官督商办，盛宣怀为督办大臣；第二，承办汉阳铁厂，招集商股，拟招商股一百万两，前四年以八厘取息，第五年始以一分取息；第三，官方已投入汉阳铁厂及相关采矿资金五百八十万两，铁厂承办后，仍由铁厂偿还，从卖出铁轨之日起，按出铁吨数提银一两，还清五百八十万两后，官方仍照每吨一两继续提取；第四，各省修筑铁路所使用的钢轨都要从汉阳铁厂订购，但铁轨须出厂合格；第五，为保钢铁之利源，与外洋钢铁竞争，铁厂与煤铁各矿应免税十年；第六，汉阳铁厂管理按照轮船招商局、电报总局章程拟出，由督办一手经历，禀报湖广总督查考。

从这个情况看，汉阳铁厂成了盛宣怀与张之洞之间一场双赢的政治交易。张之洞甩掉包袱，但仍然保持"遥控"的权力；而盛宣怀也通过承办汉阳铁厂实现了"路与轨两局综于一手"，为日后在官商两界飞黄腾达奠定了基础，实现了二人的政治结合。

1896 年 5 月 23 日，汉阳铁厂正式由盛宣怀接办，从此汉阳铁厂由官办企业变身为官督商办企业。

两年以后，汉阳铁厂勘得"磺轻灰少，炼焦最佳"的江西萍乡煤矿，基本解决了铁厂燃料问题。1908 年，汉阳铁厂、大冶铁矿及萍乡煤矿组成"汉冶萍公司"，盛宣怀任总经理，完全取消"督办"名义，成为纯粹的商办企业。企业的改制，使汉阳铁厂能沿着资本主义轨道较为顺利地前进。

第五章　留学美国的前前后后

1. 容闳告诉曾国藩一个计划

洋务派开展洋务运动，没有大批掌握近代知识的新型人才是无法向纵深推进和取得成效的。这一点奕䜣看到了，曾国藩看到了，李鸿章也看到了。他们创办同文馆，设立天文算学馆，聘请西洋教习，挑选优秀学生，让他们学习西方语言以及西方近代自然科学知识、军事技术等，目的就是培养通晓西方情形以及外国先进技艺的人才。

培养近代中国的新型人才，洋务派也把向国外派出留学生作为重要一环。而在这个问题上，曾国藩当属推动晚清留学教育的第一人。

曾国藩推动留学教育，应该说是受到容闳的影响。容闳是晚清留学史上到国外留学的先行者。容闳回国后，于1862年与曾国藩相识。留学归来的容闳本想在太平天国运动中寻找救国的希望，但他碰壁后，就把希望寄托在洋务派身上。1861年，容闳在好友的引荐下，给曾国藩的幕僚写了封信，说明了自己的想法，并于1862年到安庆曾国藩的军营求见曾国藩。初次见面，容闳给曾国藩留下了良好的印象。后来，曾国藩在给好友郭嵩焘的信中说了他与容闳见面的事。在信中，他这样评价容闳：

　　……容纯浦上年曾来安庆，鄙意以其久处泰西，深得要领，欲借以招致智巧洋人来为我用，果其招徕渐多，则开厂……此间如华若汀、徐雪林、龚春海辈，内地不乏良工。曷与容君熟商，请其出洋广为罗致。如需赍多金以往，请即畀之少荃，虽数万金不吝也。其善造洋火铜帽者，尤以多募为要。

曾国藩给郭嵩焘的信中透露了这样一个信息：推进洋务事业很需要西式人才，容闳的到来，正是他所需要的。毕竟容闳有着深厚的西学教育经历，因而他对容闳引以为重，还希望通过容闳吸引一些西式人才。基于这些原因，曾国藩让他的幕僚正式向容闳发出邀请，表示"亟思一见"，希望他帮助襄办洋务。

曾国藩的邀请，也使容闳看到了希望。后来，他的留学教育计划得以成功，在很大程度上就是借力于曾国藩的推动。当然，作为一代"中兴名臣"，曾国藩积极支持留学教育，也是洋务运动的需要。办洋务最急需西式人才，对于博学多才的西式人才"尤加敬礼，乐与交游"，这也是他积极招徕容闳的原因。经过与容闳的接触，曾国藩认为容闳"庶几闳毅之选，不仅通译之材"，"为中国可造之才"；李鸿章也称容闳"洋学及西国律法探讨颇深，洋情既熟……其志趣尚知要好"。这样的人才，正是可以协助他们办理洋务、对外交涉的合适人选。双方的合作于是就在这样一种对彼此的认识和需要下展开，也使得后来容闳的留学教育计划得见天日。

一代"中兴名臣"曾国藩对容闳赏识，至关重要的因素是他接受过西式教育的经历和他的洋务能力。在曾国藩的支持下，容闳派遣留学生到西方留学的计划成为现实。而容闳这一愿望的实现，在当时的中国也经历了一个曲折的过程。

1854年，容闳以优异的成绩从美国耶鲁大学毕业，成为第一个受过完整美国教育并取得大学学位的中国人。他既因自己是第一个毕业于美国大学的中国人而自豪，又因自己的这种特殊感到苦恼。中国先人常说的一句话："学以致用。"容闳最大的苦恼，就是美国所学，在自闭的中国不能致用。

当时，西方近代工业快速发展，而回望祖国，依旧是传统的农业和原始的生产模式；特别是鸦片战争后，祖国大地一片疮痍破败景象。清政府内，更是一种腐败颓靡之气，这使学成归国的容闳感到深深的失望。

1854 年 11 月 13 日到 1855 年 3 月 15 日，当美国海萨公司"尤利加"号商船从美国纽约港起航向中国的洋面上飘来的时候，坐在轮船上的容闳曾经有过许多幻想。当时，容闳曾幻想回国后的工作情况，设想凭他在美国所学和所见所闻，一定能将中国带入富强康乐之境。

然而，随着轮船离祖国越来越近，他发现他的理想与现实存在着巨大的落差。当轮船停靠在中国香港口岸时，发生的一个插曲使他感到通过在美国所学，为中国的富强尽一份力的想法未免太乐观天真了。当时，有一位中国领水来到船上，船长因容闳是中国人而请他担任翻译，询问附近有无危险的暗礁和沙滩。容闳竟然找不到恰当的中国词句把"暗礁"和"沙滩"翻译出来。这让容闳非常尴尬。在中国人与外国人混杂的讥笑声中，他认识到在美国学习的几年，已使他对祖国文化，甚至对一切产生了隔阂。封闭的中国也不了解这个学成归来的人。这种隔阂将影响到他今后的工作和生活，而他以后的遭遇也不断验证着这一点。

让容闳更感到困惑和无奈的，是他的母亲也与他产生了距离感。当他带着一颗思念已久的炽热之心急切地奔赴自己的家乡广东香山南屏村的时候，他的母亲望着跪在膝下西装革履的儿子总觉得有几分不顺眼。她告诉他，长袍马褂是祖宗留下来的，不能丢弃祖宗留下来的东西而穿洋人的服饰，也不要留小胡子；中国人延续了几百年的辫子更应该留下来。容闳不敢抗拒母亲的意志，立即上街找理发匠剃去胡子，并找了根假辫子蓄在脑后。

容闳告诉母亲，自己是美国名牌大学耶鲁大学的毕业生，并获得了学士学位。对于这些，他的母亲并没有表现出很高兴的神情。她关心的是这个耶鲁的学士相当于朝廷科举考试中的什么功名，是进士还是探花或者举人，凭此能挣多少钱？母亲的问话，让容闳有些无可奈何。他虽然有些无奈，但在母亲面前，还是努力表现出一副笑嘻嘻的样子回答说，学士相当于中国之秀才，且为常人难得之"稀贵荣誉"。

面对诸多苦恼，容闳有一种"众人皆醉我独醒"的茫然。容闳的这种近乎孤独的茫然不是没有道理的。是时的中国还是封建闭塞的，容闳有着西方生活方式，在众人眼里，他是一个异类。对他来说，中国反倒像是异乡，处处遭受歧视、猜疑和敌对。在这种隔离感的心境中，他也有种被世界抛弃的孤独。他在家乡度过了三个月的光景，感觉家乡实在是待不下去了，他需要为自己的理想，为中国的富强寻找出路。他归国后目睹帝国主义勾结清政府的贪腐官员及一些社会败类，将"中国华工"以辫相连，三五一群，输送到国外做劳工；还有中国城市、乡村的破败景象……这些都促使容闳产生了十分强烈的渴望中国强盛的感情。

容闳最先把梦想的实现寄托在太平天国运动上。容闳之所以首先对太平天国寄以希望，主要是洪秀全的堂兄弟洪仁玕 1859 年自香港到达天京，受到洪秀全重用，被封为干王。此时，洪仁玕提出了《资政新篇》。容闳在香港时就与洪仁玕相识，二人在思想见解上也有很多共同之处。对于洪仁玕的《资政新篇》里边的许多主张，容闳是赞同的。因而他认为太平天国有可能是他实现理想的地方。

怀着实现理想的心境，经过一番周折，容闳冒着生命危险于 1860 年 11 月 18 日到达天京，第二天就见到了洪仁玕。老友见面，分外高兴，畅谈甚欢，性急的容闳立即和盘托出自己的七点建设现代国家之策，如创办现代军队、银行、现代文官制度、学校等。两天后，洪仁玕又主动要和他见面，表示自己完全懂得这些建议的意义，但得不到其他人的支持，所以无法实施。

在太平天国的日子，容闳根据自己的观察，发现太平天国这支农民起义力量并不能使中国强大起来。虽然太平天国作为农民阶级的代表颁布了《天朝田亩制度》《资政新篇》等创造性的制度和政策，对清王朝和地主阶级造成一定的冲击，但太平天国定都南京后，洪秀全以及他的将领们安于享乐。洪秀全整日里只是沉醉在"拜上帝会"的伊甸园里，研究教义，玩弄女性，对近代世界大机器生产的隆隆声和先进科学技术大潮充耳不闻。不仅如此，太平天国内部还互相倾轧。作为洪秀全的堂兄弟，洪仁玕提出《资政新篇》施政纲领，但由于内部的抵制而难以施行。这些情况容闳都看在眼里，因而当洪仁玕委任他高官，并对他说明他的建议在太平天国内难以实现时，容闳便谢绝了洪仁玕的好意离开了天京。

面对现实，容闳找不到一个可以施展自己抱负的地方，不得不在上海暂当茶商维持生计，获利颇丰。但这都不能排解他报国无门的苦闷。

正在苦闷之时，1862 年春，容闳连续收到曾国藩令其幕僚张斯桂、李善兰二人分别发来的邀请函，邀他到安庆一叙。他们在信中介绍了曾国藩想创办近代工厂的想法。来信情真意切，容闳大为感动，感到实现自己生平抱负的机会来临了，于是在 9 月的一天到达安庆，求见曾国藩。

容闳的抱负和主张，曾国藩早有耳闻，因而当有人把容闳介绍给曾国藩时，他立即对容闳表现出足够的重视并亲自接见。这次接见很有戏剧性。这是"中国留学生之父"与"中国近代化之父"的历史性会见，很有象征意义。容闳被人领到曾国藩面前的时候，曾国藩含笑不语，只是用一双锐利的眼睛从头到脚打量了容闳一番，后来又问了一些大致的情况。容闳毕竟是留过洋见过世面的，并不胆怯，一一回答了曾国藩的提问。

这种独特的会见方式实际上是曾国藩考察人才的一种手段。曾国藩用人，在正式任用之前都要经过这种"四目相对"的考察方式。从心理学的角度讲，这种方式对人的心理具有一定的威慑作用。一些心虚或者不自信的人，往往会在曾国藩的目光直射下坐立不安，甚至落荒而逃。容闳毕竟是见过世面的，经过这一次"考察"，曾国藩感到容闳是一个自信而能堪当大用之人。

两周后，曾国藩再次约见了容闳。这一次，曾国藩问了一些容闳留学美国的事情，并问了如何使中国强大等问题。二人在长谈中，曾国藩问容闳："今日欲为中国谋最有益、最重要之事业，当从何处着手？"容闳认为应该先建设一座西式机器工厂，建造这个工厂应当有制造机器的先进设备，进而也为中国制造工业的发展积累经验。

容闳的建议与曾国藩希望办近代化工厂的设想不谋而合。这次会见后，曾国藩即安排容闳协助建立机器厂事宜。对于这个决定，容闳自然十分高兴。在美国的经历，使他感受到美国之所以强大，与近代工业的发展有很大关系。中国终于有执掌大权之人认识到办近代化机器工厂的重要了。

经过一段时间的磨合，双方进一步加深了了解，曾国藩决定由容闳先期赴美准备绘制机器与未来机器厂的图样，并采购机器厂需要的设备。这样，容闳先到欧洲稍做考察，并再次来到他曾经生活学习过的美国。

容闳先在法国和英国一共考察了四十多天，于1864年初春横渡大西洋，到达美国纽约。这时正好是容闳自耶鲁大学毕业后的第十个年头。他的耶鲁同学在纽黑文举办了一个毕业十周年校友团聚会，邀请容闳参加。于是，容闳在离开耶鲁十年之后，又成了校友们谈论的中心。

参加校友会，只是容闳故地重游的一个临时决定，他不能忘了自己此行的重要目的是受曾国藩之命购买机器。但是，当时正值美国南北战争，美国的机器厂商都忙于承担政府的订货，无暇顾及容闳的订单。容闳担心完不成使命，就通过在美国的朋友关系，找到马萨诸塞州费屈伯格城的普特纳姆公司承造中国订货。

1865年初春，所有订购的机器顺利交货。这些机器由纽约装船，经大西洋，过好望角东行运到上海。容闳本人则有心做环行地球的第一个中国人。他自纽约乘船南下，穿巴拿马地峡至旧金山，然后再由旧金山西行过太平洋，经日本到达上海。

　　所有的设备完好无损地到达上海后，按照惯例，容闳应该向曾国藩汇报在美国的情况。但是，当时曾国藩并不在上海。

　　自太平天国起义被平息后，曾国藩便奉命调往徐州镇压闹腾得正欢的捻军起义。容闳便同曾国藩的幕僚华蘅芳一道前往徐州拜见曾国藩，汇报赴美购机的情况。容闳在美国采购的设备在当时是十分先进的，这不仅使他提升了自己的身价，也使曾国藩十分赞许。拜见曾国藩时，曾国藩表示要立即专折奏请皇帝嘉奖封赏。

　　曾国藩的一位幕僚将奏折的内容透露给容闳。奏折的大意是说，容闳是一个通晓各国语言文字的人，曾经在美国读书，聪明而且很有胆识；同治二年十月，曾国藩拨给他巨额银两，派他到西洋采购办铁厂的设备，经过四年的努力，圆满地完成了任务；这样的人，朝廷应该给予奖励。为了激励他报效朝廷，恳请皇上恩准授予官职。

　　此后不久容闳被正式任命为五品实官，成为一名有正规俸禄的官员。容闳从美国采购机器归来后不久，江南机器制造总局在上海虹口正式成立，两年后迁至高昌庙。江南机器制造总局成立后，容闳更是被曾国藩信任重用。但他并没有为此而飘飘然。他知道，以当时中国的状况，要发展近代工业，重要的是培育人才，因而他一直把教育视为极重要的事。在曾国藩接见他之初，他就想向曾国藩阐述自己对教育的观点和主张；但在与曾国藩的交谈中，他了解了曾国藩最急切的事情是创办近代工业，这也使容闳看到了自己教育理想的希望。他清楚，创办近代工业离不开人才，更离不开教育。所以当曾国藩问他兴办最有益、最重要的事业应该从哪里着手的问题时，容闳采用了曲线办教育的策略，以创办机器厂迎合了曾国藩的思想。有关设立机器厂的问题，本来不是容闳的专长，但是他留学美国目睹近代化对国家富强、振兴经济、发展教育带来的益处，因而提出了与曾国藩相同的主张。

　　人生际遇，莫过于有知遇者。容闳在江南制造总局工作期间最为得意的事，是他促成了江南制造总局附属学校的建立。设立机器厂后，容闳曾经很有策略地劝说曾国藩办教育。1867 年，曾国藩视察上海江南制造总局，容闳陪他参观了制造总局里的机器设备，曾国藩对此表现出浓厚的兴趣，他站在那里始终欣然不倦地注视着机器自动运转。这是他第一次见到机器和其运转情形。容闳趁此机会，对曾国藩进言，制造局应该附设一座机械学校，以培养中国青年学习机械工程的理论和操作。这样，到了适当的时候就可解雇外国工程师和机械师，使中国人能完全独立操作。曾国藩听后，认为容闳的建议很有道理，便决定在制造总局建立一所学校。

也是在当年，容闳又向刚任江苏巡抚的丁日昌提出派遣留学生的计划。丁日昌十分赞成，并写成改革建议五条准备上奏朝廷，其中第二条即留学计划。丁日昌的奏章中说：

> 政府宜选派颖秀青年，送之出洋留学，以为国家储备人才。派遣之法，初次可以选定一百二卜名学额以试行之。此一百二十人中，又分为四批，按年递派，每年派送三十人。留学期限定为十五年，学生年龄，须以十二岁至十四岁为度。视第一批学生出洋留学著有成效，以后永定为例，则以后每年派出此数。

丁日昌的奏章呈到总理衙门。但是，由于总揽总理衙门事务的文祥因母亲去世回乡守孝，而被搁置下来。

容闳推动中国留学教育，能得到曾国藩的支持，天津教案的发生是一个推动契机。第二次鸦片战争失败，《北京条约》签订后，法国天主教传教士在天津望海楼设立教堂，仗势横行，诱人入教，强占民地，激起民愤，先后发生了虐童致死事件。虐童致死的事件，当地百姓传言说这是外国传教士诱拐、残害儿童，"剜眼剖心，制造药材"。于是，1870 年 6 月，天津民众组织代表与法国领事交涉，但是，法国驻天津领事丰大业却蛮横地将民众代表轰出堂外。丰大业又于 6 月 21 日午后，持枪闯入三口通商大臣衙门，开枪恫吓，要清廷官员派兵弹压抗议百姓。不仅如此，丰大业在路遇天津知县刘杰时，竟然向刘杰开枪，击伤刘杰随从高升，还声称："我不怕中国百姓！"秘书西蒙也鸣枪威胁。民众怒不可遏，当场击毙丰大业和西蒙，随后焚毁法国领事馆、教堂、育婴堂及英、美教堂数所，打死打伤外国传教士多人，史称"天津教案"。事发后，英、美、法、德、意等七国军舰集结天津、烟台一带海面示威。

"天津教案"发生后，容闳作为丁日昌的随员和中国方面的翻译也前往天津参与交涉。他在分析教案发生的原因时，认为中国百姓对西方的不了解是这场外交纠纷的根源。要减少和杜绝这种有害无利的外交灾难，只有加速推进能够提高民智和增进中国人了解外部世界的教育工程。于是，他再次向丁日昌和曾国藩提出了他的留学教育计划。此时，曾国藩也因为"天津教案"受到百姓的指责。

因此，对于容闳的建议，曾国藩认为切中时弊，很有见地。当年 10 月，曾国藩、李鸿章、丁日昌联名将容闳的建议上奏朝廷。1871 年 5 月，曾国藩又给总理衙门写了派留学生到国外留学的呈文。曾国藩在信中说，丁日昌多次来信商量，希望朝廷选派聪颖幼童，赴西方各国学习军政、船政、制造等先进技术。曾国藩在呈文中也列举了到西方学习的好处。

西洋之所以发达，是因为有地理、数学、天文、制造等多种知识；他们重视引进外国的先进技术，把学有所成的"游学"者请到学校，教授各门科学；他们把陆军和海军的建设看作"身心性命"，中国要仿效他们的成功之道，最紧迫的是应当选拔聪颖子弟到海外留学，努力钻研，以实现皇上逐步自强的夙愿……

曾国藩和丁日昌都支持容闳提出的留学西洋首选美国的主张。一个重要原因是 1867 年蒲安臣与美国的续约中，有一条约定：嗣后中国人欲入美国大学官学，学习各等文艺，须照相待最优国之人民，一体优待。既然美国给予这么好的条件，那么首选美国理所当然。再说，容闳留学美国，他的经历和能力，也使曾国藩感到美国教育的发达，工业、科学技术的先进，派留学生到美国学习是一个理想的选择。

1871 年 9 月 3 日，曾国藩与李鸿章等人又联衔会奏《选派幼童赴美肄业酌议章程折》，详细阐述了派出留学生的意义。认为中国要效仿西方，实现富强，既然现在风气已开，就应该选派聪明的学生到国外学习。会奏的原话这样说：

> 中国欲取其长，一旦遽图尽购其器，不唯力有不逮，且此中奥窍，苟非遍览久习，则本源无由洞彻，而曲抑无以自明。古人谓学齐语者，需引而置之庄岳之间，又曰百闻不如一见，此物此志也！

9 月 15 日，朝廷批准了这一奏请。诏令成立幼童出洋肄业局，划拨经费库平银一百二十万两，用于幼童选派的招选及准备工作。

朝廷正式决定派遣留学生赴美留学，容闳为此兴奋不已。当曾国藩把"著照所请"的朱批给他看时，他不禁有些激动起来。多年的教育兴国梦想，终将成为现实。这实在是一个振奋人心的消息，中国的教育工程终于成为一项千真万确的历史事实，这将在中国教育史上开创一个新的纪元。

2. 走进美国

清朝同意派遣留学生赴美留学的奏章得到批准后，曾国藩、李鸿章即开始着手留学生的选派工作。在当时，人们对西方世界还十分陌生，在人们对留学海外谈虎色变的现实环境里，该如何选派学生赴美呢？

选派学生赴美留学，毕竟是中华之创举。曾国藩、李鸿章既然表示支持容闳的教育强国设想，又联名会奏了朝廷，他们认为就要把这件事情办好。毕竟留美生的选派，直接关系到这一创举的成败。因而，留美生的选派成为他们最关心的问题。

曾国藩、李鸿章在给朝廷的《选派幼童赴美肄业酌议章程折》所附十二条章程中，提出派遣留学生的具体方案。方案指出，在上海设立幼童出洋肄业局，负责幼童的招选、派送等事宜。对于幼童的招选由通商大臣负责管理，在上海、宁波、福建、广东等沿海地带招选年龄在十三四岁到二十岁之间、读过中国书，并且家属愿意送其出洋读书的幼童。

根据章程和朝廷的谕令，曾国藩、李鸿章立即在上海开设了幼童出洋肄业局。肄业局的设立，主要是负责在沿海各省每年选派幼童赴美学习。

根据计划，留美幼童招选派送一百二十名。自1872年开始每年派三十名，到1875年派完。这一百二十名官费留学生，留学费用完全由官方承担，留学年限为十五年。这样的条件是十分优厚的。但在当时，普通百姓还不知留学为何物，许多人把留学看作是危险的事情，认为西方都是"蛮夷之邦"。在民间甚至有谣言说外国人会把中国人的皮剥下，"安在狗身上"，然后在大街上展览。此番美国之行，一别就是十五年，幼童们的家长担忧在所难免。

中国百姓之所以对西方世界谈虎色变，对留学事业产生恐惧，传统的科举制度有很大的影响。在许多人的眼里，科举入仕才是正途，而西方文化的传播当时还十分有限。社会风气的影响使人们对西学十分不齿。普通百姓如此，官宦人家、地方士绅都不屑为之。此番要选派留美幼童，难度可想而知。一个留美幼童后来回忆被招选时的情景时说道：

> 当我还是一个小孩子的时候，有一天，一位官员来到村里，拜访各住户，看哪一家的父母愿意把他们的儿子送到国外接受西方教育，由政府负责一切费用。有的人申请了，可是后来当地人散布流言，说

西方野蛮人会把他们的儿子活活地剥皮，再把狗皮接种到他们身上，当怪物展览赚钱，因此报名的人又撤销。

当时有一个留美幼童这样认为：那时的中国闭关自守，对世界事务一无所知。朝廷中有一些保守派官员认为西方教育会对中国起破坏作用，所以根本提不到议程上来。此外穿过几万里的海洋将遇到各种各样的危险，能不能安全到达还真是个问题。尤其在农村，对外界了解很少，没有学生敢出洋。

要实现顺利招选幼童，必须打破这种疑虑。经曾国藩举荐，被朝廷任命为留学生副监督的容闳，以自己的亲身经历来说服那些家长，说西方并不可怕，也不会剥人皮展览。容闳还以相同的方法到自己的家乡广东以及幼年生活学习过的香港招选学生。经过一番努力，第一批三十名幼童总算招满了，后来容闳又相继招选了三批。这些招选的幼童中，一部分是容闳的同乡，他们的父母接受了容闳现身说法的劝导；还有一部分是出自有家人或亲友在洋人处做事，或与西人有过接触，因而对外国情况有所了解的家庭。当时上海有名的买办商人唐廷枢，就乐意送自己儿子出洋留学。后来非常著名的铁路工程师、广东南海人詹天佑，他的留学则缘于一位在香港做事的邻居的大力鼓动。詹父本希望儿子将来走科举正途，犹豫不决。这位见过世面的邻居再三劝说，并承诺待詹天佑学成归来将把自己的女儿许配给他，詹父才下定决心。

当时的留学生李恩富就有着这样的经历。他是在上海经商的堂兄回乡说服了他的寡母后报名的。他回忆：

　　投考出洋的人中以沿海省份最多。事实上，父母很不希望让儿子出去离开他们那么长时间，并且去到他们并不了解的而且听说又是野蛮人居住的地方。我的兄长那时在上海经商，他的想法不同，他没有被这种思想所吓倒。他带着这种闪光的思想回到家里，说服了母亲，使我投考出洋有了金色的希望。我那时十二岁，我父亲三年前已去世，我母亲还负担三个孩子。但不管她内心是否真舍得我离去，她并没有阻拦我，而对这件事做出了决定。这或许是一种冒险，想见世面是我唯一的愿望，我毫不犹豫地答应了。我那聪明的母亲可能还有顾虑，但她已像勇敢的妇女一样，她要把好事留给孩子，她已为我往上海而做准备了……我一生中这是第一次离家，寂寞、凄凉、悲哀充满了我的脑海。

这些家长同意选派自己的孩子远涉重洋到美国留学。政府要这些孩子的家长都立一"具结"，向政府做出保证。詹天佑的父亲詹兴洪所立"具结"如下：

> 具结人詹兴洪今与具结事，兹有子天佑情愿送赴宪局带往花旗国肄业，学习机艺回来之日，听从中国差遣，不得在外国逗留生理。倘有疾病生死，各安听命，此结是实。
>
> 童男，詹天佑，年十二岁，身中面圆白，徽州府婺源县人氏。
>
> 曾祖文贤，祖世鸾，父兴洪。
>
> 同治十一年三月十五日，詹兴洪亲笔画押。

从这个具结的文本可以想象，当时出洋留学的确是充满艰险、命运未卜的冒险之事；对于幼童和他们的父母来说，很有些生离死别的意味。

李恩富回忆说："在和我的叔叔、婶婶、兄弟姐妹以及街坊邻里告别后，我用传统的方式向我母亲做最后的告别。""我十分留恋地四次回头，环顾我的四周。母亲隐约出现，但我可以看到她眼里含着泪花"，"母亲给了我一些零花钱，让我别变成坏孩子，并要经常往家里写信"。

儿行千里母担忧，更何况是在中西文化尚有隔阂的时代。正如李恩富在自传中所回忆的那样，幼童们是在父母的泪水和叮咛声中走出国门的。幼童招满后，在他们赴美之前，1872 年 7 月，《申报》以"上海西学局学生赴美国"为题报道了幼童的成功招选。文中开列了三十名幼童的姓名、年龄、籍贯。报道说，第二批留美幼童计划明年招选派送，此后将源源不断地选派幼童出洋学习西洋各国的先进技术。

此后三批幼童出洋，《申报》都有及时报道，有时还专门发表评论。在第三批幼童将启程赴美时，《申报》报道了出洋局"乘轿童子三十人"，在两位长官带领下，"往谒中西各宪"的情况。报道评论，"以十余龄之童子作数万里之壮游，将来学业一成，定可名扬中外，岂非诸童子之厚幸哉"。舆论的积极报道，在一定程度上消除了百姓的疑虑情绪，推动了留美幼童的招选。

留美幼童招满后，面临着一个问题：这些幼童在综合教育缺失的时代，他们的整体文化素质可想而知。要让他们适应美国的学习生活，容闳、曾国藩、李鸿章等人不得不对他们进行严格的中英文强化训练。为此，他们积极筹备，于 1871 年在上海设立了出洋预备学校。

出洋预备学校校长是刘翰清，副校长是吴子石。刘翰清当时是候补知府，他对洋务比较熟悉。经曾国藩、李鸿章的提议，这位晚清时代的厅局级闲散干部就成了最早的出洋留学培训学校的校长。可惜的是，作为幼童出洋的功臣之一，他没有像容闳那样名垂青史，而是逐渐地湮没在历史的尘烟中。

出洋预备学校除了正副校长之外，还有英文教员和中文教员各三名，校址设在上海山东路靠近南京路的地方。可惜的是，现在学校早已不见了。出洋预备学校成立后，对留美幼童的学习、生活都做了严格的安排。要求学生们每天早晨起来诵读诗文一首，然后开始写字，听先生讲课；听完课后，开始背诵课文。背诵课文是非常严厉的，经常有学生因为背不出课文，而遭到老师打手板的惩罚。然后，继续回到座位上做作业或者读书。对于此举，校方的说法是为了激励他们的智力和提高他们的记忆力。

　　每天吃午饭的时间是十二点，下午一点到三点这一段时间，温习老师讲过的课程，对于不理解或有疑问的也可以向老师发问。下午四到六点，学习外国语言文字。六点吃晚饭，晚饭有米饭、肉和蔬菜，搭配还算丰富。晚上九点熄灯就寝。这样经过半年的培训后，距幼童赴美的时间还有半年。作为幼童的具体操办者，容闳即开始着手安排他们在留学期间的食宿及入学等问题。

　　1872年2月17日，容闳给耶鲁校长波特写信，协商幼童赴美后的一应事宜：

　　　　让我愉快地告诉你，去年的10月1日，在没有任何力量胁迫的情况下，我的政府已经最终做出决定选派一批孩子去美国接受完全的教育，日后回到中国为政府的各个部门服务。

　　　　……我不得不考虑这些幼童在美国的住宿问题。城市的花费现在非常高，或许我们可以考虑让他们居住在乡下。那里不像城市那样热闹，而朴素的风土民情，可能更有助于让孩子们养成用功的学习习惯。另外，是否应该考虑让这些孩子分开居住，让他们进入不同的学校，这样对提高他们的英语水平更有益处？是让他们进入寄宿学校还是把他们分散在不同的美国人家庭中？是让他们先集中在一起住六个月，还是立刻就把他们分散开来？我认为这些都是非常重要的问题，我把它们陈述给您以便得到您的意见。

　　经过积极的准备，容闳将这些幼童分别安排在不同的美国家庭。容闳这样做，是希望这些幼童尽早过语言关并适应美国的生活，取得良好的学习效果。经过积极的准备、培训，1872年8月11日，第一批留美幼童在陈兰彬的带领下，由上海登船启程。

这一天，上海港丽日当空，码头上人声鼎沸。驻上海的地方官员、百姓，幼童的父母、亲人、同窗，前来为这些即将跨海越洋赴美的幼童们送行。在那个闭关锁国的年代，留学对于许多家庭来说都是前所未闻的事情。因此，这些幼童启程的那一刻，很多家长都流下了不舍的泪水。午后，承载幼童的美国远洋商船汽笛一声长鸣，起锚开行。岸上的人们频频向他们招手，呼喊叮咛。少年不知愁滋味，亲人的叮咛并没有全然放在心上。此刻，站在甲板上的他们对未来生活，对即将去往的海外世界充满了想象和向往。

轮船在浩渺的海面上犁出鱼鳞般的长浪前行。幼童赴美，他们的家人有着诸多的不舍，但这毕竟是中国开天辟地的新鲜事。对于这些幼童的送行场面，国内外的报纸予以了报道。

当时，《申报》刚刚在上海创刊几个月。8月5日（农历七月初二），是该报创刊后的第八十三号，这天报纸的第三版报道了"留美幼童"谒见美国驻上海领事的消息。报道说，8月3日早晨，学生们浩浩荡荡，乘坐四十多乘轿子，来到领事馆门前……这些幼童下轿后，跟随护送官员刑部郎中陈兰彬鱼贯进入美国驻上海领事馆。这些幼童全都冠履庄严，礼仪合乎规范。他们皆衣葛纱缺襟袍，腰系带钩，凉帽、尖靴、荷包、扇坠焕然一新，给人一种生机和活力。他们在领事馆大厅排成两行，等待美国领事接见。

美国领事在接见他们时说了一些鼓励劝勉的话，大意是：你们这些幼童生长在中国，现在大清国要励精图治，实现自强。你们肩负使命，到美国后要好好学习，天天向上，希望你们将来学成归国，报效你们的国家。

留美幼童启程赴美的场景是隆重的。当时朝廷大多数官员对幼童赴美留学抱有很强的功利心，希望这些孩子学成归来为朝廷效力。因而，对于留美幼童，朝廷承诺，这些孩子留学归来朝廷给官做。这也使幼童们的父母和亲人对异域世界的疑虑及茫然感有了一丝安慰。

留美幼童前后四批共招收了一百二十名。这些幼童都是乘坐轮船远涉重洋踏上美国的土地的。当时负责护送第三批留美幼童的是一个叫祁兆熙的官员。在清朝的官员中，他是开明的一位。在这些幼童中，有他十二岁的儿子。祁兆熙早年于法兵驻沪之时即已对西方世界有所了解，并开始学法语；"未及一年，与兵头往还，（办）事能顺手"。祁兆熙不仅好学，颖悟能力也很强。从他与"兵头"打交道，办事得心应手来看，用今天的话说，他智商高，情商亦高。1865 年，祁兆熙进入江海北关任职，在那里开始学习第二门外语——英语，历"三年之久，能将关单自译，无用通事"。通事即翻译。护送幼童赴美留学事涉外事，祁兆熙应该说是合适人选。

祁兆熙《游美洲日记》完整地记录了幼童们途中的生活场景。在他的记述中，幼童们登船那一刻是快乐的。他的日记里说，登船的头天晚上，孩子们看到洋泾浜，看到"自来火灯"（煤气灯）"簇簇匀排，荡漾波心"，内心快乐至极。启航那一天，他们都起得很早，兴冲冲地观看轮船驶出吴淞口。

最初他们也因为"风雨交加，舱面不能行走，晕浪者呕吐大作，俱睡而不能起"。但是，幼童毕竟年幼，这样的不适应持续了有十多天的光景，他们便渐渐地适应了海上的生活，晕船者也逐渐减少。遇到大风暴袭来，大人们还晕如醉汉，这些孩子们却嬉戏自得，全然没有了当初的恐惧和晕船的反应。

一些胆大的孩子甚至会走出船舱，看大海起伏的浪涛。每当这个时候，祁兆熙也会免除孩子们的功课，让他们尽情地放松。

作为第三批留美幼童的护送官员，祁兆熙既有人性化的一面，也有严厉的一面。护送途中，他发给幼童们《太上感应篇》《三训合刊》，这些书祁兆熙都会认真讲解，要求幼童们熟记于心。每天晚上他则让孩子们温习"西书"，对于调皮或者没有完成课业的孩子他也会打手板以示惩戒。

虽然是一名护送官员，祁兆熙也有哭笑不得的时候。他有喉咙痛的顽疾，临行之前带了一些咸西瓜皮作为防治之用。但是幼童们起初吃不惯船上单调的西餐，就一哄而上，将祁兆熙的咸西瓜皮抢了个精光。咸西瓜皮吃完了，轮船上又没有中餐，孩童们无奈便渐渐地适应了西餐的生活。祁兆熙在日记中记述，轮船上供应的西餐有牛肉、羊肉、面饼，饮料是奶茶和冰水，有时候也提供一些水果与干果之类。漫长的航行中，实在不像在国内那样玩耍、嬉戏都来得惬意。单调的生活，也使幼童们迅速学会了轮船上一些外国人的掷沙包游戏。掷沙包游戏就是用布包装上沙子缝制成囊球状，供游戏者相互抛掷，既可锻炼筋骨，又可达到休闲娱乐的目的。这样，幼童们在轮船上倒也无忧无虑。这些情景，在祁兆熙日记中都有记述。幼童中有一个叫温秉忠的留学生，在日记中记述了他们当时在海上航行的情况：

　　出国前夕，每位学生发给铺盖一床及小箱子一只，内有长袍马褂，他们学习如何在官员面前应对，以及一些礼仪。

　　各批学生必须到上海"海关道台衙门"叩头谢恩，使他们得此留美机会。理论上言，海关道台是他们的"主试官"，而且当时上海海关道台是全城最高长官。那次接见使幼童感到如同觐见皇帝一般的震憾，因为道台是第一次特准他们可以抬头看他脸的大官。

　　第二天，幼童们特去拜见美国驻上海总领事，他热诚接见幼童，并飨以简单茶点。最后，幼童向老师以及同学告别，在一种复杂茫然的心情下搭上日本的一条轮船赴日本（先至日本，再转道赴美），向岸上挥泪的亲人及微笑的亲友告别。在当时，到美国的旅程，好似到天涯海角一样，而一般家长父母是不愿其子弟远行的。

　　到日本航程六天，……不久，"中国号"出现在横滨港口中。我们依次登船，对于远赴异国的中国学生，登上一艘与祖国同名的远洋轮船，实在是一件极为巧合之事。

横渡太平洋花了二十八天，一个漫长疲困的航程，但对幼童而言，太平洋是风和日丽水波不兴。他们在甲板上散步，注视着蓝天和飞鱼，来缓解他们的晕船。有时一只鲸鱼向空中喷出一道水柱，引起大伙无比的兴奋。有时在甲板上游戏，在不知不觉中旅程到了最后一天——他们的轮船驶到旧金山大桥下。

留美幼童在美国一登岸，就换上了早已准备好的锦缎帽子、软缎靴子、酱色长马褂、蓝色大长袍，脑后拖着一条油黑发亮的长辫子。这种装束是清朝服饰制度的体现，也是朝廷要求的，因为代表着清朝的意志和形象，但这种装束在美国也遇到了美国习俗的挑战。

3. 美国"家庭"里的新生活

留美幼童到美国后，考虑到为适应美国生活、学习的需要，这批幼童在容闳的安排下，大多寄住在美国家庭。他们被安排在康涅狄格州和马萨诸塞州大小城镇的十五个家庭之中。马萨诸塞州李镇教堂助祭海德家里安排了两个幼童。当这两个幼童身穿锦缎长袍，脑后拖着清朝特有标志的长辫出现在李镇时，李镇的人们对他们奇异的装束感到新奇。被安排到海德家里的两个幼童对美国的新生活也有一种新鲜感。虽然也是出生在农村，但他们对村子里的牲畜和家禽都十分感兴趣。这两个幼童一个喜欢养鸡，一个喜欢和邻居的小猪逗乐。有一天，其中一个幼童在街上追赶一头小猪，他奇特的装束构成了小镇的另一道风景。李镇的人们看到他追逐小猪的样子，像观赏外星人一样，哄笑不已。这个幼童后来回忆："最初，幼童均穿长袍马褂，并且结着辫子，使美国人当他们是女孩。每当幼童外出，后面总会跟着一群人高叫：'中国女孩子！'使他们颇感尴尬。"

这种习俗和装束上的差异，容闳有过切身的感受，因而，容闳处处为幼童着想。他将这些幼童安排在美国的一些家庭里，就是希望通过这种"家庭式"的留学生活方式，来实现中西两个文明体制习俗、生活方式的融合。但是，这些幼童在国内毕竟接受的是传统的儒学教育，初到美国之时，他们对美国的生活既有好奇的一面，又有拘谨、无所适从的一面。

留美幼童李恩富回忆当时的情景，感到自己是一个幸运者，他被分配到了春田一位和蔼可亲的女主人家中。当李恩富被指派给她时，她把李恩富拉到怀里吻了一下。这一举动惹得其他男孩哈哈大笑，弄得李恩富面红耳赤。用他自己的话说："因为那是我自出生以来得到的第一个吻……"

对于留美幼童来说，宗教信仰也常常使他们感到无所适从。李恩富回忆：

> 星期天到来了，午饭后，女主人叫我们做好准备去主日学校，那时我们只懂一点点英语，只听见"学校"两个字，心想，糟了，星期天还要去学校。我们收拾课本准备出发，结果我们的监护人使劲向我们表明不需要带书本，我们就空手出门了。等到达"学校"后，和我住一块的伙伴嘀咕道："这是一所教堂。"我们仔细打量了一下，发现里面的人正在起立唱歌。是教堂！教堂。我们一边嘀咕着，一边以你能想象的最快的速度冲出教堂，直到回到我们住处的房间。

生活上的差异，使这些幼童对美国的一切感到新奇。于当时的美国人来说，虽然觉得这些幼童滑稽可笑，但对他们还是十分友好的。在生活上关照他们，经常帮助他们整理衣物、书籍、缝补衣服，饮食上尽量照顾他们，希望这些幼童尽快地融入美国的生活。曾经留美的罗国瑞回忆：

> 我忆起在西海岸我们共同度过的童年。那里有海滩与树林，我相信我一生最快乐的日子是在那里度过的。人人是那样和蔼可亲，而最

使孩子们常念不忘的是那丰盛可口的食物，就在这种无忧无虑的环境下，我们共同步入成年。

　　除了生活上照顾他们之外，美国人在学业上也经常帮助他们。后来成为卓越工程师的温秉忠 1923 年曾在一篇演讲词中回忆："第二天，容闳先生把他们分配给来自各地的美国老师。老师带他们回去。在以后留美的岁月中，这些美国老师负起教养监护的责任。每一个美国老师家庭负责两个或四个幼童。英文合格的幼童直接送入美国学校，不合格的在老师家接受个别补习，做入学的准备。"美国的家庭生活，这些家庭家长式的帮助，使幼童们的学习进步很快，大都能赶上学习进度。他们中的一些人甚至后来考上了耶鲁大学、哥伦比亚大学等著名大学，成为学校中的佼佼者。留美幼童中，詹天佑就是学习比较突出的一位。他是从纽黑文中学考入耶鲁大学的。在耶鲁大学，他的学习成绩令美国的同学、老师也对他刮目相看。他多次考试都以第一名的成绩获得学校的奖励，并两次获得学校的奖学金。在当时西方人的眼里，中国人的智商是很低的。对于詹天佑的成绩，美国《纽约时报》既赞赏、羡慕，又有些酸溜溜地评述道：中国幼童均来自良好高尚的家庭，经历考试始获甄选。他们机警、好学、聪明、智慧。像由古老亚洲来的幼童那样能克服外国语言困难，且能学业有成，吾人美国子弟是无法达成的。

　　留美幼童快速地适应美国的学习生活，并且学习进步很快，作为留美幼童的温秉忠认为，这种进步与容闳安排的美国"家庭式"留学生活有很大关系。他后来回想当时的情景说："最初，幼童均穿长袍马褂，并且结着辫子，使美国人当他们是女孩。……为了减少困扰，数月以后，幼童向出洋肄业局委员呈准改穿美式服装。当时幼童平均不及十五岁，对新生活适应很快，迅速接受了美国的观念及理想。……中国幼童们与一同食宿的美国家庭及中学、大学同学们，均建立了深厚之友谊。……美国老师及监护人那种家长式的爱护，使幼童们久久铭感不忘。"

与温秉忠有着相同感受的周寿臣在 1930 年写给哈特福德全体市民的信中，回顾了这种家庭式的美国学习生活。他在信中说："五十年前，我在哈城及其近郊度过我的少年时代的岁月，对我而言是充满欢乐及鼓舞的回忆。在那里，我第一次有机会接触到西方的文化及文明，目睹美国人民共同生活中的民主方式及无数其他有意义的活动。"

这种家庭式的留学生活，给幼童们营造了愉快而温馨的学习环境；再加上年纪尚幼，可塑性很强，他们很快便适应了美国的学习与生活，学习不断进步，也给美国人留下了良好的印象。

曾经教授留美幼童的巴托拉小姐对他们印象深刻，也予以很高的评价。她说："他们富有青春活力，非常聪明能干。一般来说，只要我教会他们一种游戏，他们就会赢我。他们学英语非常快，除了初次见面时我们交谈有困难外，以后一点困难都没有了。等到他们进入学校，同学们都很喜欢他们，他们读书进步很快，老师也为他们的成绩而骄傲。"

幼童们的优秀，使得美国的一些媒体也在改变着对中国人的错误看法。美国的一些报纸发表评论说："这些男孩都有君子之风，他们不但谦虚而且有礼貌，我们都很喜欢他们，崇敬他们，我们都以他们为我们的榜样，这是他们国家的荣誉。他们对美国人的友谊衷心感谢，对美国的家庭生活，他们很快地适应，他们还送给他们的监护人可爱的礼物，而且时时存有感恩图报之心。"

曾经作为留美幼童的同学、玩伴的菲尔伯斯后来也感慨幼童们快速适应环境的能力。他认为这些中国小伙伴能够与人很好地相处，有着可爱的性格，是适应环境的天才。

对留美幼童快速适应环境、适应美国学习生活的能力，作为当时护送官员的祁兆熙深有感触。他的儿子作为第三批留美幼童中的一员，到美国后很快便适应了美国的家庭生活。在完成护送任务准备回国前，祁兆熙专程前往寄住的美国家庭看望他的儿子祁祖彝。当时，祁祖彝与另外一名幼童朱宝奎一同寄住在名叫 Moore 的美国家庭里。祁兆熙到来时，祁祖彝和朱宝奎正在大口地吃着苹果，短短几天，已经没了初来时的那种拘谨。

祁兆熙发现，儿子到美国人的家里才短短几天，和主人用英文交谈已很熟练。幼童们迅速地适应了美国的学习、生活，见证了中美两个不同国度的文化融合。幼童们毕竟年幼，朝廷的官员们担心他们在美国忘记了中国本土文化，因而，在他们接受美国教育之余，还要求他们学习中文。

当时负责监督留美幼童学习、生活的朝廷官员陈兰彬、容闳等留学生监督官员也将幼童出洋肄业局迁到了美国，设在哈特福德，租了一座三层小楼，顶上一间专供孔子牌位，并有几间教室，每三个月让幼童分批来这里学习汉语。一般是每批十二人，时间十四天。所教内容主要是写字和作文。

当然，这样的安排也是十分必要的。留美幼童的中文底子还是很差的，朝廷担心他们顾此失彼，因而要求他们在固定的时间到幼童出洋肄业局研习中文。这样，他们一边接受美国教育，一边学习中文，这种办法也确实取得了一定的成效。这些幼童在西学学习方面取得优异成绩的同时，也并没有荒废中文，较之当年容闳留学美国，回国时不能作中国言相比，的确有很大的成效。1876 年，在美国费城举办的世界博览会上，举办方特意把留美幼童的作业作为一项教育成果展出。这虽然有些功利的成分，但也反映出了留美幼童接受西方教育所取得的成效。当时在宁波海关任职的李圭受朝廷的委派出席了这次博览会。世界博览会当时有一个名字叫"万国博览会"。第一届世界博览会在英国举行，此后各国参会都由其海关税务机关办理。而中国因当时的海关税务由外国人代办，所以代表中国出席博览会的都是外国人。但是这样一个代表国际形象的盛会，从主管到帮办都是蓝眼睛大鼻子的老外，这真有点说不过去。于是，长期在海关供职的李圭成为中国参展团的一员。李圭这个在政坛上名不见经传的小人物，由此也成为中国参加世界博览会的第一人。

参加费城世界博览会的有三十七个国家，中国代表团成员虽然仍然大都是老外，但毕竟有中国人参与其事。美国方面特意展出了中英对照的留美幼童作业和一些民族传统手工展品，这让看到展出情景的李圭大发感慨，激动不已。

李圭记述，费城世界博览会上，展出留美幼童的作业有"……绘画、地图、算法、人物、花木，皆有规格"，也有汉文策论，"如《游美记》《哈佛书馆记》《庆贺百年大会序》《美国地图论》《风俗记》，亦尚通顺"，并且每篇策论后均"附洋文数页，西人阅之，皆啧啧称赞"。

李圭借这次费城世界博览会的机会，了解了留美幼童的学习生活，还请他们参观了费城世界博览会，并找几位幼童座谈。李圭先问幼童对博览会的观感。

问："此会究有益否？"

曰："集大地之物，任人观览，增长识见。其新器善法，可仿而行之。又能联各国交谊，益处甚大。我侪动身之先，馆（学校）师嘱将会内见闻，随意记载，回馆后各作洋文议论一篇，再译为华文。"

问："何物最佳？"

曰："外国印字法，中国雕牙器。"

问："想家否？"

曰："想也无益。唯有一意攻书，回家终有日耳。"

问："饮食起居何若？"

曰："饮食似较洁净，起居有定时，亦有（定）时必须行动（运动），舒畅气血，尤却病良法也。"

问："各居停主人照料何若？"

曰："照料若其子弟。稍有感冒，尤关切。而哈地（哈特福德）水土宜人，病亦少。"

问："何以着洋人装束？"

曰："不改装有时不方便，我侪规矩，唯不去发辫，不入礼拜堂
（这里是指清廷不许留美幼童受洗入教。礼拜日，幼童也常随师友一起
去礼拜堂。在哈特福德，有一个留美幼童和马克·吐温一起听讲的教
堂）两事耳。"

一席谈话，使李圭对幼童有了初步的了解，认为幼童们在美国所学开
阔了视野，他们不仅聪明，而且很有思想，李圭心情十分愉快。在费城世
界博览会期间，幼童们还受到了美国总统的接见。李圭记述，美国总统与
他们一一握手，并告诫他们，好好学习，学以致用。这次接见，在中国留
学史上，应该是外国元首接见中国留学生的第一次。

李圭认为幼童赴美是"中学为体，西学为用"思想的体现。这种评价
也正是朝廷派出留学生学习西方先进技术的主导思想。李圭毕竟是清朝官
员，虽然官阶不高，但思想中也体现出朝廷的教育理念。

通过对幼童的观察、接触，李圭对幼童们"仍兼读中国书"，"……三纲
五常，此幼童所固有，不以业西人之事而少有阙也"感到欣慰。他感到"中
学为体，西学为用"教育思想培育出来的学生一定能够为清政府所用。李
圭的判断固然有其认识的一面，但他对幼童的判断仅局限于费城世界博览
会期间的一面或几面之缘。作为清政府的一名官员，他的立场也是倾向于政
府的。事实上，他并没有观察到美国社会文化对留美幼童所产生的深远的文
化渗透力。这些学生年幼之时走进美国，西洋文化、生活方式已经使他们西
化，但清政府，甚至李圭这样的长期与洋人打交道的官员都认为幼童学习西
学，而不应该忘记中学。在留学监督的督促下，他们虽然也中西兼顾，但幼
童毕竟年幼，在美国教育文化、环境潜移默化的影响下，价值观念、行为方
式、知识结构等方面的西化，使幼童们逐渐离异于传统。这是朝廷中的保守
派所不愿意看到的，这样，中美文化冲突的发生就势所难免。

4. 在"西学"中"西化"

幼童在美国留学，接受的是资本主义文化，过的是美国式的生活，住在美国人家里，和美国儿童玩耍、交朋友；再加上童年时代对新生活特有的适应能力，美国文化的浸染日益加深，他们很快便融入这种新的生活和环境中。

受美国生活方式与环境的影响，留美幼童在观念与文化认知上也发生了变化。毕竟上美国的学校，天天和美国孩子在一起，在这种情形下，要使他们心甘情愿地继续学习中文，严守中国旧礼教的规矩，实在不是件容易的事。在美国读书当然不像在国内接受私塾教育，接受的是传统的"四书五经"。

在美国，他们从小学、中学到大学受的是正规而系统的美式文化教育，接受的是崭新的自然科学和社会科学知识。在文化素养和知识结构方面，占绝对优势的是"西学"，而不是"中学"。幼童们学的数学、天文、生物、化学、机械、采矿、土木工程等科目，在当时的中国是没有的。至于电报、军事、商业等科目，清廷当时也还没有作为学校的教学内容。这样，幼童们所学的科学知识就为中国的传统文化注入了新的内容，他们后来归国后推动军事、科学技术、实业的发展，奥秘也正在这里。

幼童对新思想新观念的接受，虽然与朝廷派出幼童的初衷发生了冲突，但全新的知识结构还是对留学教育产生了深刻的影响。在社会科学方面，幼童们学习了一些美国的哲学、法律、经济等知识；在文学方面，幼童们也接受了资产阶级文学的影响。当时，英国著名作家和剧作家莎士比亚的作品在美国十分风靡，幼童们也成了莎士比亚作品的爱好者。

留美幼童詹天佑每天除了学习专业的文化课外，从不间断对西方文艺作品的阅读，莎士比亚的作品他都阅读过。幼童们在美国接受社会科学、资产阶级文艺的启蒙，在美国生活的所观所感，都像一个导航仪，指导着幼童们的思想、观念、行为发生变化。

留美幼童在美国接受的教育可谓德、智、体全面发展。他们从小就在国外接受西式教育，使他们中的一些人对传统文化十分反感，见了长官不磕头作揖，学习"四书五经"也是心不在焉。但是他们对各种体育运动特别感兴趣。各种游戏、排球、足球、溜冰、跑步等都是他们喜欢的项目。当时，棒球运动在美国中小学里非常流行，幼童们几乎人人喜欢玩棒球，在他们的房间里总能找到球和球棒。他们还组织了棒球队，与美国的同学们比赛。出人意料的是，这些幼童竟然常能获胜。划船也是幼童们喜欢的运动项目。幼童中有一个叫钟文耀的，曾是耶鲁大学划船队队长。他在与哈佛大学的一次比赛中，指挥自若，获得胜利，让美国的同学对他另眼相看。

曾经教过留美幼童的一位美国教授后来在自传中写道："这些孩子们，不仅在运动方面比我们美国人卓越，在其他方面也要比我们强。……当他们参加任何社交活动，我们许多美国人即失去所有的机会。……任何舞会或招待会上，最美丽动人的女孩子们，总是对东方人恩宠有加，这是事实。当他们从我们的前面经过，或者被中国学生们注意时的那种温柔，以及使美国孩子感到痛苦的那种表情，使我永远不能忘怀。"

受美国教育的影响，他们的思想观念、文化认知、行为也发生着变化。还有一个明显的特征是服饰上的变化。

在服装穿着上，幼童们讨厌穿长袍马褂，喜欢穿美式服装，对脑后的辫子尤为头痛。一个原因是，在美国社会里，长袍马褂与脑后的长辫，同西式装束的简便相比，的确是格格不入的，幼童们常常因此遭受美国人的嘲笑。

美国教育重视德、智、体全面发展，长袍马褂、长辫在体育运动中也不方便。幼童的一位美国同学后来回忆说，幼童们脑后拖着长长的辫子，他们在踢足球的时候，常将辫子塞进内衣里，有时候缠在头上；辫子一出，对手就会抓他们的辫子，这样踢球就会输。

为避免这种尴尬，幼童们常将辫子盘在头顶，用帽子压住，这样活动起来就方便一些。幼童们中也有胆子大的，他们索性将辫子剪掉。但辫子是清王朝体制的象征，剪辫子是要治罪的。因而他们剪去辫子后，又担心被监督官员发现，拜见他们时，常常弄一条假辫子来蒙混过关，但天长日久不免会露出破绽。

留美幼童谭耀勋、容揆因为剪辫子被留学生监督吴嘉善发现，而要求校方将他们除名。这些幼童也知道，他们剪辫子回国后有杀头的危险，因而，他们悄悄地躲避起来拒绝回国。幼童们剪辫子的大胆举动，给了留学生监督吴嘉善攻击留美教育的口实。

他以留美幼童剪辫子为由，诬蔑他们政治上不合格，要求朝廷将幼童中途撤回，结果使中国首批留美生的留学活动中途夭折。

更让吴嘉善、陈兰彬不满的是，这些幼童在美国学习、生活，逐渐适应并融合于美国文化，身上少了封建等级观念。他们崇尚民主、自由，鄙视封建的科举取士制度。对于留学生监督，很多幼童希望平等相处。幼童归国后，常常写信给美国友人发泄他们对清廷的不满，渴望再次呼吸美国的自由空气。

留美幼童还有一个观念上的变化，就是渴望像美国的青年那样，追求自由真挚的恋爱婚姻。留学生中有一个叫薛有福的，他留美时与凯蒂小姐是好朋友。他们常用书信表达友谊之情。这种友谊之情也渐生爱慕，他在给凯蒂的一封信中，这样写道：

……凯蒂，我想问你一件事，当我们分手之后，我却忘了问你：你可愿意继续与我通信？在遥远的天边，多么希望听到你的信息，以便得悉朋友们在世界那端的情形。我们在美国的相逢太愉快了，至少对我是如此，渴望你继续为我的好友！本月六日，我将乘"北京城"

号返回中国，我焦急地等待你的回信。

你的挚友薛有福

此信 1881 年 9 月 1 日写于美国旧金山皇宫饭店，当时幼童们正在返国途中。透过含情脉脉的文字，可以看出薛有福对凯蒂萌发了炽热的爱。

留美幼童中，还有一个叫丁崇吉的学子，他在美国学习期间爱上了一位名叫 Sussie 的美国女孩。这段恋爱虽然无疾而终，却令丁崇吉终生不忘，甚至晚年给自己的孙女取英文名为 Jessie。和薛有福、丁崇吉含蓄内敛的脉脉深情相比，容闳的侄子容揆在追求爱情方面可谓轰轰烈烈。容揆作为留美幼童，当时有许多大胆的举动，带头剪辫子，加入基督教，无不触及清朝的体制纲常。在美国读书，他爱上了比他小七岁的美国女孩玛丽小姐。容揆寄住的家庭女主人和玛丽的父母是好朋友，这为容揆追求玛丽提供了便利。但玛丽是一个腼腆矜持的女孩，容揆热烈的追求，漫长的等待，最终打动了玛丽。经过十几年的恋爱，他们最终走进了婚姻的殿堂。他们的爱情故事一时成为佳话。

对于留美幼童受美国文化的影响，观念转变，朝廷中的一些保守派是持反对态度的，因而也出现了一些争议。这些争议先是发生在留美幼童正、副监督身上，作为副监督的容闳是支持学生们接受这些新观念的。

容闳毕竟是在美国留学接受过美式教育的，思想已经"西化"。留学八年，归国之时竟然不能作中国言；但是美国的自由民主以及近代化的日新月异，又使他感到清廷要实现国富民强必须学习美国。留美幼童的派出使他看到了希望。他希望留美幼童在美学习，能够精通美国的思想文化，学有所用。他对幼童寄予厚望，所以处处支持他们，为他们提供学习、生活等方面的便利。即便有些学生违反了清朝的体制，犯了错误，他也设法通融，希望网开一面，对幼童们坦诚以待。父亲般的关怀，也使他和幼童们关系融洽，幼童们也把他当作朋友。容闳在美国接受的思想观念，使他对官场规则全然陌生。1876 年，经李鸿章推荐，朝廷任命他为驻美公使，容闳却坚决推辞了，他的心思完全在留美幼童身上。后来，他致信李鸿章说明自己的态度，但李鸿章没有做出回答。最后，朝廷任命他为驻美副公使，兼管留学生事务。容闳以全部精力从事于幼童的留学教育事业。当陈兰彬、吴嘉善等人中伤并力主撤回留美幼童时，他毫不屈从，进行了坚决斗争。

事实上，陈兰彬成为学生监督，与容闳的举荐有很大的关系。天津教案发生时，陈兰彬与容闳在丁日昌的引荐下得以会面。当时容闳为处理天津教案的曾国藩充任翻译。在同陈兰彬的交往中，容闳觉得陈兰彬是留学生监督的合适人选，因为他既懂洋务又通旧学，中西皆可应付。然而，1872 年，陈兰彬带领第一批幼童赴美后，容闳才发现陈兰彬其实是一个守旧之人。陈兰彬反对幼童分住在美国人家里，千方百计强调学习儒学，看不惯幼童参加体育活动，对幼童在服装、辫发、礼俗、读书等方面的新变化都持反对态度。

在最初的斗争中，容闳是胜利者。因为陈兰彬虽是正监督，但无法左右局面。幼童初到美国之时，许多事情都是由容闳决定的。容闳毕竟有留学美国的经历。八年的学习生活，让他在美国结交了很多朋友，因而幼童的衣食住行和读书学习等事情都是由他安排。陈兰彬虽然是经容闳推荐才坐上留学生监督这个位置的，但是他在美国并不甘心这种凡事不经他决断的"摆设"地位。这也是他对留美幼童、对容闳吹毛求疵的一个原因。后来，他干脆以留美幼童难以管理为由致函李鸿章，请求辞去留学生监督一职。1875 年秋，在没有得到答复的情况下，他称病请假回国。回国后，他推荐区谔良接任留学生监督一职。1876 年，他被任命为驻美公使，重返美国。

区谔良翰林出身，曾任工部候补主事，年富力强，志趣广泛，思想开通，但沾染了腐朽的官僚习气。至美后，他住在大宾馆里，专有侍妾二人服务，十多天也不到留学事务所一次；即使去了，对讨论的任何问题也从不表态。没过多久即奉调回国，由容增祥接任。容增祥本是留美幼童的中文教习，不久"丁忧归国"。

在留美幼童正副监督的矛盾分歧中，容闳注定要成为失败者。留美归来的他，不懂封建礼教的森严。对于统治者来说，伦理纲常是高于一切的，这也是他们统治、愚弄人民的一种手段。在这样的背景下，容闳的斗争是孤单的。1879年底，出任大清国驻美国公使的陈兰彬举荐吴嘉善为第四任留学生监督。吴嘉善是翰林中最早能看懂英文的人，曾首创用汉字注音学习英文的方法。他是洋务运动初期广州同文馆的中文教习，在驻外公使馆也已工作两年。或许因为这些原因，最初，美国的报纸评论他是"非常支持教育计划的，属于中国那些少数的但正在增加的共和派"。可是这位"共和派"一到哈特福德，就时时批评幼童出洋肄业局过去的规定，摆开了整肃的架势。因而，他与容闳的分歧日趋加大。

1880年4月1日，吴嘉善向全体留学生发布了谕示：

> 要思出洋本意，是令尔等学外国功夫，不是令尔等忘本国规矩。是以功夫要上等学习，规矩要不可变更。若尔等不上等学习，将来考试，岂能争先胜人？若任意将规矩变更，将来到家，如何处群和众？尔等既在外国学馆，功夫有洋师指授，不虑开悟无方。唯到局时候甚少，规矩日久生疏，深恐渐濡莫抛。是以谕示尔等，要将前后思量，立定主义。究竟在外国日少，居中国日长。莫待彼时改变不来，后悔莫及也。

吴嘉善谕示的英文本曾在美国报纸发表，发表时的题目是《中国留学事务委员会致中国学生的公开信》，文辞较中文柔和。在发布谕示的同时，吴嘉善发布了幼童出洋肄业局的新的守则。守则规定：

每年暑假期间，中国各生都要认真研习中文，"每月均须将所作中文课业呈送本局查考。凡按时呈送且成绩优良者，必发奖励，凡迟送者，当处罚金。另外，各生每月有三十页的中文功课，必须呈送本局，不得有误"。

"凡一切仅适合美国学生而不适合中国学生之学科（如美国地理、钢琴演奏、英诗写作等），本局切盼中国各生之美籍教师们立刻予以停止教授。"

"每值学校短期假期，各生不得离开原住处，不得提用假期生活费，作为旅行开支，和往他地接受美国家庭之食宿招待。"

"凡住康州哈特福德城各生，每值周六及周日，必须到局听宣讲《圣谕广训》。"

"凡不专心学业各生，本局当勒令其退学，并遣送回华……"除了这些烦琐的规定外，吴嘉善还摆出一副官僚架子，令幼童们十分反感。

二者之间经常发生矛盾，关系十分紧张。幼童容尚谦后来回忆，自从吴嘉善到了哈特福德，幼童们便把此楼称为"地狱之屋"，因为这里给他们留下了管教、处罚的黑暗记忆。

清末著名外交家和诗人黄遵宪，曾写下一首题为《罢美国留学生感赋》的诗，诗中记录了他当时听说的吴嘉善严厉管束学生的情景：

> 新来吴监督，其傺喜官威。谓此泛驾马，衔勒乃能骑。征集诸生来，不拜即鞭笞。弱者呼暴痛，强者反唇讥。汝辈狼野心，不知鼠有皮。谁甘畜生骂，公然老拳挥……

正如黄遵宪诗中所讽刺的那样，作为朝廷的一名官员，吴嘉善反对幼童西化。在他看来，这是在维护大清政制，维护祖宗成法。在美国，他不满幼童的所言所行，便向朝廷历陈留美幼童的种种不是。他在奏章中说，留美幼童在美国读书的时间少，玩耍的时候多，全然忘了到美国的目的是学习西人之技。吴嘉善还说，留美幼童到美国后，事事效仿西人。有些学生甚至加入了美国基督教以及其他一些秘密组织，全然忘了祖宗法度。对这些学生虽然约束管教，但他们已全然没了尊师重教的传统。对于新监督的训话，他们置若罔闻，根本不当回事。这些学生，如果任其在美国长期居留，必然会丧失爱国之心。他日之后，即便回到国内，也难以为朝廷所用，甚至还会危害社会。吴嘉善在奏章中建议朝廷从速撤回留美幼童。

吴嘉善的造谣中伤在朝廷中引起了一片反对留学的声浪。而先前辞职回国的区谔良此时也通过刘坤一转奏朝廷，指责留美幼童的种种不是。

朝廷中有一些保守派官员本来就"唯科举是图"，反对西学，这样一来，更给了他们口实。在一片非议的声浪中，朝廷谕令李鸿章调查此事。吴嘉善等人极力破坏留美幼童留学事业，目的是抵制幼童接受西方文化，但幼童一到美国便适应了美国的教育和文化，难以理解中国传统文化的礼制规范。这样，吴嘉善一面上奏朝廷，一面采取严厉的管教措施：

一是加强了"中学"课程；二是强调中国礼制规范；三是检查辫子和是否加入了基督教组织。

自清朝入关，顺治皇帝颁布蓄辫令后，剪辫子就成为杀头的重罪。吴嘉善到美国后，把剪辫子和加入基督教上纲上线到是否爱国的大是大非问题上来，不能不让学生们惊慌失措。剪去辫子的学生，为了应付检查，便设法弄条假辫子戴在脑后，但后来还是被吴嘉善发现了。对于这类幼童，吴嘉善下令一律遣返回国。

留美幼童谭耀勋到美国后，觉得辫子于生活、学习都有不便，便剪去了辫子。他剪去辫子之后，又加入了基督教。这都在吴嘉善的严禁之列。因而，他下令取消了谭耀勋的留学资格，准备押送回国。谭耀勋知道回国后有杀头的危险，便在幼童的帮助下秘密逃跑了。幼童们还筹集学资，帮助他完成了在耶鲁大学的学业。

但不幸的是，他毕业后刚刚获得了在纽约中国总领馆的一个职位，却因肺病而客死他乡了。在留美幼童中，另有一个被吴嘉善视为大逆不道的是容闳的侄儿容揆。他也因剪辫子、加入基督教而被勒令回国。当时，容揆曾经给自己远在故国的父亲写信，说明自己剪了辫子，并加入了基督教。父亲看过信后，大发雷霆。他给幼童出洋肄业局写信，请求将他的儿子遣送回国，并说要严厉管教这个逆子，令其改邪归正。容揆父亲这样的举动，在当时真有些大义灭亲的意味。但容揆后来选择了逃跑，没有给自己的父亲大义灭亲的机会。

容揆逃跑后，在其女友的帮助下，先是躲进了春田镇中学，然后又到耶鲁大学完成了学业。容揆本来考入的是哈佛大学，但容闳也许是对耶鲁大学怀有独特感情，便让自己的侄子转入耶鲁大学。后来，容揆以第三名的成绩于耶鲁大学谢菲尔德科学学院毕业。

谭耀勋与容揆的逃跑表明，在美国这样的"自由"国度里，吴嘉善要维护清廷的专制法度很难奏效。留美幼童在美国思想、行为、观念发生变化，与传统体制格格不入，吴嘉善也把矛头指向容闳，指责容闳放纵学生，任其自流。容闳与吴嘉善的分歧，让曾经积极支持留美幼童的李鸿章担心事态扩大，十分着急。因而，他一方面劝勉容闳，一方面则劝说陈兰彬与吴嘉善。光绪五年六月初九（1879 年 8 月 6 日），李鸿章致函陈兰彬，指出容闳"立言为公"，劝陈兰彬要以大局为重，不可因个人间的积怨，"负曾文正创办之初衷"。但是，李鸿章的调解实际上并未达到预期目的。1879 年之前，吴、陈因畏于李鸿章的政治势力，尚不敢有所举动。至 1880 年，由于形势变化，幼童出洋肄业局内外交困，成为众矢之的。美国政府从 1879 年起掀起一股排华浪潮，多次通过各种排华法案，中美外交由第二次鸦片战争后保持的和局转入低潮，国内随之出现一股"撤回留学生，以报复美人"的浪潮。1880 年后，李鸿章在朝廷受到保守的清流派政敌的攻击，一贯反对留学事业的保守派把攻击留美幼童的声势推向高潮。

在国内保守势力的攻击下，朝廷也谕令他调查幼童在美国的情况，李鸿章的立场禁不住也动摇起来。李鸿章态度的变化，应该说是同他的功利心态相呼应的。最初，他表明支持幼童留美，有着很强的功利主义色彩。他在上奏朝廷的奏章中说：

> 出洋后，肄习西学仍兼讲中学课以孝经、小学、五经及国朝律例等书，随资高下，循序渐进；每遇房、虚、昴、星等日，正副委员传集各童，宣讲《圣谕广训》，示以尊君亲上之义，庶不至囿于异学。

在李鸿章看来，中国礼制传统、科举等文武制度，远远优于西方，具有战无不胜的力量，只是在军事技术、武器装备上不及西方。他在致总理衙门的原函中说，"中国文武制度"不可动摇。他主张遵循儒家传统的治国方略，内修政事，缓和阶级矛盾，巩固帝制统治秩序。但是李鸿章又十分赞赏西方的军事技术。因而，他主张学习外国的先进军事技术，引进武器装备，进而造就掌握先进技术的人才。

李鸿章的确发现了清朝被动挨打的要害，为中国从冷兵器时代到发展近代军事工业的转变开了先河。但李鸿章的主张如林则徐的学生冯桂芬所提出疑义的"以中国之伦常名教为原本，辅以诸国富强之术"，学习西方要中学为体。他把中国传统礼制看作"本"，把学习西方先进技术看作"末"，认为学习外国先进技术在治理国家、实现富强的方略中，仅是"治标"的性质，目的还是在于固本，即维护体制传统。

这不仅是李鸿章的观念，而且是清廷官员中绝大多数人的看法。即便是很早就开始呼吁在中国实施议会政治的郑观应，在谈到向西方学习时，也持相同的观点。

回归到留美幼童的问题上，幼童们在美国的学习中西兼顾。朝廷同意派出幼童到国外学习，其目的是以补时艰，学西人之长技，实现自强。容闳极力推动留学事业，他也有一个愿望，待有一天，这些幼童回国后将缔造一个春意盎然的中国。幼童要报效祖国，学习中文也是必需的。陈兰彬、吴嘉善之所以对留美幼童指责、攻击，根本的原因是幼童们改穿洋装，剪辫子，加入基督教。而实际上，陈兰彬与吴嘉善还有一个不满，在他们看来，这些幼童身在美国，全然忘了上下尊卑的礼仪传统。

1879 年，吴嘉善初到美国时，召集幼童们集中训话。幼童们在接受训话时，竟然敢于直视吴嘉善的面孔，而不行跪拜之礼。对于见到官长的跪拜之礼，其实幼童们甚为反感。容揆后来的回忆文章中说，"吴子登（吴嘉善）对于我们胆敢直盯着他的脸的行为感到震惊，居然还敢对他嘴里说出的话不言听计从"。容揆想到自己将要回到不厌其烦地行跪拜之礼的故国，他的逃跑就变得不足为奇了。

李鸿章也无法原谅幼童们无视中华礼制，见到官长竟然不行跪拜之礼的行为，这无疑是对延续了几千年的王朝意识形态的背叛。功利的李鸿章并不需要先进的思想理念，他所需要的是所学能够直接给国家富强带来利益。但幼童们一到美国，耳濡目染，生活、学习中对西方风土人情的接触，使得他们渐渐蜕变成开启新时代的新公民。"李鸿章们"戴着传统意识形态的有色眼镜，看不到新思想新观念的优越性，自然更无法认可。这样，留美幼童的命运便可想而知了。

5. "刺伤"容闳的一桩"公案"

李鸿章对留美幼童由支持到态度动摇，使得朝野间对留学事业的反对之声甚嚣尘上。就连曾经支持留学生的恭亲王奕訢也对留美幼童持反对态度。于是，朝廷责令李鸿章等查明此事，对洋局劣员分别裁撤，对留美幼童要严加管束，如有加入基督教的就将其撤回。李鸿章立即致信容闳，批评他严重失职，要他今后少管留学生事务；同时命令陈兰彬、吴嘉善等"设法整顿"留美幼童，但又要他们以大局为重，勿因个人积怨将事态扩大。

一直蒙在鼓里的容闳此时才知道陈、吴等人告了他和留学生的黑状，愤怒异常，赶紧给李鸿章写信说明真相。他说，吴嘉善在美国举止荒唐，性格乖张，常常做一些损人不利己的事情，这样的人实在不适合出任留学生监督。但此时在美国的陈兰彬、吴嘉善不顾李鸿章要顾全大局的规劝，在位于华盛顿的公使馆官邸里密商撤回留美幼童事宜。在国内，朝廷受保守派的影响，也认为留美幼童问题严重，默认陈、吴等人的所作所为。

1881年初春，吴嘉善致电李鸿章，说撤回留美幼童应从快从速，拖延下去非国家之福，并说自己将带二三十名学生先期回国。李鸿章接电后，虽不赞成，但也表示留美幼童"如真无功效，弗如及早撤局省费"。李鸿章的意思是说，留美学生如果真的不能达到为朝廷效力的目的，那就撤回吧，这样也可以为朝廷节省一些费用。此时，朝廷已经深受陈兰彬、吴嘉善等人的影响，认为学生们存在的问题，容闳有很大责任。朝廷的责难，让容闳又气又急，担心幼童倘若真的撤回，自己的愿望、付出的心血将付之东流。因而，他四处奔走，拜访、联络美国社会各界名流、官方政要，希望通过他们来劝说清政府改变态度，使留美幼童继续完成学业。

由于容闳的积极努力，美国作家马克·吐温亲自找到美国前总统格兰特，希望得到他的帮助。在此之前，格兰特曾经访问过中国，但这并不是真正意义上的两国政要会晤。格兰特自1877年卸任离职后，与妻子开始周游世界。他游历了欧洲、非洲、亚洲大陆，1879年3月，格兰特抵达中国，在天津受到了李鸿章的热情接待，从此二人建立了友谊。此番，马克·吐温请格兰特帮忙，格兰特立即给李鸿章写信，希望中国政府同意幼童继续在美国学习，完成学业。格兰特的信中说："幼童在美颇有进益，如修路、开矿、筑炮台、制机器各艺，可期学成，若裁撤极为可惜。"

与此同时，美国教育界也在积极呼吁。由耶鲁大学校长朴德起草，一百多位大中小学校长、老师、幼童监护人联名给清政府主管留学事务的总理衙门写了一封长信。信中对留美幼童在美国的表现大加称赞，说他们有着快速的适应能力，品学兼优；在美国完成学业，将来可以回去报效国家。如果此番撤回幼童，前功尽弃，对中国来说将是莫大的损失。信中说：

予等与贵国留美学生之关系，或师，或友，或则为其保人。今闻其将被召回国，且闻贵国政府即欲解散留学事务所，予等咸规规自失，且为贵国忧之。今请以某等观察所及，及得之外界评论者，为贵衙门一陈之。

贵国派遣之青年学生，自抵美以来，人人能善用其光阴，以研究学术。以故于各种科学之进步，成绩极佳。即文学、品行、技术以及平日与美人往来一切之交际，亦咸能令人满意，无间言。论其道德，尤无一人不优美高尚，其礼貌之周至，持躬之谦抑，尤为外人所乐道。职是之故，贵国学生无论在校内肄业，或赴乡村游历，所至之处，咸受美人之欢迎，而引为良友。凡此诸生言行之尽善尽美，实不愧为大国国民之代表，足为贵国增荣誉也。盖诸生年虽幼稚，然已能知彼等在美国之一举一动，皆与祖国国家之名誉极有关系，故能谨言慎行，过于成人。学生既有此良好之行为，遂亦收良好之效果。

……某等对于贵国，固深望其日跻富强，即美国国人平日待遇贵国学生，亦未尝失礼。贵政府乃出此种态度，以为酬报，揆之情理，亦当有所不安。至于他人之造谣诬蔑，谓中国学生在校中肄业，未得其益，反受其损等言，此则某等绝对不能承认。何也？苟所谓无益有损者，指其荒芜中学而言，则某等固不任咎，以某等对于此事，从未负丝毫职务也。况贵政府当日派送学生来美时，原期其得受美国教育，岂欲其缘木求鱼！至美国以习中学，今某等所希望之教育，虽未告成，然已大有机会，可竟全功。当此事业未竟、功过未定之日，乃预作种种谣言以为诬蔑，是亦某等所不乐闻也。某等因对于素所敬爱之贵国学生，见其忽受此极大之损失，既不能不代为戚戚，且敝国无端蒙此教育不良之恶名，遂使美利坚大国之名誉，亦受莫大之影响，此某等所以不能安缄默也。愿贵衙门三复此言，于未解散留学事务所之前，简派诚实可恃声望素著之人，将此关于学生智育德育上诬蔑之言，更从实地调查，以期水落石出，则幸甚幸甚。

这封出自耶鲁大学朴德之手的信由美国驻华公使交到总理衙门，但它并没有改变朝廷的态度。

李鸿章接到格兰特的信后，再次致函陈兰彬、吴嘉善。对于留美幼童的命运，陈兰彬、吴嘉善等人裁意已决，此时朝廷也受其影响支持裁撤。这样，陈兰彬、吴嘉善对李鸿章的来信就不当回事了。1881 年 6 月 19 日，朝廷御批"依议，钦此"，这就注定了幼童出洋肄业局裁撤的命运。

撤回留美幼童，他们回国后将何去何从？陈兰彬亦早有计划，提出"将各学生撤回内地，严加甄别，择稍有器识者分派需用各衙门，充当翻译通事，俾之学习政事威仪。其次者令在天津、上海各处机器、水雷等局专习一艺"。

朝廷做出裁撤幼童出洋肄业局的决定时，幼童们并没有觉察到什么变化，照样在美国家庭生活，在美国学校读书。而这时候，留美幼童詹天佑却有一种预感。他发现吴嘉善没有原来那么严厉了，隐隐约约感到这不是一个好的现象，但又说不出来，从吴嘉善那凝重的目光中可以感觉好像有什么重大的事情要发生。

1881 年 7 月，即将被裁撤的幼童出洋肄业局传来一个喜讯，留美幼童詹天佑与欧阳赓首先完成了耶鲁大学三年的学业，获得了耶鲁大学的毕业文凭和学士学位。詹天佑在耶鲁大学土木工程系攻读的是铁路工程专业。他选择这一专业，一是出于对工程技术的热爱。在山房高级中学读书时，詹天佑受环境和学校的影响，就对美国快速发展的近代科学技术表现出越来越多的兴趣和热情。十九世纪七十年代，世界科技迅速发展，德国人发明了内燃机，英国铁路火车快速发展，美国的铁路事业也取得了巨大的成就。1869年，美国东西两端筑成横贯全美大陆的两段铁路，使美国进入了快速交通的铁路时代。美国铁路事业的巨大成就吸引着世界的眼球，留学美国的詹天佑自然看在眼里，联想到祖国的落后，一旦他日富强，必然要发展铁路事业。

渴望科学报国也是詹天佑选学铁路工程专业的一个原因。怀着学习西方先进科学技术，将铁路事业引进中国的理想，詹天佑三年的大学生活刻苦认真，学习成绩十分优秀，连续三年获得学校的奖励，这让他的美国同学都十分羡慕。在耶鲁大学，詹天佑到纽黑文港海陆联运码头做调研。他对港口使用的一种巨型起重机进行了分析，用半年的时间完成了题为《码头起重机研究》的毕业论文。

1881年6月29日，詹大佑、欧阳赓从耶鲁大学谢菲尔德科学学院土木工程系毕业。毕业典礼时，作为留学生正、副监督的吴嘉善和容闳应邀参加。这对吴嘉善而言是一件尴尬的事。在他与陈兰彬的影响下，朝廷已经决定撤回留美幼童，他内心是清楚的。而此时的容闳还抱着一线希望。他希望通过自己的努力，使朝廷放弃决定。

这次毕业典礼，更让吴嘉善感到羞愧难当的是，詹天佑、欧阳赓两名毕业生当着诸多师生的面，向吴嘉善和容闳行了中式大礼。他们从耶鲁大学校长朴德手里接过毕业证书后，戴着学士帽，穿着学士服依次来到吴嘉善和容闳面前，摘帽在手，向二人深深地鞠躬致敬。这个庄重的场景，让在场的朴德校长、美国老师和同学们不约而同地给予了热烈的掌声。这个代表着中国传统文化的礼仪，是容闳和吴嘉善都没有想到的。他们都不免有些激动，吴嘉善的内心更是五味杂陈。他在想，如果留美幼童都像詹天佑和欧阳赓一样懂得中国礼仪，懂得尊师崇长，认真学习，不剪辫子，不加入基督教，他真的会为他们高兴。可是现在垂帘听政的慈禧太后已经决定撤回留美幼童，而且这个决定与自己有关。但是他又想到，自己向朝廷报告留学生的情况，也是分内的事情。

鞠躬礼之后，容闳像父亲一样拥抱了詹天佑和欧阳赓一下。吴嘉善似乎心中有愧，只是看着他们这种亲人般的举动。事实上，吴嘉善给人的感觉一贯严厉，使得詹天佑和欧阳赓也不敢去拥抱不苟言笑的吴嘉善。他们又向吴嘉善鞠了一躬，吴嘉善则拱手点头算是回礼。吴嘉善知道朝廷要裁撤幼童出洋肄业局，召回留美幼童；当校方邀请他们参加詹天佑与欧阳赓的毕业典礼时，吴嘉善本想说容闳一个人去就可以了，但容闳说还是两个人一起去吧，吴嘉善不好拒绝，便一同参加了。

詹天佑与欧阳赓的毕业典礼之后，吴嘉善的心情更为复杂。对过去的言论，他也有些后悔，所以他也不愿告诉他们即将被撤回的消息。

1881 年 8 月，暑假到了，留美幼童本可以放松一下了。这时候，学生监督吴嘉善的态度也似乎变得十分友善，这使学生们的心情变得轻松、开朗起来。然而，当容闳将裁撤幼童出洋肄业局的消息告诉他们的时候，他们的心情一下子跌入深谷。当时，他们正在班丹湖畔举行野外宿营，以图欢聚。就在同学们放松心情欢歌笑语的时刻，容闳向他们说了幼童出洋肄业局将被裁撤，他们将被召回的消息。这个消息让在场的学生们听了都垂头丧气，只得快快地各自回到寄宿的地方去收拾行李，准备回国。温秉忠后来忆及当时的心情说："命令下达，对幼童言乃一忧伤之日，大多数再过一两年即可毕业，中途荒废学业，令人悲愤异常。幼童召集会议并派代表往见容闳博士，希望他代表幼童向政府交涉。容博士安慰幼童，并告诉幼童此番回国仅是度假，将来再返美完成所学。由于这种'保证'，幼童才同意返国，但是仍有六个学生始终留美未归。"

召回留美幼童的消息传开后，立即在西方舆论间引起了强烈的反响，美国舆论对清廷愚昧无知、简单粗暴解决问题的方式纷纷予以抨击。

1881年7月16日，《纽约时报》的评论说："提及计划被终止的原因其实并不隐秘，因为中国的官员担心，这些没有保持严格传统教育的中国青年将来无法真正为自己的国家效力。不管当时是什么原因促使中国政府开展了这个留学项目，可以肯定的是，政府对于这项事业的意义远没有容闳博士看得那么远。"

同年7月23日，该报的社论进一步批评清廷的做法。社论说：留美幼童"深知公民的自由意味着什么，而他们要把这些危险的学问念头带回一个不负责任的独裁政府那里。这个政权如此复杂神秘，以至于她大多数高贵的臣民根本不知道这个政权的准确的位置在什么地方。中国不可能只从我们这里引进知识、科学和工业资源模式，而不引进那些带有病毒性质的政治上的改革。否则，她将什么也得不到"。

和西方社会相比，国内各界对于留美幼童中途被撤回则众说纷纭，褒贬不一的立论角度体现了中国社会新旧观念的激烈冲突。当时《申报》有一篇文章这样写道：

> 中国前派幼童出洋学习西法，本属美举，而论者纷纷，以为是者半，以为非者亦半，及今岁将在美国之学徒尽数召回，论者又复臆度，各执一说。大抵言：学徒辈在美国学习有年，甫将著有成效，而遽行召回，颇为可惜。更有谓：学徒出洋之后，至今究未知其所学何如，如将召回，考其所业。又有谓：因中国近年创设电报，经理需人，故特召回，使之襄理电线诸事。其说不一，卒不知其孰是。

反对撤回留美幼童的多是一些倾向于西学的开明人士，他们以自己对西学的了解为基础，为幼童不能完成学业深表惋惜。

改良主义思想家郑观应曾经作《盛世危言》，对朝廷撤回留美幼童深为惋惜。他说，将留美生全数撤回，实在令人惋惜。幼童们在美国学习已八九年，算学、文理科目都比较优秀，再有四年就可以完成学业，为朝廷所用，现在却浅尝辄止，在中外将成为一个笑话。

当然，当时在社会上也有很多人主张撤回留美幼童。尤其是在民间，对幼童们剪去发辫、穿洋装、不行跪拜之礼的举动难以理解。

朝廷选送留美幼童，原计划十五年完成学业，现在不到十个年头，却中途撤回，这一事件被称为"留美幼童公案"。这一事件的发生，作为推动者的容闳是最为伤心的。

对容闳来说，留美教育计划花费了他十余年的心血才得以实现，无疑是筚路蓝缕了；然而对当时的中国社会而言，容闳的教育计划又仿佛是一朵过早开放的花，它缺乏适宜的土壤，也缺乏适宜的气候。清朝官场中，唯一支持他的实力派是曾国藩。但曾国藩在1872年8月便病故了，容闳没有了支持他的力量。这样，容闳又成为"孤独"的人。对于容闳的留学教育强国主张，江苏巡抚丁日昌曾推心置腹地对容闳说："君所主张，与中国旧学说显然反对。时政府又甚守旧，以个人身当其冲，恐不足以抵抗反动力，或竟事败于垂成。"容闳自己也未尝没有看到这一点。

留美幼童被召回，容闳是最为难堪和无奈的人了。容闳本来寄希望于通过留学改造贫病虚弱的中国，可是他的这个愿望没有实现。在留美幼童被召回的时刻，他美国的妻子身患重病，这对他来说是极大的打击。容闳虽然多方寻找名医诊治，精心照料，但妻子还是在1886年病逝。当时，他的两个孩子尚且年幼，一个九岁，另一个七岁。容闳回忆这一段艰难的生活时说，从1881年到1886年是他人生中最痛苦的时期。幼童被召回，妻子又病重，这些都使他对前途感到心灰意冷。妻子病故后，容闳既当父亲，还要担当起做"母亲"的重任，心力更加交瘁。但即便如此，他强烈的忧国忧民之心仍在燃烧。1894年7月，日本在朝鲜问题上与中国挑起战端，导致了中日甲午战争的爆发。此时，身在美国的容闳焦急地关注着战事，为中国的命运担忧。爱国心切的容闳连续给张之洞写信。张之洞的幕僚蔡锡勇曾经在中国驻美公使馆工作过，与容闳相熟，容闳便通过他将信件转交给张之洞。容闳的信中提出了两大抗日之策。第一策建议朝廷向英国借款一千五百万元，购买军舰三四艘，并雇用外国兵五千人由太平洋抄袭日本后路，使其首尾不能相顾。这样日本必然调回在朝鲜的兵力。中国可以趁此机会加紧操练新军，海陆并进一举击败日本。第二策是在向英国借款的同时，派员与欧美强国协商，将台湾全岛抵押给欧美的某一国。借款四亿美金作为训练海军、陆军以及与日本作战的军费。容闳的这一书生之见，在今天看来有点卖国的嫌疑，但在当时也是一种无奈之策。

容闳的建议，张之洞认为第一策是可行的，第二策万万行不通，他不想在朝廷中授人以柄。对于第一策，他致电容闳，要他尽快到英国协商办理此事。得到张之洞的电报，容闳感到受命于危难之中，自己当义不容辞，于是，立即由美启程前往英国。在英国，他上下奔走，几经努力，终于与英国银行界达成借款协议，同意以中国海关税作为担保。但是，当时的朝廷外患频仍，内部也是矛盾重重。以光绪帝为首的"帝党"与慈禧太后为首的"后党"权力斗争十分激烈。朝臣中，李鸿章与左宗棠关系不睦；李鸿章与张之洞也是互相倾轧，相互掣肘。张之洞提出的以海关税为担保向英国借款之事，遭到慈禧太后与李鸿章的反对而被否决。

容闳的提案虽然被否决，但张之洞很希望他回国为自己所用，于是给他写了封信。容闳接到信后，就踏上回国的路程。1896年，容闳参照美国的体制，草拟了建设中国国家银行的方案，并得到户部尚书翁同龢等官员的赞成而上奏朝廷。命运再次跟容闳开了个玩笑：盛宣怀抢先兴办了银行！同时，他提出的兴建天津到镇江的铁路计划也因遭到盛宣怀和张之洞的反对而流产。

面对银行和铁路计划的失败，失意的容闳得出如此论断："在这个帝国中，上自慈禧太后下至最低微卑贱的差役，无不与贿赂有染，整个国家政治结构因此被弄得千疮百孔……在中国，金钱是无所不能的，一个人能用金钱达到任何目的，一切都是交易，谁出价最高，谁就能得到他想要的东西。"由此，容闳认为，中国的出路，根本在于改变体制。

第六章　从购求坚船利炮到编练"新军"

1. 夭折的舰队

如果说总理衙门与同文三馆的成立，是洋务运动兴起的标志，那么，购求坚船利炮则是清王朝开展洋务运动的一个重要标志。因为引进西方先进军事装备、军事技术以及学习西方先进科学技术和知识也是洋务运动的重要内容，而这些正是从坚船利炮的引进而来的。

但是，一个明显的动向是，洋枪洋炮和轮船的使用与购求，并不肇始于洋务运动，而是以抵御外侮、平定内患、购买船炮为起始的。

鸦片战争中，一贯把西方视为"外夷"的清朝官员，在英国人坚船利炮的沉重打击下，认识到了西方武器的先进。一些进步官员发现了中国武器落后，因而在林则徐的倡导下发起了向西方学习先进军事和购置西方船炮武器的先声。除此之外，林则徐还打算自己设厂制造。虽然林则徐的倡议遭到了顽固派官员的抵制和破坏而未能实行，但研制新式武器，几乎成为关心国家大事的先进士子们的主要话题和努力方向。十三行巨商潘仕成于 1843 年仿造美国水雷成功，梁章钜称"武器甚好，非夷人之巧心莫能制造，非洋商（指十三行商）之厚力亦莫能仿成"。先后任广西、湖南按察使的姚莹向俘获的"黑夷目"诘以造船炮之法，为自己进行仿制做准备。时为云南监察御史的福隆阿甚至建议"讯众夷犯，令将该国制造火药与千里镜、西瓜炮等诀法，明白陈说。……所获夷炮，如果轻而易携，即应募匠照制"。在他们的影响下，鸦片战争后的中国民间学习西方先进技术、仿制新式武器便成为一种呼声，但这些都没有引起清廷的重视，难以成为社会风气。

社会进步往往不是按人们想象的模式发展。中国近代史上的"师夷长技"，不是在"制夷"中兴起的，而是在"制人民"时开始认真实行的。太平天国运动的爆发为清王朝购买外国船炮提供了契机。

洪秀全领导的太平天国在广西起义时，尚没有先进的西方武器；1853年太平天国定都南京后，太平军开始使用洋枪洋炮。关于这一点，两江总督怡良给清廷的一段奏报可以证明：

> 据吴健彰（苏松太道）禀称：盘获宁波钓船一只，内有夷人三名，洋剑一把，洋枪六千杆，洋刀四十把，洋硝一包、火药一罐，并在夷人身上搜出夷书一封，上有真命太平天国等字样，当即拆阅，查系英吉利奸商勒呐吐致镇江逆酋罗大纲一书，又附带上海逆首刘丽川逆书一件。讯据船户王阿莫等供称：系夷人雇装兵器至镇江卖给贼匪者。

从怡良的奏报来看，太平天国军队在1853年已经从洋人那里购进新式武器，使用洋枪洋炮了。靠镇压太平天国建立军功，成为一代中兴名臣的曾国藩在1856年攻陷安福县时，"夺获洋枪炮械藤牌四百余件"；1859年，曾国藩说太平右军主将韦志俊向湘军投降时所带"器械甚精，洋枪甚多"；同年胡林翼奏称太平军杨辅清攻池州城"施放洋枪子落如雨"。后来崛起的太平天国青年将领在1860年后经营江浙时所使用的洋枪洋炮更引起了重臣们的重视，李鸿章在给朝廷的奏章中说李秀成部"洋枪最多"。如此等等，使得清廷中的一些开明重臣不得不发出希望朝廷购买洋枪洋炮，以镇压太平天国的呼声。

总理衙门设立后，曾国藩向恭亲王奕䜣上了一个条陈，主张从外国购买船炮，装备一支掌握外国长技的海军。事实上，恭亲王奕䜣也有此想法。

恭亲王奕䜣最初打算从俄国引进一批武器，后来由于识破了俄国垄断中国军事技术近代化的阴谋，及时否决了购买这批武器，而将目光转向英、法、美等国，努力学习和引进他们的军事装备和技术，并通过英国人赫德了解英国船舰的情况，准备购求英国船舰，组建舰队。这是清朝第一次计划组建自己的海军舰队。但是这一计划却因英国人李泰国擅立"阿思本合同"而夭折了。对于这一事件，同为购买船舰经办人的英国人赫德也为李泰国的行为感到吃惊。

赫德从恭亲王奕䜣那里得知，清廷准备向英国购买军舰。赫德便给仍因"病假"待在国内的李泰国写了封信，说明了清廷总理衙门购买舰船的计划和设想。赫德在信中还强调说，总理衙门"指令我以最快速度筹集和使用这笔款子"。他附上第一批大约三万一千英镑的汇票。最后，他再次强调：

> 恭亲王殿下渴望舰队的到达，该舰队的结构也已批准。出于种种你们可以理解的原因，迅速地派遣已购得的船只极其重要。

购买英国军舰，恭亲王奕䜣征询赫德意见的时候，赫德提出了这样的建议：购买炮舰六艘、巡洋舰三艘，组成类似于在上海的"常胜军"那样的军队。为什么要这样做呢？他建议说，自太平天国军队占领南京以来，清军作战不力，军队数量很大，能作战的不多；筹拨的军饷数量很大，但盛行贪污，发到士兵手里的不多。这就造成了清军有名无实，军威不振，以至于盗贼、内乱四起。"事坏至此，上下交争利，而国危矣：兵饷不肯实发，兵勇不肯实打，官员不肯实报。但有一实事，不至路益加乱。本岗目击时艰，可惜可怜！既有所知，不容缄默。……用兵之道，贵精不贵多，兵饷不足，兵必不行出力。器械不利，兵虽出力，亦不能取胜。以五十万无好器械而又不肯出力之兵，不如有一万饷足器利之兵。"

基于这样的现实，赫德建议购买炮舰、巡洋舰、先进的武器装备，组成一支精锐的舰队。舰队成立后，应聘请外国人担任顾问、军事技术人员，甚至指挥官等。赫德还认为，舰队成立后，应该负责打击海盗、保护关税、镇压走私活动；解除所有沿海商人的重型武器，消除海上的一切犯罪活动；镇压长江沿岸的扰乱行为；保护所有港口不受起义者扰乱；阻止起义军越过长江。一言以蔽之，就是镇压起义军与海盗，制止走私活动，恢复社会秩序，恢复清朝的统治秩序。

赫德的建议，得到了奕䜣的支持。因而，他让赫德给李泰国写信，委托他购买船炮装备清军。可是，李泰国收到信后却产生了另外一种想法，他认为应组建一支听命于英国的舰队，舰队的最高指挥官最好也由英国人担任，这将是英国在日后控制中国的绝好机会。

李泰国认为，控制并使中国驯服，这是"和西方列强的关系建立在一种新的而且更健全的基础之上"。即英国应全面公开插手中国的内政，乃至不惜采取强制手段，使之更符合英国的远东利益。他甚至认为，他自己"应该是（大清）帝国政府的领导人物"，"应当充任海军大臣，而且是唯一的海军大臣"。

按照总理衙门的指令，李泰国只要认真完成购买船炮的事情就算完成了使命，可是，殖民主义思想使他更希望在华实现自己的政治抱负。他企图首先控制中国海军，为此，他拿着赫德给他写的信函和恭亲王奕䜣的训令于1862年4月15日来到英国外交部。他阐明了自己的想法，希望得到外交部的支持。他冠冕堂皇地说，请英国政府批准他的意见，以便英国臣民充当的官兵，可以随时接受中国政府的雇用。李泰国想让英国人做舰队的最高指挥官，为此还鼓励自己的朋友，英国海军上校阿思本辞去在海军中的职务，减少申请的麻烦，准备让他到中国担任这支新组建舰队的最高指挥官。

更为荒唐的是，李泰国没做任何请示，竟然背着清政府，以中国政府全权代表的身份，与阿思本签订了聘用合同。这就是所谓的"阿思本合同"。合同的大概内容如下：

> （一）阿思本同意管带欧华海军，为期四年，并言明无其他欧洲充任之总管带；（二）阿思本充任管带时对于欧洲制造之船只，以及由欧洲人充当船上官兵之中国船只，不拘为皇帝所雇用，或在皇帝授权下为当地行会所雇用，均应有完全指挥之权；（三）李泰国将自中国皇帝方面为阿思本获取充任欧华海军管带时一切行动所必需之权限的授予；（四）阿思本承担依照李泰国传达的皇帝一切谕旨行事；阿思本并约定对于经由其他途径传达之任何谕旨可置而不理；（五）李泰国方面约定对于任何谕旨，其合理程度不为其本人认为满意时，将拒绝居间传达。

这样的合同，使得李泰国的野心完全暴露无遗，不要说中国不会答应，就连赫德也感到吃惊。事实上，对于李泰国的野心，赫德早有察觉，他曾经向薛焕说过此事。1862 年 6 月 29 日，薛焕向恭亲王奕䜣汇报了此事：

> 据赫德面称，统兵武官姓名阿思本，所有各船舵工、炮手、水手、看火人等均由该员雇募，以专责成。

赫德对李泰国的做法最初采取的是容忍的态度，毕竟都是英国的子民。可是按照李泰国的做法，中国人自己花钱组建的舰队，却不受中国人的制约、调遣，最高指挥官被掌握在英国人的手里，即便清朝的首脑们再昏庸、无能，也断然不会答应，而且还有可能将中英两国引入纠纷。赫德清楚，组建舰队，自己提出了很多建议，他担心李泰国的所作所为会使总理衙门对他产生误解，从而使自己在海关税务司的工作陷入僵局。如果再任由李泰国胡作非为下去，也将影响到自己的声誉。精明的赫德得知李泰国与阿思本签订合同的消息后，给李泰国写了一封长信，表示反对他的做法，指责李泰国在中国组建海军问题上存在着急躁和冒进，是一种不切实际的行动。

果然，李泰国操弄的这个"阿思本合同"遭到恭亲王和朝廷大员的坚决反对。恭亲王拒绝批准李泰国炮制的"阿思本合同"，理由相当充分。他向英国公使指出，在他给李泰国的训令中，丝毫没有提到关于舰队命令的颁发一定要经过李泰国之手，只是说舰队一旦购妥，应尽快驶到上海待命。这一指令表示，该舰队使用权只能属于购买它的政府。总理衙门于1862年10月24日给李泰国的指令很明确：

　　一、购买船只并各船内应用之炮药、煤斤以及各项零尽等件；二、邀请应坐各船之武弁，招募炮手、水手等以及定各项合同；三、酌留所需银两，以便照各项合同发给俸禄工钱，以及将来备赏各款之用。

这个指令只是让李泰国购买船炮和寻觅所需要的指挥官、水手和炮手，并未赋予他任何独立指挥权。李泰国利用指令中的"定各项合同"一语，曲解了指令的内容，但这对他没有什么帮助。只要人们通读一下指令，就会发现是李泰国利用指令的措辞模糊在狡辩而已。

李泰国的做法，恭亲王奕䜣表示不能接受，而在江淮苦心经营的曾国藩和李鸿章得此消息后，心里更是窝了一肚子的火。此时的曾国藩两江总督任上，他的门生李鸿章也奉命在上海编练淮军，曾国藩推荐他出任江苏巡抚。镇压太平天国所取得的节节胜利，让他们感到很有些春风得意。为官的人大都是喜欢聚敛权力的，曾、李也不例外。当二人得知朝廷想组建清帝国的第一支舰队时，是抱着很大希望想指挥这支舰队的。现在，他们得知最高指挥官竟是英国人，就说什么也不愿意接受这个炮制的合同，更反对阿思本出任舰队的最高指挥官。

清廷从上到下一致反对，可是毕竟花了银子。于是，在舰队前往中国的途中，双方就展开了谈判。

1863年春天，李泰国在清廷朝野的反对声中，不得不放弃所谓的"病假"，由伦敦启程赶往法国，在马赛登轮踏上了前往中国的行程。由于"阿思本合同"，他不能不对总理衙门的反对做出反应。他于5月抵达上海，6月来到北京。

在李泰国前往中国的路途中，他还对自己的计划抱有希望。他希望通过压力能使清廷就范，丝毫没有考虑到因为他的自负与傲慢，甚至膨胀的野心，使得他的形象一落千丈。他也因此处处碰壁。一到北京，他就要求拜见恭亲王奕䜣，但是奕䜣拒绝接见。总理衙门的官员则指责他签订"阿思本合同"侵犯了中国主权，并对这一合同完全予以否定。这是李泰国第一次来到北京，一到北京他就感受到了北京官方的不友善。本来还充满幻想的李泰国，受挫之后转而到英国驻华公使馆寻求驻华公使卜鲁斯的帮助，要求他就"阿思本合同"同总理衙门进行协商。

因此，在卜鲁斯的要求下，1863年6月6日，总理衙门就"阿思本合同"举行了联席会议。会议进行得很不顺利。由于李泰国与卜鲁斯事先达成了一致意见，因此卜鲁斯也完全支持李泰国的观点。这样，李泰国坚持舰队最高指挥官由英国人阿思本指挥，总理衙门则坚决反对，使得这次会议无果而终。这次会议后，卜鲁斯又给奕䜣写了封信，措辞相当强硬，信中说：

一、为保护那些规定的约束，帝国政府必须把海关税收作为有保证的经常性偿还力加以控制；二、这些力量应在帝国政府的直接领导下，受它领导，对它负责。这些力量应与地方官员保持一致行动，但不受他们控制。

奕䜣则反驳说，是否同意英国军官为中国效劳，当然是英国公使的职权范围，不同意也没关系；但如果同意，则英国军官由谁指挥、饷银从何开支，这就是清廷自己决定的事了。

这等于英国人碰了钉子。此后又经过几次商谈，英国方面不得不同意在阿思本之上设立一位中国"总统"，也就是舰队最高指挥官由中国人担任，由曾国藩和李鸿章推荐人选；而阿思本则担任"帮同总统"。双方达成了五条协议，对舰队的维持费用做了详细安排。在总理衙门积极交涉"阿思本合同"的同时，作为"阿思本合同"的另一个当事人阿思本也率领中国购买的八艘军舰出发了；9 月间，舰队先后抵达上海。但是，随着阿思本带领舰队抵达中国，事情又发生了反复，被李泰国授命为最高指挥官的阿思本不同意他头上多了个中国上司。

事情的变化，对阿思本来说同样是不开心的。他不知道究竟是李泰国不靠谱还是清廷违反合同，于是，他把舰队带往烟台之后，于 9 月 25 日单独到达北京。同日，李泰国将此前与总理衙门达成的协议转给阿思本，并明确说自己只赞同其中的经济条款，至于是否同意设立中国总司令，由阿思本自行决定。李泰国的态度火上浇油，激化了双方的矛盾。

阿思本在 9 月 28 日的备忘录中，发了很大一通牢骚。他认为这不仅与此前的协议大相径庭，而且海军舰队要由清廷地方官来指手画脚，这实在让人不解，"如果这就是中国特色，难怪他们无论陆战和海战都要打败仗了"。他认为，舰队所有官兵所签的协议，其基础都是以他为统帅；如果另设中国统帅，那这些合同就全部无效了。客观地说，从契约的角度，他的说法是有相当道理的。

如果听命于中国人做自己的最高指挥官，会让阿思本有一种被招安的感觉，这实在是一种沦落。他说："联合舰队就会从蒙上帝赐福的舰队，堕落到被中国人民和在华欧洲人诅咒的地步。"他又说："我如果在这问题上软弱，就会如戈登那样被李鸿章玩弄。"他认为建立这样一支外籍舰队本身就是中国的巨大改革，因此不应再重新纳入那套已被证明无用的老体制中，必须借此推动中国的进步。

阿思本知道，曾国藩、李鸿章这些对朝廷产生影响的官员都是很能干的中国人，但也是不守规矩的中国人，他们推荐的人极有可能对自己的权力大加限制。基于这样的感觉，阿思本反对中国人做自己的顶头上司，坚决要求按照出发前与李泰国订立的合同，由阿思本自己任舰队司令。阿思本直接给恭亲王写信，拒绝接受恭亲王和赫德等在7月初达成的协议。阿思本写道：

> 这直接违反我和李泰国先生的正式协定……我到中国来是为皇帝效劳……而不是仅仅充当地方当局的仆人……中国总理衙门认为"恭亲王所议之办法系中国的常理"，对此，我的答复是，我以及我的追随者到这里来，不是为了使我们习惯于中国水兵或士兵所受的通常待遇，也不是为了帮助他们在对待欧洲雇员或一般欧洲人方面执行一项倒退的政策。

阿思本用没经过大脑斟酌的语言咒骂了清朝的整个行政体系，并限总理衙门在两日内给予答复，否则拒绝听命并将解散舰队。

恭亲王看了这样的信，当即怒了。一个小小的校级军官太不自量力了。他把信扔给他的老部下文祥，意思是由文祥来处理吧。文祥一向脾性很温和，他看了信，也不由得甩了句重话：大清国即使退回到关外，也决不屈服于阿思本的无理要求。李鸿章听说这件事后，给恭亲王写了封信，说，不能让这支舰队参加南京的行动，认为此乃"李泰国心术险诈，目前不愿中国专权，即将来不准中国人接手"。

奕䜣在与列强的交往中，虽然常有妥协的一面，但他明白军事控制权对清廷的重要，失去了军权就等于受制于西方了，因此无论如何"中国兵权不可假手予外人"。他坚决拒绝批准李泰国炮制的"阿思本合同"。

面对这样的结果，英国驻华公使卜鲁斯说，如果清廷废除李泰国与阿思本的合同，那么英国就降下国旗撤使回国，那样就表示清廷仍然是排斥西方的。

卜鲁斯当然是在威胁恐吓恭亲王，中英双方都不愿意让步。当此僵持局面，美国驻华公使蒲安臣出面表示愿意在中英两国间进行斡旋。最后，英国决定解散这支舰队，将八艘军舰驶回英国拍卖；清廷发给六百名英国海军官兵路费，另外付阿思本一万两白银的劳务费。这样，闹得沸沸扬扬的"阿斯本合同"事件才告结束。

但清政府也为此付出了代价：整个事件中，政府支出白银一百七十三万两千两，收回一百零六万八千两，损失六十六万四千两。这次事件中，奕䜣的外交手腕得到了展现，以致后来曾国藩在给奕䜣的回信中称："钦佩无以。"

在整个事件的发展中，曾国藩和李鸿章多次提出建议。最初曾国藩还担心由他和李鸿章出面，道出此次购买舰队的弊病，会引起恭亲王的不满，毕竟向外国购买船舰组建舰队乃"恭邸数年苦心经营之事"。但奕䜣在阿思本舰队风波过后给曾国藩、李鸿章二人各写了一封书信，说明对于"阿斯本合同"事件，他已采纳了二人的意见。

"阿思本合同"事件，清廷一买一卖，没了舰队却还要赔上费用，白白耗费了近七十万两白银。这样的窝囊事清廷没少干，好不容易弄个舰队，就这样夭折了！

虽然清廷第一次组建舰队因"阿思本合同"事件而宣告夭折，但清廷洋务派并没有因此而停止对新式船舰、武器的购求。特别是曾国藩、李鸿章领导的湘淮军在镇压太平天国的行动中，发现了西式武器的优越性，更是加速了他们对新式武器、舰船的购求，以配备到自己的军队中去。

2."借师助剿"中的启示

"借师助剿"，即借助侵略者的力量和外国军事人员的帮助，来镇压农民起义，可以说也是清廷推动洋务运动的一个重要历程。"借师助剿"的起因是这样的，恭亲王在奏请设立总理衙门之时曾经说过，外患尚不是清廷最大的隐忧，最可能影响到朝廷根基的就是内乱了。洪秀全领导的太平天国自金田起义后，对清廷造成的冲击是震惊中外的。自从杨秀清、韦昌辉因为权力之争发生内讧之后，太平天国的力量便一天不如一天，军事上也是连连失利。先是武昌失守，继而九江也被清军攻克。这种局面虽然使得摇摇欲坠的清廷大大松了口气，但是随着陈玉成、李秀成等青年将领的崛起，太平天国在 1860 年又迎来了一个全盛时期。1861 年春夏之交，太平天国以凌厉的攻势从长江南北两路再度攻取武昌。当年底，太平天国军队又乘胜攻克宁波、杭州，上海也岌岌可危。

江南危急，江浙两省官绅以联名上奏的形式，于 1862 年 1 月 31 日向朝廷提出了"借师助剿"的建议。

关于"借师助剿"的提法，追溯到 1853 年已有人提出。当年，太平天国军队攻克安庆，南京、上海形势十分危急，在上海爆发的小刀会起义也是风生水起。在这种形势下，江浙的官员就提出过"借师助剿"的主张。不过，这一主张未能得到咸丰帝的支持。虽然此时还没有与列强正面交锋，但咸丰帝的父亲道光帝与列强交手连连败北，被迫签订屈辱条约。这些事件使咸丰帝继位后，对洋人十分忌惮。况且，列强在太平天国运动爆发后，很长一段时间内也采取观望态度。这样，清廷与列强未能立即勾结起来。太平天国内讧之后，虽然有过一段时间的式微，但随着青年将领陈玉成、李自成这股新生力量的崛起,形势发生了新变化。这使得咸丰帝对"借师助剿"虽然没有明确表示支持,但也默认地方官与西方的"合作"了。

1860 年初,太平天国军队以"围魏救赵"的战略决策,向杭州发起了猛烈的攻势,很快将其拿下,并势如破竹地席卷江浙地区。这种局面,清王朝害怕,外国侵略者也是十分担心。担心什么呢?担心太平天国军队威胁到他们的在华利益。因为在此前,英、美、法、俄等国公使频繁到太平天国占领地南京示好,但太平天国却没有"投桃报李",而是向列强表明态度,不承认清政府与列强签订的条约,也不怕列强的威胁。列强们热脸贴了个冷屁股,便对太平天国产生了很不好的印象,不断暴露出急于干涉太平天国运动的倾向。但是要干涉太平天国运动需要有成熟的条件,因为干涉的目的就是要维护列强在华的侵略利益。基于这种投机和功利性目的,上海的危急形势使得清军和列强在"借师助剿"问题上开始了初步的尝试。

1860 年 3 月,主政上海的道员吴煦背着朝廷与英、法代表在上海私自达成了"协守上海"的秘密约定。咸丰帝并不知情,朝廷中枢也不知道,因为一切活动都是秘密进行的。根据秘密协定,从这年初夏开始,英法军队开始在上海城乡布防。

这个举动等于打下了"借师助剿"的楔子。咸丰帝得知后很生气,总理衙门也很吃惊。6 月 2 日,太平天国军队攻克苏州。形势危急,吴煦大着胆子向两江总督何桂清、苏抚徐有壬、浙抚王有龄和巡抚级别的江苏布政使薛焕提出让英法军队帮助守卫上海;必要的时候,"协守上海"的做法可以深入到内地。

两江之地,何桂清的职务是最高的,他也感到吴煦的建议可行。但是,他知道咸丰帝是反对借师洋人的,担心引狼入室,因此感到责任重大,犹豫不决。他为此在 6 月 25 日向咸丰帝上折奏报。奏中说,现在江南的很多地方都被太平天国军队占据了,江苏已经没有兵将可以阻挡他们了。"值此逆焰猖狂"之际，如果列强与太平天国军队乘机勾结，"该夷志在牟利，不顾顺逆，万一不为我用转为贼用，一经与贼勾连，贼与夷串成一气，势必水陆分扰，南北皆危"。

何桂清把形势说得很严重，希望咸丰帝能够答应这个建议。何桂清的奏折中，还向咸丰帝说明了三点：（一）苏抚徐有壬已经给英夷发出了"借师助剿"的照会，目前正在接洽之中；（二）薛焕作为江苏行政长官，也参与了此事；（三）苏州官绅百姓认为"借夷"可行。

咸丰帝看了奏折，感到有些尴尬，也很生气。但他仍不同意"借师助剿"。他给何桂清等人的奏折批语是什么呢？他说了一大通担忧的话，最后的结论是，徐有壬向英法借兵防守苏州之事，荒谬之极，断不可行。咸丰帝还斥责何桂清擅自与洋人"勾结"商谈"借夷"事，实在不配做"清朝臣子"。由于咸丰帝的反对，上海方面不再提"借夷"了，但是暗地里的行动并没有终止。7月间，上海买办官绅支持的英法洋枪队在松江偷袭太平天国军队取得胜利，使得这支有三千人的洋枪队以"商办""雇佣军"的形式在上海存在了下来。

洋枪队偷袭太平天国军队取得成功，也使得江苏布政使薛焕的胆子大了起来。在英法军队开进上海城后，薛焕指示吴煦、杨坊等人，要他们与洋人协商出动军队助攻苏州。这个举动，当然仍是背着咸丰帝的。薛焕也明白，"借师助剿"可能会带来引狼入室的隐患。可是，"借师助剿"在上海的尝试，又使他很想利用洋枪队镇压在苏州的太平天国军队。咸丰帝虽然没有再表示强烈反对，但他对洋人的忌惮却是根深蒂固的。他害怕请鬼容易送鬼难。咸丰帝当然知道，"借师助剿"会对太平天国军队造成极大的冲击，但他还是不愿承认也不愿接受这种勾结所产生的作用。他为此下谕："着薛焕即将此项夷勇裁撤，给与募费，作为商雇，并非官雇，以免将来有所籍口。"咸丰帝要求裁撤驻守在上海的洋枪队，也不想落洋人口实，将洋兵为商办而非由清政府所雇用；对于他们偷袭太平天国军队所取得的胜利只字不提。咸丰帝这个谕令，虽然口头上是要裁撤，但地方官并没有执行，其在上海仍然以"雇佣军"的形式存在着。咸丰帝的这道没有执行的谕令，只不过是想保住自己反对"借师助剿"的面子罢了。

1860 年 10 月，英法联军攻陷北京，咸丰帝逃往热河。原先列强的枪炮只在沿海逞凶，现在却公然闯进"金銮殿"里闹腾，咸丰帝对"借师助剿"更忌惮了。1861 年 1 月 24 日，咸丰帝下谕说了"借师助剿"的很多不利因素，流弊很多，地方不可因要剿灭贼匪而留下遗患。一旦"借夷"，日后洋人提出非理要求，担心拒绝过甚，而又生出别的事端，"唯有告以中国兵力足敷剿办，将来如有相资之日，再当借助，以示羁縻"。

咸丰帝不主张"借师助剿"。我们知道，列强帮助清军同太平天国军队作战是有目的的，就是维护他们的在华利益。因而，在助剿太平天国军队的问题上，列强既要求清廷能够保证他们的这种利益，又会在太平天国军队与清军之间衡量自己的这种助剿是否能够最大限度地维护自身利益。因此，列强在二者之间采取投机的办法，也对太平天国军队加以利诱，希望他们的利益在太平天国控制的地区得到落实。怀着这样的目的，1861 年2 月，英国侵华司令何伯及英国外交官巴夏礼驾舰从上海驶入太平天国控制区。他们照会太平天国，声称他们已获得自由航行长江的权力，要求太平天国不要干涉持有护照的英国船只，并要求太平天国军队不进入上海及其他开放口岸百里以内地区。二人声称，他们可以保证清军不从这些地方进攻太平天国，说这样做是为了保护商业。洪秀全也担心列强与清军联合，同意了英船可以航行长江的要求。此举使得侵略者认为太平天国是可以利诱的。当年冬天，何伯与巴夏礼来到天京（南京）拜见洪秀全，提出帮助太平天国，"打倒清朝，平分中国"，希望以此获取在中国的巨大利益。但是，这个提议遭到洪秀全的拒绝。

列强在太平天国碰了壁，又把希望寄托在清廷方面。此时，咸丰帝已经去世，慈禧太后要比咸丰想得开，基于平定内患的需要，便以勾结的方式开始"合作"。当然她也明白，经历了两次鸦片战争，清廷想要继续维持闭关政策不仅是不可能的，而且也是不必要的。从此清廷的对外关系开始进入一个新的阶段：中外反动势力逐步地结合在一起，共同与中国人民为敌。

1862年1月31日，已经升任两江总督的薛焕以江浙士绅联名上奏的名义，要求朝廷"借师助剿"消灭太平天国的奏折先送到恭亲王奕䜣手里。薛焕的奏折中说，这是法、俄"抒忧自请，与由中国向其商助不同"，不是一件丢清朝体面的事。接着，薛焕算了一笔经济账：用兵八年，每年耗银千余万两，而南京至今仍然在太平天国军队手里；借夷兵助剿，虽然耗费较大，但可迅速成功，"则所省转不可胜计"，是一项合算的交易。并且，南京已经开埠通商，可以唆使列强以通商贸易的理由，尽快剿灭南京的太平天国军队，早日恢复贸易，刺激洋人积极性。这样，法、俄由长江推进，"先取金陵，以次廓清江路，我即可收长江之利，以赡陆路之军，饷充则兵自得力"。如果列强还能派出陆军与清军汇兵一处，"不但发逆即可立除，即各路土匪亦必不敢窃发"。

这位崇外惧洋的总督还主张：攻取城池后，抢劫国库民财，"以五成分赏中外兵勇"，中国二成，外国三成。他这是准备把太平天国占领的南京城交给中外匪徒蹂躏，真是一个为了官位不顾百姓死活的无耻之徒。

奕䜣看过奏折后，心中有很大的疑虑：一是想起去年威妥玛曾经帮助清军剿杀太平军，但攻克城池后却强行占据，清廷索要，即提出无理条件。因此，对英法两国能否诚心相助，不无怀疑。二是担心外国军队难以控制指挥，"借助外国兵众，既未能操纵自我，尤当防患未萌"。三是英法侵略者出兵之后，如果是仅仅索要报酬，倒是可以满足他们，来解救江南目前的危急局势；但是洋兵如果占据地方，和太平天国军队勾结起来，阻挠清军进剿贼匪，那就是养虎为患了。

奕䜣采取了审慎的态度，他先奏明慈禧太后说明情况。慈禧太后刚刚垂帘听政，她虽然不像咸丰帝那样忌惮"借师助剿"，但也有很多的顾虑。她知道，咸丰帝是反对联合外夷的，现在先帝尸骨未寒，她看了这个奏折也很是踌躇。慈禧太后便想了个法子，她把奕䜣的折子发下去，让臣子们发表意见。

既然年轻漂亮，只有二十七岁的西太后发话了，要大家发表意见，那么朝野大员便通过上奏折的形式发表自己的高论。

漕运总督袁甲三看得明白，他认为这样是引狼入室，有百害而无一利。他警告说：俄军只派三四百人助剿，就大言不惭地吹嘘可以剿灭太平天国军队，臣虽然比较愚钝，但实在不敢相信会有这样的奇迹。

袁甲三又说，俄国人实际上是有目的的，如果战胜了，就可以向清廷邀功请赏，然后提出一些不合理的要求；如果战败了，就会以兵船遭到破坏，士兵死亡需要抚恤为借口，向朝廷提出赔偿。况且，洋人与太平天国军队同信一教，"久居内地，是不仅引虎入室，并且为虎添翼。况此日招之使来，他日不能挥之即去也"。袁甲三的话，像一瓢凉水浇了下来，使得慈禧太后与恭亲王对"借师助剿"一事更加犹豫不决。

还有一个给慈禧太后和恭亲王泼冷水的是，靠镇压太平天国得到朝廷重视的曾国藩。他对列强极不信任，传统的夷夏之防使他十分警惕外夷的险恶用心。再说，江南诸省已经成为湘军的势力范围，曾国藩在镇压太平天国的行动中很想建立自己的湘系王国；况且这个政治野心很快即可实现，他岂能让外夷借助剿染指苏常膏腴之地。可是，囿于奕䜣倾向于"借师助剿"，他不能直通通地表示态度，只好侧面出击，委婉地对"借师助剿"的动议表示反对。

曾国藩从军事态势的具体分析入手，指出清军的劣势"在陆而不在水"，太平天国军队优势"亦在陆而不在水"；如果湘军陆师"势不能遽进金陵，若俄夷兵船即由海口上驶，亦未能遽收夹击之效"。不用说，曾国藩"王婆卖瓜"地在突出自己的作用。言外之意，不需要"借师助剿"就可以使湘军水师直抵天京。况且，俄国的几只战舰对战局亦不能收到左右形势的效果。

袁甲三、曾国藩等人的意见，恭亲王做了总结，然后上奏慈禧太后，表示袁甲三、曾国藩都反对"借师助剿"。但是，恭亲王又说，现在的清朝军队在对太平天国军队作战中尚存兵力不足的问题。

这些意见，使得慈禧太后更拿不定主意了。这样，薛焕提出的"借师助剿"便被搁置在一边了。

可是，过了不久，薛焕又来了奏折，这一次倒是没有提什么"借师助剿"。薛焕的奏折中说，英法两国与署理江苏藩司的吴煦会商，在上海洋泾浜的西、北两面挖壕筑墙，加强上海防务，英法文武各员对此都"颇为出力"。更重要的是，1862年1月20日，忠王李秀成部将慕王谭绍光和纳王部永宽率军由蕰藻河两岸进攻吴淞镇时，停泊在东、西摆渡的法国轮船和陆上炮台，一齐向太平天国军队开炮，将其击退。

奕䜣看了奏折，高兴异常，认为列强并不像说的那么坏，他们对中国也是"真心和好，固已信而有征"，英法侵略者还是可以合作的。他立即向慈禧太后上奏折具秉了这一情况。

1862年2月8日，慈禧太后力排众议，以同治帝名义下达了这样的谕旨：

> 上海情形实属万分危急。借师助剿一节，业经总理衙门与英法驻京使臣商酌。现据薛焕奏：英法文式各员颇为出力。且法国轮船为我开炮击贼。是其真心和好……上海为通商要地，自宜中外同为保卫。……所借师助剿，即着薛焕……与英法两国迅速筹商，克日办理，但于剿贼有裨，朕必不为遥制。其事后如有必须酬谢之说，亦可酌量定议，以资联络。

慈禧太后当然也料到了，列强是无利不起早的，肯定不会白帮忙。果然，在这个谕旨下达后，英国侵略者就以"借师助剿"的名义进行敲诈勒索。

慈禧太后的谕旨才发布一星期，恭亲王奏报，英国使馆的威妥玛屡次要求解除 1858 年通商章程第五款禁止英国商船在登州、牛庄两口岸装载豆类、豆饼出口的规定。据说如果实行解禁，"则商贾辐凑，外国不能不保守该口"。

这个要求，慈禧太后照单接受。1862 年 2 月 21 日，她以朝廷名义发布上谕说，准许暂开豆禁，"无非迎机利导，曲为牢笼，以期得其死力"，恬不知耻地以出卖利权作为勾结外国侵略者镇压起义军的手段。

慈禧太后还做了一个总动员，希望各地官员都能够与洋人精诚合作，并称，合作中，如果洋人表现得很好，当"随时迅速驰奏，不得没其劳绩，以彰中外和好，同心协助之意"。而此前，英国人在太平天国的碰壁，也使得他们不断向自己的政府提出建议，联合清军对太平天国采取攻势，才能保护在中国江南的利益。

有了这样的基础，"借师助剿"的剧情开始正式上演了。1862 年 4 月，清军与英法联军勾结在一起，怀着不同的目的开始了对太平天国的联合镇压行动。英法联军以太平天国军队的炮弹落到宁波"租界"内为借口，要求驻宁波太平天国军队将设在城墙上防御清军的炮位撤掉。这个无理要求遭到了太平天国军队将士的坚决反对，得到的答复有两个：第一点，太平天国军队不承认清政府与列强达成的所谓租界，认为租界是中国领土，"应该像中国其他地方一样，受太平天国军队的绝对管辖"。危难之际，太平天国军队仍然对外国侵略者在华特权予以明确否认。太平天国军队的这个不给"情面"的答复使侵略者认为是"最该反对、难以容忍"之事。第二点，太平天国军队表示"至于炮台，系我自卫所必需，与外人并无妨碍，断难拆毁，枪炮亦不能撤去，贵舰长欲攻城听之，欲轰击亦听之"。

英法联军面对太平天国军队的拒绝,很恼火,也不找什么借口了,直接向驻守在宁波的太平天国的守军开炮,声称要帮助清军夺回宁波。太平天国军队进行了坚决抵抗,重伤敌军,击毙了法国舰队司令耿尼。此后,太平天国军队又在慈溪战役中击毙了从上海调来浙江援助清军的"常胜军"统领华尔。

在绍兴,太平天国军队也进行了英勇决战,击毙了法国舰队司令勒伯勒东和其继任者达尔第福以及英军参将定龄。后来,联军与清军派出大量兵力,再加上太平天国内部出现叛乱,使得太平天国军队形势急转直下。

1864 年 7 月 19 日,太平天国军队经营了十余年的天京被中外联合力量攻陷,轰轰烈烈的太平天国运动从此渐渐消亡。太平天国运动虽然失败了,但它在中国近代史上留下了深远的影响,具有不可磨灭的伟大历史意义。值得肯定的是,太平天国的英雄们对外国侵略者的武装干涉进行了英勇坚强的反抗,给予了侵略者沉重的打击,使列强认识到中国人民的力量是不可低估的。

"借师助剿"镇压了起义力量,但是在无形中也推动了洋务运动的兴起。从"借师助剿"我们可以提出两个问题:一是清廷为什么要借洋人来助剿?这个问题的答案当然是清廷的力量不足以镇压起义,清廷处于岌岌可危的境地,只好找人来助剿。二是清廷为什么要向列强"借师"?因为洋人有着先进的武器装备,有使用先进武器的军事人员。两个必然的条件构成了清廷的"借师助剿"。在这个行动中,也产生了购买与学习西方先进武器的动力。事实上,不管是清军还是太平军,向西方学习、购买先进武器、聘用军事人员都是从这一时期开始的。特别是负责镇压太平天国的淮军,李鸿章在与洋人的合作中,发现了洋人武器和军事人员的优越性,从而认真地把洋枪队的"人"与"器"有机结合,引进装备,为自己的军队提高战斗力。常胜军解散后,李鸿章积极聘用戈登和马格里为自己的军事顾问就是如此。

3. 被动的"练兵"

"借师助剿"给清廷和洋务派带来启示，使得他们较之第二次鸦片战争的失败，对洋枪洋炮、洋式练兵发挥的作用有了进一步的了解。如果说第二次鸦片战争中是以与敌交战的方式领略到洋枪洋炮威力的话，那么"借师助剿"则是清军在与外军的"并肩"作战中，更近距离地发现并获得使用以及学习新式武器、战术的机会。这也使洋务派更深刻地认识到了清军的腐朽与无能，因而在向外国购求新式武器装备的同时，全国各地也掀起了整顿军队、用外国军事人才帮助练兵的新风。

在全国掀起练兵新风之前，实际上恭亲王奕䜣已经率先发出了练兵的呼吁。当时，恭亲王基于鸦片战争中清军被动挨打、不堪一击的现实，提出练兵的奏请。1861年1月，恭亲王奕䜣在给朝廷的"会议练兵章程"中说，"窃以今日练兵之举，原因近来营务未能整顿，兵丁训练多疏，不足以资捍卫，始议另为操演"。

恭亲王的奏请，咸丰帝没有批准。但是，此时的太平天国却利用新式武器实现了二次崛起。太平军用洋枪洋炮狠狠打击了清军，占据了江南的半壁江山。恭亲王再次发出了"欲求制勇，不外练兵"的呼吁。恭亲王的这一次奏请得到批准。当时，咸丰皇帝已经去世，通过祺祥政变（辛酉政变）获得权力的两宫皇太后授命恭亲王奕䜣主持练兵，并让他把练兵的重点地放在北京，挑选八旗兵、绿营各军的士兵成立神机营。这也是清廷招募洋弁、使用洋武器训练新式军队，以"固本"保卫京师方针的起始。

慈禧太后授命恭亲王奕䜣练兵，起初只是局限于京师的小规模练兵。但是恭亲王受命练兵，正是太平军第二次兵困上海之时，当时的上海是列强的租借地。清朝在北京练兵以"固本"的方针，遭到洋人的反对。原因很简单，当时的上海等租借地正被太平军围困，对于维护他们的利益而言，维护上海的利益要远大于京师，因而列强认为保卫沿海城市是当务之急，要求在海口练兵。清廷只能在洋人面前屈服，答应海口可以练兵，但在兵源上做了限制。这种限制正如两广总督劳崇光所言："此等教练之法，似止可施之于营兵，不宜施之于壮勇。"随后总理衙门明确地说：练兵只能"八旗兵或绿营正身兵丁交给洋弁教练，断不可令招募之勇学习"其兵法，以免后患。这就是说，可以向洋人让步，而对湘军为代表的勇兵则寸步不让，理由是"军兴以来，舍兵用勇，本系权宜之计"。从这个情况看，此时的清廷对地方练兵是限制的，担心尾大不掉，难以控制。

如此一来，清廷虽然缓和了与洋人的矛盾，但是对于朝廷的这种做法，地方实力派曾国藩、李鸿章等人很是不满。曾国藩认为，八旗、绿营官兵军风败坏已久，现在朝廷整顿积弊，但重中央轻地方的练兵之法并非良策。李鸿章是曾国藩的门生，也是出于维护自己的利益，他附和说："绿营弁兵惰窳已久，就中挑选加饷操练，外貌即似整齐，实恐难当大敌。……往往百战名将，练勇则易为力，练兵则无成效。"

此外，刘坤一等湘淮将领也对练兵大泼冷水，认为练兵不如练勇。清廷"强干弱枝"的固本政策遭到地方实力派的反对。在镇压太平天国的行动中，湘淮将领已经从"借师助剿"中尝到了甜头，发现了西式军队的优越。李鸿章是"借师助剿"的重要实践者，他在上海之初就发现了西洋武器的威力和军队的整齐划一，在给曾国藩的信中谈了对西洋军队和武器的看法：

鸿章尝往英、法提督兵船，见其大炮之精，纯子药之细巧，器械之鲜明，队伍之雄整，实非中国所能及。其陆军虽非所长，而每攻城劫营，各项军火皆中土所无，即其浮桥、云梯、炮台，别具精工妙用，亦未曾见。

因此，李鸿章深为中国军事技术、武器落后于外洋而感到耻辱。他告诫淮军将士，忍辱负重，虚心学习西人秘法，使军队增强战斗力。曾国藩将李鸿章所见所感告诉了恭亲王奕䜣。

曾国藩、李鸿章等人的奏请，使恭亲王感到"借师助剿"是"中外和好"的范例，"华洋会剿"又为学习西方长技和"借法自强"提供了绝好时机。他改变了原来的方针，提出"自强以练兵为要，练兵又以制器为先"，把练兵的区域由京畿之地扩大到沿海口岸以及湘淮的勇营。由此，全国掀起了一股练兵之风。

总理衙门的这个改变虽然缓和了清廷与洋人以及地方实力派的关系，但其固本，也就是强化"中央军"的政策并未改变，并且这个政策一直延续到清末民初。这也是为什么清朝的神机营、直隶练军、新建陆军、武卫军、北洋军先后在北京地区出现的原因。

清朝练兵，实际上列强都有拉拢清朝以增强其影响力的成分。总理衙门成立之初，俄国就主动提出赠送一批洋枪洋炮，以帮助清廷剿灭太平天国，并在1861年底将第一批俄国鸟枪和火炮运到了恰克图，将这批武器交给了京营八旗，这开启清廷学习外国军事武器的第一步。

在沙俄提出帮助清廷练兵的同时，英国副使威妥玛也说，"如欲讲求外国兵法，英国可以教演"，并向恭亲王奕䜣提出了一些建议，清廷练兵亦在北京或者天津为宜；总理衙门在天津练兵，如"如将来（英国）教演得力，固可杜洋商雇募广勇之心，并可收畿辅屏藩之效"。

当时，恭亲王奕䜣正感到沙俄练兵毫无实效，同时，新任三口通商大臣崇厚不愿看到美国人华尔领导的洋枪队在京畿地方出现，便也奏请朝廷，希望总理衙门在京津选地练兵。崇厚的建议，清廷谕令批准，于是恭亲王奕䜣于1862年派出第一批京兵一百二十八名到天津接受洋将的训练。

于列强而言，帮助清廷训练军队也有镇压太平天国、维护其江南利益的目的。于是，在恭亲王奕䜣命令绿营在天津练兵的同时，英国也照会总理衙门，提出要维护通商口岸，杜绝叛军围攻，建议沿海口岸兵勇也由英国人训练。恭亲王奕䜣接到照会即咨文各海口，"酌拨旗绿各营官兵，会同英国官兵勤加练习，以成劲旅"。因此，1862 年，天津、上海、宁波、福州、广州先后有了一支受洋人训练的军队。

清廷在洋人的推动下开始练兵，这种练兵是被动的；但有一点，为所谓的"固本"，清廷为整顿八旗、绿营而设神机营，练军却是主动的。

清廷用西式之法训练神机营始于咸丰去世之时。当时，管理神机营的事务大臣奏请朝廷，请求朝廷批准练兵，得到批准。随后，神机营事务大臣拟定了神机营练兵章程十条，为神机营选定营地、挑选兵员、制定官制、落实经费、提供武器、进行操练予以全面落实。十条章程朝廷批准实行，标志着京营八旗练兵的正式开始。

随后，神机营于京营八旗、内务府中挑选了精壮骑兵一千名，按营队分设公所，就地操练；各营队设专操大臣、帮操侍卫章京统带，并以俄国赠送的洋枪武装。从 1862 年起，分别派出官兵赴津接受英国军官训练。1864 年，神机营奏准将受训的京营八旗调回，并添枪兵、炮车入内，成立威远队。以后又逐年扩充，发展马队。到 1868 年，威远队内已有受英国军官训练两年之久的洋枪步兵六百名、马队兵一千名，成为一支拥有洋枪洋炮达五千六百多人的马、步、炮综合的洋枪队。它是神机营的核心。

当时，清朝除了训练京营八旗外，对驻防在各省的骑兵也挑选精壮兵丁进行训练。同治初年，盛京将军于六十六佐领麾下挑选精壮骑兵两千五百人，对他们着重进行火器使用的训练，这成为奉天练兵的开始。1867 年，吉林将军也组建了吉林练营，开始训练军队。1875 年，黑龙江将军则抽调精锐组建黑龙江练营。

这些都是八旗的整顿方法，而对于绿营的整顿，则主要是练军的组建。绿营组建练军是从直隶开始的。1863 年，恭亲王奕䜣就提出了直隶营伍废弛，应"酌改练兵"的主张，并提议由直隶总督刘长佑负责组建一支新式军队，加以训练，让其适应战斗力。

1863 年 6 月 17 日，刘长佑鉴于直隶兵勇临时调集出征，大都"营制未定"，"号令不齐"，严重影响战斗力的现实，上奏清廷提出要用湘淮军的营制办法来改造直隶绿营兵勇。他说："臣历事戎行，转战数省，所恃以战胜攻取者，固由士卒之用命，也实营制之合宜。"直隶绿营兵应该按照曾国藩领导的湘军营制为基础，创建一支新式军队，刘长佑建议将这支军队定名为"练军"。清廷批准了刘长佑的奏请。当年，刘长佑即在遵化、易州、天津、河间、古北口、宣化设置了练军并进行训练。刘长佑组建的练军每军步兵两千人，马兵五百人，共两千五百人，分为前、后、左、右、中五营，六军共一万五千人。这应该是清廷组建练军的开始。

练军需用的饷项称"练饷"，由各省协济。但六军未练成，刘长佑即于次年去职，1868 年才由曾国藩接办。曾国藩改变刘的章程，基本上仿湘淮军成规重订章程。嗣后为各省练军所仿效。

刘长佑组建练军是针对直隶一省绿营的混乱状况而做出的决策，但绿营的问题是全国性的，况且直隶练军在练兵上也是取得成效的。与同期未经整顿的绿营兵相比，其战斗力得到了很大提升，这对全国其他省份是一个启示。继刘长佑组建练军后，各地纷纷仿效，相继设立湘淮模式的练军，如福建、浙江、江苏、广东、山西、山东、湖南，河南、甘肃等九省皆是如此。1870 年，清廷发布上谕，"年来各督抚曾有裁兵增饷及酌调额兵训练之奏，然为政不在多言，而在实力奉行"，"总期实事求是，变疲弱为精强"。于是，清朝各地纷纷组建练军，对军队的整顿、走向近代化程度以及具有的进步意义是毋庸讳言的。这也进一步推动了各省练兵成为热潮。

总而言之，不管是各省组织练军以提升军队的战斗力，还是整顿八旗、绿营的"强干弱枝"的固本政策，其核心都是提升军队的近代化程度。在这种近代化程度的演变中，仍然要提及的是曾国藩、李鸿章所领导的湘淮各军。

曾国藩特别是李鸿章等地方实力派曾有过与洋人合作镇压太平天国的经历，因而比恭亲王奕䜣更清楚练兵的重要性。当恭亲王提出整顿八旗、绿营以"固本"的方针之时，李鸿章已经从与洋人的合作中发现西式练兵所具有的意义，因而反对恭亲王整顿八旗、绿营，重中央、轻地方的练兵方针，认为练兵应该全国一盘棋，地方也应该"练兵练器"，提高军事实力。李鸿章这样的建议也是出于镇压太平天国的需要。当时，太平军围困上海，上海的形势岌岌可危，身为江苏巡抚的李鸿章虽为一省之长，但政令出不了上海。这使他感到，要击破连成一片的太平天国苏浙根据地，仅凭他原有的十三营淮军是无法取胜的，更无法保住上海，"规复苏常"，因而便有奏陈恭亲王湘淮练兵之议。清廷批准了李鸿章等人的奏请，于是在1862年到1864年间，便有了淮军近代化练兵的开始。

李鸿章练兵，身边有戈登、马格里这样的西洋军事人才，因而，他训练的军队近代化程度要比其他各省高得多，也使得淮军很快便具有国防主力的实力和地位。虽然这不是清廷"固本"政策本意，但也不得不默认这一现实。从这个情况看，李鸿章练兵获益匪浅。太平天国覆亡后，他更加重视练兵募勇，提升自己军队的战斗力。李鸿章创建的"凤凰山训练营"便是在这种背景下产生的。

镇压太平天国后，常胜军宣告解散。当时，李鸿章已经在组建自己的洋枪队、洋炮队。李鸿章既然要建设自己的洋枪队与洋炮队，他便想把那些从解散的常胜军中吸收过来的兵勇为自己所用。常胜军具有丰富的作战经验和过硬的使用新式武器的本领，李鸿章想，如果让这些人训练自己的队伍岂不是更好，既可以提高自己军队的军事素质，又可以达到练兵的目的。

在李鸿章的邀请下，英国人戈登将那些解散的常胜军残留者召集起来，在青浦附近的凤凰山组织起了"凤凰山训练营"。这个训练营与各省的练军一起成为清廷的新式军队之一。

1864 年 7 月，在李鸿章的支持下，凤凰山训练营正式开始训练。由戈登任总教官，教习多为常胜军或中法联合编队的一些军官，士兵是从淮军中调拨过来的军人。作为总教官的戈登，因为事务繁杂，他只能"给这一训练计划比较多的照顾……而不愿担任指挥"。凤凰山训练营投入训练后，戈登曾经乐观地说，这是中国军队走向现代化的开始，是实现军事变革的一个重要步骤，但是要完全实现目标尚需要大量的精力和时间。他在自己的日记里写道：

> 在凤凰山训练营，中国人的训练非常枯燥，超出了我忍耐的限度，但这种努力是有效果的……从整体上看士兵正在学会炮术。事实上，全部方法对他们和清官员来讲都是新的。他们不明白当战鼓或印度手鼓的敲击节拍声向他们发出命令时，他们高声喊出这个命令是多么重要。

正如戈登所说的那样，凤凰山训练营在他的指导下，训练是有成效的。8 月底，戈登"轰轰烈烈地开展起"他的单兵、排、连和部分营的训练计划，而且可以颇为满意地讲他已有一两名"完美地"掌握了使用火炮技术的士兵。

1865 年 6 月，李鸿章奉清廷之命派步兵和炮兵到直隶边境阻止捻军进犯。捻军是继太平天国之后的一支农民起义武装。捻军虽然号称仁义之师，但在发展中不断地抢劫、骚扰华北和中原等地，特别是在河南的抢掠，助长了盗匪活动的气焰，使之更加猖獗。当然，他们的抢掠是因为不善于围攻有高大城墙保护的城市，所以就满足于掠夺繁荣的集市和富裕的民宅。这使捻军不断发展壮大，也使许多地方的盗匪纷纷自称为"捻"，进行更为频繁的抢掠活动。捻军在发展壮大中，从流动的打劫到像太平军那样有意识地造反，并给腐朽的清廷造成了一定震动和冲击，但随着太平天国运动的失败，清军对捻军开始全力镇压。1864 年，捻军失去基地，"以掳掠为生"的生存方式以及散漫、纪律败坏等流寇主义倾向，使得捻军沦为真正的流寇。就这样，严重缺失民意基础的捻军在清廷的打击下，只能悲剧地落下一个"土匪"式武装集团的恶名。

面对这样一个组织，担心捻军像太平军一样危及王朝统治的清廷，便有了一个镇压的借口，遂让李鸿章派兵镇压。

为了对付强悍的捻军，李鸿章派出了大量的淮军，但作战结果并不理想。因此，李鸿章像借助常胜军镇压太平军那样，命令自己的属下潘鼎新从凤凰山训练营带领一整营军队，外加在凤凰山受训的一些炮兵，有一千余人北上配合清军，担负起镇压捻军的重任。结果，清军很快便转败为胜，大败捻军。

从凤凰山训练营的情况看，外国军事人才的雇聘，在清朝练兵活动中居主导地位。但是使用外国人才，毕竟受制于人。于是，从清廷及洋务派开始西法练兵的那一刻，一个刻不容缓的问题就摆上了议事日程，那就是培养熟悉西方先进军事技术的人才。

早在清廷聘用外国人在天津、上海、广东等海口练兵之时，恭亲王奕訢就提出过"练兵必先练将"的方针，目的就是培养自己的军事骨干，为全方位的练兵提供条件。1862 年，清廷曾经命曾国藩、李鸿章、左宗棠等沿海练兵大臣"酌选武员数十人，在上海、宁波习外国兵法，以副、参大员统之，学成之后，自行教练中国兵丁"。

沿海各口练兵使清廷认识到，沿海各地，由外国人训练的军队逐渐增多，日久恐为外国人所把持，侵我兵权。因此，待军队练兵稍有成效时，还应与外人相商，由中国人自行操控。因而，凤凰山训练营这种由外国人训练的练兵渐次撤销。但是，李鸿章在以西式之法练兵中是尝到了甜头的，不仅提高了淮军的近代化程度，在与捻军的作战中，还打败了捻军；在练

兵的过程中也培养了一批谙熟西方军事技术的人才，为练兵的推广起到了
积极的推动作用。

　　清廷培养军事人才，也把设立军事学堂作为一个重要步骤。整个洋务
运动时期，洋务派主要设立了三所军事学堂，即李鸿章设立的北洋武备学
堂、张之洞设立的广州陆师学堂和江南陆军学堂。这些学堂选拔陆军中的
优秀人才，通过二至三年的学习，使其掌握一定的西方军事技术知识，对
推动陆军近代化起到了积极的作用。如 1887 年，李鸿章培养的第一批北洋
武备学堂学生毕业回营充当教官，解决了军事教官严重不足的难题；后来
张之洞创建自强军时，他培养的学堂生在自强军中充当骨干。

　　清廷通过各种形式的练兵，为清朝培养军事人才；但是，洋务派推动
的练兵毕竟是在功利心态下进行的练兵。功利心态，并不能达到真正练兵、
学习西方军事技术的目的。1894 年，中日甲午战争爆发，使得世界各国，
甚至朝野中的有识之士对清朝有了更全面的了解。从某种意义上说，甲午
战争就是中日两国近代化成果的一次大检阅。因为在这之前，清廷在洋务
派的功利心态下，已经进行了三十多年的洋务改革，但改革的成果怎么样
呢？中日甲午战争给了列强各国、光绪帝，甚至是曾经积极支持洋务运动
的慈禧太后一个大跌眼镜的答案。堂堂天朝与弹丸小国日本的决战中，日
本在海上和陆上都取得了决定性的胜利，清军则不堪一击，李鸿章数年苦
心经营的北洋海军全军覆灭；清政府被迫与日本签订《马关条约》，割地赔
款、开埠通商，准许日本在华设厂，丧失了许多领土和主权。甲午之败，
其他列强也趁机捞取好处，进一步扩大其侵略权益。

4. 创设自强军

　　中日甲午战争爆发，自称"天朝上国"的清朝竟然败给东洋一隅的弹
丸小国日本，再次饱尝割地赔款的苦果，这实在是一件羞耻的事情。清廷

感到，要改变被动挨打的局面，"必全按西法，庶足以御外侮"。此时，中外人士不断有人提出编练新军的建议。

甲午战争正在进行之时，德国人汉纳根就提出编练新军的建议。也是在当年，代理两江总督的张之洞向光绪皇帝上了《选募新军创练洋操折》，分析了当时的形势。张之洞说：此次签订《马关条约》，日本割地台湾，驻兵辽东，如猛虎在门，随时都有侵吞领土的危险；巨额赔款之害如重伤之病人，气血为之大亏；无理通商更是给清廷的一杯毒酒，毒在肺腑，"及今力求补救，夜以继日，犹恐失之。若再因循游移，以后大局何堪设想？"。现在，条约虽定，"朝廷虽有守约之信，窃料倭人断无永好之心，且西洋各大国从此尽窥中国虚实，更将肆意要挟。事事曲从则无以立国；稍一枝梧则立见决裂。是日本之和不可恃，各国之和亦不可恃矣。故今日事势侥幸，无事者或以为可以偷旦夕之安，而愚独以为不久即将有眉睫之患。"为此，张之洞提出了九条应急措施，内容是：

一曰"宜觅练陆军"。二曰"宜亟练海军"。三曰"宜重造铁路"。四曰"宜分设枪炮厂"。五曰"宜广开学堂"。六曰"宜速讲商务"。七曰"宜讲求工政"。八曰"宜多振游历人员"。九曰"宜预备巡幸之所"。

这份奏折是张之洞中日甲午战争后从事各项洋务事业的总纲。其中的大部分内容，实际上在甲午战前他都做了，而编练新军等内容则是他在向光绪皇帝上这个奏折之后才进行的。

张之洞在这个奏折里较为系统地阐述了编练陆军的规模和原则。他要编练的军队就是他后来命名的"自强军"，其与胡燏棻编练的"定武军"构成晚清新式陆军的开端。

系统地研究过中国近代新式陆军的美国人拉尔夫·尔·鲍威尔曾经说

过:"日本军队给中国上了痛苦的一课,告诉它一支东方的军队,能够在组织、训练、纪律和运用上做得多么好。"还说:"中国直到被它以前的小小的徒弟日本打败时,许多官员才认识到进行改革的绝对必要。"张之洞就是这个美国人说的"许多官员"之一。他曾经在奏折里陈述,中国的军队自"同治中兴"以来,虽然陆续地采用了西方的部分操典和新式器械装备,但没有进行系统性根本性的改革。同西方和日本相比较,中国军队显得十分落后,存在仓促招募、训练草率、武器不精、技术低劣、将领粗陋、士兵无知等问题,所以不做根本性的改变,中国军队依然无望,中国也将"永无自强之日"。于是提出"亟练陆军"。他要求清政府按照西法每年编练三万新式陆军;他自己打算先在江南编练一万陆军,采取德国的军事制度,"募洋将管带操练""遣员兵出洋学习""设陆军学堂延西人为师",其他如武器、操法、工程、军医等皆循德国办法。

在汉纳根、张之洞上奏建议编练新式陆军的同时,清廷中的许多官员也都看到编练新式军队刻不容缓,纷纷从甲午之败这一点发议"审溯兵事得失,无不议仿用西法,创练新兵为今日当务之急"。大家都明白,甲午一战,海军覆灭,陆军失败,要想继续维持王朝统治,就必须得有强有力的维护王朝统治的武装。

甲午之败,于渴望振作图强的光绪皇帝来说,何尝不是内心的痛。在"内外交章,争献练兵之策"的促动下,光绪皇帝感到"一代有一代之兵制,一时又有一时之兵制,未可泥古剂以疗新病,居夏日而御冬裘也"。于是批准了张之洞的奏请,这便是自强军的诞生。

从1895年12月诞生到1901年自强军全军调防山东,并入袁世凯的武卫右军,自强军存在的时间达五年九个月之久。自强军的存在与发展经历了三个阶段。

1895年12月到1896年8月,是自强军的初创阶段。1895年12月,自强军在南京成军,成军后的自强军仿照德国营制,并制定了饷章,设步队八营、马队两营、炮队两营、工程队一营。步队每营二百五十人分为三哨，马队每营一百八十骑分为三哨，炮队每营两百人分为四哨，工程队一营一百人，医官、兽医、枪匠、伙夫、马夫等另备，全军兵士正额为两千八百六十名，年饷四十余万两，全军聘德国军官三十二人。其中除委任来春石泰为全军统带外，十一人为营管带，二十人为哨官。华人将弁任副营官及副哨官。士兵从江苏、安徽两省土著乡民中招募。并设立营务处管理全军营务，任命知府钱恂为自强军洋操提调，总理营务处。自强军成军后，在江宁省城购建营地营房驻扎，并进行操练。

1896年2月，张之洞又回到湖广总督任上，刘坤一调回两江总督本任，自强军也由刘坤一接管。刘坤一接管自强军后发生了一个事件。刘坤一的湘军亲兵营看到自强军的待遇远远高于自己，就与自强军发生了矛盾，直接动起武来，并打伤了德国教官格罗才。而后德国兵轮、领事纷至沓来，在惩罚了当事者之后，德国人的要求需索还是有加无已，既争抚恤费，又请领三年薪资回国养病，几经波折才将事件平息。

为避免类似事件再次发生，刘坤一决定将自强军调至上海吴淞口。总办营务处洋操提调钱恂不满于刘坤一的处理方法，遂向刘坤一递交了辞呈。刘坤一竟然答应了，委任候补道沈敦和总理自强军营务处，由沈敦和率军移驻吴淞口。

自强军徙军吴淞口后，刘坤一在自强军的营制编制上做了变动，将原设马队两营挑选精壮并入一营，使全军定额为步队八营，每营编制二百五十人。马队一个营，编制一百八十人；炮队设为两个营，编制为每营二百五十人。

自强军自刘坤一接管后，进入发展的第二个阶段。从1896年8月到1898年5月这一时期，自强军的训练相对稳定，可谓自强军的兴盛时期。

刘坤一将自强军移驻吴淞口后，将原江南防营盛字军的驻地改为自强军的驻地。刘坤一对原有营地进行了改造，专门拨款修筑了新营房，并将原江南防营盛字军移师狮子林炮台，腾出营地操场，供自强军训练之用。

自强军安顿以后，即开始了正规的军事训练。为督操方便，刘坤一将步队八营分为左右两翼，每翼四营。洋教官斯忒劳负责左翼，柏登高森统带右翼，斯忒劳后来被南尔都福接替。从 8 月份开始紧张的军事训练，几乎每天都在紧张的军事训练中度过。可以说，自强军的训练是相当刻苦也相当认真的。1897 年 5 月 1 日，刘坤一专门对自强军进行了检阅。他邀请驻沪各国领事、水陆团练各将弁一百七十余人共同阅看。这次阅操中，自强军的军容受到了各国领事的称赞。

这次阅军，上海的英文报纸发表评论连连称赞，"此军人人体气强壮，枪械整洁"；步队"听其扳机作势之声则千人一律，及装药放响则初次不齐，二、三次较佳"；炮队钢炮"皆精利之器，光洁绝伦，……炮手之技洵称敏捷"；马队"操亦甚精，进退徐疾，皆如人意"。连当时江苏巡抚赵舒翘视察自强军时，对其"行军阵法"，也发出"江南诸军无如自强军"的感叹。国内舆论更对自强军"士躯之精壮，戎衣之整洁，枪械之新炼，手足之灵捷，步伐之敏肃，纪律之严谨"赞叹不已。

通过这次阅军，刘坤一感到自强军操练已基本娴熟，应该让自强军将官学习更多的军事技术知识。他先是于 1897 年在吴淞口办起了练将学堂，选派四名洋教官到堂担任教习，轮流教授枪法、步伐、测绘、战学等课程，召集副营官以上将官到堂学习。刘坤一重视将官的学习，也积极训练营哨排长及士兵。

继开办练将学堂之后，刘坤一又办起了练弁学堂。这些学堂的开办，使自强军从士兵到将官都得到了轮训，极大地提高了自强军的军事技能。

自强军的设立，按照张之洞创军的初衷，"俟成军半年以后，操练已有规模，即行推广加练，酌增人数一倍，统以增至万人为止"。张之洞没有实现这个愿望，刘坤一也没有实现这个愿望。原因很简单，就是财力困难。既然无力扩大自强军，而刘坤一又想把西方军事技术推广到两江更多的军队中去，于是他想起了调防分练的主意。所谓调防分练，就是将自强军调防江阴，调江阴合字营以及原驻吴淞口的防营盛字军来吴淞自强军驻地接受外洋教官的训练，而自强军则仅留两名洋教官随自强军到江阴继续教练。

刘坤一这样的想法有三重用意：一是在不增加军饷的前提下，达到编练新式军队的目的；二是削弱自强军中洋教官的权力；三是避免自强军与防军因军饷的高低而再次发生矛盾。

刘坤一的想法很美好，但主张一提出就遭到德国教官来春石泰的反对。来春石泰是德国人，此人在德国并没有声名，对德国的军事发展和军事建设也没有什么贡献；在德国人看来，他就是一个名不见经传的普通下级军官罢了。但是，甲午、乙未之交，日本军队将进攻中国南方的传言传到张之洞的耳朵里，他很想雇聘一批洋将到自己的军队中，提升军队的作战能力。于是，通过驻德、俄公使许景澄联系到了来春石泰等德国军官，将之招募入华。甲午之败后，来春石泰便成为自强军的一名军官，后又成为统领。张之洞在两江任上之时，曾授命来春石泰等外籍军官考察过吴淞口、难石塘、狮子林、登金山等炮台。来春石泰细心考察，并向张之洞递交了一个详细报告，从军事层面分析了炮台火炮存在的不足，应该如何处置，以及炮位的配置都有详细的论述，并设立了长江沿岸的炮台分布。来春石泰的长江布防是围绕着吴淞口进行的，他说："欲得中国内地，吴淞一口实为最要之区，能保吴淞，敌人虽强，断无能入内地之理。"来春石泰的报告深得张之洞的赏识。

从这个层面讲，来春石泰对张之洞等人是产生过影响的。因而，刘坤一接管自强军后，虽然对外籍军官并不是太感冒，但对来春石泰却是相当的敬重。

现在，当来春石泰得知刘坤一提出"调防分练"的主张时，立即表示反对。他对刘坤一说："欧洲强国用兵最精，而训练率限以三年，未有一年成劲旅者。"来春石泰认为，自强军经过训练，虽然在军事素养上高于诸防军，但与欧洲强国相比，则如初涉藩篱，未窥堂奥；如果仅让两名外籍教官随自强军驻防江阴，则教官过少，对训练必然不利。况且，自强军已是声名在外，驻扎在吴淞即可安稳江阴。

由于来春石泰的反对，刘坤一只好改变自己的主张。当年9月27日，刘坤一决定自强军仍在吴淞驻地接受训练；对于防军的操练，则由自强军派员前往盛字军、合字营帮助教习训练。

继反对"调防分练"的主张后，来春石泰又提出训练工程队的建议，但是这一次刘坤一没有接受。1897年11月13日，刘坤一做出批示，工程队由江宁陆军学堂开办，自强军取消这一建制。

自强军的编制在移驻吴淞口之前有十一个营，编制有两千五百八十名士兵，但是自刘坤一接管后，因点验剔退，先后斥革逃逸，自强军共缺额二百四十余名。虽屡经招募选补，但从未足额，加上洋将又虑新旧掺杂，操练难期合法，因此长期缺额百余名或数十名不等。1898年2月，因洋统带来春石泰的合同期将满解职，自强军兵额始一律补足。

自强军聘用的外籍军官一律都签有雇聘合同，合同三年，从1895年雇聘来华到1898年秋天先后期满。为做好交接工作，刘坤一指示长江水师提督黄少春、前皖南镇总兵署江南提督李占椿、两江营务处道员杨慕璿前往吴淞校阅自强军。这次检阅的成果，根据黄少春等人向刘坤一汇报的情况，刘坤一上奏朝廷说：

> 前据洋操营务处道员沈敦和禀请，派员校阅，当经臣咨请长江水师提督黄少春并檄饬皖南镇总兵李占椿、营务处道员杨慕璿，前赴吴淞认真会校。兹准复称，调阅马步炮队各营军容壮盛，队伍整齐，阵法进退有方，枪炮施放灵捷，倘遇有事可期得力。

刘坤一感到来春石泰等洋将操练自强军是有成效的，因而也奏请嘉奖：

> 臣查该洋将弁等远来中国，劳苦三年，训练精勤，成效卓著。各洋将原订合同内本有限满奖给宝星字样，现既练习有成，合无仰恳天恩，俯准给予洋统带来春石泰二等第三宝星、洋营官齐百凯等六员给予三等第一宝星，其余洋哨弁十六名，由臣分给银牌，以示光宠而奖勤劳。

考虑到来春石泰等洋将聘期已满，刘坤一没有继续聘用的打算，便委任李占椿接任自强军统领，其他洋营官合同到期后也将派华员接任，刘坤一在奏折中一一予以说明。

1898 年 5 月，李占椿接替洋统领来春石泰后，自强军进入发展的第三个阶段。这时候，列强瓜分中国正盛，继德国抢占胶州湾，俄国进占旅大之后，英国人也向清廷提出要求将长江流域划为英国的势力范围。刘坤一感到英国对长江流域的威胁正在加剧，必须加强长江流域的防守。刘坤一基于守土的责任，认为"以江宁江苏论，则江阴系两处门户，若论大局，则镇江乃上游七省咽喉，且为南北关键"。他重拾自强军应重点扼守江阴、镇江的论调，让李占椿统带自强军移防江阴，做好防守的准备。从此，自强军加入江防的行列。

自强军移驻江阴，在管理上已经全部是华将带领，在建制上又增添了江南提督亲兵一哨，操练上则挑选军事技术过硬的将官带队操练。刘坤一在发布的命令中说，自强军继续进行西式操练，两江各路防军亦习练洋操；各路防军每哨由自强军酌拨排长一名充任教习，一切操练都按自强军的章程；对于自强军调出的排长缺额，则由统带另行选补。

刘坤一并将自强军编撰的《自强军西法类编》一书分发到两江各路防军，责成排长以上军官学习。两江各路防军按西式之法进行操练，所取得的成效是值得肯定的。

1899 年 12 月，刘坤一巡阅两江各路防军。巡阅后，刘坤一得意地称赞两江各路防军："操法极为整齐，所演行军队连环炮声势联络，均足以备缓急。"遗憾的是，在 1900 年八国联军侵略中国之时，自强军没有发挥作用。张之洞、刘坤一联合李鸿章，当时正与英美等国大搞"东南互保"，不可能让自己的军队投入抗击列强的侵略中去。

当时的情况是这样的：1900 年春夏，列强以帮助镇压义和团的名义出兵京津，而慈禧太后想利用义和团火中取栗，进而维护自己权力，且达到抗击侵略者的目的，便于 1900 年 6 月 21 日发布对外宣战诏书。

列强看到慈禧太后宣战了，他们既想打击义和团，又想动摇慈禧太后的统治，便买通中国铁路总公司督办盛宣怀，策划东南各省独立，并确保义和团不进入江南来破坏他们在江南的利益。

闹独立，盛宣怀自是不敢，但是以何种名目既保住江南不受列强涂炭，又保住列强在江南的利益不致遭到义和团破坏呢？盛宣怀找到了李鸿章，希望李鸿章能提供意见。当时，慈禧太后对外宣战的心态是矛盾的。与八国同时宣战，此举充满了投机性；因而宣战之后，就谕令李鸿章进京，设法与列强议和。但是，李鸿章知道义和团闹得正凶，他们甚至还提出杀光绪皇帝和李鸿章这些反对义和团的人。于是，李鸿章没有贸然进京，而是把慈禧太后的谕旨压了下来。

盛宣怀见到李鸿章，说明了来意，李鸿章当然也不敢闹独立，但是保护江南不致遭到涂炭，他也是有这种想法的。他反问盛宣怀有什么好办法。盛宣怀说，笼络刘坤一和张之洞，顶住慈禧太后的压力，江南可保。李鸿章点头称是，又问该如何实施。盛宣怀说，张之洞好办，岘庄（刘坤一）则要大人亲自劝说。于是，李鸿章写了封密信，由盛宣怀到两江总督府拜见刘坤一。李鸿章的密信是这样写的："二五矫诏，粤断不奉，所谓乱命也。特将此信至岘、香（张之洞）二帅。"事实上，李鸿章给刘坤一去信之时，他不知道刘坤一与张之洞正在搞"东南互保"。当李鸿章了解情况后，很快便加入了这一阵营。

张之洞、刘坤一等东南督抚与西方相互勾结、联合，大搞"东南互保"，一个重要的原因是，他们对慈禧太后借助义和团的力量抵抗列强，与列强宣战并不赞成。在慈禧太后决定与列强宣战前夕，张之洞、刘坤一便联名致电上奏，希望慈禧太后能改变与列强作战的冲动想法。二人对义和团迅速发展起来有一种担心，担心这种民间的力量蔓延到东南之地。张之洞、刘坤一的担心也是英、美等国所担心的。自两次鸦片战争以来，他们在中国南方攫取了大量经济、政治和外交特权，当然担心义和团的蔓延会对他们的利益造成冲击。英国驻上海代理总领事华伦曾向英国报告了这种担心。他说，"在扬子江流域内任何事件的爆发，能够引起大的损失"，因而他计划"立刻与湖广及两江总督取得谅解"，"我有充分信心，假若他们能够信赖帝国政府的有效帮助，那么在其区域内，他们将要做到他们能够做到的，来维持和平"。

为此，英国外交部告知华伦，希望他能够与两江总督刘坤一达成某种意向，采取某种办法，免使义和团蔓延。英国国内还表示，如果需要还可以得到英国海军的协助。根据指令，华伦也向张之洞表达了这种意向。张之洞则表示感谢，但对英国军舰在长江上"莽撞的示威"表示不安，唯恐会激怒中国民众，反而给自己"保护"英、美利益造成困难。华伦对此心领神会，立即电请英国外交部向海军部转达，建议应该"向扬子江的帝国海军舰队指挥官发出指示，要避免任何示威"。对于美国、日本方面，张之洞也表达了同样的意见，"目下长江沿海一带，各督抚力任保护之责，诸国洋人，均可无庸顾虑"。

基于对义和团、大刀会这些组织共同的担心，这几方很快便勾结在一起了。张之洞、刘坤一与英、美各国驻上海领事达成"谅解",并制定了《东南保护约款》和《保护上海城厢内外章程》,这就是所谓的"东南互保"。

根据约定,上海租界归各国共同保护,长江及苏、杭内地均归各督抚保护。张之洞、刘坤一这种与西方"联结"的形式,很快也引起了山东、广西、浙江、福建等督抚的兴趣,他们纷纷加入"东南互保"中。

张之洞、刘坤一等东南各省督抚纷纷参加"东南互保",当然害怕慈禧太后怪罪了。于是在订立"东南互保"约款的当天,他们就联名给慈禧太后发了电报大诉苦衷。他们在电报中说,目前,因为义和团,朝廷已与列强形成决裂之势。如果东南各省也遭列强蹂躏,那局面就很难收拾了。现在只是稳住各国,或许疆土可以保存。在江南,英国经济贸易已经形成强大的势力范围,各国也觊觎已久,这也许是为什么各国没有进兵东南的原因;现在正好利用这个机会,设法羁縻,达到牵制列强的目的。如果任由战事蔓延到江南之地,大沽覆辙不能不引以为戒。与列强合作,共保东南,这也是委曲求全、没有办法的办法。"总之,能联络一日,长江以内尚可使外人无从逞志。倘各国必欲以干戈从事,派大队兵舰来江攻我营台,实逼处此,臣等受恩深重,有守土之责,自当尽力抵御,存亡与共。"

张之洞、刘坤一在给慈禧太后发电报之时,正赶上盛宣怀拿着李鸿章的密信来拜访刘坤一。盛宣怀说明了来意,递上密信。刘坤一看信后,联合张之洞给李鸿章也发了电报,说明他们正在进行的"东南互保"的情况,言外之意是征求李鸿章的意见。张之洞和刘坤一给李鸿章发电报当然有拉拢李鸿章的想法,多一个人加入多一分力量,到时候慈禧太后怪罪了,大家相互也好有个担当。慈禧太后与列强宣战,李鸿章当然也是持反对态度的。他曾经连续五次给慈禧太后发电报,阐明利害,希望她改变决定。但是,慈禧太后不为所动,坚持要与洋人开战。现在既然张、刘二人征询意见,自己正欲寻求合作,李鸿章便复电表示赞同,并公然加入"东南互保"

的行列。

不管是李鸿章，还是张之洞、刘坤一，他们明白，此举当然违背了慈禧太后要与列强决战的旨意，很有点儿地方不听中央指挥的嫌疑。八国联军攻进北京城，张之洞、刘坤一等人竟然还拒绝北上"勤王"，这些都让慈禧太后很伤心，但鞭长莫及，心里直骂这些人"大逆不道"。可是随着战事的进展，慈禧太后又感到一丝欣慰，认为这些人还是有眼光的。战局急转直下，到了难以收拾的局面，最起码这些人为她提供了与敌妥协的机会和平台，为与列强议和"留有余地"。当然，这也与张之洞等人所主导的"东南互保"的初衷有很大关系。"东南互保"，既不是与清廷分庭抗礼的闹"独立"，更不是助纣为虐地要清朝垮台，而是希望借以保住东南半壁江山，他日再图振兴，免得最后"全局瓦解，不可收拾"。这个本意，张、刘二人在给慈禧太后的电报中也说得明明白白。

再者，张之洞、刘坤一等人在谋划"东南互保"时，处处为慈禧太后，也是为清廷预留后路，设法让"东南互保"与朝廷本意结为一体。在慈禧太后宣战之前，曾发谕旨让各省督抚选将、练兵、筹饷，以备开战。张之洞抓住朝廷廷寄中"各督抚互相劝勉，联络一气，共挽危局"的字句，阐说引申，采用移花接木之术，给"东南互保"涂上"奉旨行事"的色彩。为了与朝廷"宣战"之意尽量靠拢，他表示，如果列强进犯江南，"自当尽力抵御，存亡与共"，以备转圜。如此，可以"内防奸匪借端，外免洋人口实，顾全东南大局方能接济京师也"。况且，李鸿章、张之洞、刘坤一所谓的"东南互保"，多次提出让慈禧太后、光绪皇帝南下避难。面对如此滴水不漏的做法，慈禧太后不得不承认与朝廷"意见正复相同"。

本来，慈禧太后宣战之时，也是让刘坤一、张之洞等人出兵抗击的。但是，刘坤一却称自强军人马太少，无法掌握今后局势，无法进京勤王。此间也因为英国的压力，刘坤一、张之洞不敢率自强军"退敌迎銮"。而慈禧太后当时因为战事正紧，便也不好说什么。况且，与八国联军宣战造成的结果是，她挟持光绪帝仓皇逃亡西安，端郡王载漪、军机大臣刚毅这些"主战"的顽固势力在列强的打击下土崩瓦解。清廷对列强唯命是从，如惊弓之鸟的慈禧太后也没有办法对"东南互保"指手画脚。

虽然如此，刘坤一等人毕竟有抗旨不遵的事实。自强军不参战，自此成了慈禧太后心里的结，也成为她的眼中钉肉中刺。因此，当清廷与八国联军议和，局势稍稳之际，远在西安的慈禧太后发布一道谕旨，着令自强军调往山东归袁世凯管理和操练。这一纸谕令预示着自强军将被朝廷收编。得此消息，创立自强军的张之洞急忙给刘坤一写信询问情况。刘坤一答复，自强军与袁世凯编练的新式陆军都习洋操，所以统归袁世凯操练，以期一体精熟。

刘坤一当然知道慈禧太后的意图，对于这个决定他也是心有不甘的。他曾经以江南防务薄弱为由，希望朝廷收回成命，但慈禧太后态度坚决。刘坤一只好忍痛割爱，交出自强军的指挥权；除留亲兵一哨归自己使用外，所有马、步、炮各营于 1901 年 9 月自江阴起程开赴山东。从此，自强军成了袁世凯新军中的一支。

5. 从定武军到北洋新军

在洋务派张之洞提出编练自强军之前，德国人汉纳根曾经提出过编练新式陆军的计划，可是这一计划遭到时为广西按察使胡燏棻等人的反对而夭折。胡燏棻为什么要反对呢？有人认为，胡燏棻是想自己编练新式陆军，把权力揽在自己手里。

胡燏棻是安徽泗州人，祖籍浙江萧山，生于 1840 年。1874 年考中进士，被选为庶吉士。期满散馆后，外放到广西灵山县出任知县。但胡燏棻并不满意这个职位，不愿意到偏远而贫穷的地方任职，便没有赴任。好在胡燏棻家中有些财资，便捐纳了些银钱，候补为直隶道员。此后，胡燏棻便进入李鸿章的视野，成为李鸿章的一名幕僚。在李鸿章的手下，他帮助李鸿章办理了三年军务，于 1891 年被朝廷提升为广西按察使。甲午战争爆发之时，胡燏棻乘进京祝嘏之际，留在天津办理粮台事宜，并奉朝廷之命帮助德国人汉纳根募练新式陆军。甲午之后，他上奏："变法自强条陈疏"，得到光绪皇帝的赏识，被提升为顺天府尹兼管关内铁路。

从胡燏棻的履历看，他编练新式陆军之前，前半生并无多少值得夸耀之处，直到帮助汉纳根募练新军，才开创了一段人生的辉煌。也因此，后人评价说，胡燏棻是清末编练新军的首倡者，开启了军制改革的先河。

这个评价显然是有些夸张的。从历史事实看，胡燏棻提出由自己编练新军，很大程度上是敛权使然。

清廷编练新军是大势所趋，但是，这其中也包含着时局的不得已。1894 年 7 月，日军分海陆两路袭击清军，挑起了酝酿已久的对华侵略战争。在战争爆发之前，日本战时大本营就制定了详细的作战计划，准备也是充分的。回观清廷，面对突然而至的战争，却是内部矛盾重重。战与和态度不一，主战派与主和派彼此论争，并没有一个明确可行的作战计划。当时，主战派的代表是光绪皇帝，主和派的代表则是慈禧太后。有投机心态的李鸿章既不敢完全无视光绪皇帝的主战命令，也害怕得罪慈禧太后，更害怕自己精心打造的北洋军队在与日本作战中把实力消耗殆尽，因而采取了消极抗战的战略方针。结果，在日军的凌厉攻势之下，不到两个月的时间，日本就把战火烧到了中国境内，并在大东沟海战中获得了黄海的制海权。

面对连连败绩，清廷的主战派和御史言官们纷纷弹劾李鸿章消极避战。不仅李鸿章遭到弹劾，那些在前线带兵，甚至在后方提供军需的供应官员也成为弹劾的对象，督办天津粮台的胡燏棻也难逃被弹劾的命运。时任江南道监察御史张仲炘弹劾他说，"此次办理粮台，纯事铺张，全无实济……将胡燏棻立予罢黜，另任贤员"，广西按察使胡燏棻，浙江人身份却冒籍安徽，"与李鸿章拜认师生，屡膺保荐，遂致超擢"。

李鸿章、胡燏棻等淮系官僚被弹劾，但大敌当前，临阵换将是个大忌。慈禧太后反对惩办李鸿章等人，还对李鸿章温言安抚，说他办理军务也有很多难处，这一点深宫还是明白的，以示对他的谅解。

面对弹劾，李鸿章、胡燏棻等人没有受到惩处，但下一阶段的战事该如何走向，是战是和还是应该做出决断的。连续的挫败，也使光绪皇帝等主战派发现湘淮各军存在的问题。在前线吃了败仗的淮军将领叶志超在给盛宣怀的信中道出了当时的境况：

> 倭人蓄意多年，诸事筹备非如我军诸事枝枝节节，且其带兵头目，法、俄两国人多，马亦俄产。其行兵善用散而不用整，依草附木，不为平地之战；又不须锅帐等件，进退较我军为便；纪律甚严，韩民乐为之用。若论实在情形，大局有不堪设想者。

叶志超对日本军队的了解是相当深刻的，因而也被吓破了胆。从朝鲜逃回中国后，他便建言，日军战术灵活，纪律严明，清军也应该迅速编练这样的军队。此时，与日本接触多年的袁世凯也认为，日本"练兵纯用西法，能竟西式军器用"，与西法结合才能发挥西式武器的威力。

叶志超、袁世凯等人看到了问题的本质，清廷的主战派们何尝不知。也正是在这种背景下，清廷的主战派们纷纷提出编练新式陆军，与日再战的想法。

受叶志超的影响，洋务官员盛宣怀上书刚刚被起用的恭亲王奕䜣，请其代奏。盛宣怀在奏折中说：

> 湘淮将领，多不服西法，虽亦购其枪炮，可起操陈，仅学皮毛，不求精奥。叶提督函称，倭兵头目，有俄人法人在内，平壤、九连两

战两北，可信西法实胜中法。查德国陆队，二百五十人为一哨，一千人为一营，六千人为一小军，一万两千人为一大军。额不缺，饷不扣，枪炮不杂，号令不歧。敢请速练枪队两大军，计二万四千人；炮队一军，计三千人；马队一军，计三千人。募德国带兵官五百人为统领，营哨官皆一汉人，一西人，相辅而行。拟结李傅相先派武备学堂德国教习先练五百人为规式，如蒙奏准，即电德国赶紧选募洋员，一面选将募勇，得六个月可操练成军。

在盛宣怀的奏折里，他浓墨重彩地提出了湘淮各军存在的问题，进而认为练军"西法实胜中法"。鉴于日本对清廷存在进一步威胁，清廷应该迅速编练三万新式陆军。

盛宣怀将自己编练新军的设想通过恭亲王奕䜣上达清廷的时候，德国人汉纳根也提出了一个类似方案。汉纳根曾任德国陆军上尉，于1879年受清廷驻德公使李凤苞的聘请来华，担任李鸿章的军事顾问。来华之初，汉纳根就有改革清军的想法，但并没有引起李鸿章的重视。李鸿章只想让他帮助教习北洋军队，从事军事工程的建设，因此，他在李鸿章的麾下先后负责监造了旅顺、威海卫炮台。中日甲午战争爆发后，汉纳根被李鸿章任命为总兵衔北洋海军总查，随后参加了大东沟海战。

经历大东沟海战的失败，汉纳根更是深感军队必须要进行改革，才能应对日本步步紧逼的威胁，应对下一步的战事。于是，他撰写了《条陈节略》，向清廷提出了编练新军的建议。

《条陈节略》是汉纳根根据当时清朝陆军的现状深思熟虑的结果。《条陈节略》中，汉纳根认为清廷应利用五六个月的时间，抓紧编练一支军队，水陆兼备，练兵人数十万，前后分作两队。按照德国军制练兵，朝廷设立统帅一名主导，使号令、军械、阵法能够统一，并任用洋员为军师，各营统帅都聘请洋员帮助教习，令设立马队、步队、炮队若干。现在大敌当前，招兵选将、聘请洋教官、购备枪炮军械，这些都刻不容缓。招选来的兵丁随招随练；如果洋教官招之不及，可在各军将官中曾经习练西法者及中国现有的军事教官中暂时选用。"第次招之人，必得习知中国情形，谙悉西国军制，并与西国官长以识者，庶为有济。至购枪炮军械，亦须立刻向外国订立合同，从速买造。唯运送来华，颇有难处，因倭衅已成，各国应守局外，不能明售，须设法转圜，方可运到。然练兵必须枪炮，只可用旧有者操演矣。此陆路新军之说也。"

当汉纳根与盛宣怀的方案送达清廷的时候，清廷相当重视，先后召见汉纳根、盛宣怀进京议事。1894 年 10 月 23 日，军机处以总理衙门的名义电谕李鸿章，"洋员汉纳根久在北洋当差，果敢性成，打仗奋勇，其平日训练有方。总理衙门现有面询事宜，着李鸿章传谕该员即行来京"。

接到电谕，李鸿章即安排汉纳根进京。10 月 27 日，汉纳根抵达北京。汉纳根知道清廷对自己的建议方案相当重视，在与恭亲王等人的商议中，又连续呈递了《练兵办法》九条、《再陈拟商事宜》和《拟设新军支应司》等文件，这些文件构成了汉纳根对清廷编练新军的系统规划。

纵观汉纳根的《条陈节略》以及相关文件，在编练新军上他有四个方面的内容设想：其一，在新军的构成上，"此新军队伍只有官有兵，不分文武两途，不列夫勇名目"；其二，在官兵的教习上，"全军官弁分华洋两班。洋员虽为教习，亦系管带官。华员虽为管带，亦应学教习之事"；其三，士兵的招募问题，应实行统一招募的办法，集中分配，"不似中国之各招各营，各招各哨"；其四，在军队的管理上，建议设立支应司，负责管理军队的后勤工作，"各将领官弁概不得经手银钱"。支应司依照海关的做法，由税务司兼任，改变以前军官发饷存在贪腐、吃空饷的毛病。

在汉纳根进京议事的同时，盛宣怀也接到军机处的电谕，让他火速进京讨论编练新式陆军之事。对此，军机处在给光绪皇帝的奏折中说："金海关道盛宣怀电陈练兵购买船械借用洋款各节，所见均系当务之急。臣等拟日内次第熟筹办法，请旨遵行。"已电谕盛宣怀进京议事。

军机处电谕汉纳根、盛宣怀进京商讨编练新式陆军之事，但总理衙门研究二人方案，认为汉纳根的方案更为完整，况且汉纳根对德国陆军有较深了解，总理衙门也倾向于以德国之法练兵。于是，一场如何编练新式陆军的大讨论围绕着汉纳根的方案展开。

10月28日，恭亲王奕䜣、庆亲王奕劻、帝师翁同龢、军机大臣李鸿藻与汉纳根一起讨论编练新式陆军问题，当时在座的还有总理衙门的大臣们。广西按察使胡燏棻此时正在天津活动，希望留在直隶任职。李鸿章以他熟悉洋务为由，推荐他参与编练新军的讨论，其实主要扮演李鸿章传声筒的角色。

讨论围绕着"何以制倭"的问题展开。汉纳根针对日军已进入奉边、关外防务吃紧的现实提出了三条建议：其一是接济驻守营口的宋庆兵力，命其不要与日军大战，以小战牵制日军，且战且退，与后路接应步队相会合，共同抗击日寇；其二是速购外洋军舰，补充兵力；其三是"募十万新军，以洋法操练"，快速适应战斗。

汉纳根提出的这些建议，可谓应急之策；但问题太多了，以致一连三天都没有个讨论结果。此间，胡燏棻询问三个问题的具体实施细节，认为汉纳根有以此敛权的嫌疑，得出"此时实无办法"的感叹。

见群臣犹豫不定，汉纳根遂又于10月31日上了一个条陈，再次提出编练新式陆军的急迫性。汉纳根说，现今清军的战斗力"平内患则有余，御外侮则不足"，日本军队之所以能够取胜，是编练新式军队的结果。日本早已知晓旧式军队不可恃，故而明治维新之后，坚持西式执法操练军队，"通国之兵皆经精练，号令听于一人，器械皆用一律"。因此，要扭转战局，必须在冬季封冻期内加紧练兵；练兵十万，前后分作两队，悉照德国军制，由一统帅主之，使号令、军法、阵法划一；建议使用德国籍军官为统帅，各营统将亦用一洋员为之教习。

汉纳根的建议,帝师翁同龢非常赞同,恭亲王奕䜣、庆亲王奕劻、军机大臣李鸿藻也没有什么反对意见,于是上奏光绪皇帝,特别是翁同龢在光绪皇帝面前极力保奏。

翁同龢毕竟是皇帝的老师,有他的保奏,光绪皇帝对汉纳根的练兵建议甚是热心,因而发出一道谕旨:

> 详察汉纳根所议,实为救时之策着照所请,由督办王大臣谕知汉纳根,一面迅购船械,一面开招新勇,招募洋将即日来华,赶速教练成军。所有一切章程,均责成臬司胡燏棻会同该员,悉心筹划。禀明督办王大臣立予施行,不令掣肘,至一切教练之法,悉听该员约束。倘有故违,准该员据实申呈,按律严办,绝不宽贷。

为什么要胡燏棻帮助筹划练军事宜,当然是胡燏棻对汉纳根练军有一重顾虑,认为汉纳根以编练新军之名,实有为德国为自己牟利的嫌疑。因而,朝廷让他帮助筹划,也有牵制汉纳根之意。当然,让胡燏棻当此重任也与李鸿章的推荐有很大关系。

汉纳根要编练十万新军,胡燏棻是持不同意见的。接到光绪帝的命令后,他上奏:"查汉纳根所呈节略,以倭氛甚炽,须选派洋将另练新兵,海军单弱,须购置船炮,水陆相辅,其说诚多中肯……练兵一节,臣以时势急迫,十万人未易骤集,当与汉纳根再三拟议,始定先练三万人。"他先是列举了筹购船炮和筹办练兵的实际情形,说明自己已奉旨开始准备练军。紧接着,胡燏棻道出了内心的几点疑虑:

第一,洋员汉纳根所呈必须练新军十万人才能御侮,然而招募洋将二千人约需费四百万两,加之购买十万军械等费需二千余万两,华洋员弁及兵夫薪饷亦需费二千一百余万两,总共需银四千余万两,而购买快船尚不在内。胡燏棻深知国库不足,经再三斟酌,改练三万人,其他亦从减。

仅此所需费非一千余万两不能从容办理，而且必须借助洋款之力，但筹措洋款相当艰难。

第二，购买外洋器械，必须订立保险，自己设法运送。遇有战事，对方不能保证器械安全。付款方面，从起运到验收，款项须三次付清。五万人器械，洋厂亦未必速成，恐缓不济急。此购械之难。

第三，"练兵必先选将，将得其人而兵始强"。练万人之师必先得统万人之上将，统千人之偏将，统百人之裨将，而平时督操、临阵督战又全在哨官。此次中倭战事，朝廷昔日栋梁之将已选一空，虽有洋员教练，而出群之材未易猝致。此求将弁之难。

第四，胡燏棻在奏章中道出了他对汉纳根最大的担心就是一旦坐大，恐难以约束。他说，汉纳根在大东沟海战中虽然颇为卖力，这次提出练兵也是为强军再战，但"窃恐事权过重，所用洋员过多，积久难以钤束"。胡燏棻以唐安史之乱，朝廷借回纥兵平叛为例，说此后回纥便有了轻唐之心；又说，同治初年，李鸿章借洋将戈登剿办洪杨之乱，事后戈登桀骜不驯。这些都是前车之鉴。"现在借才异域，救一时之急，恐将来操纵不能由我，后患更多。此约束之难。"怎么办呢？说到这里，胡燏棻才说了他心中最想说的话，即由自己招募三万人进行编练，此事"随时禀请督办王大臣核夺遵办，总当和衷共济，使汉纳根无掣肘之虑，而臣亦得操驾驭之权，于事方有实效"。

胡燏棻的奏折使光绪皇帝和臣子们不能不有所顾虑，新军的控制权毕竟是个大问题。于是，光绪皇帝让督办军务处与户部重新核议，练兵是否可行。经过核议，督办军务处认为练兵是当务之急，但洋队断不可行。

得知督办军务处的核议情况，胡燏棻仍然有一些担心，担心军权会被汉纳根控制。他于12月3日致电军机处：

> 近与汉纳根会议条约，凡照办者，已无不俯就。其有自命为军师、

总统并设军务府，一切兵权饷权均由伊主政，即招募事宜，亦须会衔出示，并不以派员四出招募为然，均未妥协，现尚在辩驳，万不可轻许。闻该夷已经禀王爷，应请稍待。

从这个电文看，胡燏棻此时对汉纳根已相当排斥，直言汉纳根有控制新军的意图。由此，督办军务处的王大臣们多数对汉纳根练兵一事的态度趋向反对。

胡燏棻与汉纳根两人的矛盾显露出来，光绪皇帝相当地关注。他让总理衙门大臣张荫桓前去天津会见李鸿章之时说明汉纳根练兵之事。因为李鸿章对外国人帮助练兵并由汉纳根控制军权态度是消极的，李鸿章的态度也影响着张荫桓。

12月8日，汉纳根向张荫桓面呈练兵办法及上督办处章启，张荫桓认为内多不切合实际的想法，并对汉纳根说：编练新军本系创举，如果控制权不在中国手里，练之何用；如果不给你兵权，你也不肯教练，"此中分际尚费斟酌"。

李鸿章、张荫桓都不赞成由外国人主持编练新军。张荫桓回到北京后，将他与汉纳根、李鸿章见面了解到的情况告诉了光绪帝，光绪帝已经悄然改变了对汉纳根的支持态度。

12月16日，胡燏棻就练兵之事再上一折：

接奉户部抄奏行知，始悉洋队暂且停练……臣所练之兵亦可即行停止。唯念关外军情紧急，贼势猖獗，前敌未能得手，究由训练未精，必须改弦更张，另练一支劲旅，军务方有转机。

从这个奏折看，胡燏棻本意并不想阻止编练新军，他甚至更迫切地希望编练一支新军来改变当时所处的被动挨打局面。只不过胡燏棻更希望由自己主持编练新军，而不肯处于从属地位罢了。

受胡燏棻、张荫桓等人的影响，光绪皇帝于 12 月 19 日发布上谕："督办军务处奏洋队应暂行停办，留经费为购船置械之用。又奏，洋员汉纳根与臬司胡燏棻订购枪械，请饬部照数拨银。均依议行。"至此，汉纳根编练新军之事宣告终止。

汉纳根练兵计划宣告失败，但胡燏棻并没放弃自己的梦想。他想编练一支由自己控制的新式陆军，并说服李鸿章、督办王大臣们予以支持。

1895 年 1 月 8 日，胡燏棻上奏光绪皇帝说，汉纳根练兵一事流弊滋多而停止，现今自己编练新军，按照西法训练已练成三营，颇有成效。但是，当前敌情紧急，所招募者习艺未精，也有官兵旧习难改，因此奏请朝廷继续招募兵勇至一万人，由华洋教习随到随练。于期练成，调往前线，与敌再战。

胡燏棻的奏折送达光绪皇帝的案头，他即令军机处交与督办军务处讨论。1 月 22 日，督办军务处复奏光绪皇帝说，胡燏棻所练三营，步、马、炮、工各兵相辅而行，既改变了官兵的旧有习性，且在军饷的支付上较汉纳根练兵用饷为少，练兵又与汉纳根练兵执法相同，由胡燏棻继续编练新军可行。

督办军务处又说，募练新兵一万似乎较多。胡燏棻既然说新募之兵不足恃，但要自成一旅，必须编练精熟；练兵一万人，需要统将较多，而统将又要长久艰苦的训练才能有成，固不能轻易从事。建议先练十营共五千人，如此十营训练得力"自可独当一面，已不为少"，待将来取得实效，再行扩充。光绪皇帝批准了督办军务处的奏请，在国力困难之时，编练五千新军这是可行的，也是朝廷财力所能接受的。这五千人的新军就是胡燏棻的定武军。

胡燏棻编练定武军不到一年的时间，督办军务处奏请朝廷简派大员督办津芦铁路。胡燏棻对津芦铁路较为熟悉，他曾经先后上奏折提建议并亲往勘察，所以朝廷决定派其督办津芦铁路。

胡燏棻的离开，使定武军统帅之任暂时空缺，于是，督办军务处奏请朝廷派员督练定武军。奏折中说，清军自平定太平军、捻军后，"习气渐深，百弊丛生"，现在朝廷既然讲求自强之道，就必须把练兵作为要务，以期渐成强兵。自汉纳根练兵之事终止后，胡燏棻自练定武军十营，现已取得成效，但该员已被任命督办津芦铁路，故须一人接替其位。浙江温处道袁世凯熟知兵事，其所呈聘请洋员合同及营制饷章甚属周妥，请旨饬派袁世凯在原有定武军的基础上，创练新建陆军，"假以事权，俾专责任"。原定武军加募扩充，按其所拟营制饷章办理。外籍将官的雇聘，由督办军务处会同许景澄与德国商定办理，所需枪械从去年所购军火内拨给，饷银由户部筹措核发，"务期养一兵得一兵之力，庶足以裨时局而振颓风"。

督办军务处的奏请，光绪皇帝很快予以批准，即令袁世凯前往天津督率创办新建陆军，当思"筹饷甚难，变法匪易"，务必严加训练，事事核发，以成劲旅。

1895年12月16日，袁世凯前往天津正式接管定武军。在原有四千七百五十人的基础上，他又派人分赴河南、山东、安徽、苏北等地选募壮丁两千名，赴奉天选募马队二百五十人，全军共七千人，并正式将定武军改名为新建陆军，这也是袁世凯小站练兵的开始。

清廷让袁世凯创练新建陆军，这对于渴望掌握军权的袁世凯来说，只是他掌握兵权的第一步。清廷说他熟知兵事，当然与他的经历有关。

袁世凯，字慰廷，又作慰庭、慰亭，1859年9月生。出生之时，他的家乡袁家寨正处在强悍的捻军的猛烈攻击之下。然而，这个小生命却没有丝毫的畏惧。小袁世凯对来到这个世界感到格外兴奋，嗓门很大，哭声越来越响，直到捻军败走。对此，袁家寨的人们认为，是袁世凯的降生，给他们带来了好运气。

袁世凯厕身军界是1881年的事。那一年，他带着家丁王成和乡邻赵贤

国投奔淮军统领吴长庆。吴长庆，字筱轩，安徽庐江沙湖山人。其祖居之
地离现在庐江城东南二十余里，因其生前做过晚清提督，统兵一方，累建
军功，故死后清廷诏建专祠，谥"武壮"，乡人习惯称之为"吴大帅"。吴
长庆之父吴廷襄以文名见闻庐江，为当地有名乡绅，故在太平军乱清"祸
害两江三省"之时，得以受命于清廷地方，办理庐江团练。吴长庆少年随
侍其父左右，后来进入淮军系统，与袁家一门数人结下不解之缘。

袁世凯的父辈们自然是希望他通过科举考试博取功名，但两度名落孙
山后，袁世凯投身到吴长庆军中，希望在军事上有一番作为。他奔走钻营，
在吴长庆及其幕僚面前，一副"谦仰自下"的样子，有时也表现出忧国忧
民的情态，"作激昂慷慨之谈"。这些都使吴长庆对其颇有好感。吴长庆见
他对科举考试没兴趣，就让他去营务处帮办，从而使他踏上了仕途的第
一步。

1882 年朝鲜禁军叛乱，进犯王宫，杀戮大臣，王妃失踪，并火烧日本
使馆，杀害使馆人员，此即为壬午兵变。日本发兵干预。中国与朝鲜为宗
主国和藩属国的关系。得知日本出兵朝鲜，中国驻日使节黎庶昌于 8 月 1
日电告北洋大臣张树声，遣兵轮三艘前往干预。

此时，朝鲜幸免于难的闵妃秘密召集靠得住的近臣商讨对策。她派员
通知因事在中国天津的朝鲜领选使金允植、鱼允中，让他们以国王的名义，
向清廷报告朝鲜禁军叛乱的情况，请求宗主国出兵靖难。

光绪皇帝得到这个报告后，即令军机处尽快处理此事，军机处令吴长
庆率兵轮前往。由于壬午兵变使朝鲜受到日本的威胁，涉及清朝对朝鲜的
宗主权，所以吴长庆特别积极，认为这是报效朝廷的好时机。这次出兵，
袁世凯也随军前往。

袁世凯处理事情雷厉风行。因为在镇压朝鲜国内兵变中大显身手，所
以他不但受到吴长庆的信任，也为朝鲜国王所看重。

帮助朝鲜镇压兵变之后，朝鲜国王希望维护自己的地位，便提出请中

国帮助朝鲜操练新军，培养军队。1882 年 10 月，朝鲜国王派陈奏使赵宁夏来到中国向清廷致谢，并商量善后事宜。赵宁夏向清廷提出，"鉴于朝鲜禁兵之不可用"的现实，希望天朝帮助练兵。慈禧太后和清廷的许多官员都认为这是显示天朝尊严，维护两国"宗藩关系"的好时机。派谁去呢？李鸿章让吴长庆选人。吴长庆认为，袁世凯人在朝鲜，就近即可练兵。袁世凯接到命令后，即与朝鲜方面着手准备，朝鲜国王派大臣金允植协助练兵。袁世凯在三军府成立了督练公所，制定了章程，选拔壮丁一千人，编为新建亲军，开启了朝鲜近代化练军的历史。

袁世凯编练朝鲜新建亲军是有成效的，其所使用的新式武器来复枪、开花炮都由清廷赠送。经过一年的训练，新建亲军"步伐颇正，放枪亦熟"，袁世凯很是高兴。这支军队在后来镇压朝鲜开化党起义中发挥了积极作用。

袁世凯在朝鲜一待就是十二年。这十二年中，他奠定了一定的政治基础，并逐渐为世人所瞩目。在朝鲜的日子里，袁世凯广泛接触外界，比当时的一些外交官更具国际视野。

但是，个人的努力终究不能改变时代的命运。袁世凯在朝鲜的最后几年，正是朝鲜的民族矛盾最为激烈的时代。

1894 年，朝鲜爆发了东学道起义，将民族和阶级矛盾推向了极点。朝鲜无力平乱，要求清政府出兵戡乱。袁世凯本来认为，东学道不足一提，但混乱的局面中，日本政府感到这是吞并朝鲜的最好时机。因而，日本政府鼓动浪人组织"天佑侠团"混入东学道，企图操纵起义队伍。同时，又怂恿清政府出兵戡乱。实际上，日本政府是为出兵朝鲜寻找借口。清政府没有识破日本的诡计。6 月初，清政府选派淮军两千人奔赴朝鲜。

在清政府向朝鲜派兵的同时，日本方面不顾朝鲜的反对，也陆续向朝鲜派兵。就在中日都向朝鲜派兵期间，朝鲜政府与东学道达成了全州和议。这样，戡乱就失去了意义。全州和议达成以后，朝鲜政府要求中日两国撤兵。于是，中日之间在撤兵问题上展开了谈判。但日本侵略朝鲜的野心已定，根本不顾朝鲜宗主国中国的反对。这样，谈判不可能达成任何协议，在这年 7 月间破裂。此时，感到在朝鲜已经难以有所建树的袁世凯以病重为由请求回国。8 月 1 日，中日甲午战争爆发，中国以失败而告终。李鸿章苦心经营的北洋海军毁于一旦，淮军和湘军也一败涂地。这一战，清廷的腐朽完全暴露出来，朝野中的大多数人也认识到了日本军队采用西洋新式武器、西洋战法的巨大优越性，要求改革军队的呼声高涨。光绪皇帝连发上谕，提出参照中外兵制，编练新军是救亡图存、寻求自强的第一要义。

袁世凯在朝鲜时就积累了编练新军的经验。1895 年 5 月，他在天津上书李鸿藻，分析甲午战争失败的原因，并提出了一个整顿旧军、编练新军的计划。袁世凯说，此次中日开战，并不是败在兵少，而是因为兵之不精，且战无章法，军制混乱，纪律废弛，最终造成无可收拾的败局。为今之计，当整顿军队，淘汰老弱之兵，更新军备，"咇检名将帅数人，优以事权，厚以饷糈，予以专责，各裁汰归并为数大枝，扼要屯扎，认真整励。并延募西人，分配各营，按中西营制律令参配改革，着为成宪"。李鸿藻认为他熟悉军中情况，又看到他提出的整军方案"有可取之处"，便奏调他到北京，并得皇帝上谕"交吏部带领引见"，派充军务处差遣，以备顾问。

现在，胡燏棻编练的定武军统帅空缺，李鸿藻和把袁世凯视为私党门生的荣禄等人就推荐了他。由袁世凯接替胡燏棻编练新军，这一决定为袁世凯奠定了辉煌人生的开端。

袁世凯认为，德国陆军是很好的借鉴模式。日本人效仿德军，很快便走向强盛，所以中国要建立强大的陆军，必须学习德国军制。为此，袁世凯亲自主持编制了《练兵要则十三条》《新建陆军营制饷章》等，基本上照搬了德国陆军的那一套。新军不但设立步、马、炮、工、辎等多兵科兵种，还首次在军中成立参谋机构，以军事专业人才取代了文人师爷；以西方近代军事的战略战术，而不是中国传统兵法谋略统军作战。

清朝在 1900 年之前一直采用的是募兵制，也就是雇佣兵制度，认为通过发饷的形式，将年轻力壮的人招到军中来，年老体弱者就不可能揭竿起义。由于军队的管理者大都只关心自己的利益，导致军队战斗力和利益密切相关。募兵制中还存在一种现象，即军队的管理者常常虚报士兵人数吃空饷发财，以致许多部队仅存于纸面。这样的军队一旦临战，后果可想而知。

袁世凯看到了这个问题，受命后即着手对兵员制度进行了改革。1901年，袁世凯改募兵制为征兵制。他对兵员的条件、资格、待遇都做出新的规定，要求被征的兵勇必须家庭清白，年纪在十八到二十五岁之间，身体健康，没有恶习。他要求，招募的兵丁按名注册，交由地方官分存备案，以便将来稽查核证。对于被征的兵丁的家属，他建议朝廷分给他们土地，免除他们的劳役和税收。政策虽好，但是地方官并没有很好地执行。

袁世凯改革新建陆军编制构架，把军权集中于参谋、教练和兵备三处。三处总办分别是段祺瑞、冯国璋和王士珍。不久又上奏，要求创办常备军。

所谓常备军即现役部队，每人每月支全饷四两二钱；在营三年退为续备兵，月支饷银一两；再三年后退为后备兵，月饷再减半；再三年退伍为老百姓，到战争爆发时可征调续备、后备兵入伍。这是中国历史上第一次出现和现役相关联的预备役部队。

建立强大陆军，必须做到知己知彼，方能百战不殆。为此，袁世凯高薪从德国聘请了十余名德国军事教官，直接负责教习新军的军操、战术等，并让所有士官都学习德语。

袁世凯知道，洋教习本领再大、技术再高、经验再丰富，也不可能全然把西洋的军事、科学技术搬到中国来。因而，他认为，要学他人之技，使中国实现变革图强之效，必须多派军事留学生出国留学。他惯用的一个方法是，对曾经有留学海外或者留学背景的人加以重用。留美幼童唐绍仪曾经被袁世凯重用，留学德国炮兵科的段祺瑞成为袁世凯的心腹。

袁世凯大胆提携留学者，使这些留学归来者迅速登上了政治舞台，加速了他们的建功立业。袁世凯虽然投机、功利，但他的这些举动对近代中国发展的意义是不言而喻的。

第七章 强军，从筹防到创建北洋海军

1.筹防，筹防，筹防！

近代中国，海军与海防建设是与求富为目的的民用工业同时开始的。1874 年，日本侵犯台湾给清廷海防建设提供了契机。在此之前，应该说清朝一直处于有海无防的局面。康乾之时，清廷虽然已经有自己的水师，但这些水师"仅为防守海口，缉捕海盗之用"，不仅官制同于内地，军事技术也与陆军一样，自然不能称之为海军。况且，长江以北东起东三省，南至两广，西至两湖当时都没有水师的建制，即便仅有的清廷水师也是时建时废。如此水师，何以捍卫海防？

鸦片战争时，英国侵略者给清廷以沉痛的教训。英军进犯广东，先进的炮火船舰教训了腐朽的清廷，清廷中的一些开明人士已开始提出筹建海防之议。身为两广总督的林则徐认识到军火技术与洋人的差距，认识到"剿夷而不谋船炮水军是自取失败"的道理，于是谋划仿制西洋船炮；但是因为时间仓促，且不得法，便只好"先雇船"和"先购买夷炮"以应急需。直到被以莫须有的罪名发配新疆，他仍念念不忘造船造炮，强固海防。林则徐认识到筹防、建设先进海军的重要性。在他有生之年，由于顽固派和投降派的阻挠，未能实现这一愿望。应该说，林则徐是抱着遗憾离开人世的。

虽然林则徐怀揣造船造炮、强固海防的梦想未竟其功，但给有识之士以启迪，认识到了造船造炮的重要性。第二次鸦片战争，清军再次战败。面对屡屡被动挨打的局面，朝野不得不审视列强为什么会那么强。在这种疑问中，清廷的一些有识之士更加认识到了学习西方，仿制坚船利炮，巩固海防的重要性。师夷之坚船利炮以御外敌的议论被提上了议事日程。1858 年，曾受命与敌谈判的两江总督何桂清有这样一段议论，他说：

> 各该夷所恃者，船坚炮利，我之师船，断难与之争锋。唯有夺其所恃，转为我用，方能制其死命。盖该夷等唯利是视，虽至坚至利之物，亦不难以重价购而得之。我之元气既足，即用反间之计，以购买其船炮。弱者植之，使之助我；强者锄之，使之不敢恣肆。则夷患平而边衅弭矣。

何桂清作为一个地方大僚，有着典型的对外妥协性，但他的这段话却反映了清廷在一段时间内的思想倾向，那就是渴望师夷图强。但是，咸丰皇帝当政后，有着很强的拒敌思想，比他父亲有过之而无不及地拒绝与外国人接触，所以师夷便也只能是有识之士的一种梦想。

第二次鸦片战争之时，也是太平天国实现第二次崛起之时。因为此时清廷已经认识到坚船利炮的威力，也认识到了真正危及清王朝统治的是农民革命起义力量，便"两害相权取其轻"地认为，师夷，借助坚船利炮的力量，可以有力地镇压农民起义。1860 年《北京条约》签订，清廷认为，外侮存在的威胁已不复存在，洋人"渐见信服，有暵而就我之意"。即中外反动派和好了，所以我们的对外态度应该改变，以和好为权宜之计，集中力量"剿发捻"了。他们意识到，"灭贼"在加强陆军之外，非有得力水师不可。

怎么办呢？要组建水师镇压农民运动，清廷的一些当权者又认识到，所需船炮自造难臻新式，且非经年不成，便决定暂时放弃仿造，先向外国购买。以恭亲王奕䜣为首的当权派，不赞成雇与租，认为这样是受洋人的控制；要不受制于人，只有向外国购买，因而便有了此后的阿思本舰队闹剧。

阿思本舰队事件系清廷向英国购买船舰活动组建中国海军的一次失败，最终以清廷贱卖船舰、遣散舰队收场。经此事件，好长一段时间里，清廷未再议购买船舰之事，但筹建海军的步伐并没因此而停止。

阿思本舰队事件真正了结时间是在1866年。相隔两年的1868年，《天津条约》十年期满，又到了修约之期，此时的清廷不得不思考应对的办法。早在1867年10月，恭亲王奕䜣就奏请清廷，"预筹修约事宜"，希望清廷饬令有关洋务各督抚和熟知洋务人员，就修约发表意见。接到朝廷的谕令，各省督抚纷纷上奏清廷，表达意见，主张对洋人在修约中的苛求予以力争。由此也认为，洋人一贯无信，即便达成合约，将来也会再生风波；要阻止风波的发生，关键仍在于自强。

当时，刚刚接替左宗棠主办船政的沈葆桢在给吏部主事梁鸣谦的条陈中说，即使清廷事事屈从，但列强犬羊性情，怎么会顾及信义呢？如果列强有侵我疆土的野心，仅凭一纸条约是无法阻挡的。只有自强才是"金汤之恃"。他通过恭亲王代奏说："夫言自强之实，当不自今日始矣，及今不图，安所底止，事机之际间不容发，一误再误，其何以堪！"

但是，沈葆桢虽然提出了只有自强才是拒敌之道，但除了他认为的应造船巩固海防外，并没有更多的主张，也没有认识到海军在自强中的重要性。

关于海军自强，当时的两广总督瑞麟则原则性地提及此事。当朝廷让他就修约发表意见之时，他在给朝廷的奏章中说，此次修约应做好两手准备，一是对外仍应坚持羁縻政策，自无听其决裂之理；二是也应做好战备，"至沿海口岸修复炮台，添修战备，多买轮船，精制火器，严密布置，联络声威，……及时预备，以固海国之防"。

　　同瑞麟一样，时为山东巡抚的丁宝桢也注意到了清朝要自强，海防不可不固，但观念也较为笼统。他说："洋人轮船洵为利器，然东南水师，必有能设计以敌之者，应请密饬妥议，以为预筹之计。"

　　巩固海防，当时真正有见地和具体规划者当属丁日昌了。丁日昌自1863年从广东调赴上海帮助李鸿章办理军火制造后，深得李鸿章赏识，当年就被提拔为上海道台。1865年他任江南制造总局总办。当年，李鸿章署理两江总督，丁日昌被调为两淮盐运使，一年后擢升为江苏藩司，1868年升为江苏巡抚。1867年朝廷让具有洋务经历的各省督抚以及有洋务见地的人士条陈意见，丁日昌通过李鸿章向清廷呈递了"预筹修约事宜"的条陈。

　　丁日昌"预筹修约事宜"所呈的"修约"之议与当时的各督抚、洋务大僚所呈意见颇为不同。不是简单地在朝觐、遣使、铜线铁路、内地设行栈、内河驶轮船、开矿挖煤、广开传教等方面提意见，丁日昌所提的一个核心的主题就是"自强"。丁日昌说清朝欲自强，除了求实用的人才，精于制造之外，重要的一环就是建立海军，巩固海防。他说，自列强侵我海疆以来，清朝常常被动挨打；御敌之功，不单单是清朝水师的船舰不如列强的船舰，沿海炮台也是粗笨无用，军队更是散而无序，"是以洋人游弋海上，厚集其势，由一路伺隙进攻，而中国必须处处设防，不能互为援应，正犯兵家备多力少之忌。此其所以不胜也"。

　　因此，丁氏认为必须变旧制为新制，这就是"制造中等根驳轮船（即炮艇）……约三十号，以一提臣督之。分为三路：一曰北洋提督，驻扎大沽，直隶、盛京、山东各海口属之；一曰中洋提督，驻扎吴淞口，江苏、浙江各海口属之；一曰南洋提督，驻扎厦门，福建、广东各海口属之"。三路海军统一指挥，"有事则一路为正兵，两路为奇兵，飞驰援应，如常山蛇首尾交至，则藩篱之势成，主客之形异，而海氛不能纵横驰突矣"。如此做法，可以在海防上操主动权，弥补敌人"由一路伺隙进攻"，即不能应付的被动局面，弥补"备多力少"的缺陷。

丁日昌提议建立海军，在他升任江苏巡抚的第一年就提出了旨在系统建设海军的《海洋水师章程》六条。丁日昌所提章程六条完全依据其建设海军的思想，等于是一个系统规划。不过，这个设想中的不同之处在于"三洋"的北洋驻地由大沽改为天津，南洋驻地由厦门改为台湾之外。丁日昌还建议"三洋"各增大兵轮三艘，同敌人战于海上有进攻之力；沿海修筑炮台，"与沿海水师轮船相为表里，奇正互用"。

但是，在修约为重心的背景下，丁日昌的筹建海军之议未能引起清廷的重视。1870年发生天津教案，列强陈兵海上。从恭亲王奕䜣到慈禧太后都万分紧张，一面派遣曾国藩与敌议和，处理教案，一面把防御提到重要的议事日程上来，注重海防的呼声高涨起来。

天津教案后，安徽巡抚英翰在给朝廷的奏折中说："已往之失，既已无可挽回，无所用其追咎；而未来之事，隐忧甚大，所宜早图补救。"基于此，应加强海防建设。

清廷看到这一奏折，应当说是相当地重视，在回复的批语中似加重语气般地说："津案虽已了结，而蓄艾卧薪之志，不可一日或忘。"并饬令曾国藩、李鸿章加强海上防卫，分任其事。朝廷的谕令之下，各省督抚纷纷行动起来，表示为大清国安计，定当巩固海防。李鸿章在给朝廷的奏章中说："天津为京师门户，各国官商往来辐辏，英、法、俄、美皆常有兵船驻泊，我亦须有轮船可供调遣，稍壮声威。"

同为海防重地的山东此时也表态要巩固海防。时为山东巡抚的丁宝桢在给朝廷的奏折说，洋人如再有侵略行动，"天津则其必争以为要挟之地，上海则必据以为根本之图，而其中间寄屯粮草，转运煤水，缓急可便于接济者则必在山东"。而山东的"扼要之区"则在登州，"得之则津海之咽喉可塞，是洋人之注意者在此，即我之所必争者在此"。基于这种认识，乃着手进行海防筹建，派员赴广东购造拖缯船十四艘，并配齐洋炮军械，"以为水师根本"。

从这些行动看，当时的一些沿海督抚已经从天津教案的危机中重视起海防的建设来。1874年，弹丸小国日本侵略台湾。在与日本的交战中，处于前线的福州将军文煜、闽督李鹤年和沈葆桢首先看到日本兵舰的优越，感到小小的日本都可以在清廷的海面上逞威风，更认识到了筹建海防的重要性。文煜等人联合上奏向朝廷提出了购买铁甲舰、装备水师、与敌制衡的诉求：

> 彼既利欲熏心，未必甘为理屈。而所以敢于鸱张者，则又窥中国器械之未精，兼恃美国暗中之资助。其已抵台南各船，均非中国新船之敌。而该国尚有铁甲船二号，虽非完璧，而以摧寻常轮船，则绰绰有余。彼有而我无之，水师气为之夺，则两号铁甲船不容不购也。

这是清朝官吏第一次提出购买铁甲舰。清廷发出了"均着照所议行"的上谕。但是，列强以中日正在台湾交战为由，拒绝向清廷出售，事情便没有办成。

虽然如此，日本侵犯台湾之事，给清廷带来的教训是刻骨铭心的。经历了此事，筹议海防上升到了前所未有的高度。清廷与日本签订《北京专约》的第五天，即1874年11月5日，恭亲王奕䜣来到朝中，即向慈禧太后禀奏筹议海防之事。他说，日本侵我台湾之事，明知日本并不占理，但苦于海防空虚，只好妥协与敌签订条约。今专约虽订，但日本必犹矫焉思逞，因此非大力筹办海防不可。

恭亲王奕䜣于朝堂之上，很有一种忧虑之情地谈到筹建海防刻不容缓。他说："今日而始言备，诚病其已迟，今日而不再修备，则更不堪设想矣！"

说到这里，恭亲王奕䜣向慈禧太后呈递了事先拟好的"奏筹海防事宜折"。奏折中提出了练兵、简器、造船、筹饷、用人、持久六条。六条之外，一个中心目的就是"建立海军"巩固海防。

恭亲王奕䜣的奏章，身为总理衙门大臣的文祥也甚为赞同。筹建海防之议，他奏请清廷说，"日本……此番退兵，即无中变，不能保其必无后患"，应"将前议欲购未成之铁甲船、水炮台及应用军械等件，赶紧筹款购买"，不得以日兵已退"稍涉松劲"。

同时，两广总督张兆栋也向朝廷转呈了丁日昌的《海洋水师章程》六条，并附上自己的奏折，希望朝廷加紧练兵，编练海军。

这些奏折，慈禧太后谕令军机处下达各省督抚将军复议，于是朝廷上下掀起了筹议海防的大讨论。

在筹议海防的议论声中，朝廷中也有人提及应该重视塞防，这就涉及塞防为重还是海防为重的问题。按说，恭亲王奕䜣筹议的海防建议与正在西北用兵的左宗棠没有多大关系；左宗棠时为陕甘总督，但西北既不临江也不靠海，不属于恭亲王建议的讨论之列。

可是恭亲王奕䜣认为左宗棠是一个关心洋务、对中外交涉事宜都比较了解的人，因而给左宗棠写了封信，希望他能"筹议切实办法，以为集思广益之助"。

左宗棠收到恭亲王的来信后于11月下旬做了回复。他认为，恭亲王提出的筹议海防的建议可谓高瞻远瞩，他对恭亲王的主张是完全赞同的。但是，他又有一种担心。他担心东南筹议海防，会不会忽略了西北的用兵大计。此时，因为中俄新疆问题，他正奉命筹备用兵新疆。筹议东南海防会不会使得"沿海各省因筹办海防急于自顾，纷纷请停缓协济，则西北有必用之兵，东南无可拨之饷，大局何以能支"？

事实正如左宗棠所担心的，朝廷让沿海、沿江各大员讨论后做出的具体答复中，李鸿章出于自己的利益，当然也受到英国的压力，反对朝廷在西北用兵。他在12月10日的《筹议海防折》中公然反对用兵新疆。

李鸿章从筹饷的角度说了很多西征的困难。李鸿章认为，在西北、东南同处危机之时，应该放弃西北，全力做好东南沿海的海防工作。他说，鸦片战争以来的屡次战争都是从东南沿海开始的。中国面临着数千年未有之变局，因为面对强敌的坚船利炮，辽阔的海疆已经不是天然屏障了。来自海上的威胁要远远大于陆地上的威胁。1840年的鸦片战争，英国人是从南海打过来的，1856年英法联军又从上海一路打到了京津。现在日本明治维新迅速崛起，又在台湾寻衅，继而威胁我朝。这样的情况，是不是应该把重心放在海防上呢？李鸿章说：

> 历代兵边，多在西北，其强弱之势主客之形皆适相埒，且犹有中外界限。今则东南海疆万余里，各国通商传教来往自如，麇集京师及各省腹地，阳托和好之名，阴怀吞噬之计，一国生事，诸国构煽，实唯数千年来未有之变局。

在李鸿章看来，既然时代在变，朝廷也应该与时俱进，把防御的重心放在海防上。李鸿章虽然说要重视东南海防，但对于西北的防务却不以为然。他说，新疆没有战事的时候，每年耗费的军费就要达到300余万两白银，拿这么多的白银去收复几千里的不毛之地，实在是得不偿失。

对于新疆出现的危机，李鸿章主张任由列强鹬蚌相争好了，朝廷应该把军事防御的重点放到东南沿海。他说："新疆不复，于肢体之元气无伤，海疆不防，则心腹之患愈棘。"当然，李鸿章积极热心筹建海防，是因为他正觊觎着北洋海军的管理大权。他这番为了一己私利竟然要丢弃新疆的话，让慈禧太后犯了难，此刻也不知道该何去何从了。她又以朝廷的名义下了一道谕旨，让朝中的王公大臣、亲王以及大学士、六部九卿等各大员对李鸿章的海防与左宗棠的主张进行讨论，仍是限定其在一个月时间，拿出自己的观点上奏朝廷。这个谕旨下达之后，慈禧太后没有等待朝廷中的各大员拿出自己的反馈意见，就给左宗棠下了一道密旨，要他统筹做好关外的粮饷安排。

显然，慈禧太后也感到左宗棠是一个比李鸿章有担当的人。她也是主张对西北用兵的，只不过一时拿不定主意，态度上有点摇摆不定而已。

当然，慈禧太后也想听听左宗棠对李鸿章的海防论到底怎么看。她在给左宗棠的密旨中说，李鸿章认为应停止西征，请统筹全局，根据西北的情况，妥筹上奏。又试探说："如可暂缓西征，节饷已备海防，原于财用不无裨益。唯中国不图规复乌鲁木齐，则西、北两路已属堪虞；且关外一撤藩篱，难保回匪不复啸聚肆扰近关一带，关外贼氛既炽，虽欲闭关自守，势有未能。"

看来，慈禧太后还真是拿不定主意，但她在大的方向上毕竟还是倾向于左宗棠的，因而才有这番试探性质的问询。同时，慈禧太后还让总理衙门将户部侍郎袁保恒调回了北京。因为袁保恒是同李鸿章持相同观点的人，袁在协助左宗棠筹备西北军饷的时候，二人发生过不快。这个举动明眼人一看就明白，慈禧太后并不想放弃西北。在给左宗棠的谕旨中，她还称赞左宗棠"老成谋国，素著公忠"，并要他及时汇报西北的情况。

慈禧太后的谕旨，左宗棠是 1875 年 3 月中旬收到的。看后，斟酌再三，他于 4 月 12 日做了奏复。他对李鸿章所言放弃西北的论调十分不满，也很生气。他在回复的奏折中并没有对李鸿章过多指责，而是主张东西兼顾，他说："东则海防，西则塞防，二者并重。"由此也可以看出左宗棠的大局观。他认为，不能扶起东边，放弃西边。

左宗棠在奏折中，肯定了乾隆皇帝时用兵新疆，统一祖国的功绩。对于李鸿章放弃新疆的说法，左宗棠认为，断然没有放弃新疆的道理。新疆是抵御俄国、防患外侮必不可缺的天然屏障，在战略上有着非常重要的地位；非但不能撤兵，而且待规复乌鲁木齐后，军队仍然要长期驻守。对于李鸿章所说的放弃新疆之说，左宗棠还认为李鸿章是主动向敌人示弱：

　　　　若此时即拟停兵节饷，自撤藩篱，则我退寸而寇进尺，不独陇右堪虞，即北路科布多、乌里雅苏台等处恐亦未能晏然。是停兵节饷，于海防未必有益，于边塞则大有所妨，利害攸关，亟宜熟思审处者也。

　　左宗棠的奏复，慈禧太后看了感到大以为然，应该海防与塞防并重。慈禧太后听取了左宗棠的建议，谕令李鸿章督办北洋海防事宜，沈葆桢督办南洋海防事宜，左宗棠继续督办西北军务。虽然如此，从表面看，慈禧太后看似海防与塞防并重，做到了不偏不倚，但实际上是有偏向的，有些偏重于海防；在实际的操作中，用于海防的人力、物力、经费要较塞防为多。

　　当然这种偏重也不是没有道理的。在海防的设置上，清廷表面上采取的是南北洋并举策略，但实际上海防又以北洋为重，即采取"先就北洋创设水师一军，俟力渐充，就一化三"的方针，这样做最重要的是考虑当时经费不足的问题。

　　说起海防，常常有人说李鸿章主张偏重海军，偏重北洋是挟一己之私。当然作为淮系的发起人，他不可能不考虑自身的利益，但从当时整个大局看，海上的空虚，威胁要大于西北。在人力、财力、物力都不足的情况下，李鸿章不能不偏重于海军，偏重于北洋。对于此看法，当时的许多洋务派也都认同这样的安排。

　　就拿恭亲王奕訢来说，他是主张偏重海防的。他认为当时的日本是中国最大的威胁，防御外侮就要把日本的侵略扩张野心放在第一位。因而，奕訢把日本作为假想敌，筹建海防是"隐为防御日本之计"。时为内阁学士的梅启照也持此观点。他看到日本阴谋废除琉球，窥伺朝鲜，进而又阴谋侵我东三省。这些步骤，使他认为"防东洋尤甚于防西洋也"。

　　江苏巡抚丁日昌更是一针见血地说，筹建海防必须要强化台湾海防。他说，日本对中国虎视眈眈，"彼其志岂须臾忘台湾哉！"，"台湾为东南七省尾闾，上达津沽，下连闽浙，台事果能整顿，则外人视之有若猛虎在山，不敢肆其恫喝"。李鸿章也清楚地认为："日本狡焉思逞，更甚于西洋诸国。今之所以谋创水师不遗余力者，大半为制驭日本起见。"又说："若能添购（铁甲）两号，纵不足以敌西洋，当可以与日本角胜于海上。"由此，有了三洋水师的创建。

2. 打造海军要有自己的舰队

经历了一场筹议海防的大讨论，慈禧太后在 1875 年初夏任命李鸿章、沈葆桢为北洋、南洋海防大臣。得此任命，李鸿章等人即开始了海军的建设。根据谕令，李鸿章主要负责山东、天津以及东北沿海地区的水师建设，是为北洋；沈葆桢主要负责长江口以南至浙江、福建沿海一带的海军建设，是为南洋。这里所说的南洋包含了丁日昌曾经提出的"南洋"与"中洋"两部分，因此，李鸿章、沈葆桢控制的北洋、南洋实际上就是丁日昌所讲的三洋水师。

我们知道，朝廷批准筹建海军，依据偏重，自然重点是北洋海军的建设，因此，北洋海军一开始就处于优先发展的地位。要筹建海军，首先要有船；是买船还是自造，在这个问题上，清廷内部也曾有过争议。一些人认为，买船较为便宜，而建造较为昂贵，且费时日，因此主张买船。但也有人认为，买船不如自造，购买只是济暂时之需，自造才是永久之计。

在这种形势下，清廷采取了自造与购买并重的方针。于是洋务派一面在国内自造轮船，一面向外国寻求购买。

从 1866 年到筹议海防之初的十年间，以左宗棠为代表的主战人物是很重视自己造舰的。应该说，中国自造的船只多于购买的数量，十年间先后造出军舰二十余艘。但清廷自造的军舰多为木质，马力大多是几百匹，超过一千匹马力的很少。这些船只海上缉盗尚可，但要与敌作战，作为抵御外侮的海军军舰则差距甚远。怎么办？主持北洋海军的李鸿章便把目光放在国外，寻求向外国购买军舰。

清廷要向外国购买兵舰，控制海关的英国人赫德在此之前就多次向总理衙门兜售英国军舰。总理衙门没有吸取阿思本舰队事件的经验教训，认为由外国人，特别是英国人赫德经手购买船舰较为方便，所以"责令该总税务司经理"。此后，李鸿章即通过总税务司赫德购买船舰。

1875年4月，赫德到达天津，与李鸿章议定向英国阿模士庄厂订购载三十八吨重大炮的蚊子船（又称蚊船，即炮舰）二艘，载二十六吨半重大炮的蚊子船二艘，连同炮位、弹药、送船经费、水手回国路费等项共需银四十五万两，于是年五六月间汇款，船只将于次年上半年驶到，"一切由总税务司担承，以后如续购装八十吨炮之船，再行续议办理"。

通过赫德购买的第一批四艘蚊子船，于1876年至1877年间先后驶到中国，李鸿章分别命名其为"龙骧""虎威""飞霆""策电"，并亲自前往大沽验收。由于缺乏对近代船舰的知识，同时又被赫德的花言巧语所迷惑，所以当时李鸿章盲目相信那些蚊子船的性能和威力，把它们吹得神乎其神。一则说，"所有炮位、轮机、器具等件均属精致灵捷，……运炮装置全用水力机器，实系近时新式，堪为海口战守利器"；再则说，"今察看该舰巨炮实足以制铁甲，守护海口最为得力，必应及时添置"。在李鸿章的影响下，上至总理衙门，下至沿海各省督抚，纷纷主张迅速添购此种蚊子船，一时掀起了一股"蚊子船热"。

这样的情况下，清廷中的一些官员甚至有放弃购买铁甲舰的主张，认为多购蚊子船就可以达到巩固海防的目的。蚊子船购回后，李鸿章曾邀请丁日昌参观舰队演练。这次演练后，时为福建巡抚的丁日昌上奏说，他在澎湖观看李鸿章所购三十八吨炮之两艘蚊子船，深感该船"转动灵便，费又不多"，若少购铁甲舰一、二号，即可多买此种蚊子船十余号，"以之布置全台海口，实有裨益"。

从丁日昌的这段话来看，他是主张多购买蚊子船而反对购买铁甲舰的。像丁日昌一样，恭亲王奕訢也是赞成多购蚊子船，少买铁甲舰的。他说，"铁甲船每只价银二百万余两及百万以外，中国现尚无此财力"，不主张购买铁甲舰。

与丁日昌、恭亲王奕訢一样，当时的刘坤一也认为购买铁甲舰太不现实。他虽然明确反对，但却谈了蚊子船所存在的弊端。他说，虽然李鸿章中堂所说，所购蚊子船不太理想，但是"今复购买铁甲船，为款更巨，万一再如蚊船之不甚可靠，则合此二项已靡费至四五百万金。国计自有常经，讵不益形支绌"。刘坤一同意吴长庆的"以购铁甲船之金钱，制造木壳兵轮可得十余号，于海防大有裨益"的意见，并称许左宗棠的"海战断不可恃，铁甲船徒滋靡费"的话为"至当不易之论"。

显然，丁日昌、恭亲王奕訢、刘坤一等人的论断也许是由于当时经费不足而发出的无奈声音。但面对海防日益严峻的危机，李鸿章认为还是应该购买铁甲舰。他以给清廷带来深重的海防与塞防危机的日本、俄国为例，说明购买铁甲舰的重要性、迫切性。他说："近来日本有铁甲三艘，遽敢藐视中土，至有台湾之役，琉球之废；俄国因伊犁改约一事，叠据探报派兵船多只来华，内有大铁甲二船，吨数甚重，被甲甚厚，无非挟彼之所有，以凌我之所无。意殊叵测。"因此，他认为，"今欲整备海防，力图自强，非有铁甲船数只，认真练习，不足以控制重洋，建威销萌，断无惜费中止之理"。

虽然他唯铁甲是恃，无铁甲"即永无自强之日"的话有失偏颇，但无铁甲的海军绝不能算是强大的海军。因此，李鸿章建议购买铁甲舰六艘，南、北、中三洋各两艘。但购买这么多的铁甲舰，经费是个问题。经过讨论，清廷决定除购买蚊子船、快船、炮艇之外，另行购买铁甲舰两艘。清廷要购买铁甲舰，这里不能不说英国人赫德刻意演绎的一段插曲。

1877 年 7 月 8 日，正在巴黎休假的英国人赫德突然接到总理衙门的来电，要他了解铁甲舰的价格。那么，在中国购买铁甲舰的问题上，英国人赫德是什么态度呢？

清廷意欲购买铁甲舰的举动与赫德多次力劝清廷建立小型舰队的愿望是相一致的，但也产生了冲突。赫德希望组建的舰队、购买船舰等事宜都经由其手。

中国欲购买铁甲舰，李鸿章本来是不打算通过英国人赫德的。李鸿章想通过天津海关税务司德璀琳和正在欧洲的军事留学生监督李凤苞、日意格购买，这显然是不符合赫德利益的。赫德便劝说总理衙门，铁甲舰价格昂贵，且无大用处，劝中国不要购买。他建议清廷购买英国巡洋舰，说巡洋舰是铁甲舰和蚊子船的克星，并向总理衙门提交了有关巡洋舰的资料。但是，因李鸿章等人的反对，事情便不了了之。

1879 年 4 月，日本吞并琉球，改为冲绳县，这一举动再次推动了清廷急欲购买铁甲舰的愿望。李鸿章在上奏朝廷的奏章中说：

> 夫军事未有不能战而能守者，况南北洋滨海数千里，口岸丛杂，势不能处处设防，非购置铁甲等船，练成数军，决胜海上，不足臻以战为守之妙。

作为福建人的沈葆桢，长期在南方工作。他这个一生与船舰、海防结缘的人，目睹日本日甚一日的海上威胁，而清军却没有自己的铁甲舰，每每思之，常常夜不能寐。他也怀着急切的心情上奏两宫皇太后，"伏望皇太后圣断施行，早日定计，事机呼吸，迟则噬脐"。所以，清廷命李鸿章、沈葆桢妥速筹购铁甲舰。

李鸿章感到购买铁甲舰为当务之急，而是时的驻德公使李凤苞向李鸿章报告说，"近日各国议停造铁甲，如可缓办，尤为合算"，并说，购买铁甲舰需要有相应的船坞修理和炮台庇护条件，更重要的是要有水雷和快船相配合。这对正在组建的中国海军来说，是不具备的。

李鸿章通过各种途径了解铁甲舰的情况，而赫德仍然希望中国购买英国巡洋舰。10月25日，赫德专门跑到天津再次拜会李鸿章，他对李鸿章说，"亦以先购快船，再办铁甲为是"。赫德拿出事先准备好的资料和相关图样给李鸿章看，资料显示："船长二百英尺，宽三十英尺，吃水十五尺，每半时（应为每点钟）行十五海里。新式机器，首尾各置二十五吨大炮一尊，左右各新炮数门。并带水雷小轮船一只，船头水线下暗设坚固冲锋，可碰敌船。若订两只，需银六十五万两，后年夏间工成来华，据云可保追赶碰坏极好之铁甲船。"

听了赫德的介绍，李鸿章又向驻天津的法国海军军官了解相关情况。其答复说，被称为"巡洋舰"的新式快船，确实具有冲锋、碰撞的功能，目的是在战时添碰船之力。这也使李鸿章感到："此项快船，既载大炮，又有冲锋，行驶果如此迅速，实属合用。"他改变了先订购铁甲舰的想法，授权赫德着手购买此舰。赫德即电告金登干与阿姆斯特朗公司联系，先定购两艘，要求在1881年春夏间交付中国。

11月30日，李鸿章将先行购买巡洋舰之事报告了总理衙门，说他经过详细的了解，采纳了李凤苞与赫德的意见；并说赫德与李凤苞所说的快船实际上是一种轻型巡洋舰，由于具有撞击敌船的作用，故又称"碰快船"。

李鸿章委托赫德订购的两艘巡洋舰即"超勇"号和"扬威"号。这两艘巡洋舰建成下水后，如何回国成了问题。鉴于之前订购舰只都是由外国人护送回国，然后留下一部分人负责培训中国海军官兵，因此为了使中国海军得到锻炼，这一次李鸿章提出应由清廷水师官兵前往英国接船。

前面说过，赫德热心为清廷购置船炮，实有控制中国海军之虞。当初清廷委托赫德订购蚊子船时，他提出了一个秘密计划：让金登干为他物色业务熟练的管驾、管轮、炮手等人员。"这些人员将组成两艘海防舰只的军官队伍，这两艘海防舰将由我亲自挑选的两个人来指挥。这两个人将获得中国海军舰长职位，掌管阿姆斯特朗公司所建造的炮艇，训练合格的水兵，定期检验舰艇、大炮和机械，使水兵和舰艇经常处于战备状态。可能组成两支舰队，每队由一位中国高级官员协同一位海防司（正如一位海关税务司协同一位道台那样）领导。这两位海防司就是海防舰的舰长。他们在我管辖的一个新衙门当差，这个大概将要设置的新衙门称作海防总署，我的官衔简称为总海防司，我的上司是总理衙门和负责海岸防务的两位总督。这项计划现已上奏皇上，交军机处审议，非常可能获得批准。""这些人员如果派出，将在我手下当差，类似海关工作人员。"

看来，这正是赫德热衷于为中国购买船舰的"题中之意"。显然，他想把中国海军建设成类似于海关那样以他为首的外国人控制的机构。这个计划过于大胆和天真。

这就是英国人赫德，内心之中无时无刻不惦记着自己的利益。当初为让清廷购买蚊子船，他说铁甲舰无用，只要有了蚊子船就可以御敌，因为蚊子船"利于攻人"，"多购八只，自成一队，可在洋面轰败铁甲船"。

但是，当清廷购买了蚊子船和巡洋舰后，为了揽军火生意的赫德却转而又向李鸿章兜售起铁甲舰。赫德对李鸿章说："前虽与中堂谈过，中国现时所需原宜备有一尊之小船数只，似此等大船尚非所急。然此铁甲系各国水师中各宜必备之件。"在购买铁甲舰的问题上，英国人赫德前后矛盾，自然是有其不可告人的目的。铁甲舰既为"必备之物"，他为什么反对中国购买？待中国订购两艘巡洋舰后，却为何又劝中国购买铁甲舰？这是因为，前者是出于不欲中国海军强大；后者的"劝买"既可从中牟利，又可借此操控中国海军之权。如此而已。

赫德的阴谋还是被李鸿章识破了。从英国向清廷交付巡洋舰后，李鸿章再未向赫德这个掮客寻求过购买船炮之事了。虽然如此，在购买铁甲舰的问题上，清廷还是经历了一些波折。

购买铁甲舰是李鸿章的心愿。在英国向清廷交付"超勇""扬威"两艘巡洋舰之前，李鸿章获得这样一个消息，德国准备将土耳其订的两艘八角台铁甲舰两艘出售。李鸿章立即致电驻德公使李凤苞，要他就近查明，如两艘舰尚未售出，价格又不太离谱的话，可以联系德方购入。但是，李凤苞了解到，这两艘铁甲舰已被英国买走。英国或许有转让的打算，但当时中国因为伊犁问题已经陷入僵局，英国方面的要求，专卖之事需要中俄开衅之前定议。李凤苞将这个情况汇报给李鸿章。李鸿章认为根据了解到的情况，如果向洋厂订购铁甲舰，须三年后方能下水，现在既然英国愿意转手其"柏尔来"一舰，汇去款后即可驶来中国；"奥利恩"号一舰亦可于一年后交付，"较之定造须三年之久者，缓急悬殊，尚算合算"，因而叮嘱李凤苞，要他尽速定议。

在国内，李鸿章等人积极筹措款项，准备从英国购买铁甲舰时，李凤苞于1880年5月13日函称：英国海军部已更换大臣，新任大臣鉴于中、俄关系紧张，英国"碍于公法"，前允转让的两艘铁甲舰均作罢论。李鸿章上奏说："近来日本有铁甲三艘，泣敢漠视中土，至有台湾之役、琉球之废，俄国因伊犁改约一事，迭据报探，添派兵船多只来华，内有大铁甲二艘，吨数甚重，被甲甚厚，无非挟彼之所有以凌我之所无，愈殊厄侧。"为了抵制日、俄的威胁起见，他函明李凤苞立即在英厂另行订购铁甲舰二艘。

清政府同意李鸿章的意见，认为"不能因前议无成，遽尔中止"，要他通知李凤苞"不可耽延时日"。李凤苞于英、法、德等国船厂探询价格、样式后，于1880年及1881年先后在德国伏耳铿厂订造铁甲舰两艘，并由李鸿章派福州船政学堂毕业生刘步蟾、魏瀚、陈兆翱等赴德厂照料铁甲舰制造工程。1883年，该两舰次第竣工。恰逢中法战争爆发，德国声明保持"中立"，不同意该两舰驶回中国；而清政府则担心它们在途中被法国军舰掳掠或遭到截击，所以迟至1885年中法战争结束后，该两艘铁甲舰才驶回中国，由李鸿章分别命名为"定远"和"镇远"。在订造"定远"和"镇远"的同时，李鸿章还在德国伏耳铿厂订造快舰一艘，与两铁甲舰一同驶回，它被命名为"济远"。

"定远"和"镇远"两铁甲舰系姊妹舰，吨位大小（各七千余吨）、航行速度（每小时十四海里半）及一切装备完全相同；唯一的差别是"定远"水线下全系钢面铁甲，"镇远"水线下则参用铁甲。因当时外洋钢价陡涨，故为此变通之计。这两艘铁甲舰驶回后，成为北洋海军中吨位最大的舰只。

在购买铁甲舰问题上，有两件事情值得一提。一是"定远"和"镇远"，两舰的订造没有通过赫德之手，这是十分引人注目的。本来，在1879年清政府内部筹议购买铁甲舰时，沈葆桢认为，"由华员订购，恐多周折，省费必至靡费，不若仍属（由）赫德、金登干觅购"。李鸿章表示反对，指出："赫（德）素不以中国劝铁甲为然，今新罢总司海防之议，更不便相托。"赫德对此大为不满，这就是他与李鸿章发生龃龉的由来。二是最初，湘系集团曾竭力反对购买铁甲舰。1880年，左宗棠致函刘坤一说："海战断不可恃，铁甲舰徒滋靡费。"刘坤一立即附和，誉其为"至当不易之论"。

1882年，左宗棠、彭玉麟等联衔上折说："与其购铁甲重笨兵轮争胜于茫茫大海之中毫无把握，莫若造灵捷轮船专防海口扼要之地，随机应变，缓急可资为愈。"但是，经过中法战争，左宗棠的态度有了明显的改变，转而积极支持购买铁甲舰。他于1885年7月5日奏称：

> 上年法人犯顺，各处新报开列法国兵船，综计不足三十号，而差遣转运各船亦充其数，……徒以二、三铁甲纵横闽、浙洋面。马江之役，七船同沉，石浦之役，五船俱退，虽管驾者不得其人，而虚声所播，士胆先靡，要皆无铁甲而兵轮失所恃之明证也。然则惩前毖后之计，整顿海军必须造办铁甲，时势所趋，无庸再决者矣。

可见在购买铁甲舰的问题上，湘、淮两系在中法战争后已无明显的分歧意见。

好事多磨。随着"定远""镇远""济远"等舰的相继购回，清廷已有各式船舰三十余艘。从1875年到1885年中法海战结束的十余年间，清廷购买铁甲舰两艘，巡洋舰三艘，炮艇十四艘，自造各式兵船十四艘，连同原来的舰船，李鸿章认为这样的规模庶可称较为完备的一支舰队，算是奠定了清军舰队的基础，为成军提供了前提。

3. 赫德的"总海防司"美梦

1877年，清廷向英国购买的"飞霆""策电"号炮舰交付中国时，由于中国没有人会驾驶，英国人赫德暗自得意，也很有些踌躇满志。除了控制中国的军购之外，他也很想通过使用外籍军官来扩大自己的权力，实现自己的"总海防司"梦想。当时，赫德就通过金登干与英国海军军官琅威理进行了接触。生于1843年的琅威理曾在1863年随阿思本舰队来到中国，因舰队解散回到英国。后来在护送"飞霆""策电"号炮舰来中国时，因为出色地完成了任务，得到了赫德的信任，也引起了李鸿章的注意。

清廷通过英国人赫德购买英国巡洋舰，在接收的问题上，赫德自然也希望由琅威理帮助护送，这也是他实现"总海防司"梦想的一个重要组成部分。赫德要打造由外国人指挥并控制的海军舰队，他认为购买巡洋舰还不够，还应该配备性能优越的鱼雷艇。正如他日记中描述的那样，他为自己的梦想暗自激动：

> 我们这里好像正处在即将采取几项前进措施的前夕，有些事似乎要重新交给我掌管，有点像1863年春的情况。当时李泰国的垮台不仅毁了他自己，也使我受到挫折，致使"中国进步"停滞数年之久。

但是，赫德的如意盘算最终还是被李鸿章打破。李鸿章坚持要中国海军官兵亲自前往英国接船，他没有通过赫德，而是通过天津海关税务司德璀琳向已经回国的琅威理发出了邀请信，希望他到中国出任教习，并帮助护送中国巡洋舰回国。

琅威理接信后，即征求了英国海军部的意见，海军部表示不反对他到中国去，只是不能算在中国服役。这个答复让琅威理没了主意，便找金登干商量。金登干作为赫德的代理人，应该说对赫德是绝对忠诚的。他劝琅威理在没有得到赫德推荐的情况下，不要接受李鸿章的邀请。为此，金登干还写信给赫德说：

> 但愿我所做的符合您的愿望。显然琅威理很想出国，我的一句话有利于总督的计划的话，便可举足轻重。我们在海军部运用某种影响就可以获准琅威理来华服务（算作海军服役期），对这点我觉得颇有信心；但是没有您的帮助，我怀疑中国公使能不能做到。您写封信说明让琅威理这样一个英国海军军官在您手下担任这样一个职务在政治上和其他方面的重要性，审慎地利用这封信，会大大有助于取得这一结果。这个职位没人比他更合适了。

在金登干看来，赫德应该设法控制海军的人事权，而延聘琅威理是实现这种梦想的重要一步，这也正符合赫德的意图。此后，金登干多次写信与赫德就延聘琅威理之事筹划、商议。

赫德想控制海军的人事权，他还想拉拢曾经镇压太平军的常胜军统领戈登。他认为戈登也是他实现总海防司计划的理想人物。"我发出的电报是邀请戈登来华"，"如戈登仍在英国，你就去看望他，替我邀请他来这里，只要来一个月看看形势，然后他再决定去或留。现在有大干一番好事的机会，中国请他来承担这项工作。干这工作，将为中国做了一件好事，为英国做了一件好事，为世界做了一件好事！我希望并恳求他不要拒绝来中国。职务、任期、条件，等等都可在这里商定，会安排得使他和我都感到满意"。

金登干接到赫德的指令，于 1880 年 6 月同戈登取得了联系，戈登也同意到中国去。6 月 11 日，金登干在给赫德的信中说："戈登上校对我经由东线拍发的试探性电报的答复是'寄往孟买'。我是五日收到复电的，由于所有报纸都载有戈登将去桑给巴尔的报道，我决定通过印度欧洲电路立即将您给他的信息电告他。电报要拍得只他自己能懂，要略去人名和地址，在'我受命请你来中国'一句中用'这里'代替'中国'。6 日星期天我接到他的回答后当即发电转给了您。今天《旗帜报》的一则电讯说'戈登上校决定前往中国而不去桑给巴尔'。我通过海底电路通知戈登我已收到了他的电报，并请他把他的行期电告我。"

但戈登到中国后并没能帮助赫德实现愿望。戈登在镇压太平天国时虽然因为李鸿章杀降事件曾经有过不快，但二人在长期的合作中也建立了良好的私人关系。他这次到中国后，并没有与赫德见面，而是直接拜访了李鸿章。遗憾的是，由于戈登在与总理衙门的会谈中不合时宜的观点，因而并未引起总理衙门的重视。这以后，赫德与戈登也产生了误会和矛盾，最终戈登怀着愤懑的心情离开了中国。

赫德希望借助戈登来实现其"总海防司"的梦想，然而戈登离开中国，无疑给他当头浇了一瓢凉水。戈登离开后，赫德把全部希望寄托在琅威理身上，李鸿章也试图单方面与琅威理建立联系。李鸿章还向英国驻天津领事福士特表达了希望琅威理来华帮助建设海军的愿望。

1882 年 5 月，英国驻华公使威妥玛返回英国途经天津。李鸿章虽然因为母亲去世在家守孝，但仍然挂念着让琅威理来华的事情。他让留学归来的海军副将刘步蟾和英文翻译罗丰禄向威妥玛询问此事的进展情况，并希望威妥玛回国后能够鼎力相助，促成此事。威妥玛虽然也连连表示当尽力相助，可是此事并无进展。

为什么会是这样的呢？于琅威理本人而言，他虽然也想来华，帮助中国操练海军，将之训练成一支可观的劲旅，但他也提出了一些条件：一是他必须具有调派兵勇之权；二是根据英国海军部的惯例，他需要向海军部请假，得到批准后方能成行；三是仍然希望保留他在海军的资历。此时他已经在英国海军中服役多年，资历已深，再经过三五年，就有可能升到提督官衔，这个相当于一省军事高官的职位对他来说还是相当诱人的。因此，他既想接受清廷的聘请又希望与英国海军部协商，能够保留他在英国海军部的资历，或者把他在华服役的年限算到英国海军部服役的年限，这样，他服役归来就不会影响升迁；再者，琅威理还有一个特别的要求，就是不希望李鸿章将此事告知德璀琳，而坚持他的雇聘必须要由赫德的推荐方能成行。

琅威理的这些要求，清廷与李鸿章基于现实的需要，虽然表示愿意多方配合积极协调，但是关于他继续保留在英国海军部的资历问题以及他是否能最终来华，都需要英国海军部批准。而英国海军部却有着相当多的顾虑，一时间还难以做出决定。借聘英国现役高级军官来华服役毕竟是一件大事，也关系到英国的利益，必须慎重地做出抉择。一来是英国不愿其现职军官到中国服役，免得将来中国与他国发生战事时他国因此指责英国；二来琅威理希望保留年资，但他到中国服役，即应留职停薪，将其年资予以暂停。如果承认琅威理在中国服役的年资，则是对英国法令的破坏。所以，关于他借聘之事，一时间陷于胶着状态。

在这样的局面中，赫德的"总海防司"美梦也泡了汤。关于"超勇""扬威"号两艘巡洋舰的接船问题，虽然没有琅威理的帮助，但在李鸿章的要求下，1881年初清廷派出二百六十四名中国接船官兵前往英国。当年7月，两艘巡洋舰建造完成，并试航成功。8月3日，驻英公使曾纪泽亲自前往纽卡斯尔港与中国官兵把大清国旗插上军舰，接收了两舰。

8月17日，"超勇""扬威"号巡洋舰在中国官兵和英国教习的驾驶下踏上了归国的行程。历时六十一天，两艘巡洋舰越过万里重洋安然抵达天津。李鸿章在天津大沽进行了验收，对两舰很满意，请旨给接船有功人员奖赏。这次成功接舰，就连一直反对中国海军官兵接舰的赫德、金登干也不得不表示："水手都是很优秀的人，他们以及中国的旗帜在欧洲的水域出现，将使人们大吃一惊。""巡洋舰于10月15日抵香港，现正缓慢地沿海岸北上，在广州、福州和上海停靠以炫耀一番。李中堂因太后（慈安皇太后）葬礼现在北京，他看到中国水手未经保险而把两艘舰驶回，大为高兴。"

中国官兵的成功接舰，打破了近代中国海军从未参与过任何远洋航行的历史。从此以后，"欧洲诸国始知中国亦有水师，群起而尊敬之"。这次航行也打破了赫德试图通过外籍军官控制中国海军实现其"总海防司计划"的美梦。

这一事件的发生使赫德感到，清廷的一些官员如李鸿章、左宗棠对他是不信任的，也使他有一种危机感，而另一种危机感来自德璀琳与他权力和影响力的竞争。德璀琳很受李鸿章的信任是众所周知的事情，赫德不止一次提到，"有些海关高级职员希望地位升得很高"。尽管赫德在公开场合冠冕堂皇地夸奖德璀琳工作出色，是不可多得的人才，但骨子里对他是嫉妒的。尤其看到德璀琳对李鸿章的影响越来越大，他不无妒意地说："英国官员们既不像鸽子那样善良，又不像蛇一样狡猾。去他们的吧！别国人可不是这样！"

赫德一心想取得对中国海军的控制权，然而在李鸿章的坚持下，中国官兵到欧洲接舰成功，不仅锻炼了中国海军，也使得赫德"总海防司计划"宣告泡汤。他抱怨英国政府没有给予他更多的支持，为英国人在中国筹建海军进程中影响力的减弱而惋惜。他说："我们这里正面临着一次危机，中国的水师几乎肯定要交给李（鸿章）来统辖，而他发现在战时不能依靠英国官员支持他并帮他打仗，因此他正在慎重考虑。他可能任命美国水师提督薛斐尔任总司令，再在他下面混杂安排一些德国人和美国人。假如我们政府的政策允许我们单独去碰运气，我们英国人本来是可以获得有利地位的。可是，像现在这样，我们在中国拥有了最大的利益，而对他的影响将减到最小的程度。"由此可见，口口声声要做中国仆人的赫德，他的行动并不是为了中国，而是为了自己与英国的利益。

在为中国购买船舰的行动中，赫德除了觊觎海军的人事权外，还想把清廷的军购大权都掌握在自己的手里。1876年，因"马嘉理案"出使英国的郭嵩焘引起了赫德与金登干的注意。金登干在给赫德的信中说：

> 现在他们在伦敦有了中国公使，他们可能通过他订货。如果他们这样做，我认为我们对这种事就不应该参与，因为我敢肯定他们必定失败。……据我所知，郭一直在接待来访的造船商和其他人。如果他完全听信他们的话，总理衙门就会从他那里不断地收到许多设计和估算方案。

为防止郭嵩焘在伦敦插手购买船舰事宜，赫德叮嘱金登干要保守秘密，不要让中国公使随便进出伦敦办事处，防止走漏消息而影响他们的购船大权。在郭嵩焘的使团中，马格里作为中国驻英使馆参赞和翻译随行，到伦敦后常随郭嵩焘参加一些外交和参观军工企业的活动，这引起了赫德的注意。赫德在1877年1月写信叮嘱金登干：

> 当心马格里这个人，要看住他，不要给他任何"面子"。我从各方面听说，他是反对我们的。一般说来，我是宁愿使用人而不愿忽视人的；现在这件事，我认为最明智的办法是反其道而行之。不要让他随意出入你的办事处，不要信任他，也不要让他知道我的消息。

后来，担任福州船政局船政监督的日意格在李鸿章的授意下前往英国，在英国军界活动，广泛接触海军界人士，这引起了赫德与金登干的极大反感。在他们的压力下，日意格的活动受到限制。1878年，在赫德与金登干准备第三次订购炮艇时，金登干得知李凤苞正在了解此事。他电告赫德说："我估计李凤苞将会从中国了解到由我们经手购买船舰的消息，那么假如郭嵩焘或者他人向我询问此事，我该如何回答？"赫德给金登干回信说，购舰这事，"要由你亲自办，我不希望郭氏或日意格或李凤苞等等等等插手。"从这些情况看，赫德意欲控制船舰订购大权的愿望十分强烈。

购买铁甲舰一直是李鸿章的愿望，但赫德一直反对。1879年在李鸿章委托赫德向阿姆斯特朗公司订购了两艘巡洋舰后，赫德很希望清廷按照他的意愿行事，但李鸿章却故意避开赫德而让驻德公使李凤苞来购买铁甲舰。到1881年底，李鸿章已经很少通过赫德、金登干来购买船舰了，这都是对赫德"总海防司"梦想的沉重打击。

经历了控制海军人事权和独掌军购大权的失败，赫德并没有放弃对中国海军控制权的觊觎。相反地，他表现得更为激烈。1883年，赫德对总理衙门没有任命他为"总海防司"仍心存不满，说："他们若是这么办，我将在五年的时间里把他们的海军搞得真正可观。让这样能做一番伟业的机会失掉是可惜的，若是看到这项工作落入德国或美国人的手中，那就更加遗憾了。"这再一次印证了赫德不过是为自己和英国谋利益罢了。

也就在当年，他又提出"海防衙门"由他来担任"总监"的计划，但是这一动议在提交总理衙门之后，却传言总理衙门与李鸿章属意德璀琳与格雷森，准备让二人参与筹建海防衙门。

格雷森虽然也是英国人，从某种程度上说，却是赫德的竞争对手。他1871年进入中国海关，在1881年曾随中国官员到英国接回了订购的两艘巡洋舰，这件事让赫德很不高兴。他在信中说：

　　我听说撞碰船（巡洋舰）已抵达上海，并进了船坞，格雷森的那条船需要清洗一下……有人告诉我说，格雷森每遇上机会就讲这两艘船的坏话……有些人爬上来后，就过河拆桥，想到这件事上还有这类的事在等着我，我感到难过。但由于我很能沉着对待，我可以说总会有轮到我嘲笑的时候！

　　赫德又借题发挥，大谈人类道德与品性，"格雷森没有经受住考验，事业上的成功惯坏了他。据说他变得傲慢狂妄、目空一切、盛气凌人、爱讲下流话，等等，他的和蔼可亲隐藏着过河拆桥的企图，我觉得很惋惜，因为他有些非常好的品质，并且熟悉他的工作。毕竟社会地位创造奇迹：一个出身于正直家庭的人，就算命运总是那么残酷，他也永远不会干卑鄙的事；而一个没有继承优雅品质的人，当福星高照使他感到自己不受拘束时，他就会置一切高尚、诚实的行为于度外。一个在上面亲热地吻你的人，将会在下面残忍地踢你一脚。我想这或许是大自然的补偿方法之一吧！甚至学识渊博也不能克服一个人本来的脾性。我不得不给李鸿章写了几封信，警告他不要被格雷森的小题大做所吓倒"。但是，这次成功接舰回国，却使李鸿章对格雷森更加信任，所以便有了李鸿章委托德璀琳、格雷森二人帮助筹建海军衙门的传言。

　　当赫德得到这个消息时，内心立即不安起来。他说："使我烦恼的是，不通过我来办意味着削弱英国的影响，而别国的影响却在增长。"他在给金登干的信中说："你知道最近这二十五年来，中国陆、海军的职位就算不保留在英国人手中，我至少也不让它们落入可能对英国的利益施加敌对影响的人的手中。如果发生后者的情况，结果很可能对中国不利。……我特地不让新建的海军由非英国人来领导。尽管有法国、德国和美国的军官，不但用他们的本领来当教官，而且用他们的刺刀来为伟大的李鸿章作战效劳，我还是保持了英国人对中国海军的领导权。两年前，海军几乎从我的指缝中滑掉，幸好琅威理答应效劳。与其说这是为了薪金和职位，不如说是为了把领导权掌握在适当的人的手中。"

赫德所说的"适当的人"，当然指的是代表英国利益的人，因此他仍不惜一切手段地向清廷推荐英国的海军人才。海军军官来华需要经过英国海军部的同意方可放行，所以，这也使琅威理难以成行。但在赫德与清廷的努力下，琅威理最终成行。

虽然，琅威理自 1882 年后两度来华任职，但他一样也未能帮助赫德实现控制中国海军的梦想。愿望屡屡难以实现，赫德极为失望，从此以后，他就"不再为中国组建国防军而努力了。或许他开始认识到要使中国陆军和海军现代化，必须先使政府现代化，这是任何个人都无法完成的任务，……这个任务要等待革命力量来完成"。

4. 应该有个像样的基地

要建立一支具有战斗力的舰队，清廷首先想到了北洋水师。但是要建立舰队，除了有船外，重要的是还要有基地，有屯舰和修舰的船坞。事实上，清廷自北洋海军初建之时就开始了基地的建设。

北洋水师建立之前，只有几只小型的舰只，临时停泊在天津大沽口，但自经英国人赫德之手购买两艘"超勇""扬威"巡洋舰后，情况就不同了。这意味着舰队的初步成形，必须得有停泊军舰的基地。

1880 年 8 月，李鸿章奏请慈禧太后，请准予在大沽海口选购民地，建造船坞。当年 11 月，这个船坞便建成了，"嗣后来往各兵船，无论时机缓急，工程大小，总可随时立应，殊于水师根本有裨"。这样，大沽便成为北洋舰只的临时基地。

李鸿章所建大沽船坞毕竟是仓促上马，并没有严格的论证，也没有考虑以后的发展，且长度七十丈，深才十四尺，把它用作接收停泊炮舰还可以，但要用于铁甲舰等大型兵舰的停泊，显然是不行的。从长远看，大沽船坞是不适合做海军基地的，李鸿章又把目光瞄向了旅顺口。李鸿章鉴于旅顺口所具有的天然门户优势，准备用十年时间将这里打造成集炮台、营垒、船坞、仓库为一体的近代化军港。建设这座中国近代化军港是一项巨大工程，炮台是其中的一个重要组成部分，李鸿章对炮台建设十分看重，因而决定使其与军港建设同步进行。

1880 年冬，李鸿章决定在旅顺口先修建黄金山炮台。他在一封信中写道："旅顺之台需费十数万金，异日必为北洋一大屏蔽，该处有此一军扼扎，登州烟台敌当不敢久泊。"

对此，李凤苞曾写信对李鸿章的想法提出质疑，但李鸿章回信说：

> 尊论旅顺口炮台不甚稳妥，似未深悉北洋形势。渤澥乃一小海，如葫芦形。旅顺与登州相对，仅百二十里，口内有塘，可泊多船，正葫芦之颈也。敌必经口外以达津沽、营口，有险可扼，视烟台、大凌（连）湾之散漫无收来者迥殊。异日北洋水师总埠、船坞，均当在彼建置，即两铁舰亦宜驻泊，军火饷均须储蓄，乃可备缓急。各国水师名将皆谓得地，卓见独不谓然，何耶？

事实上，当时除了李凤苞提出质疑外，朝廷中也不断有人提出非议，但李鸿章力排众议，坚持自己的意见。李鸿章解释说，之所以决定在旅顺口营建北洋海军基地，是有着长远考虑的。他在《论旅顺布置》一文中说，"察度北洋形势，就现在财力布置，自以在旅顺建坞为宜"。并以西国水师泊船建坞为例列举了旅顺口所具有的优势：一是水深不冻，适合泊船；二是山列屏障，以避飓风；三是交通便利，便于运输；四是土无厚淤，可浚坞澳；五是口接大洋，便于海上操练；六是地出海中，控制要害。北洋海滨欲觅如此地势，甚不易得。

李鸿章谈了在旅顺设立基地的必要性，同时认为胶州湾"形势甚阔"，也是巩固海防的理想基地，但是考虑到朝廷资金困难，不能并举，只能有个先后，便先行在旅顺设立基地了。"自来设防之法，先近后远。旅顺与大沽犄角对峙，形胜所在，必须先行下手。俟旅顺防务就绪，如有余力，方可议办距直千三百里之胶州。"

李鸿章的建议得到了清廷的批准，随后，李鸿章即开始了旅顺基地的建设。建设旅顺基地，李鸿章从海岸炮台入手，为此，他特意聘请德国人汉纳根帮助设计建造。

李鸿章知道德国人汉纳根在炮台建造上很有造诣。汉纳根在华三十多年，其最大的贡献就是炮台和军港船坞的修建，大沽炮台、旅顺口炮台、威海炮台、刘公岛炮台等无不经由其手。炮台式样新颖，设计巧妙，既坚固又性能优越，在当时堪称一流。

在建设旅顺基地之前，汉纳根整修过大沽炮台，给李鸿章留下了深刻印象。1880年2月，李鸿章任命汉纳根为修葺大沽炮台的总工程师。接受任命之后，汉纳根在教习军队之外，几乎天天往返于天津大沽和北塘之间，仔细勘察大沽的地质形势情况，考察原有的炮台。大沽炮台在历史上虽然有过抗击英法联军的胜利，击沉击伤多艘侵略者的船舰，但在西方造船和军事工业快速发展的大势面前，这些老旧的炮台已经不能满足近代化战争的需要了，很难抵御海上铁甲舰、巡洋舰的进攻。

汉纳根对原有的炮台、弹药库、军械库做了详细考察，绘制了图纸，提出了新的修葺方案。当时，汉纳根发现清军并没有真正意义上的工兵队伍，没有像样的施工设施和运输机械。在欧洲，作为工兵建制组成部分的机械作业已经相当普及，而在中国却还在利用民夫，使用锹、镐、绳子、筐、人拉肩扛的老办法。通过这次考察，他找到了炮台的许多不足之处。他结合传统的施工方式，从实战角度出发，对修建新的工事做了详细计划。

汉纳根建议，要连接北塘与大沽炮台阵地，必须在海河入口处修建一座浮桥。战场上时间就是生命，减少运输时间可以起到提高安全保障的作用。考虑到河流临近入海口风大浪大，为防止桥身晃动，汉纳根特别提出要在桥的两侧安装加固设施，以提高桥的稳定程度。他的设计及工程预算得到了李鸿章的批准，立即动工。1880年10月，浮桥建成。令汉纳根兴奋的是，这座桥受到了一致的赞赏。

修建海河浮桥，李鸿章更深刻地看到了汉纳根在军事工程建设方面的长处，故而旅顺口基地也让汉纳根帮助设计建造。当然，这也与他的岳父德璀琳的推荐有很大关系。作为天津海关税务司的德璀琳是一个消息灵通的人，当他得知李鸿章准备修建旅顺基地时，他认为他的女婿汉纳根是不二人选。

实际上，德璀琳推荐汉纳根负责修建基地，有着很大的私利成分。他知道旅顺军港是一个大工程，如果让汉纳根参与，他的仕途和事业将发生巨大的改变；况且汉纳根学的就是这个专业，可以发挥他的才干。德璀琳心想，哪怕只是把德国现有的岸防基地和火炮设施原封不动地移到中国，也是巨大的成就。中国可以得到先进的武器，建成近代化的炮台，而德国可以向中国输出军火，增强德国在远东的影响力，汉纳根参与其事更可以在中国牢牢地扎下根基。因而，德璀琳向李鸿章推荐了汉纳根。

修建军港，包括船坞、炮台等附属性设施，以当时中国的科技状况、工业设施、工程人员的素质与经验，没有外国人的参与自然难以独立完成。这种局面也造成了列强间的竞争加剧，都想参与这一工程，因而也给工程的顺利开建增添了障碍。

在列强的激烈竞争下，李鸿章决定，旅顺军港基础设施以及库房、厂房、营垒的建设，在英、法技术专家的指导下由中国人自建；船坞则交由法国人承包；至于炮台，根据德璀琳对汉纳根的推荐，加之他在大沽炮台勘察、修葺工作中的表现，李鸿章决定旅顺口海岸一系列炮台的营建，仍由汉纳根主持。

旅顺口修建炮台，无一例外地是要做好地形勘测。汉纳根初到旅顺时条件艰苦，他只能暂住在军舰上。军人的秉性，使他形成了一个规律，每天凌晨四点起床，先洗个海水澡，然后用淡水冲去盐渍，背上平板仪等测量设备，开始一天的工作；天不亮就启程，戴月而归。结束当天的测量和勘察后，他还要在夜灯下对白天的测量数据进行整理，计算出山的坐标方位、高程。用仪器测量值和立体几何计算出来的结果相互验证，以确保数字的准确性。再用等高线法绘制地形图，对地形地貌、山上的雨裂（由雨水冲刷出的雨沟称为雨裂）、地表的森林、农田、果园、草地、河流、建筑、坟茔、道路、桥梁及独立石、独立树、独立房一一进行标注，以便识图时能看出山的高低走势，选择适宜的施工路径，战时又可作为参照物指挥射击和部队移动。对于汉纳根来说，此刻最主要的是权衡利弊，确定修建防御阵地的最佳位置。

经过勘察，汉纳根认为，黄金山是封锁外海海面火炮射击的理想阵地。分列旅顺口的黄金山、鸡冠山为海湾的天然屏障，炮台设在这里，利于射击、观察和随时通报。

汉纳根根据勘察的情况，写了一个修筑旅顺口炮台的计划及工程预算，呈报给李鸿章。李鸿章阅后很快批准，并决定于1881年初开始施工。施工初期，生活、居住、办公条件相当艰苦，汉纳根与协助他的洋员陆尔发等人只能暂住在一座破旧的庙宇里。汉纳根在给父亲的家书中写道：

> 庙内有三尊比真人略大的神像与我相伴，都是武将打扮，一尊穿绿衣的有一双红眼睛，一尊穿红衣的有一双黄眼睛，一尊穿黄衣的则是绿眼睛。夜晚，风从门窗的缝隙中吹进来，呜呜作响。

比居住、生活、办公条件更让汉纳根感到尴尬的，是与地方官员合作的困难。1881年秋天，李鸿章决定将旅顺工程扩大，让海防营务处道员黄瑞兰前往旅顺设立海防营务处工程局，主持炮台及拦水坝的修建工作。黄瑞兰此人贪鄙无能，根本不懂工程，任用私人，随意挥霍，又凭借官势不以时价购买物料。此种官僚作风不仅引起当地民众的不满，怨声四起，且与洋员汉纳根也貌合神离，无法合作。在工程建设中，黄瑞兰很是马虎，花了将近一年的时间，耗银三万余两，表面上拦水大坝虽告合龙，可是由于其下的污泥并未全部清除，坝根基础未曾稳固，以致经常塌陷，遗患无穷。

1882年初，李鸿章的母亲病故。按照传统习俗，他要回乡为母亲守孝。当年2月，他辞去直隶总督兼北洋大臣，丁忧回籍。直隶总督由两广总督张树声署理。6月，朝鲜内乱发生，李鸿章虽身在安徽，仍然关注着时局的变化。他看到日本侵略朝鲜进而侵略中国的野心日甚一日，同时法国侵犯越南也影响着中国西南的安全。严峻的局势面前，感到中国面临海防危机的李鸿章对旅顺建港更加重视，他特命营务处道员袁保龄到北洋各口查看海防情形，并于6月30日致函张树声，决定将"任性乖张"的黄瑞兰自旅撤回，而另委深明旅顺形势的袁保龄前往。

袁保龄是咸同年间钦差大臣、漕运总督袁甲三的次子，也是袁世凯的叔父。黄瑞兰难当重任，李鸿章便以袁保龄"谙习戎机，博通经济，才具勤敏"，调赴直隶委办海防营务处。袁保龄到任后，与汉纳根相处得很不错。二人的紧密合作，也使袁保龄对营务处工程局进行了大的改革，裁汰不作为的冗员，一扫昔日那种得过且过的作风。袁保龄也很赏识汉纳根的才能，充分给他权力和施展才能的机会，赋予他工程总监的职责：各炮台，乃至开山、挖河、筑路、导海等工程，都由他策划与监督。汉纳根被重用，他也投桃报李，积极从德国、英国、美国吸引更多的人才，使得工程顺利开展。

汉纳根的工作得到了清廷的好评。对黄金山炮台，李鸿章也甚为满意，在给朝廷的奏折中说：

> 旅顺口黄金山炮台，系延弁汉纳根仿德国新式筑做，台形扁而小，兵房子、药房均藏台墙之内，敌炮难以攻入……前派洋员汉纳根协同局员，创建该口黄金山顶炮台一座，仿照德国新式，坚大玲珑，实为各路炮台未有之式，现甫就竣，计用银十二万余两。

除黄金山炮台之外，汉纳根又主持修筑了老驴嘴炮台、老虎尾炮台、威远炮台、蛮子营炮台、馒头山炮台、田鸡炮台等十余座炮台。这些炮台与黄金山炮台相得益彰，在东海岸形成一张严密的防御火网，可以全方位地对来犯之敌进行射击，加以封锁。正因为汉纳根的尽心设计、督造，使得旅顺港在当时被称为"固若金汤的防御"。

因为有德国人汉纳根的帮助，到1886年，旅顺海岸炮台相继完工，并建成了水雷营、鱼雷营、电报局、机器厂、拦水坝等主要工程。

当时修建的海岸炮台分为两个炮台群，一个是西口岸炮台群，一个是东口岸炮台群。西口岸炮台包括：老虎尾炮台、威远炮台、蛮子营炮台、馒头山炮台、城头山炮台、老铁山炮台，共六座；东口岸炮台包括：黄金山主炮台、东小炮台及臼炮台、摸珠礁炮台、老砺嘴主炮台、北山及人字墙，共五座。东西炮台共配备大小炮七十五门。其后，又环绕旅顺背后，陆续修筑陆路炮台十七座，有各种大炮七十八门。

为巩固旅顺后路，兼防金州，清廷在1888年又决定在大连湾修建炮台，建成海岸炮台五座，即黄山炮台、老龙头炮台以及尚岛东、中、西炮台；并建成陆路炮台一座，即徐家山炮台。这些炮台有大炮三十八门。当时有人称赞这些炮台"坚而且精，甲于北洋。老龙头一座，当敌船之冲，三面临水，填筑非易；和尚山东炮台，徐家山旱炮台，筑土取石，亦形艰窨。此三台之精坚，尤胜于各台"。旅顺、大连湾炮台的建成，使二者互为犄角，防务十分严密。

建造基地，重要的是建造理想的船坞，但旅顺船坞的建造因为工程巨大，进展颇为缓慢。李鸿章很是关注，也付出了很多心血。在李鸿章决定在旅顺修建基地之时，他曾经亲往察看，并设立海防营务处工程局，主持拦水坝工程，这应该是旅顺建坞工程的开始。此后工程便进入了浚澳筑坞阶段，虽"浚澳筑坞，工费过巨"，然"先其所急，不得不竭力经营"。特别是"定远""镇远"两艘铁甲舰来华后，旅顺船坞的修建更是刻不容缓。李鸿章说："铁舰收泊之区，必须有大石坞预备修理。西报所讥有鸟无笼，即是有船无坞之说，故修坞为至急至要之事。"为加快旅顺船坞的施工进度，李鸿章决定将工程交给法商德威尼承包。1890 年 10 月，旅顺船坞全部竣工。这是一项宏大的工程，当时称之为"海军根本"。李鸿章奏称：

> 嗣后北洋海军战舰，遇有损坏，均可就近入坞修理，无庸借助日本、香港诸石坞，询为缓急可恃，并无须靡费巨资。从此量力筹划，逐渐扩充，将见北洋海军规模足以雄视一切，渤海门户深固不摇。其裨益于海防大局，诚非浅鲜。

李鸿章把旅顺作为北洋海军的一大基地，他也把威海卫视为海防的重要基地。威海卫基地的建设要较旅顺晚，但李鸿章明白，其重要性远在旅顺港之上。

在威海建基地，早在李鸿章之前就有人认识到了其重要性。1875 年，时任山东巡抚的丁宝桢面对日本潜在的威胁，就有在威海建基地的设想。他说：

> 威海地势，……紧束，三面皆系高山，唯一面临海，而外有刘公

岛为之屏蔽，刘公岛北、东两面为二口门：岛东口虽宽，水势尚浅，可以置一浮铁炮台于刘公岛之东，而于内面建一砂土炮台，海外密布水雷，闭此一门，但留岛北口门为我船出入；其北口门亦有山环合，可以建立炮台，计有三砂土炮台于内，有二浮铁炮台于外，则威海一口可以为轮船水寨，轮船出与敌战，胜则可追，败则可退而自固。

　　像丁宝桢一样，认为威海卫适合建基地的人有很多，认为威海卫岛屿环拱，是一天然屏障；甚至一些外国人认为，威海卫在地形上更适合做基地，"旅顺口形势不及威海卫之扼要，将来北洋似应以威海为战舰屯泊之区，而以旅顺为修船之所，较为合宜"。但限于当时的财力物力，李鸿章在全力建设旅顺基地，所以威海卫基地工程迟迟没有动工。

　　到了 1888 年，北洋舰队初步成军，李鸿章感到仅仅依靠旅顺作为基地，满足不了需要，遂决定开始威海卫基地的工程建设。建设威海卫基地，一个重要的工程仍然是海岸炮台的营造，李鸿章再次聘请了德国人汉纳根负责威海卫炮台的设计与建造。

　　从 1888 年到 1890 年，汉纳根又建造了 13 座炮台分布于威海卫港湾南北两岸、刘公岛、日岛等地，这些工程也被时人称为"东海屏障"。工程完工后，李鸿章在 1891 年检阅北洋海军时，特意察看了这些炮台。这些炮台凭依天然的地理形势，建造坚固，足可以与大连湾各炮台相媲美。刘公岛上，汉纳根设计了坚固的地阱炮台，架设二十四门新式后膛炮。这种炮升降自如，非常灵便，具有阻击敌船而隐蔽性好的优点。当李鸿章看到刘公岛附近黄岛炮台时，认为此炮台"工力尤艰"。日岛上，"亦设地阱炮台，与南岸赵北嘴炮台相为犄角，锁钥极为谨严"，李鸿章禁不住连连称赞。

　　在李鸿章雇聘外国人帮助修建海岸炮台的同时，他感到威海南口过于宽阔，日岛又矗立中央，将南口分成各宽五里的两个海口，这样，威海共有三个海口，一片汪洋，毫无阻拦，非常不利于海上防御，遂决定在威海南北两岸各设水雷营一处，加强海上防御。

建成后的威海卫成为北洋海军的永久驻泊之地，而旅顺口则为修理、保养船只的所在。这两个地方都建有提督衙门，成为北洋海军的两个基地。

5. 北洋海军成军

李鸿章等洋务派通过购买和自造船舰，积攒起了清朝海军的家底。这些兵舰在 1882 年朝鲜壬午兵变、1884 年中法海战中都发挥了一定作用。但其在中法海战中也暴露了不少弱点，主要是指挥不灵，南、北、中三洋不能统一调遣，技术不精，器械不利，等等。经历了中法海战，清廷发现水师在海军中的表现还不如在越南陆地战场上的陆军，如此军队如何保卫海防？清廷果断做出两个决定：一是大治水师；二是统一三洋的调度管理之权。

不管是大治水师，还是统一调度管理，一个中心的目标就是统一海军集权。为此，清廷又做出两个决定，一是成立海军衙门，统一筹建和管理海军海防事宜；二是集中力量建成一支真正具有作战能力的海军。

这两个决定又是相互的。筹建海军衙门可以说是当时的一件大事，也是时势不得已。早在十九世纪八十年代初，一些朝野人士便提议应该设立一个专门的全国性的海防机构。

1881 年，何如璋条陈办理水师事宜，其中"尤以设立水师衙门为重"。马建忠称赞何如璋的意见"深得整顿中国水师之要领"，并且说：欧美各国初创水师时，均归"兵部"（即陆军部）管辖，后来因为水师事务"至专且繁"，乃设立"海部"（即海军部）以总其成；近来日本讲求水师，亦仿效欧美各国的办法，设立"海军卿"。他根据当时南洋、北洋水师的具体情况，进一步指出：中国自筹办水师以来，统计大小兵轮自制与购成者已有四十余号。徒以分省设防，画班而守，遇有事变，拨调他省师舰以为接济，而号令不齐，衣械不一，平日既无统属之分，临时难收有指之效。朝鲜之役，南洋、北洋师舰相遇，且不能以旗号通语，更何望其合操布阵？他主张特设水师衙门，派通晓军事的重臣主持，凡各省之大小兵轮及沿海之机器，船政各局皆归统辖。清廷也感到有统一全国海防事务之必要，于1883年在总理衙门内部设海防股，专门掌管南洋、北洋海防事宜，"凡长江水师、沿海炮台、船厂、购买轮船、枪炮、药弹，创造机器、电线、铁路及各省矿务，皆属焉"。

但是，海防股的设立，没有达到清政府所预期的目的。因为这个机构太小，主持者人微言轻，没有引起各方面的重视，不足以统顾南洋、北洋海防及其他洋务事宜。

中法战争爆发后，南洋、北洋水师对福建的支援很不得力，于是统一全国水师之议又起。1884年，会办福建军务大臣兼署船政大臣张佩纶奏称：考察西洋各国兵制，均设有"海部"，专管水师，权力极大。水师宜合不宜分，宜整不宜散，已为人们所公认。他认为，中国"欲收横海之功，非设立水师衙门不可"。1885年，会办北洋事宜大臣吴大澂奏清廷仿照英、法、德、日等国设立海部之例，在京城添设水师衙门，"特派公忠体国晓畅戎机之亲王总理水师事宜，沿海各省督抚均归节制"。

同年李鸿章奏称：西方各国设立水师，无不由海部统辖。中国虽分南、北两洋，而各省另有督抚，疆臣迁调不常，意见不一；自开办水师以来，迄今尚无统一措施，听任各省疆吏各自为政，操法号令不齐，南洋、北洋大臣亦无统辖划一之权。他认为，必须专设衙门，"筹议有成规，应手有用款"，"然后水师可治"。左宗棠也奏请设立"海防全政大臣"或"海部大臣"，"凡一切有关海防之政，悉由该大臣统筹全局，奏明办理"。在各方面的要求下，清廷于1885年10月12日宣布成立海军衙门，派醇亲王奕譞总理海军事务，所有沿海水师悉归节制调遣，并派奕劻、李鸿章会同办理，善庆、曾纪泽帮同办理。

海军衙门的设立，由于其贯彻了原议，精练海军，将北洋水师打造成一支强大海军的方针，而北洋水师又由李鸿章具体经办，所以海军衙门成立后，李鸿章所领导的北洋水师进入了新的发展阶段。

海军衙门成立后，有一个让清廷上下颇为骄傲的事件就是北洋海军的成军。北洋海军成军的时间是1888年。当时，醇亲王奕譞在英、德两国订造的四艘快船已经抵达中国，北洋舰只已经具备成军的规模了。

1888年5月2日，醇亲王奕譞给北洋大臣李鸿章发电："嘱将北洋定额、兵制、驻扎、会哨各章程拟底寄京，公酌会奏。"李鸿章第二天就向醇亲王发去了复电，表示将尽快与诸将领商议拟稿，待出海驶验四艘快船及查勘各口防务后即行拟稿。

李鸿章答复醇亲王之后，即亲率周馥、前署津海关道刘汝翼、总统盛军的湖南提督周盛波由天津大沽出海，巡阅旅顺口、大连湾、威海卫各处防务，为拟订章程做准备。

5月10日，李鸿章在大连湾令四艘快船同开，快速往返试驾两次，验证这四艘快船的行驶速度，这四艘快船都基本符合设计要求。14日，李鸿章又命四艘快船在威海卫进行试验，再次验证了快船是达到每小时航行十八海里的设计标准的。这让李鸿章万分高兴，感到北洋海军的成军指日可待。

两次驶验，李鸿章极为满意，他与周馥等人于5月16日回到天津即开始了海军章程的拟订。经过两个月的草拟，《北洋海军章程》草稿完成。李鸿章让周馥携带章程进京面呈醇亲王奕譞，并附上书信一封。李鸿章在信中说明了拟订章程所遵循的原则：

> 窃查各国水师，唯英最精最强，而法、德诸国后起学步，其规模亦略相仿。吾华船政学堂，本袭英国成法，故现在办法及此次所拟章程，大半采用英章；其力量未到之处，或参仿德国初式，或仍遵中国

旧例。盖人才猝难多得，经费未能顺手，量时度势而有不得不然者也。

李鸿章还在信中就成立海军向醇亲王提出了两点建议。建议第一条提出海军成军后，仍应继续添置战舰。李鸿章说，"即将北洋一支而论，英员琅威理老于此事，每谓船不足用。各将领曾出洋肄业，游历见闻较广，亦皆以添置战舰为请"。他在《北洋海军章程》的"船制"一章中更具体地列出应该添置舰船的数量，添置大快船一艘、浅水快船四艘、鱼雷快船两艘、鱼雷艇六艘、练船一艘、运船一艘、军火船一艘、测量船一艘、信船一艘，"合之原有者，共得战舰十六艘、雷艇十二艘、守船六艘、练运等船八艘，共大小四十二艘，以之防守辽渤，救援他处，庶足以壮声威而资调遣"。李鸿章的这一建议应该说是有着深远考虑的，面对日俄潜在的威胁十分必要，但是都未引起醇亲王和慈禧太后的重视。

李鸿章建议的第二条则认为在用人上要不拘一格。李鸿章说，人才的任用，国外成熟的海军建制已有明证：

> 各国水师皆以学堂、练船为根本，按资推擢，材武辈兴，未有不学而能任海军者。中国风气未开，士绅争趋帖括，议论多不著痛痒。目前仅以公款设一二学堂，造就实虞不广，若升擢、保举两途仍如旧例，不能变通，实无以鼓励士气启其观感。

这一建议在《北洋海军章程》中多有体现。比如说《升擢》一章中，李鸿章建议：应通过多种渠道给海军军官提供晋升的空间，也要不拘一格发现人才，多储良才，"凡海军各缺，如一时无合例人员，准择其资深劳多者升署"；"凡水手出身人员，只准升至实缺千总为止，如当差勤奋无过，或有战功，准予奏保都、守以上官职"；等等。

《简阅》一章称："每年由北洋大臣阅操一次，副将以下择优存记汇奖，头目以下酌赏功牌、顶戴，其艺生青分别记过，降罚"；"每逾三年，由总理海军事务衙门王大臣请旨特派大臣，会同北洋大臣出海校阅一次，择其操练勤熟，曾经远涉外洋巡防各岛、属国，办事妥洽，能耐艰苦者，照异常劳绩酌保。其次者照寻常劳绩附保，不称职者分别记过，降罚"；等等。实践证明，用人不拘一格，唯贤唯才是举，对北洋海军的发展是起了积极作用的。

李鸿章提交的章程送达醇亲王府上，醇亲王奕譞即以海军衙门的名义拟定了一个奏折，呈于慈禧太后。奏折中说："海军系属初创，臣等此次所拟章程，本无成例可循，且因时制宜，间有参用西法之处，与部章未能尽合。应饬部免其核议。至章程内容有未备及临时应行变通者，由臣等随时酌拟具奏。"醇亲王奕譞还在奏折中转述了李鸿章希望进一步筹款扩充海军的愿望：待国家财政稍有好转之后，再行添购数舰，将北洋海军打造成一支劲旅，既可以防守辽东、渤海，一旦有事又可以援应他处，"辅以各炮台陆军驻守，良足拱卫京畿"。

醇亲王的奏折，慈禧太后让朝殿之上的群臣们商议有什么意见，大家都认为清廷有一支自己的海军已是箭在弦上、迫在眉睫的事了。于是，三天后，慈禧太后以尚未成年的光绪皇帝的名义发布北洋海军正式成军的上谕。

根据章程，北洋海军全军列编舰艇二十五艘，囊括了英国人赫德、李鸿章、恭亲王奕䜣、醇亲王奕譞等人购买船舰的所有精锐，全军编制四千余人，军官士兵都是从各地调选出来的精英。

北洋海军成军，李鸿章对此万分高兴，那么由谁来指挥这支军队呢？李鸿章提名奏请以北洋水师记名提督天津镇总兵丁汝昌补授北洋海军提督；考虑到丁汝昌是个"旱鸭子"，对海军之事并不十分熟悉，李鸿章又为其提名两个得力助手，记名总兵林泰曾补授北洋海军左翼总兵，总兵衔水师补用副将刘步蟾补授北洋海军右翼总兵。

北洋海军的正式成军，既标志着它的发展到了巅峰，也是它转入停滞的开始。为什么这么说呢？北洋海军的成军，从其发展的轨迹看，清廷显然不是想做世界雄强，而是出于保护自己家园的不得已。即便是这样，清廷准备好了吗？

从 1875 年第一次海防大筹议到 1888 年海军正式成军，清廷用了十三年时间建立了自己的海军，其间经历怎样的困惑、苦难，也许只有慈禧太后、李鸿章这些人才能说得清楚。但面对时势，成立北洋海军，他们的内心又是纠结的，仿佛有十万个为什么在内心徘徊。

回望过去，葡萄牙人曾在十五世纪创立了自己的海军，目的是要实现自己的梦想，即到印度洋去，击败阿拉伯商人，征服东印度群岛；在满地黄金、香料的东方建立起一个从东非一直延伸到日本的庞大贸易帝国。

继葡萄牙之后，西班牙也建立了自己的强大海军。其建立海军是因为哥伦布遗留下的"世纪神话"的巨大诱惑。西班牙人发现哥伦布所说的并不是神话，在墨西哥、秘鲁乃至整个美洲的确遍地财富，于是，他们开始组建征服美洲的海军。

为建立海军，英国女王伊丽莎白更是豁出那只尊贵的玉手，让粗野的"海盗英雄"约翰·霍金斯和他的堂弟弗朗西斯·德雷克任意亲吻。伊丽莎白太想依靠这两个传奇人物来发展海上力量，去打败称霸海洋的西班牙人与荷兰人，从而夺得海上贸易和殖民海外的霸权。

即便是年轻的俄国沙皇彼得一世也不畏艰难，化名米哈伊洛夫下士来到欧洲学习海军；为这个专制的内陆王国争得一片出海口，获得一片可以荡涤罗曼诺夫王朝陈腐气味的海洋空间，努力成为征服四方的海上霸主。

在清廷海军正式成军的当年，刚刚登基的德皇威廉二世更是狂妄地叫嚣，"德国的未来在海上"，"海神的三叉戟一定要掌握在德国人的手里"，"在我把我的海军提高到我的陆军的地位相等之前，我将席不暇暖，德国的殖民地只有在德国成为海上霸主之时才能实现"。

从这些海上争雄的国家看，他们无不把国运兴衰的希望寄托在海军身上，希望通过坚船利炮攫取到更多的财富和利益，通过海军把扩张的步伐通向世界。即便是曾经追随中国文化的日本，在世界扩张的博弈中，也把海军作为征服近邻的利刃。这些国家的崛起，说明一个现象，就是在二十世纪以前，海军并不属于闭关自守、隐忍蜗居的中国。

但是，面对列强的虎视眈眈，清廷又不能无动于衷，于是成立海军成了迫不得已的"避害反应"。这种"避害反应"也是微弱的。即便那时朝野中有识之士提出过"开眼看世界"的主张，但面对海洋，清廷也只是有御敌海疆之心，并无争雄大洋之气。有识之士们偶尔发出一声"走向世界，占有海洋"的呐喊，但呼声也被紫禁城沉厚的暮云遮蔽。在这样的局面下，清廷海军难逃在后来的甲午战争中走向覆亡的命运。

清廷海军走向覆亡的命运是被紫禁城沉厚的暮云遮蔽，这话虽然有些夸张，但却有一个不能不说的事实。清廷海军成军后，以为天下太平的慈禧太后再不思海军的发展，相反地，海军所需要的经费也被慈禧太后挪用了。

北洋海军成军的当年，正是慈禧太后重修颐和园之时。

颐和园本是乾隆皇帝所建，原名清漪园，是乾隆皇帝用时十五年之久，耗银四百五十万两，为其母亲圣孝皇后建造的皇家园林。第二次鸦片战争中，英法联军攻占北京，将圆明园、清漪园等几座皇家园林一并焚毁。光绪皇帝即位后，他的生父醇亲王奕谖为讨得慈禧太后欢心，曾想在昆明湖一侧以设立机器局的名义，重修清漪园。此议遭到湖南按察使郭从矩等人的反对，事情便不了了之。但醇亲王重修清漪园的愿望并未因此而泯灭，他在等待着时机。

1886 年，醇亲王奕谖奉慈禧太后之命巡阅北洋海防，这为他重修清漪园找到了借口。当年 9 月 14 日，醇亲王奕谖上《奏请复昆明湖水操旧制折》，提出"查健锐营、外火器营本有昆明湖水操之例，后经裁撤。相应请旨仍复旧制，改隶神机营，海军衙门会同经理"。当日即奉慈禧懿旨："依议"。但这只是表面文章，他在一份奏折中道出了他的本意："因见沿湖一带殿宇亭台半就颓圮，若不稍加修葺，诚恐恭备阅操时难昭敬谨……拟将万寿山及广润灵雨祠旧有殿宇台榭并沿湖各桥座、牌楼酌加保护修补，以供临幸。"这个主意虽发自奕譞，但却是与庆亲王奕劻一起策划的。

关于醇亲王与庆亲王一同策划修复清漪园一事，帝师翁同龢回忆说，当时，醇亲王奕譞和庆亲王奕劻曾担心翁同龢反对，因而请人转告他，"当谅其苦衷"。于是，翁同龢在日记中写道："盖以昆明易渤海，万寿山换滦阳也。"翁同龢这里所说的渤海指的就是北洋海军，滦阳为承德的别称。是说，醇亲王借训练水师之名，行修复清漪园行宫之实，此乃"偷梁换柱"之计也。

奏折得到批准，醇亲王奕譞即借着筹建昆明湖水师学堂的名义，开始修复清漪园工程。此项工程既隶属于神机营，也由海军衙门会同办理。神机营和海军衙门都是醇亲王在负责，所以他是理所当然的大总管。醇亲王委任神机营全营翼长兼海军衙门总办恩佑负责此项工程。

当时，醇亲王设立昆明湖水师学堂的理由是从八旗子弟中选拔精英，培养成海军人才，使其能够达到驾驶轮船的职任，没想到慈禧太后竟然批准了。于是醇亲王借着办学堂的名义，开始修复清漪园，并在清漪园设立昆明湖水师学堂，学堂分为内学堂和外学堂两部。1888年1月27日是学堂开学的日子。并非巧合的是，这一天也正是清漪园主要大殿排云殿举行上梁大吉仪式的日子。此后的一个多月里，醇亲王又奏请慈禧太后，将清漪园改名为颐和园。清廷以光绪皇帝的名义发布上谕说，清漪园改名为颐和园，"殿宇一切，亦量加葺治，以备慈舆临幸，恭逢大庆之年，朕躬率群臣，同申祝愉，稍尽区区养尊微忱"。声称："凡苑囿之设，搜狩之举，原非若前代之肆意游畋，此举为皇帝孝养所关。深宫未忍过拂，况工用所需，悉出节省羡余，未动司农正款，亦属无伤国计。"这真是"此地无银三百两"！所谓"未动司农正款"，也不过是掩人耳目而已。

清廷借办水师学堂的名义，修复清漪园，重要的是资金问题。这也是醇亲王最伤脑筋的事情，他为此四处筹款。醇亲王给北洋大臣李鸿章写了一封信，说颐和园用款严重不足，需要筹措一大笔经费，希望他与各省督抚联络，筹集银两。

醇亲王伸手要银子，李鸿章不能不想办法。他以海军成军需款甚巨的名义，致书各处，希望各处支持海军筹建。醇亲王、李鸿章计划筹措款项二百万两，但因为筹款的理由过于冠冕堂皇，竟然从广东、两江、湖北、直隶、四川等地筹银达二百六十万两。筹银数目超额，这使二人喜出望外。李鸿章在给湖北巡抚奎斌的信中说：

> 此次各省集款，遂至二百六十万两之多，实非初意所及。海军创办伊始，局面艰窘，得此巨款储备，亦足昭示四远，不至过形空虚。故以海防为名，立义亦自正大。慈圣勤劳宵旰，垂三十年，兹当归政颐养之初，预为大清称觞之地，中外臣子仰承圣上孝敬至意，各尽微忱，书之史官，本无疑义。

借海军名义筹集的款项是由各省分年上缴的，汇存到李鸿章指定的天津洋行里，除了工程需款之外，也收取利息。

筹措这么大一笔款项，总得给朝中的大臣们一个说法。醇亲王以海军衙门的名义奏称："本银专备购舰、设防一切要务，其余平、捐输二款，拟另款存储，专备工作（颐和园工程）之需。盖今日万寿山恭备皇太后阅看水操各处，即异日大清之年，皇帝躬率臣民祝嘏胪欢之地。先朝成宪具在，与寻常仅供临幸游豫不同。"又称："兹得诸臣急公济用，相助为理，不唯海防缓急足恃，腾出闲杂各款专顾钦工，亦不致有误盛典。"息银四十万两不用说是在"另款"或"闲杂各项"之内，全部用于颐和园工程。而本银二百六十万两专门用来生息，变成了死钱，发展海军无从谈起。

借海军发展之名，却干着兴修颐和园、供慈禧太后享乐的勾当，这一倒行逆施自然要遭到朝中一些忧心国事的官员的反对。

当御史屠仁守得知醇亲王等人借发展海军之名，将筹措来的款银用于修建颐和园之事时，他冒着被降罪，甚至杀头的危险，力言直谏。他痛斥重修颐和园之举误国害民，颐和园工程经手者"多方需索"，恩佑"乾没独多"，"遂使谤腾衢路而朝廷不闻，患伏隐微而朝廷不知"，并抨击"试行轮船于昆明湖"之举，恳请朝廷改弦更张，"长河可以不开，湖淤可以不浚，省此劳费"。疏上，特旨革职永不叙用。

还有一位敢于在太岁头上动土、老虎嘴上拔须的人物是御史林绍年。得知朝廷修建颐和园用的是"海军巨款"，他也上奏请罢颐和园工程。林绍年之奏，直指慈禧太后、醇亲王、李鸿章的痛处。他很不客气地说，借着发展海军的名义，凭着亲王、督抚的权力，大肆筹措巨额款项，难保不盘剥百姓，当说一丝一毫都是从百姓身上搜刮来的。筹来巨额款项，却不是为发展海军，而是为取悦朝廷，如果朝廷欣然享此巨款，那么各省督抚必然强搜民脂民膏，竞相效仿取悦朝廷。如此上下欺蒙，有谁会眷顾百姓民生，如何安保百姓不归怨于朝廷？现在时事艰难，深宫当以黎民苍生为念，"朝廷所以示天下者，当以节俭为先，不尚货财之进奉；朝廷所以责督、抚者，当以地方为重，无取贡献之殷勤。是在朝廷不宜受此报效也"。

林绍年奏折中还提出："筹款必归户部，方为正大之经；外库各有储藏，方备缓急之用。应请特降谕旨，饬下各督、抚及北洋大臣，将报效一款未解者停解，已解者立即发还。庶天下臣民共晓然于朝廷爱民求治之心，则所保全者甚大。"

这样的奏折让慈禧太后火冒三丈，但林绍年所奏义正词顺，因此她只得发布懿旨进行诡辩，说："各省筹解之银，专备海军不时之需；其每年息银，则以补海军衙门放项之不敷。并无令各省督、抚报效之事。"进而以

"任意揣摩，危词耸听，实属谬妄"为由，传旨"严行申饬"。不久，林绍年就被逐出北京，外调西南边远地区，授云南昭通府知府。

奕譞、李鸿章等对"以昆明易渤海"的"杰作"则是得意扬扬。李鸿章致函曾国荃称："海署筹款一案，竟为言路所疑，遂以委巷之传闻，上奏明廷之诰谕，故知前日奏牍具有深思。"从此，满朝文武官员皆如金人三缄其口，再没有人敢明目张胆地提颐和园工程的事了。

"海军巨款"存在外国人的洋行里，虽然名义上可以生息，也可以备海军不时之需，但根据契约约定，款银并不能随时支取。这样，修建颐和园工程常常因款项不能及时到位而被迫停工。怎么办呢？醇亲王奕譞又想出了新的募集财源的办法，他想到了大海军曾经使用过的"海防捐"。海防捐系 1886 年创办，也是借着海军的名义，说是海军急需购备海防，计划以一年为限，待筹集到银子即行停止。海防捐从 1886 年开始实施到 1888 年，三年来清廷募得海防捐一百六十万两之巨，的确为海军的发展起到了积极的作用。

现在，醇亲王奕譞又借海军之名，把目光瞄向海防捐，他再次如愿以偿。具体他募集到多少海防捐，由于没有详细的资料，数据无法统计。但 1891 年 3 月 25 日，醇亲王给朝廷的奏折中说，颐和园工程是用了海防捐的。奏折中说："海军初创，布置一切，用度实繁，幸赖海防新捐稍资补苴。钦工（颐和园工程）紧要，需款益急，思维至再，只有腾挪新捐暂作权宜之计。所有工程用款，即有新海防捐输项下暂行挪垫。"

修建颐和园毕竟是一项浩大的工程，"海军巨款"以及海防捐都无法满足需要，奕譞等人还打起了"药厘"的主意。所谓"药厘"就是鸦片税。奕譞等人曾经在给朝廷的奏折中说，"现闻各海关洋药税厘征收颇有起色，请在洋药厘并征项下，自光绪十四年起，每年筹拨库平银一百万两，解交臣衙门供用"。户部以库款"万分支绌"，药税"自有专用"，复奏拒绝拨款。"药厘"一百万两没有到手，奕譞便把海军衙门的"闲款"四十五万七千五百余两，尽数用于"颐和园等处接修各工"。

为修建颐和园工程，奕譞等人不仅挪用"海军巨款"，借海军之名募款，还常常挪用海军经费正款。1889 年 7 月 8 日，醇亲王奕譞上奏清廷说："颐和园工程需款，亦属不赀，又不能不竭力兼筹，用蔵要工，通盘计算，海军经费果能按年全数解清，尚可勉强挹注。以今岁而论，即可每年腾挪银三十万两，拨交工程应用。"

醇亲王去世后，颐和园工程继续进行，用款更巨，因而更是变本加厉地发生挪用海军正款的事情。1891 年 3 月 25 日，海军衙门奏称："查颐和园自开工以来，每岁暂由海军经费内腾挪三十万，拨给工程处应用。"

从这些情况来看，清廷挪用海军经费是常有的事。据不完全统计，从 1888 年海军成军到中日甲午战争爆发，清廷用于颐和园工程的款项为平库银一千一百万两，而挪用海军经费就达八百六十万两。为讨得慈禧太后欢心，在颐和园的修建上，不少是游乐项目。海军衙门授意北洋先后承造小轮船捧日、恒春等三号、钢板座船一号、洋舢板六号（内购置四号）、炮划八号、洋划四号、昆明湖船坞及西苑等处电灯、铁路工程，并向国外订造火车七辆及铁轨七里。仅这些游乐项目开支就达五十万两。

清廷不仅挪用海军经费用于修建颐和园，在三海工程上也存在大量挪用海军经费的问题。据统计，从 1885 年到 1895 年的十年间，三海工程共挪用海军经费四百三十六万五千两，再加上颐和园工程所挪用的八百六十万两，清廷在修建皇家园林上挪用的海军费用达一千三百万两之巨。这个数字完全超出了北洋舰队购舰所产生的费用。当时，北洋海军有主力战舰七艘，即"定远""镇远""济远""经远""来远""致远""靖远"，这些战舰耗银七百七十八万两；假如把颐和园和三海工程所挪用的经费全部用于购置战舰、组建舰队的话，那么差不多可以再增加两支原有规模的舰队。如果是这样，甲午战争的结局也许是另外一番景象。

也许有人会说，慈禧太后挪用海军经费对李鸿章所领导的北洋海军并无多少实质的影响，因为当时的海军经费是挪用，而非无偿占有；再者，用"海军巨款"生息的方法修建颐和园，并没有完全占用"海军巨款"。事实上，挪用海军经费必然挤掉北洋海军的继续发展用款。所谓的"巨款生息"是在契约下进行的，并不能随时支取；这样，存款就变成了死钱，死钱又如何解决海军的不时之需？也正是因为这样，大量海军经费被挪用、占用，使得北洋海军错失了发展的机遇。

当北洋海军错失发展机遇之时，一海之隔的日本海军却取得了突飞猛进的发展。本来，北洋海军发展之初，其实力是远超日本海军的。当时，日本海军两千吨级以上的战舰只有"浪速""高千穗""扶桑""金刚""比睿"，五艘主力战舰总吨位不足一万五千吨，而清廷的七艘战舰总吨位达两万七千吨，是日本的近两倍。特别是清廷所拥有的"定远""镇远"两艘铁甲舰吨位都在七千吨以上，这是日本没有的，也为日本政府所忌惮。但是日本明治政府明白，要想称霸于海上，打败中国这个近邻，就必须有强大的海军；于是，睦仁天皇不惜节省自己的生活费用，多方筹措海军经费打造强大海军。这与慈禧太后的骄奢淫逸，挪用海军经费大修园林供自己享乐形成了鲜明的对比。

日本为打败清廷海军，以"定远""镇远"为打击目标，专门设计制造了"桥立""松岛""严岛"三艘四千吨级的战舰，号称"三景舰"。总而言之，为与清廷作战做准备，日本海军每年都添置新的舰船，其装备质量也远远地超过了北洋海军。

与日本海军形成鲜明对比的是，清廷海军自成军后，再也不曾添置一艘战舰，不再更新一门火炮；清廷沉浸在海军成军之后的成就感里洋洋自得，不能自拔，没有丝毫的危机感。

清廷海军成军的第三年，李鸿章第一次校阅北洋海军之时，颇为自信地奏报朝廷说，"综核海军战备，尚能日异月新，目前限于饷力，未能扩充，但就渤海门户而论，已有深固不摇之势"。李鸿章的意思是说，清廷已经牢不可破，具有抵御一切来犯之敌的能力。

　　既然清廷海军"已有深固不摇之势"，户部便奏请朝廷，两年内北洋海军不向外国购买船舰、枪炮、机器，理由是朝廷财政困难。此奏，李鸿章虽然不满意，但得知户部停购船舰之奏是因为修复清漪园需款甚急，便也附和了户部的意见。当北洋海军右翼总兵刘步蟾了解到日本正在针对中国购造船舰时，他很担心地力陈李鸿章，请"按年添购如定、镇者两舰，以防不虞"，但李鸿章也只是说："子策良善，如吾谋之不用何？"面对日本存在的海上威胁，李鸿章幕僚周馥也建议说，日本为患甚巨，"海军宜扩充，经费不可省，时事不可料，各国交谊不可恃，请饬部、枢通筹速办"。但李鸿章考虑到慈禧太后修复清漪园继续用款，便不作回答。

　　1893 年，清廷海军成军的第五年，北洋海军的二十五艘舰船都到了检修时间，仅更换锅炉一项就需银八十四万两，各船大修需银六十万两；另外，旅顺船坞、添置机器、修建厂房都需要银子，预计共需银一百五十万两。北洋海军计划这些事情分十年完成，朝廷每年拨款十五万两就可以了。

　　可是，1894 年就是慈禧太后的六十大寿，筹办庆典也需要钱，怎么办？况且敛权三十余载的老太后也很想过一个像样的寿诞，每日里都被烦心的国事牵扯着，这很让她心烦，因而觉得六十大寿一定要过好。她甚至通过李莲英放出风来，说自己的六十大寿一定要风风光光地过。她既往的寿诞，好像从来都没有顺当过。四十大寿时，自己的亲儿子同治皇帝年纪轻轻的就驾崩了，这一年日本人又侵犯台湾，海疆不宁；到了五十大寿，又赶上中法战争，怎好在这时候为自己办大寿；现在，北洋海军已经成军数年，光绪皇帝也已亲政，内外臣工可谓精心办事，她很有一种天下太平的感觉，而这一切不正是自己的成就吗？难道自己不该借六十大寿好好地享乐一番吗？

　　慈禧太后想风光地过自己的六十大寿，1894 年初被慈禧太后特意加赏三眼花翎的李鸿章自然揣摩出她的用意。李鸿章主动上奏提出海军舰船、船坞等一应海军修备推迟一年，从 1895 年开始每年拨银十五万两，到

1904 年为止。

李鸿章主动推迟海军大修，即便是丁汝昌在此间提出在"定远""镇远""经远"等主力战舰上添置克虏伯快炮十八门及后膛炮三门，共需银六十一万两，这样的要求李鸿章也没有答应。他当然不肯在慈禧太后筹备六十寿典的时刻，给自己添麻烦。他回答丁汝昌说，"目下海军衙门、户部同一支绌，若添此购炮巨款，诚恐筹拨为难"。这样，从北洋海军成军到甲午战争爆发，北洋海军不仅未曾增添一炮，连准备的维修费用也化为乌有。

1894 年 5 月，李鸿章第二次检阅北洋海军，他终于发现事情的严重性。成军六年，北洋海军竟停滞不前。他只好一改前态，上奏光绪皇帝：

> 西洋各国以舟师纵横海上，船式日异月新。臣鸿章此次在烟台、大连湾，亲诣英、法、俄各铁舰详加察看，规制均极精坚，而英尤胜。即日本蕞尔小邦，犹能节省经费，岁添巨舰。中国自十四年北洋海军开办以后，迄今未添一船，仅能就现有大小二十余艘，勤加训练，窃虑后难为继。

身为北洋海军总负责人的李鸿章发现了北洋海军存在的问题，也感到英、法、俄、美及日本海军给清廷海军带来的潜在威胁，因而发出了"窃虑后难为继"的警告。但是，清廷并没有因此而清醒，待中日甲午战争爆发，一切都为时已晚。

自祺祥政变（辛酉政变）到甲午战争爆发这一段时间内，国际形势是有利于清廷的。十九世纪六十年代中、后期，远东形成了英、俄对峙的局面，俄国当时尚无力东进和南下，英国则想维护自己的既得利益，保持既定的和局。因此，在慈禧太后当权到甲午战争爆发之前，远东形势是相对稳定的。日本也正是利用这一时机大搞明治维新，一跃成为世界强国。而反观中国，清廷不是居安思危，励精图治，而是粉饰太平，耽于享乐，以致错过了这次百年难遇、稍纵即逝的历史时机。

北洋海军的成军，使慈禧太后骄傲地认为皇朝数百年，海疆数万里，终于有了自己的雄师劲旅。她感到声势已壮，丝毫没有察觉威胁就在身边，随时都有可能发生变化。

慈禧太后作为最高统治者，骄奢淫逸，挥霍无度，为大修殿宇亭台，竟挪占大笔海军经费。当时，造舰技术日新月异，由于海军经费挪拨于钦工，北洋海军成军后既无力添置新式战舰，也不能更换新式快炮；以致与日本相比，优势在数年之间化为乌有。而日本海军的实力反倒一跃于北洋海军之上。时人评甲午之败时说："盖自朝议停购船炮，复取海军专款为园苑建筑之需，自隳绸缪牖户之计。日本乘此时机，上下协力，造舰修械，奋发图强，侵蚀朝鲜，迤及神州，致海军计划左（宗棠）、沈（葆桢）诸贤数十年积铢累寸之功，一朝而尽，参之肉不足食也。"

结果，甲午战争作为清廷海军与日本海军的一次大"检阅"，成军六年的北洋海军面对弹丸小国的日本竟然折戟沉沙，一败涂地，最终落得覆亡的命运。这不能不说正是清廷的腐朽没落、不思进取造成的。

6. 琅威理去职事件不该发生

导致北洋海军覆灭的原因还有一个重要事件。英国人琅威理从北洋去职，也是一个导火索。因为琅威理的去职，直接导致北洋海军军纪更加涣散，训练流于形式。

琅威理在中国曾有两次出任北洋海军总查的经历。他仿照英国皇家海军的模式，对北洋海军进行组织和训练。琅威理在任六年，可谓成绩斐然。中法战争期间，琅威理根据英国政府的中立政策，为避嫌而去职，北洋海军改由德国籍军官式百龄担任总教习。中法海战结束后，琅威理第二次接受雇聘，到中国任职。

1890 年春夏，北洋海军成军也不过一年多的时间，却发生了一起"撤旗事件"，这一事件导致琅威理愤然离职。此事表面上看似是一个孤立事件，实则原因极为复杂，其结果又是极其严重的，故成为晚清海军发展史上一个众所瞩目的重大事件。关于他的辞职，一般认为是此间发生在香港的"撤旗事件"而造成的。这固然是一个原因，但实则却有着更深层次的原因。

1889 年底，海军提督丁汝昌率舰队南巡，于第二年 6 月前分两批抵达香港。2 月 24 日，丁汝昌带领"致远""经远""济远""来远"四舰到南海一带操练，便致电李鸿章，留"定远""镇远""超勇""扬威"四舰在香港操修，让琅威理与林泰曾、刘步蟾督率妥办。

然而，3 月 6 日，"定远"管带刘步蟾传令降下提督旗换升总兵旗，表明自己是舰上最高长官。当时，琅威理身为"水师副统领""赏加提督衔"，他认为提督离去，副督尚在，刘步蟾升总兵旗，乃是对自己的藐视和挑衅。琅威理责问刘步蟾："丁提督离职，有我副职在，为什么撤卜提督旗？"刘步蟾答："按海军惯例应当如此。"琅威理认为这是对自己的侮辱，故致电李鸿章，对自己的地位提出质问。李鸿章复电："琅威理昨电请示应升何旗，章程内未载，似可酌制四色长方旗，与海军提督有别。"

5 月间，舰队北返。琅威理即于 6 月初前往天津，面见李鸿章讨论此事，但二人话不投机，不欢而散。6 月 18 日，琅威理致电英国海军大臣汉密尔，向其表达了意欲辞职离开中国的想法。

琅威理向其国内发电两天后，英国《泰晤士报》便发布了琅威理准备辞职的消息，同时，在天津出版的英文报纸《中国时报》也刊出琅威理辞职的新闻。随后，琅威理向李鸿章请辞。李鸿章并未予以挽留，而是接受了辞呈，从而也使中英关系陷入了低谷。

琅威理的辞职，很快也引起了中外报界的热议。上海《申报》可能是对此事并不清楚，认为琅威理辞职是因为其"遇下骄傲寡恩，不为人所服，故特辞退"。此前曾经报道琅威理辞职消息的《中国时报》则又发表评论，认为琅威理辞职系不能忍受欺骗所致。琅威理第二次来华受聘之时，曾向李鸿章提出，要他做事，就必须在海军中行使权力，无职无权很难开展工作。琅威理来华后，朝廷的赏赐，实际上已经证明琅威理与丁汝昌拥有同样的地位，并赋予其在军中联合指挥的职务，凡是军官的会报以及海军中命令的发布都由二人做出。但是，待北洋海军训练有了成效后，李鸿章很有些卸磨杀驴意味地对琅威理的提督地位予以否认。回想当初的承诺，不能不说是一种欺骗。刘步蟾"撤旗事件"就是骗局下预谋的结果。此举显示了清廷反对任何外国军官指挥中国军队的态度，情形与1863年阿思本舰队事件别无二致。

毫不讳言，琅威理虽然有清朝皇帝赐予的提督官衔，但其赋予的只是代表荣誉的虚衔，实质上并未给予决断之权。

当时上海的《北华捷报》对此事也大加报道，除了发布新闻外，还发表了三篇篇幅很长的社论，借此事件对中国大肆攻击。

7月4日发表的第一篇文章言辞相当激烈。首先他们认为中国人逼迫琅威理去职，乃是一种过河拆桥的行为。外国人以其辛劳与忠诚，所换得的乃是忘恩与负义；外国军官除非不愿尽忠职守，并且与中国军官同流合污，否则即会遭受妒忌、阴谋与排挤。毫无疑问，自从琅威理来华，北洋海军方才大有起色。现在琅威理已去，可以预见北洋海军的混乱与堕落即将开始。文章认为琅威理与丁汝昌在北洋海军中具有同等地位，北洋海军由他们二人联合指挥。琅威理在英国海军中也具有较高的军衔和职位，他不可能作为中国人的一个僚属。此一原则乃自1863年即行订立，虽经恭亲王各方努力亦未改变。文章最后则对李鸿章大表不满，认为琅威理为其部下所辱还是小事，设使李鸿章能够加以适当的处置，事情可以很快地过去。不料李鸿章却对其下级军官加以袒护，所以造成了琅威理的愤然离职。

第二篇报道发表在7月31日，认为琅威理事件表明中国意欲将其所聘用的外国人员完全驱逐。中国人排斥外国人的现象是一直存在的。当然，中国人有权做此决定，无人能够对之加以遏止。如果他们认为现在可以摆脱外国的顾问，即应该他们自己去尝试。论及"琅是自己解职而非中国人解聘"之说，该报亦加以驳斥，认为那是欺人之谈。作为一名为清廷服务的外籍军官被他的中国下属当面撤下象征权威的旗帜，这是一件多么令人难堪之事。

第三篇是在 8 月 15 日，再度强调琅威理在北洋海军中的地位，认为琅既非为丁提督之海军教习，亦非其顾问，而实系该舰队的副司令官。琅威理到中国服务是因为李鸿章的请求、英国外交部的劝说才答应帮助中国训练海军的。文章指责说：

> 有许多理由令人相信，琅之免职乃是反对外人在中国服务的一种反动，此事我们并不以为奇。当得知丁提督离港赴海南时，一部分军官已预先安排好将琅赶走。当然，有如此 位廉洁负责的外国军官在此等地位，自然难使中国的军官觉得高兴。

在中外媒体对琅威理去职表现出极大关注的同时，当时的媒体也发表了一些读者来信。读者的观点和态度主要表现在三个方面：一种认为琅威理与丁汝昌在北洋海军中的地位相等，即所说的"联合指挥官"；第二种认为琅威理实系北洋海军的"副司令官"；第三种认为琅威理所谓的"总查"不过是北洋海军的顾问或者称为"副将"或"总教习"罢了。既非"提督"，也不是海军指挥官，地位自然不能同丁汝昌并列。

三种意见中，可以肯定的是，北洋海军的实际运作中，丁汝昌与琅威理的地位其实并不对等。因为丁汝昌为实授提督，而琅威理是赏赐的提督衔，只是一个象征性的荣誉官衔，并非实缺；第二种争论，说琅威理为北洋海军的"副司令官"倒是有一些根据。从李鸿章所呈报的北洋海防经费清单中可以发现，琅威理第一次任职期间被称为"水师总查"，第二次任职期间则改称为"水师副统领"。按"副统领"的本来意义，是可以理解为"副司令官"的。但是，《北洋海军章程》内并无有关"副统领"的规定，这样琅威理的"副统领"职衔也只是虚衔而已。所以，第三种意见说的倒属实情。

1890 年 11 月 27 日，驻英公使薛福成复照英国外交部，对琅威理辞职一事做出解释，内称：

> 接海军衙门兼北洋大臣文内开：琅威理请派水师实缺以代虚衔，若不准给，定须告退。查此项实职给与外国官员实属向来所未有，是以未能答允，只得准其告退。

由此不难看出，双方矛盾的焦点，说白了，就是"实缺"与"虚衔"之争。

虽然如此，但带来的后果却是严重的。在外交方面，其使中英关系陷入了低谷。琅威理将辞职报告递交给李鸿章之时，也发电致英国海军部。海军部大臣认为琅威理受其部下侮辱，而李鸿章非但不予主持公道，反而说出"琅氏仅总督聘请或承认，而非为中国政府"的话，实在太过无礼。海军部于是决定批准琅威理辞职，命其尽快辞职回国。巧合的是，北洋海军所聘请的英国水雷教习罗觉斯的在华聘期此时刚好届满，清廷电令薛福成与英国外交部交涉。英国外交部将这个电函转达给海军部，海军部立即予以拒绝，表示除非中国方面对琅威理被辱事件给出满意的答案，否则不能同意罗觉斯续聘为中国服务。

在英国海军部为琅威理鸣不平的同时，英国外交部一面训令驻华公使华尔身提出调查报告，一面照会驻英公使薛福成，要求中国就琅威理案做出解释。6 月 18 日，华尔身向英国外交部提交调查方案，对于琅威理辞职之事，认为是北洋海军的高级军官刘步蟾等人不承认琅威理的提督地位而引起的，且李鸿章又不能主持公道，所以琅威理只好辞职，别无他法。华尔身在报告中还说，李鸿章鉴于北洋海军的实际需要，不久必将会向英国方面提出请求，再派员到中国接替琅威理的职务帮助教练海军，建议在琅威理之事没有得到合理解决之前，英国不应接受李鸿章的请求。

在中国方面，当英国外交部照会刚刚到任驻英公使的薛福成，要求中国方面做出合理解释时，薛福成在 8 月 19 日致电李鸿章询问此事能否有所转圜，告知他此事处理不好将会影响中英外交关系。但是李鸿章并没有把此事放在心上，而是致电薛福成说，琅威理辞职乃是因为其要求中国朝廷授予他提督实权，朝廷难以接受这个要求，也不会为琅威理的要挟所折服。他认为此事与外交并无关系，要求薛福成向英方做出解释。

薛福成收到李鸿章的电报，很为他的专断感到无奈，但是又不便向英国做出这样的解释，只好将此事拖延。中国方面迟迟未做答复，英国海军部和外交部对此非常不满。海军部要求外交部改变对华政策，向清廷施加压力。英国外交部经过一番考虑之后，决定遵照海军部的意见，召回全部在华的英国军官，并于 9 月 22 日照会薛福成，除拒绝罗觉斯的续聘以及对李鸿章表示不满外，还表示在琅威理事件未得到满意的答复以及确保英国军官不再遭受类似遭遇之前，将不考虑选择接替人选之事。

琅威理的离去，伤害最大的当属北洋海军。我们知道，作为海军最高指挥官的丁汝昌对海军管理、训练是一个门外汉，故平时的海军训练、管理工作实际上是由琅威理在负责。琅威理是一个对工作非常负责的人。他办事勤谨认真，治军也很严格；在训练北洋海军时，要求官兵严格遵守条令。他仿照英国海军的治军模式，在条令、礼仪、操练方法上都颇有贡献。他的离去使清廷立即失去了一位能督导海军的人，自此海军军纪开始涣散，训练几近松懈，乃至对北洋海军的发展带来极为不利的影响。

琅威理的去职，海关总税务司赫德相当失望。他一直在关注着事情的进展。琅威理提交辞呈后不久，赫德在 6 月 22 日给金登干的信中，曾经谈及此事：

> 琅威理已辞职，我使军舰掌握在英国人手中保持了如此之久，现在可能要转到他人手中了。琅威理工作很有成绩，但是他不会随机应变——他征求别人意见时，暴露自己的思想感情，表明他的意图，因而终于自断退路！我始终不知道英国使馆是否将另派人前来：我看到最近一些报纸提到庆（劳伦斯·庆）已有变动，并作为海军上校身份退役——我就想到由于琅威理打算辞职的消息约在两个月前已为人们所知，劳伦斯·庆可能前来接替。中国不会听忠告，遭到不幸才会好好吸取教训。我想，如今我要和海军离得远远的！

7 月 13 日，赫德又说："琅威理'破釜沉舟'而不得不辞职是合乎逻辑的，但他以个性取代策略，是以小失大！如果他给中国人的是另一种'盒子'的话，那么，划'火柴'必然不会引起大火。"

后来，看到琅威理的读者投书，赫德更为不满。他说："琅威理已经辞职，他的辞职曾获得海军及公众的赞扬，而我却不然，我认为他是以个性取代策略。我不能肯定一个人处于某种地位有做出那种决定的权利。"赫德认为琅威理给读者所说的简直是一个"非常古老的故事"，试问："琅的辞职确定是聪明的吗？而又如何去证明？"因此，他以为"琅的最大错误即是他从未说出整个的故事"。在赫德看来，琅的辞职未免过于轻率，虽然他的行动似乎很谨慎。事实上，当他在香港为降旗而大发脾气之时，他已下定决心要与大众，特别是海军的大众作对。"所以正如我以前所说的，他使政策屈服于人格。"

虽然赫德对琅威理的离去颇有微词，但对他的能力还是肯定的。赫德说："琅威理走后，中国人自己把海军搞得一团糟。琅威理在中国的时候，中国人也没有能很好地利用他。""我自己认为他没有什么地方高于常人，只是他有不平常的经验，使他在某些方面成为海军军官中不多见的一个合适的人物。"这一说法基本属实。因为在甲午战败后的清廷上谕中也说："琅威理前在北洋训练海军，颇著成效。自该员请假回国后，渐就废弛，以致本年战事未能得力。"

正如赫德所言，琅威理的离职，使丁汝昌失去了一个好帮手，此后至甲午战争爆发前，北洋水师再未聘请高级顾问。以刘步蟾为首的闽系军官们终于达到了挤走琅威理的目的，北洋水师却为此付出了极为沉重的代价，因为他们中还没有人具有取代琅威理的实力。他们作为受过正规训练的新型海军军官，非但没有将琅威理的敬业精神和先进的管理、训练方法学到手，反倒在封建毒素的侵蚀下沾染了许多不良习气，致使整个舰队日趋腐败。

甲午战争之后，"来远"舰帮带大副张哲溁回顾往事时说："前琅威理来军时，日夜操练，士卒欲求离船甚难。……自琅去后，渐放渐松，将士纷纷移眷，晚间住岸者，一船有半。"至于操练掺水、军令不应，更属常事。据北洋水师军官们甲午战争后披露，"我军无事之秋，多尚虚文，未尝讲求战事。在防操练，不过故事虚行……平日操演炮靶、雷靶，唯船动而靶不动"，并"预量码数，设置浮标，遵标而行。码数已知，放固易中"。"徒求其演放整齐，所练仍属皮毛，毫无裨益。"

《中国近代史资料丛刊：中日战争》第一卷中对琅威理辞职后的北洋水师有详细的描述：

> 琅威理去，操练尽弛。自左右翼总兵以下，争挈眷陆居，军士去船以嬉。每北洋封冻，海军岁例巡南洋，率淫赌于香港、上海。

这段文字再现了北洋海军的腐化。每年的冬季，是北洋海军最为快活的时节，因为要移防南方海港训练，但南方的上海、香港等海港都是娼妓业发达、灯红酒绿的地方。已经丧失纪律约束的海军官兵常常会弃舰登岸寻欢作乐。当年的北洋舰队提督丁汝昌，是一位"风流首长"。不少驻守海防的士卒、舰上的水兵，则是"勇"字号嫖客。一次，丁汝昌率舰队南下上海时，曾经到名妓胡宝玉的香闺摆酒宴客。酒宴结束后，丁汝昌拿出一百两银子作为宴席的费用。但胡宝玉对娘姨等人讲，这笔钱是丁大人赏给她们的。结果，丁汝昌只好在次日再拿出三百两银子以作酒资。北洋舰队军官生活大都奢侈浮华，嫖赌是平常事。刘公岛上赌馆、烟馆林立，妓院有七十多家。不只在国内嫖，有逛妓院习惯的北洋官兵有一次竟然嫖到了日本。1886 年 7 月，北洋舰队第一次到访日本，在长崎港进行大修。8月 13 日，舰上官兵登岸购物，补充给养。竟然有一些水兵偷偷地跑到城内的妓院嫖妓，日本警察也是想敲诈一下中国水兵，二者便发生了冲突，结果造成日本警察和中国水兵各有伤亡。

如此的军纪军风，如何应对来犯之敌？正如《中国近代史资料丛刊：中日战争》第一册所记述的那样，北洋海军军纪涣散的局面，早就引起了时人的忧虑。李鸿章的重要幕僚周馥曾经报告丁汝昌嫖妓的情况，但李鸿章一笑了之。

李鸿章说了这样一段话：此次日本长崎争杀，"肇自妓楼。约束之疏，万无可辞。若必归狱雨生（丁汝昌），以为恋慕妓风，借名驶往，则是揣测无根之说，前后情事全不符也。武人好色，乃其天性。但能贪慕功名，自然就我绳尺"。

在李鸿章看来，军人武夫赌博、嫖妓是在所难免的事情，战场上能够冲锋陷阵就可以了。这样的纵容之法，造成后来北洋海军覆亡自然是在所难免。果然，甲午战争成了北洋海军的检阅场。

1894 年 7 月，日军偷袭在朝鲜牙山口外丰岛附近的中国军舰，标志着中日甲午战争的爆发。此后，清军在战事中节节失利。9 月间，北洋海军在黄海大东沟海域与日舰发生遭遇战。这一战，因北洋舰队主帅丁汝昌指挥不当，致使北洋海军遭受了重创；这一战，中国军舰沉没五艘，日舰虽然也受创严重，但无一艘沉没，由此暴露出清廷海军指挥系统存在问题之严重。

连连失利的清廷再次想到了已经回国数年的琅威理。此时，琅威理正在英国德文港担任后备舰队指挥官兼"毁灭"号舰长，指挥着皇家后备队的三十八艘军舰。清廷通过赫德与金登干再次向琅威理发出了邀请。金登干接到指令后，即与琅威理取得了联系。琅威理对于邀请他重返中国大摆架子，公开的理由是英国宣布中立，他不能以现役军人身份来华参战，只有在战后当英国政府许可时才能前往；但他私下却提出了中国政府难以接受的苛刻条件，如必须由清帝以玺书形式颁给他海军最高职衔。当时，金登干在给赫德的回信中说："琅威理现在德文港任后备舰队指挥官兼任'毁灭'号舰长。当我把'密件'送去时，他正在海上游弋。他回信说：'您所提中国人邀请我去任职的问题颇费斟酌。只有使我确信这是为了这个国家的利益时，我才会答应去做。如果中国政府是诚心诚意地请我回去，同时我国政府也愿意我回去任职，我将不予拒绝，并在接受中国的邀请时提出我的条件。'"他始终不忘撤旗事件之辱。

后来，琅威理干脆以"不准备辞去在英国的海军职务"为理由，表示拒绝到中国任职。金登干为了求证他真实的态度，只好给他复电询问，"你意指是在任何条件下都不辞职"，他的回电是，"在任何条件下均不辞职"。金登干要完成赫德交办的任务，便向赫德推荐了自己的表兄——皇家海军炮厂监督英格斯上校来华任职。琅威理在中国服务的时候，英格斯是他的对手——日本海军顾问，一手训练出日本的近代化舰队。日本政府曾封他为贵族，使他有足够的权力和地位，与日本的高级将领接触，日本海军从他的教导中得到了极大的好处。当他们认为自己有理由独立行动时，才体面地送他回英国，而他们不仅使舰队保持着英格斯离开时的面貌，而且更趋完善了。

　　1894 年 11 月 20 日，金登干约英格斯在军人联合俱乐部见面。英格斯说，"他和日本海军的官方关系早已断了"，他愿意"割断旧日的情缘，在中国另结新欢"。他不愿做统帅而只是教练，以使中国的统帅和舰长们能够学习怎样指挥。

　　让一个没有管理能力的人来充当海军的教官，赫德料定他不会取得什么成效。后来，李鸿章草草任命天津的一位"金龙"号拖船主马格禄出任帮办北洋海军提督。马格禄上任后，并未对北洋海军做出什么贡献，更荒唐的是，他见甲午战事一路直下，竟然策划了刘公岛驻军的投降事件。

参考文献

1. 沈弘编译:《遗失在西方的中国史:〈伦敦新闻画报〉记录的晚清 1842—1873》,北京时代华文书局 2016 年版。

2. 中国史学会主编:《中国近代史资料丛刊:第二次鸦片战争》,上海人民出版社 1979 年版。

3. 中国史学会主编:《中国近代史资料丛刊:洋务运动》,上海人民出版社 1961 年版。

4. 中国史学会主编:《中国近代史资料丛刊:义和团》,上海人民出版社 1957 年版。

5. 中国史学会主编:《中国近代史资料丛刊:中日战争(一)》,新知识出版社 1956 年版。

6. 中国史学会主编:《中国近代史资料丛刊:中日战争(三)》,新知识出版社 1956 年版。

7.《筹办夷务始末(道光朝)》,中华书局 1964 年版。

8.《筹办夷务始末(咸丰朝)》,中华书局 1979 年版。

9.《筹办夷务始末(同治朝)》,中华书局 2008 年版。

10.《清实录·德宗景皇帝实录》,中华书局 1987 年版。

11. 李宗一著:《中华史学丛书:袁世凯传》,中华书局 1980 年版。

12. 孙毓棠编:《中国近代工业史资料(第一辑)》,中华书局 1962 年版。

13. 故宫博物院明清档案部编:《义和团档案史料》,中华书局 1959 年版。

14. 翁同龢著,陈义杰点校:《翁同龢日记》,中华书局 1989 年版。

15. 谢俊美编:《翁同龢集》,中华书局 2020 年版。

16. 赵尔巽等撰:《清史稿》,中华书局 1998 年版。

17. 萧一山著:《清代通史》,中华书局 1986 年版。

18. 陈霞飞主编:《中国海关密档:赫德、金登干函电汇编 1874—1907》,中华书局 1990 年版。

19. 孙毓棠编:《中国近代工业史资料》第一辑,中华书局 1962 年版。

20. 中国第一历史档案馆编:《光绪朝朱批奏折》,中华书局 1995 年版。

21. 吴福环著:《清季总理衙门研究》,新疆大学出版社 1995 年版。

22. 季压西,陈伟民著:《从"同文三馆"起步:语言障碍与晚清近代化进程》,学苑出版社 2007 年版。

23. 季压西,陈伟民著:《来华外国人与近代不平等条约》,学苑出版社 2007 年版。

24. 翦伯赞,郑天挺主编:《中国通史参考资料·近代部分》(修订本),中华书局 1980 年版。

25. 沈云龙主编:《近代中国史料丛刊:皇朝政典类纂》,台北文海出版社 1966 年版。

26. 沈云龙主编:《近代中国史料丛刊:张文襄公全集》,台北文海出版社 1966 年版。

27. 沈云龙主编:《近代中国史料丛刊:丁文诚公(宝桢)遗集》,台北文海出版社 1966 年版。

28. 沈云龙主编:《近代中国史料丛刊:李文忠公(鸿章)全集》,台北文海出版社 1966 年版。

29. 沈云龙主编:《近代中国史料丛刊:刘忠诚公(坤一)遗集》,台北文海出版社 1966 年版。

30. 沈云龙主编:《近代中国史料丛刊续编:越缦堂国事日记》,台北文海出版社 1970 年影印版。

31. 孙孝恩,丁琪著:《光绪传》,人民出版社 1997 年版。

32. 廖宗麟著:《中法战争史》,天津古籍出版社 2002 年版。

33. 王绍坊著:《中国外交史:鸦片战争至辛亥革命时期(1840—1911)》,人民出版社 1988 年版。

34. 张海鹏主编,马勇著:《中国近代通史》(第 4 卷)从戊戌维新到义和团(1895—1900)》,江苏人民出版社 2006 年版。

35. 骆惠敏,刘桂梁译:《清末民初政情内幕:泰晤士报驻京记者、袁世凯政治顾问乔·厄·莫里循书信集》,知识出版社 1986 年版。

36. 胡滨译:《英国蓝皮书有关义和团运动资料选译》,中华书局 1980 年版。

37. 中国史学会主编:《中国近代史资料丛刊:义和团》,人民出版社 1957 年版。

38. 高时良，黄仁贤编：《中国近代教育史资料汇编：洋务运动时期教育》，上海教育出版社 1992 年版。

39. 张功臣著：《洋人旧事：影响近代中国历史的外国人》，新华出版社 2008 年版。

40. 朱有瓛主编：《中国近代学制史料（第一辑）》，华东师范大学出版社 1983 年版。

41. 朱有瓛主编：《中国近代学制史料（第二辑）》，华东师范大学出版社 1989 年版。

42. 丁韪良著；沈弘，恽文捷，郝田虎译：《花甲记忆：一位美国传教士眼中的晚清帝国》，广西师范大学出版社 2004 年版。

43. 赫德著，陈绛译：《赫德日记：1863—1866》，中国海关出版社 2003 年版。

44. 魏尔特著；陆琢成，李秀凤等译；戴一峰校：《赫德与中国海关》，厦门大学出版社 1993 年版。

45. 王维俭著：《丁韪良和京师同文馆》，复旦大学出版社 1985 年版。

46. 王宏斌著：《赫德爵士传：大清海关洋总管》，文化艺术出版社 2000 年版。

47. 王宏斌著：《晚清海防：思想与制度研究》，商务印书馆 2005 年版。

48. 王文兵著：《丁韪良与中国》，外语教学与研究出版社 2008 年版。

49. 齐如山著：《齐如山回忆录》，中国戏剧出版社 1989 年版。

50. 汤志钧，陈祖恩编：《中国近代教育史资料汇编：戊戌时期教育》，上海教育出版社 1993 版。

51. 黄仁贤，高时良编：《中国近代教育史资料汇编：洋务运动时期教育》，上海教育出版社 2007 年版。

52. 庄建平主编：《近代史资料文库》，上海书店出版社 2009 年版。

53. 杨书霖编：《左文襄公（宗棠）全集》，文海出版社 1964 年版。

54. 沈传经著：《福州船政局》，四川人民出版社 1987 年版。

55. 台湾银行经济研究所编印：《海防档·乙·福州船厂》，台北中华书局 1961 年版。

56. 台湾"中央研究院"近代史研究所编：《海防档·甲·购买船炮》，台北艺文印书馆 1957 年版。

57. 台湾"中央研究院"近代史研究所编：《海防档·丁·电线》，台北艺文印书馆 1957 年版。

58. 林庆元著：《福建船政史稿》，福建人民出版社 1986 年版。

59. 夏东元著：《洋务运动史》，华东师范大学出版社 1996 年版。

60. 夏东元著:《盛宣怀传》,上海交通大学出版社2007年版。

61. 夏东元编著:《盛宣怀年谱长编》,华东师范大学出版社2004年版。

62. 夏东元编:《郑观应集》,上海人民出版社1988年版。

63. 左宗棠著,刘泱泱注释:《左宗棠全集》,岳麓书社2014年版。

64. 李鸿章著:《李鸿章全集·奏稿》,海南出版社1997年版。

65. 汤仁泽著:《经世悲欢:崇厚传》,上海社会科学院出版社2009年版。

66. 凌惕安著:《清代贵州名贤像传》,台北明文书局1985年版。

67. 《续修四库全书》编委会编:《续修四库全书》,上海古籍出版社1996年版。

68. 朱寿朋,王先谦撰:《东华录东华续录》,上海古籍出版社2008年版。

69. 上海师范大学图书馆编:《清代碑传全集》,上海古籍出版社1987年版。

70. 李时岳,胡滨著:《从闭关到开放:晚清"洋务"热透视》,人民出版社1988年版。

71. 胡政主编,张后铨著:《招商局近代人物传》,社会科学文献出版社2015年版。

72. 杨松,邓力群原编,荣孟源重编:《中国近代史资料选编》,生活·读书·新知三联书店1954年版。

73. 熊性美,阎光华主编:《开平煤矿矿权史料》,南开大学出版社2004年版。

74. 温锐主编:《政府·市场与经济变迁:近世中国经济发展模式选择与实践国际学术研讨会论文集》,江西人民出版社2007年版。

75. 张国辉著:《洋务运动与中国近代企业》,中国社会科学出版社1979年版。

76. 戚俊杰,刘玉明主编:《北洋海军研究》,天津古籍出版社1999年版。

77. 湖北省档案馆编:《汉冶萍公司档案史料选编:1916—1948》,中国社会科学出版社1992年版。

78. 陈旭麓,顾廷龙,汪熙主编;朱子恩,武曦,朱金元编:《汉冶萍公司(一):盛宣怀档案选辑之三》,上海人民出版社1984年版。

79. 陈旭麓,顾廷龙,汪熙主编;朱子恩,武曦,朱金元编:《汉冶萍公司(一):盛宣怀档案选辑之四》,上海人民出版社1984年版。

80. 苑书义,孙华锋,李秉新主编:《张之洞全集》,河北人民出版社1998年版。

81. 冯天瑜,何晓明著:《张之洞评传》,南京大学出版社1991年版。

82. 马东玉著:《张之洞大传》,辽宁人民出版社1989年版。

83. 李喜所著:《近代留学生与中外文化》,天津教育出版社2006年版。

84. 李喜所主编,刘集林等编:《中国留学通史(晚清卷)》,天津教育出版社2006年版。

85. 钟叔河主编：《走向世界丛书：容闳：西学东渐记》，岳麓书社 1985 年版。

86. 钟叔河主编：《走向世界丛书：祁兆熙：游美洲日记》，岳麓书社 1985 年版。

87. 钱钢，胡劲著：《大清留美幼童记》，香港中华书局 2004 年版。

88. 钟叔河主编，李圭著，谷及世校点：《走向世界丛书（第一辑）：李圭：环游地球新录》，湖南人民出版社 1980 年版。

89. 董守义著：《清代留学运动史》，辽宁人民出版社 1985 年版。

90. 刘真主编，王焕琛编著：《留学教育》第一册，台北"国立"编译馆 1980 年版。

91. 石霓编译：《容闳自传：我在中国和美国的生活》，百家出版社 2003 年版。

92. 茅家琦主编：《太平天国通史》，南京大学出版社 1991 年版。

93. 曾国藩著：《曾国藩全集·奏稿二》，岳麓书社 1985 年版。

94. 苑书义，胡思庸，乔志强等著：《中国近代史新编》，人民出版社 1981 年版。

95. 王绍坊著：《中国外交史：鸦片战争至辛亥革命时期（1840—1911）》，河南人民出版社 1988 年版。

96. 王崇武，黎世清编译：《太平天国史料译丛（第一辑）》，神州国光社 1954 年版。

97. 戴逸主编：《中国近代史通鉴》，红旗出版社 1997 年版。

98. R.J. 史密斯著；汝企和译；余永定，郭方校：《十九世纪中国的常胜军：外国雇佣兵与清帝国官员》，中国社会科学出版社 2003 年版。

99. 王家俭著：《洋员与北洋海防建设》，天津古籍出版社 2004 年版。

100. 刘晋秋，刘悦著：《李鸿章的军事顾问：汉纳根传》，文汇出版社 2011 年版。

101. 戚其章著：《晚清海军兴衰史》，人民出版社 1998 年版。

102. 张侠，杨志本，罗澍伟等编：《清末海军史料》，海洋出版社 1982 年版。

103. 廖一中，李德征，张旋如等编：《义和团运动史》，人民出版社 1981 年版。

104. 李书伟著：《晚清外交七十年：同光中兴之与狼共舞》，东方出版社 2018 年版。

105. 徐立亭著：《咸丰同治帝》，吉林文史出版社 1993 年版。

106. 刘华明，郑长兴主编：《中国大政治家全集：慈禧全传》，印刷工业出版社 2001 年版。

107. 舟欲行，黄传会著：《梦断龙旗：清末北洋海军纪实》，解放军文艺出版社 2003 年版。

108. 梁启超著：《饮冰室合集（第 1 册）》，中华书局 1989 年版。

109. 马士著：《中华帝国对外关系史（第 2 卷）》，商务印书馆 1963 年版。

110. 雪珥著：《绝版恭亲王》，文汇出版社 2010 年版。

111. 郑大华点校：《采西学议：冯桂芬马建忠集》，辽宁人民出版社 1994 年版。

112. 刘锦藻撰：《清朝续文献通考》，商务印书馆 1936 年版。

113. 王彦威纂辑，王亮编，王敬立校：《清季外交史料（第 2 册）》，书目文献出版社 1987 年版。

114. 沈岩，方宝川主编：《船政奏议全编（第 1 册）》，国家图书馆出版社 2011 年版。

115. 汤仁泽著：《经世悲欢：崇厚传》，上海社会科学出版社 2009 年版。

116. 李鸿章著：《李鸿章全集》，海南出版社 1997 年版。

117. 孙占元著：《中国思想家评传丛书：左宗棠评传》，南京大学出版社 1995 年版。

118. 刘广京，朱昌峻合编；陈绛译校：《李鸿章评传：中国近代化的起始》，上海古籍出版社 1995 年版。

119. 肯德著，李抱宏等译：《中国铁路发展史》，生活·读书·新知三联书店 1958 年版。

120. 宓汝成著：《帝国主义与中国铁路》，人民出版社 1980 年版。

121. 罗曼诺夫著，民耿译：《俄帝侵略满州史》，商务印书馆 1937 年版。

122. 西南交通大学校史编辑室编：《西南交通大学校史 1896—1949（第一卷）》，西南交通大学出版社 1996 年版。

123. 黄景海主编：《中国水运史丛书：秦皇岛港史（古、近代部分）》，人民交通出版社 1985 年版。

124. 徐盈，李希泌，徐启恒著：《詹天佑》，中国青年出版社 1956 年版。

125. 高宗鲁译注：《中国留美幼童书信集》，台北传记文学出版社 1986 年版。

126. 严中平译：《一八六一年北京政变前后中英反革命的勾结》，《历史教学》1952 年第 2 期。

127. 王开玺：《总理衙门改为外务部刍议》，《河北学刊》1995 年第 3 期。

128. 刘义芳，杨桂林：《洋务运动和晚清中央国家机关的演变》，《抚州师专学报》1989 年第 4 期。

129. Leibo, Steven A：A French Adviser to Imperial China：The Dilemma of Prosper Giquel。

130. British Parliamentary Papers，China，NO.5（1901）。

131. Papers relating to the Foreign Relations of the United States，1900。

132. 川岛真，薛轶群：《晚清外务的形成——外务部的成立过程》，《中山大学学报

（社会科学版）》，2011 年第 1 期。

133. 江沛：《清末国人的铁路认识及论争述评》，《城市史研究》第 26 辑。

134. 张雪永：《政治旋涡中的教育：山海关北洋铁路官学堂创建研究》，《西南交通大学学报》（社会科学版）2013 年第 1 期。

135. 靳柏年：《李鸿章与轮船招商局》，《学习与批判》1976 年第 7 期。

136. 赵入坤：《晚清近代企业的涉外雇佣》，《历史档案》2011 年第 2 期。

137. 王浩：《胡燏棻与甲午新军计划探微》，《巢湖学院学报》2016 年第 4 期。

138. 游战洪：《德国军事技术对北洋海军的影响》，《中国科技史料》1998 年第 4 期。

139. 何立波：《鲜为人知的北洋水师"总教头"琅威理》，《军事史林》2014 年第 12 期。

140. 姜鸣：《北洋海军总顾问琅威理》，《航海》1992 年第 6 期。

141. 杨锦銮：《合作与歧异：容闳与曾国藩关系探微》，《兰州学刊》2007 年第 8 期。

142. 丁宝桢：《丁宝桢为藏事致沈桂芬函》，《贵州文史丛刊》2009 年第 3 期。

143. 任清，马忠文：《张荫桓甲午日记稿本及其价值》，《广东社会科学》2004 年第 1 期。

144. 许亚洲：《中国首位"洋厂长"马格里》，《文史精华》2000 年第 8 期。

145. 倪玉平：《招商局与清代漕粮海运关系新说》，《史学月刊》2008 年第 5 期。

146. 李国亮，尹春明：《晚清秦皇岛自开商埠及港口筹建始末再探》，《兰台世界》2016 年第 3 期。

147. 夏维奇：《排拒与接纳：晚清朝野关于自建电报的论争》，《中国近代史》2011 年第 1 期。

148. 陈先松：《修建颐和园挪用"海防经费"史料解读》，《历史研究》2013 年第 2 期。

149. 戚其章：《颐和园工程与北洋海军》，《社会科学战线》1989 年第 4 期。